ローズヴェルトとスターリン

テヘラン・ヤルタ会談と戦後構想

Roosevelt and Stalin
Portrait of a Partnership

Susan Butler
スーザン・バトラー
松本幸重◆訳

上

白水社

1943年11月11日（第一次世界大戦休戦記念日）、
連合国救済復興機関（UNRRA）の設立文書に署名するローズヴェルト大統領。

1943年11月25日、カイロ会談での三首脳――
蔣介石・中華民国総統、ローズヴェルト大統領、ウィンストン・チャーチル英国首相。

1944年9月、ケベック要塞でのローズヴェルト大統領、
マッケンジー・キング・カナダ首相、チャーチル英国首相。
ローズヴェルトとキングはハーヴァード大学在学当時からの親友だった。

テヘランで、英国国王ジョージ六世からのスターリンへの贈り物である
「スターリングラードの剣」を披露する英国空軍将校。

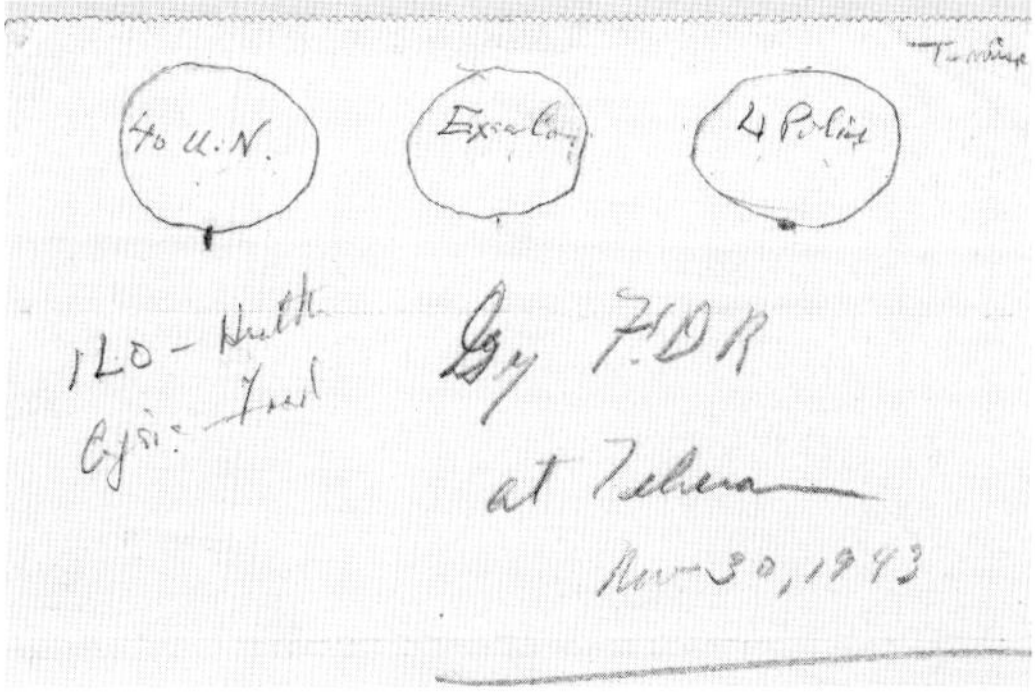

テヘラン会談の際に、
国際連合に関する
自分の構想を
示すために
ローズヴェルト大統領が
書いた略図。

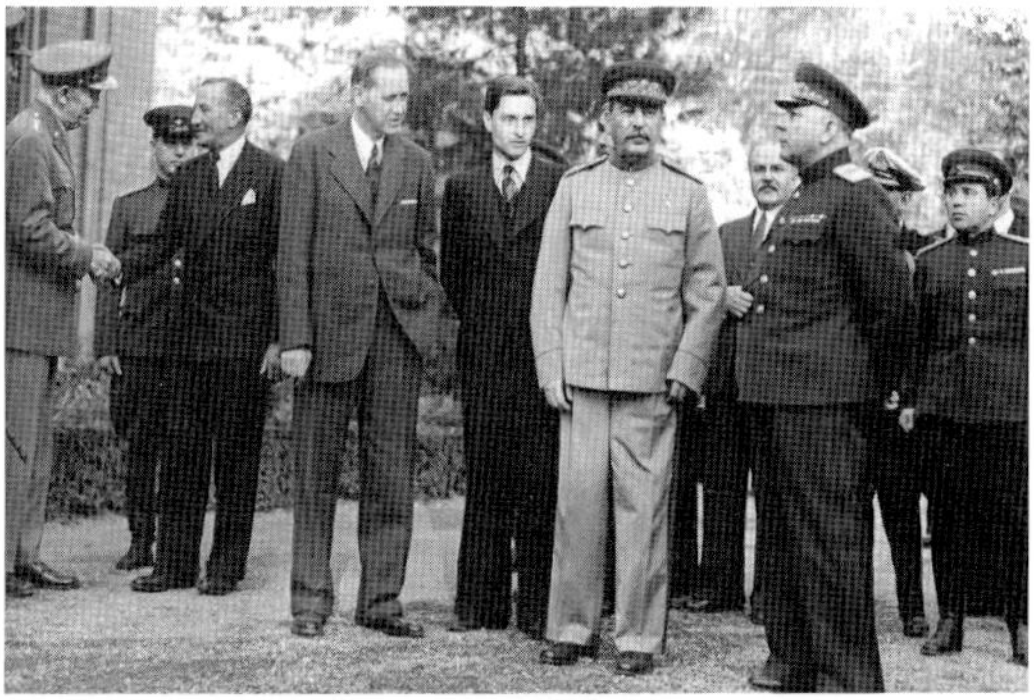

テヘランでの一場面
――左端から
ジョージ・
マーシャル将軍、
駐ソ英国大使
サー・アーチボルド・
クラーク・カー、
ハリー・ホプキンス、
チャールズ・ボーレン、
スターリン、モロトフ、
ヴォロシーロフ元帥。

NKVD長官
ラヴレンチー・ベリヤの
膝に座る
スヴェトラーナ・
アリルーエワ。
後景に
何かを読んでいる
スターリンが写っている。

スターリンとローズヴェルト（1943年11月29日、テヘラン）。

40歳のスターリン、レーニン、全ロ執行委員会議長ミハイル・カリーニン（1919年3月）。

1939年ニューヨーク万国博覧会の会長グローヴァー・ホエーレン（右端）と
同万博へのソ連参加問題をまとめる駐米ソ連大使のアレクサンドル・トロヤノフスキー（左端）、
その後任になるコンスタンチン・ウマンスキー（中央）。

モロトフ外相が独ソ不可侵条約の条文を点検するのを見守る
ドイツ外相ヨアヒム・フォン・リッベントロップとスターリン。
右端はフリードリヒ-ヴェルナー・フォン・デア・シューレンベルク・ドイツ大使。

モロトフが不可侵条約に署名するのを見ながら微笑むスターリンとフォン・リッベントロップ
(1939年8月23日)。

フォン・リッベントロップはベルリンへ帰着すると、
空港から直接ヒトラーのもとへ報告に向かった。
ドイツ空軍司令官ヘルマン・ゲーリング元帥が同席した。

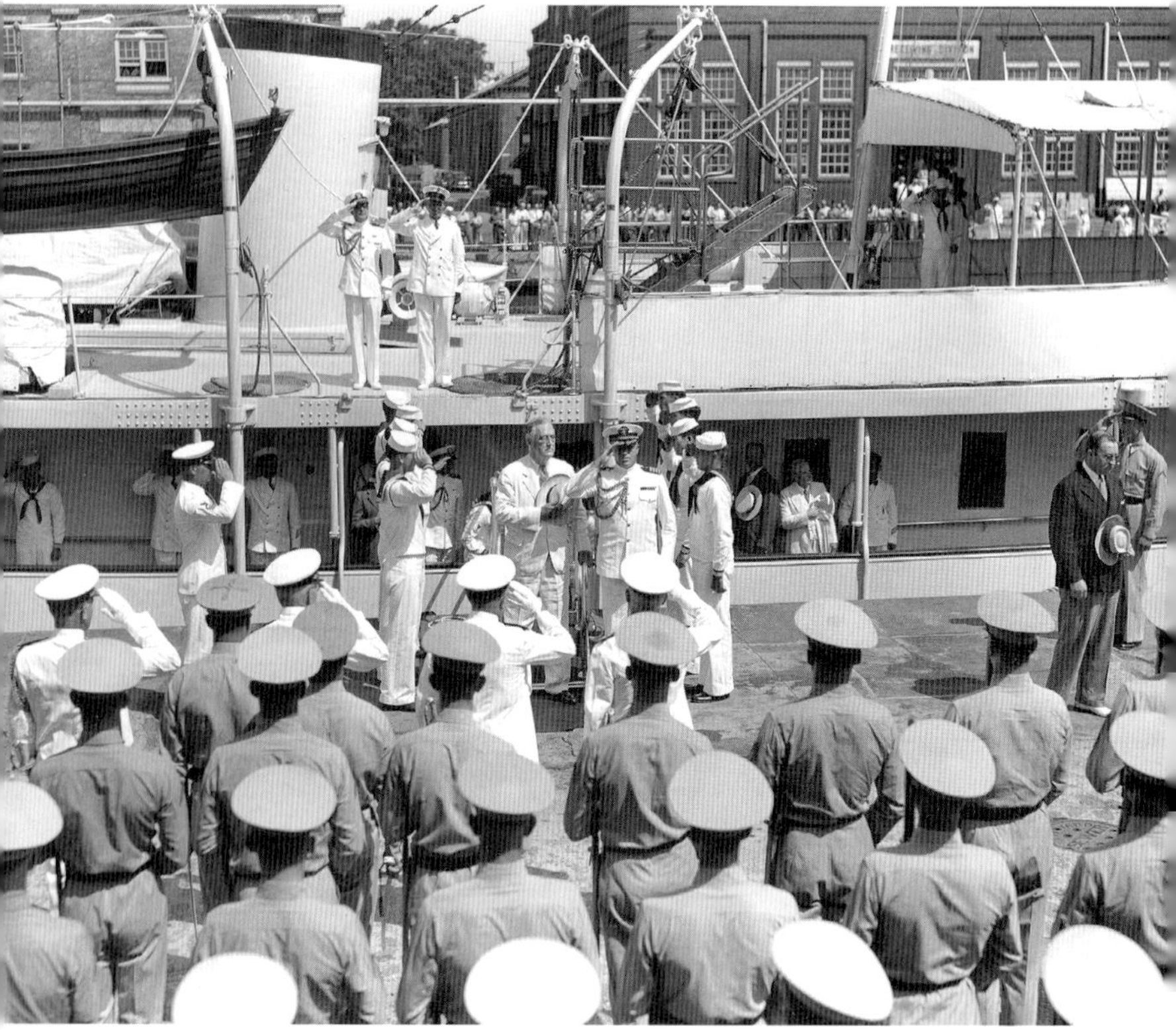

ローズヴェルトは戦争への備えを進めていた
(1940年7月29日、ヴァージニア州ノーフォークの海軍工廠で)。

レニングラードを救ったゲオルギー・ジューコフ将軍(1945年の写真)。

スターリングラードは完全に破壊された。
わずかに残る壁と煙突だけがかつて建物のあった場所を示していた。

1941年8月、大西洋会談のため米国海軍重巡洋艦「オーガスタ」に乗船したチャーチル首相。
ふつう、ローズヴェルトは船上では足の支持装具をめったに使用しなかったが、
この時は首相にあいさつする際に立っていられるようにとくに装着した。

炎上する米国海軍戦艦「アリゾナ」(1941年12月、ハワイ・オアフ島パールハーバー)。

1942年5月、
ワシントンの飛行場に到着した
モロトフ外相を出迎えた
コーデル・ハル国務長官と
マクシム・リトヴィノフ駐米大使。

船積み準備中の米国製A-20ハヴォック戦闘爆撃機。

ローズヴェルトとスターリン——テヘラン・ヤルタ会談と戦後構想◆上

ROOSEVELT AND STALIN
by Susan Butler

Japanese translation published by arrangement with
Susan Butler c/o Georges Borchardt, Inc. working in conjunction with
Frederica S. Friedman & Co. Inc.
thtough The English Agency (Japan) Ltd.

Cover Photo : Betmann/Getty Images

第二次世界大戦で亡くなった米国人四〇万五〇〇〇名とソヴィエト人二七〇〇万名に捧ぐ

ローズヴェルトとスターリン——テヘラン・ヤルタ会談と戦後構想◆上

目次

ローズヴェルトとスターリン――テヘラン・ヤルタ会談と戦後構想◆下

目次

凡例

一、本書は、Susan Butler, *ROOSEVELT and STALIN : Portrait of a Partnership*, Alfred A. Knopf, New York, 2015 の初版全訳である。

原著は一冊だが、訳書は上下二冊に分けた。著者の略歴については下巻末の「訳者あとがき」で紹介した。

二、この訳書でローズヴェルトと表記したのは第三二代米国大統領 Franklin Delano Roosevelt ――フランクリン・デラノ・ローズヴェルト（一八八二～一九四五）のことである。

一般には「ルーズベルト」とカタカナ表記されることが圧倒的に多いが、本書では最近の傾向を考慮して、原音により近いと思われる「ローズヴェルト」とした。

その他の外国人名のカタカナ表記については、一般に使われているものを尊重したが、Wikipedia 英語版などに特別に発音が示されているような人名の場合、その発音を無視できなかったものもある（たとえば、日本では一般にサックリーと表記されるマーガレット・スックリー Margaret Suckley など）。

三、本書で取り上げられる時期のソ連の軍隊の正式名称は「労農赤軍」（「赤軍」）だが、原書の用法に従い、「赤軍」「ソ連軍」「ソヴィエト軍」の呼称を併用した。

四、本文中の［　］、（　）で囲まれた部分は原著者の注、小さな〔　〕で囲んだ小字部分は訳者が加えた補注である。

五、原書の索引は人名と事項の索引だが、分量が多いので、訳書では人名索引のみを簡略化して、下巻末に収録した。

第1章 戦時下の大西洋を渡る

一九四三年十一月十一日の木曜日は、第一次世界大戦の二五回目の休戦記念日だった。この日の朝、ローズヴェルト大統領は幌型のオープンカーでホワイトハウスを出発し、フロントに星条旗と大統領旗をひるがえしながら首都を走り抜けた。彼はアーリントン国立墓地の無名戦士の墓に詣でる途中だった。市中には記念日の空気が漂っていた。旗が随所に掲揚され、銀行はこの日のために閉まっていた。大統領の車が墓地に到着し、無名戦士の墓に近づくと、最新型の対戦車砲から発射された二一発の礼砲がポトマック川の谷中にとどろき渡った。

午前一一時。休戦協定が調印されたその同時刻になると、ローズヴェルトは無帽で、大統領陸軍補佐官のエドウィン・〝パー〟〔通称〕・ワトソン将軍と海軍補佐官のウィルソン・ブラウン副提督〔海軍中将〕を両脇に従えて無名戦士の墓の前に立った。この日は肌寒く、底冷えがした。木々の葉はほとんど落ちていた。風が肌を刺した。大統領は肩に黒の海軍マントを羽織っていた。これはホワイトハウスからの小旅行の際に大統領がしばしば着用するものだった。一行の片側には陸軍ラッパ手が一人立ち、別の側にはもう一人の兵士が黄色とあずき色の菊の大きな花輪を持って立っていた。軍楽隊がアメリカ国歌を吹奏し、そのあと恒例の黙禱が行なわれた。次いでブラウン副提督が大統領に代わって花輪を受け取り、墓の上に供えた。ドラムが低く四度連打され、ラッパ手が吹奏した。

　簡素な式典に続いて、再び二一発の礼砲が谷中に響き渡る中、大統領の車は出発し、蛇行しながら墓地の外へ走り去った。

　米国下院はこの日を議員たちの演説で記念したが、それらの演説のほとんどは、来るべき平和を前大戦後の平和よりもっと長続きさせるような方途を何とかして見つけ出さねばならない、という真情を吐露するものだった。上院は閉会していた。

　ローズヴェルトは大統領在任一〇年目に入っており、米国は第二次世界大戦に参戦してほぼ二年目を迎えようとしていた。夕闇が落ち、雨が降り始めると、大統領は再び車でホワイトハウスを出た。しかし、午前の時とは異なり、今度は人目につかないようにひっそり出かけた。彼はヴァージニア州クアンティコの海軍基地へ向かっていた。そこには「ポトマック」号が待っていた。これは白い瀟洒な全長五〇メートルの大統領専用ヨットだったが、元々が沿岸警備艇でそれに上部構造と客室を付け足したものだった。この船が大統領の今回の約二万八〇〇〇キロの旅――敵潜水艦が出没する大西洋を横断し、世界を半周以上もしてイランのテヘランまで赴く旅の最初の行程を担当するのである。そのテヘランで、ローズヴェルトはソ連の最高指導者で神を棄てた背教者ヨシフ・スターリンと初の会談に臨むことになるだろう。それは二人のどちらにとっても、そして世界にとっても重要な出来事になるはずだった。

　ローズヴェルトには次の人たちが同行していた――側近の補佐官で、ソ連へ大量の軍需物資援助を供給するプロジェクト「レンドリース」の責任者ハリー・ホプキンス。大統領付参謀長ウィリアム・リーヒ提督。大統領侍医のロス・マッキンタイア海軍軍医中将。軍事補佐官のブラウン副提督とワトソン将軍。大統領の理学療法士ジョージ・フォックス海軍軍医少佐。大統領の車は暗い、見捨てられたような、ほとんど人目につかない桟橋に到着した。ポトマックがそこで待っていた。船内では準備万端ととのっていた。

大統領一行の乗船からきっかり六分後、船は出航し約一〇〇キロ先のチェサピーク湾チェリー・ポイント（ヴァージニア州）を目指してポトマック川を下った。チェリー・ポイントで船は夜のあいだ停泊した。

翌朝九時少し過ぎ、「ポトマック」は湾内のもっと水深のある場所に投錨していた戦艦「アイオワ」に近づき、戦艦と並んで停止した。そして、とても明るい、ひんやりする朝の空気の中でローズヴェルトはボースンチェア〔マスト登りなどに使う吊し型腰掛け〕に座らされ、ポトマックの後部日向甲板からアイオワの主甲板に釣り上げられて、第三旋回砲塔のすぐ横に降りた。一行の残りの人たちの移乗が完了すると、ポトマックは遠くへ姿を消した。同船は翌週いっぱい、よく知られている本来の停泊場所を離れて人目につかないように巡航する命令を下されていた。それは万一、新聞記者の誰かが大統領の不在に気づいた場合に、またまた大統領はヨットでプライベートなお楽しみクルーズに出かけたのだという印象を与えるためだった。大統領がポトマックで過ごす時間が多かったので、この船のことを「遊弋するホワイトハウス」と呼ぶ者までいたのである。

ローズヴェルトは昔から海が大好きだった。少年時代、夏を過ごしたカナダのカンポベッロ島で、父親のヨット「ハーフムーン」号で帆走を練習した。これは一四メートルの艇で、機会さえあればいつでも海に乗り出し、楽々とヨットを操った。三十九歳の時にポリオ〔小児マヒ〕に罹り、両足が利かなくなると、宿泊設備付きヨットに金を注ぎ込み、フロリダの海に浮かべて一度に数ヵ月間その上で過ごした。

いま彼はアイオワでの航海を前にして胸を膨らませていた。これは米国海軍の最新、最大、最速の戦艦だった。アイオワはローズヴェルト向けに特別仕様になっていた。[1] エレベーターが据え付けられ、防水用上げ縁や甲板上の障害物には彼の車椅子が通過できるように傾斜路がつけられていた。ローズヴェルトが生活するすべての場所と同じように、浴室のバスタブには立ち上がるのにつかまるための金属製手すりがついていた。便器の高さはぴったり車椅子の高さにしてあった。鏡の高さは座ったまま髭が剃れるように低くしてあった。お気に入りの革張りリクライニングシートも用意されていた。

大統領の乗船から半時間後、大戦艦はもう航行中だった。大統領にあいさつするために米国軍最高首脳部の全員が待っていた。すなわち、米国陸軍参謀総長ジョージ・マーシャル将軍、米国陸軍航空軍司令官H・H・〝ハップ〟・アーノルド将軍、米国陸軍戦務〔兵站〕軍司令長官ブレホン・B・サマヴェル将軍、米国艦隊司令長官アーネスト・J・キング提督、大統領付参謀長ウィリアム・リーヒ提督である。加えてその上に、四名の将軍、三名の提督、それ以下の階級の参謀将校約五〇名が集まっていた。ローズヴェルトの要請により、大統領乗艦に際しての表敬行事は一切行なわれなかった。戦時下の制限のために大統領旗も掲揚されなかった。また、艦内には八名のシークレット・サービスが乗り込んでいて、常に大統領の身辺を警護していた。

こうして、ヨシフ・スターリンに会うためのローズヴェルトの旅が始まった。それは彼が二年間にわたって設定の努力を続け、実現するためにとてつもない苦労をした会見なのである。

ローズヴェルトとチャーチルはこの年の一月、モロッコのカサブランカを会談場所に選んだ。ここなら、スターリンも自分たちとの会談に応じてくれそうな見込みがあると踏んだからだった。「われわれはスターリンを引っ張り出そうとやっているところだ」[2]と、ローズヴェルトはこの旅についてホワイトハウスの警護局長マイク・ライリーに概要を説明しながら打ち明けた。そして最後にはっきりとこう付け加えた。「彼に会うために私はカサブランカよりも遠くに行くつもりはない」。しかし、自分の提案した場所がすべてスターリンに断られるに及び、大統領の決意はもろくも崩れ去った。今や彼はそこから数千キロも遠くへ行くつもりだった。

テヘラン会談は、ローズヴェルトの最も大切な目的を推進するために計画された。それは、すべての国がメンバーとなるもっと実効的な形の「国際連盟」を設立するということだった。そのような機関こそ、平和な世界を維持するための最良の、まさに唯一の道であると彼は信じていた。この機関は、どの加盟国でも苦情を申し立てることができ、すべての国家が意見を交わすことのできるようなフォーラムになるだろう。場合によってはこの機関は行動の権限も手に入れるだろう。ローズヴェルトの計画では、世界の四人の警察官として行動する四つの超大国が出現することになっていた――アメリカ、ソ連、英国、中国である。これらの四ヵ国は、他の諸国よりも大きな力を持っているので、戦争に勝利したあかつきには世界の秩序を守ることになるだろう。

スターリンはローズヴェルトの構想に批判的だった。戦争は諸国を予期せぬ形で変えていた。戦後、存続するのは二つの超大国だけ、アメリカとソ連になるだろう。ソ連の加盟と支持がなければ、いかなる国際機関も生まれないことをローズヴェルトは自覚していた。ソ連の加盟と支持によって、「国際連合」(「ユナイテッド・ネーションズ」――ローズヴェルトは来るべき機構にそういう名称をつけていた)は最初の真の世界政府として出発するだろう。

ローズヴェルトは、ソ連の支配者との最初の会談で異議を出されることを予想し、それに負けずに相手を説得しようという腹を決めていた。彼はスターリンに自分の知性、強靭な性格、なかんずく権力を印象づけようと計画していた。そうすることによって自分は世界で最も被害妄想的な指導者を安心させられるだろうと。ローズヴェルトは、戦後の世界の運営をどうすべきか、それにはソ連が参加しなければならないという自分の構想でスターリンを満足させねばならなかったのである。

ローズヴェルトはスターリンに関して読めるだけのものを読んだ。彼はグルジア人であり、自分よりも二歳少し年長であり、ロシア帝国の南端で貧しいアルコール依存症の父親の子として生まれた。母親が息子の能力を知り、聖職者を説得して教会学校に入れてもらった。スターリンは謀反人になり、名前を本名のジュガシヴィリからスターリン（「鋼鉄の人」）に改めた。レーニンの目にとまり、やがてその後継者になった。彼はローズヴェルトと同じように身体的に欠陥があった。左足の二本の指が皮膜でくっついていたので、歩き方に少し滑らかでないところがあった。また、左手の使い方にぎこちなさが見られた。これは子供の時に馬車に轢かれた名残だった。

ローズヴェルトは矛盾する説明を受けていた。彼はスターリンに会ったことのある少数の人たちに問い合わせた。その一人、アンナ・ルイス・ストロング（アメリカ人向け週刊紙モスコー・ニューズの創刊者）は回想している。ローズヴェルトが特別に、ほとんど異常なまでに関心を持ったのはスターリンの人柄だったと。（多くの人の経験とは逆に、彼女はスターリンを「自分がそれまで会った中でいちばん話しやすい人」[3]だと思っていた）。ローズヴェルトはスターリンの凶暴な素性を聞き及んでいた。無慈悲であり、行く手に立ちふさがったものは誰でも投獄するか、殺害したと。一九三〇年にローズヴェルトはスターリンをムッソリーニにたとえた。一九四〇年にはホワイトハウスに集まった学生グループに向かって、スターリンの独裁は「世界の他のどこの独裁にも劣らず専制的」[4]だ、彼は「数千の無辜の犠牲者たちの無差別殺害」の罪を犯していると語ったことで有名だった。ローズヴェルトはソヴィエト支配者の本性についてまったく幻想を抱いていなかったし、また、ソ連の内政問題に口を出すことなど少しも考えていなかった。彼はスターリンを必要としていた。そしてローズヴェルトはスターリンが同じように、あるいはそれ以上に自分を必要としてくれることを願っていた。アイオワ艦上で侍医のロス・マッキンタイア海軍軍医中将に語ったように、「私は彼の現実主義に賭けている。彼は銃剣の上に腰かけていることにうんざりしているに違いない」[5]。

ローズヴェルトはエジプトでの前座を設定していた。カイロにおける四日間の会議である。参列者はウィンストン・チャーチル、蔣介石、そしてローズヴェルトの希望としては、ソ連外務人民委員でソヴィエト第二の権力者であるヴャチェスラフ・モロトフ（しかるべき軍スタッフを帯同して）が予定されていた。そのあと、ローズヴェルト、チャーチル、モロトフは空路イランへ飛んでスターリンと会談しようというのである。カイロ会談は四ヵ国が協調して戦略的プランの作成に着手する場所に、すなわち、ローズヴェルトがスターリンに提示したときの表現によれば、「われわれの作業を開始する」場所になるはずだった。この会談は、たとえまだ中国の力は眠っており、国も内戦と日本の侵攻の両方との戦いのさなかにあるにせよ、中国は世界第四の大国として受け入れられるべきだ、というローズヴェルトの主張を強調することになろう。しかしながら、スターリンはカイロに中国の指導者が来るということを知ると、モロトフの派遣とソ連の軍事代表の派遣を取り消した。これは、モロトフが蔣介石総統と会ったと知れば、日本はソ連の戦争遂行努力にとってきわめて重要なウラジオストク港の封鎖に動くかもしれず、さらに悪くすれば関東軍を満州国境で解き放つかもしれないからだった。その取り消しを知ったとき、ローズヴェルトはすでに外洋を航行していた。

この知らせはローズヴェルトにとって一つの挫折だったが、決定的なものではなかった。というのは、カイロが重要だったのは主として宣伝活動の観点からである。ローズヴェルトは宣伝の意識が最も強い大統領だった。ソ連が欠席しても、このようなエキゾチックな場所でローズヴェルトが蔣介石と公に抱き合うことから生じるプラスの宣伝効果を損なうことはないだろう。

ローズヴェルトは惨たんたる失敗に終わった国際連盟の記憶につきまとわれていた。ウッドロウ・

ウィルソン大統領〔第二七代。一九一三～二一年在任〕は夢と意志を持っていたが、それを実現するために必要な宣伝活動の手腕も政治的常識も持ち合わせていなかった。ヴェルサイユ会議の開催中、ローズヴェルトは海軍次官としてパリにいて、在仏アメリカ海軍のプレゼンス縮小に取り組んでいた。彼はウィルソンが、自己の同盟諸国が強硬に主張する復讐的な条項に同意を余儀なくされるのを目撃した。それは国際連盟に加盟するための彼らの報酬だった。ローズヴェルトはウィルソンとともに軍の輸送船「ジョージ・ワシントン」でアメリカへ向けて出帆した。ウィルソンの船室でのランチの席で、ローズヴェルトは大統領が鼻高々と話すのに耳を傾けた。「米国はこれに加盟しなければならない。さもなければ世界をがっかりさせることになる」(6)。ローズヴェルト個人としては国際連盟の決定的重要性について納得していた。しかし彼にはわかっていた。それはウィルソンがこれから国へ帰って米国上院に国際連盟への加入が何を引き起こすかについて報告しなければならないことであり、和平のプロセスからウィルソンに完全に排除され、まさに完全に無視された共和党の主要上院議員たちが手ぐすね引いて大統領を待ち構えていることだった。

ウィルソンは上院で攻撃され、国中を敵に回してしまった。ウィルソンは無益な戦いを続け、ローズヴェルトは大統領が健康を害するのを目の当たりにした。

世界政府の夢はローズヴェルトに残っていた。彼と国務省は、一九三九年にヒトラーがヨーロッパ攻撃を開始すると、世界機構設立のための素案作りを始めた。ローズヴェルトはその成功の探求においてあらゆる手段を尽くすことになる。彼が体験したのは――ウィルソンの失敗から直接学んだのは、立派な目標を設定するだけでは十分ではないし、大統領が熱狂して耳を傾ける全世界に向かってその目標を宣言するだけでは不十分だということだった。結局のところ、ウィルソンの一四ヵ条は世界に衝撃を与えただけで終わった。同盟諸国と米国上院の支援を得ることが必須だった。そして、それは戦争が終わる前にしなければならなかったのである。

　ローズヴェルトはホワイトハウスの「キャビネットルーム」〔閣議室〕のマントルピースの上にウィルソンの肖像写真を飾っていた。この部屋を彼はスピーチライターたちと演説草稿を練る場所として使っていた。ローズヴェルトの伝記作者で友人でもあったスピーチライターのロバート・E・シャーウッドは、大統領は座って演説草稿を練りながらその写真をよく見上げていたと回想している。「ウィルソンの悲劇はいつもどこか、彼の意識の端にひっかかっていた。ローズヴェルトには決してウィルソンの失敗を忘れることができなかった」[7]と。

　ローズヴェルトは口説き落とさねばならない主要グループを前もって特定した。それから、自分の先導に従うことによって生まれる実際的利益を指摘することで、それぞれのグループ内に合意を作り出した。どのグループも方針を打ち出す用意が出来ないうちに、ローズヴェルトがやってきて、道の先頭に立った。

　ローズヴェルトは、ハーヴァード大学総長A・ローレンス・ローウェルから与えられた忠告を肝に銘じていた。大学一年の時、ローズヴェルトは彼の「憲法I」を聴講した。それは一九三三年一月、ニューヨークでローズヴェルトを主賓にして開かれた毎年恒例のハーヴァード・クラブ夕食会でのことだった。当時、ローズヴェルトは次期大統領として、閣僚と補佐官の人選を進めていた。基調講演者のローウェルは、ローズヴェルトのほうにまっすぐ顔を向けながら言った。最高行政官にとっての最重要の原則は、議会、内閣、そしてそもそも国民との関係において、常に主導権を握り、それを維持することだ、と。

　ローウェルは、ローズヴェルトがいつもこの原則を適用するならば、成功するだろうと断言した。ハーヴァードのクラスメートで、学内日刊紙クリムゾンで一緒に働いたことのあるルイス・ウェーレによると、ローズヴェルトはローウェルの発言を「一語も聞き漏らすまいと真剣に耳を傾けているようだった。そして……発言の最後にはすっかり考え込んだ」[8]。

テヘランへ向けて出発する二日前、ローズヴェルトはホワイトハウスの「イーストルーム」で手の込んだ儀式を主宰した。ここで大統領と四四ヵ国の代表たちは長いテーブルに座り、「連合国（ユナイテッド・ネーションズ）救済復興会議」（UNRRA《アンラ》）を立ち上げる協定に署名した。ローズヴェルトは「第一次世界大戦休戦記念日」まで待っていた。連合国機構のこの最初の組織の設立を発表するには、この記念日はうってつけで最大の注目を集めるだろうからだった。UNRRAは加盟各国の歳入の一パーセントの拠出を資金にして、戦争で破壊された世界の居住地域の人々に衣食住の支援をすることになっていた。その事務局長のハーバート・レーマンは前ニューヨーク州知事で、その日のニューヨーク・タイムズ紙の記事によると、彼は米国、英国、ソ連、中国の四ヵ国によって選出されたばかりだった。国際的に管理され、スタッフが国際的に構成され、運営も国際的に行われる組織であるUNRRA設立の背後には、ソ連がいた[9]。戦争に疲弊した諸国を立ち上がらせるための方策というのは、ソ連の構想だった。ローズヴェルトが戦後世界をこれら四ヵ国で運営することを期待していると知った後、スターリンはこの四ヵ国がUNRRAの執行委員会〔中央委員会〕を構成するという考えを支持した。

四ヵ国について言及するのはローズヴェルトにとって最高に重要なことだった。彼はこの構想を世界に広めようとしていた。というのは、彼の計画では「四人の警察官」は「連合国」、すなわち一九四二年一月一日に彼が誕生させた国際機構の中核メンバーになることになっていたからである。パールハーバーから三週間後の新年初日、ローズヴェルトは「連合国共同宣言」の署名のためにウィンストン・チャーチル（ホワイトハウスに滞在していた。英国を代表）、ソ連代表のマクシム・リトヴィノフ駐米大使、中華民国代表の宋子文外交部長をホワイトハウスの自分の書斎に集めた。ローズヴェルトは米国を代表してみずから宣言に署名した。最初の連合国文書はローズヴェルトの遠大な構想の第一歩だった。宣言はそれぞれの国に「生活、自由、独立および宗教の自由を守る」ことを義務づけ、「世界の征服を狙っている野蛮で残忍な勢力に対して彼らがいま共通の闘争に取り組んでいる」ことを宣言し、「それぞれの政府は……敵と単独の停戦あるいは講和をしないこと」に同意した。残りの二二ヵ国の代表者は翌日、国名のアルファベット順で署名した。

この国際機構の名称がローズヴェルトの頭にひらめいたのは、チャーチルがホワイトハウスに滞在していたある夜のことだった。それまで彼とチャーチルはさまざまな名称を取り上げて検討し、切り捨てていた。二人はある夜おそくまでこの問題に取り組み、結局、侵略に対する戦いで連合している諸国を表す語句にしようということでその場は打ち切った。それからローズヴェルトはベッドに入り、「連合」という単語を頭の片隅に置いたまま眠りに落ちた。翌朝早く、彼は答えを見つけて目を覚ました――「ユナイテッド・ネーションズ〔連合国＝国際連合〕」である。

客の意見を一刻も早く聞きたくてたまらなかったので、朝食を待たずに、彼は召使を呼び、チャーチルの部屋の戸口まで車椅子を押していくように頼んだ。チャーチル首相は同じ階の、ホールの先の「ローズスイート」に滞在していた。ローズヴェルトはノックした。チャーチルは大統領にどうぞと答えたが、いま風呂に入っているところだと言った。少しして、首相が突然浴室から、ヴィクトリア朝イングランドの光景が壁に描かれた居間に入ってきた――「身に一糸もまとわずに」[10]。ローズヴェルトによれば、彼は「バラ色のケルビム天使」のように見えた。

ローズヴェルトはその時こう言ったと語っている――「ウィンストン、見つけたよ。〝ユナイテッド・ネーションズ〟だ」[11]。

「よし！」とチャーチルは答えた。

カイロでは、ローズヴェルトは中華民国政府主席蔣介石（大元帥）と会談し、対日戦争への中国の参加について討議することを計画していた。中国での事態は悪化するばかりで、ローズヴェルトは中国が戦争から脱落するのではないかと危惧していた。「蔣介石の軍隊はさっぱり戦っていない――各紙に載る記事とは裏腹にね[12]」と、ローズヴェルトは息子のエリオットに漏らした。彼は大元帥に発破をかけ、気合を入れようと考えていた。しかし、これに劣らず重要なのは、二人の会見が生み出す宣伝効果であり、中国を将来の国際連合における第四の大国――四番目の警察官として示すことである。ローズヴェルトの未来に対する本能と感覚は、国際連合が世界を完全に代表するためにはその中にアジアが同等に存在することを求めていた。彼はチャーチルもスターリンも自分のように感じていないことを知っていた。この二人が中国を認めたのは、ローズヴェルトの主張があったからこそである。

それでも大統領は、テヘランでスターリンと会談する見込みがなかったなら、多分カイロに出かけなかっただろう。蔣介石はワシントンへ呼び出すことができたはずだ。彼の夫人〔宋美齢〕はこの年の春、ホワイトハウスの客になった。チャーチルは米国へ何度もローズヴェルトを訪ねている。ローズヴェルトがカイロでチャーチル、蔣介石と会う算段をつけたのは、数週間前、コーデル・ハル国務長官がスターリンとの会見後、モスクワから電報を打ってきてからのことである。国務長官は大統領に知らせた――スターリンはこちらの提案に対応しており、中東での彼との会談は恐らく開催されるだろう、そして最も重要なことに、スターリンはハルに対して、「ヨーロッパでの戦争終結後ただちに……それ〔ソ連〕は日本に対して行動を起こすだろう[13]」とローズヴェルトに伝えるように言った、と。

カイロはテヘランへの旅の途中下車にはもってこいの場所だった。

　戦争中のレベルの高い会談にはすべてコードネームが付けられた。テヘランのコードネームは「ユーレカ」である。これはローズヴェルトの観点からはとりわけ適切だった。なぜなら、アルキメデスはバスタブから出るとき、物体の質量に関する自然の原理を発見して、歓喜のあまり「ユーレカ」と叫んだと伝えられているからである。そしてこの会談はローズヴェルトにとっても大成功だった。彼はこれをお膳立てするために一年以上も努力を続けた。スターリンと文通を行い、時にはこれに自分の伝言も織り交ぜた。二人はそれまでに優に一〇〇通を超える通信を交換していたが、主としてそれは米国と英国の戦争計画、ソ連向けの銃砲、食料、航空機、戦車、ガソリン、さらには工場用原材料の輸送の進行状況、そして最近ではイタリアの降伏条件に関するものだった。二人がどこで、いつ待ち合わせることができるかについての提案も含まれていた。スターリンはずっとローズヴェルトをはぐらかしてきた。ソヴィエト軍最高総司令官であり、国家防衛委員会議長兼国防人民委員〔国防相〕として、自分は絶えず参謀本部と連絡を保ち、彼らと一緒に働いて分刻み、一日刻みで決定を下せる状態にいなければならない、従って自分は国を離れることができない、というのがスターリンの変わらぬ断りの理由だった。

　この言い分は完全に真実だった。とりわけ、戦争の初期、ソ連が存亡の危機にひんしていた時にはそのとおりだった。スターリンは毎日のように参謀総長のアレクサンドル・ワシレフスキー元帥、副最高総司令官のゲオルギー・ジューコフ将軍と協議した。ジューコフは勇猛かつ有能な指揮官で、モスクワとレニングラードの防衛で功績を上げた。スターリンには最初から大きな軍事的技量があったわけではない。しかし、将軍たちの意見に耳を傾け、大量の情報を吸収し、戦闘プランを見分けることを学んだ。「卓越した組織者」として、「彼はスターリングラードを手始めに最高指導者としての能力を発揮し……前線作戦を組織する技術を習得し……複雑な戦略的問題を完璧に理解してこれらの作戦を見事に指導した[14]」と、のちにジューコフはスターリンについて書くことになる。

しかし、一九四三年が終わりに向かっている今、ソ連国内の緊迫感は少し緩和していた。レニングラードは依然として封鎖されていたが、赤軍はドイツ軍に占領された国土の三分の二を奪還していた。二月にはスターリングラードで勝利し、ドイツ攻撃軍の残兵――ぼろぼろの軍服を着た栄養不良の将兵九万二〇〇〇を捕虜にした。七月にはモスクワの南西約五三〇キロのクルスク地区で、両軍合わせて兵員二〇〇万、戦車六〇〇〇両、飛行機四〇〇〇機が激突した壮大な戦いに勝利した。クルスク後、もはやドイツ軍は東部戦線で攻勢に出ることができなかった。一九四三年秋までにソヴィエト人たちは、今年が転換点になると話していた[15]。

この変化を肌で感じさせるいちばんの兆候は、九月になってついにスターリンが自分の将軍たちに後事を託して旅をし、ローズヴェルトと直接会える時が来たと判断したことだった。それでもなお、スターリンがローズヴェルトの会談プランを受け入れたのは、大統領がワシントンを出発するまさに前日になってからである。今年になってからずっと二人の指導者は考えられるさまざまな会見場所を相談してきた。ローズヴェルトは二人が会えそうな一連の日付と場所を提案していた。彼の提案した場所の中にはアイスランド、南アルジェリア、ハルツーム〔スーダン〕、ベーリング海峡、フェアバンクス〔アラスカ〕、カイロ、バスラ〔イラク〕が含まれていた。(大統領は、ベーリング海峡の提案では帝王的な一面を露呈して、次のように書いた――「ベーリング海峡のあなたの側か、それとも私の側のどちらかでわれわれは会うことができると思うが、いかがか[16]」)。

スターリンは候補地すべてを退けた。自筆で書かれた希少な書簡の一つで(ローズヴェルトは八月八日にこれを受け取った)、初めてスターリンはどうしようもなくなって白海に面したロシア極北のアルハンゲリスク、あるいはロシア南部のアストラハンを提案し、その上でこう書いた――「万一この提案があなた個人にとって不都合ならば、その場合には上記の場所の一つへ、責任を持つことができ、そしてあなたが全面的に信頼する人物を派遣していただいてもいい……すでに〔ジョセフ・E・〕デイヴィス氏に語ったように、私はこの会談にチャーチル氏が出席することになんら異議がありません」[17]。九月になるとスターリンはようやく書いた――自分は会談に出かけることができる、ただし「会談の正確な日付は、ソ独戦線の状況を考慮しつつ後で決められねばならない」[18]と。そして、テヘランを提案した。ローズヴェルトは、憲法上の責務を引き合いに出して、自分にはテヘランは非常に難しいと応答した。「私には、テヘランがある山脈越えの盆地へ飛行機で往復するのにかかる遅延の時間は取れない。それゆえ、非常に残念だが、テヘランには行けないと申し上げねばならない。そしてこれには私の内閣も議会指導者たちも完全に同意している」[19]。ローズヴェルトがイラクのバスラとバグダッド、さもなければアラスカかトルコを提案したのはこのときのことである。そして、最後にこう結んだ。「この重大局面に際して私をがっかりさせないでほしい」。

スターリンがこれに回答するまでに二週間かかった。彼はローズヴェルトにテヘランが唯一の選択肢だと伝えた。「最高総司令官としての自分にとって、テヘランよりも遠い所へ旅をする可能性は排除されている」。

ローズヴェルトはしぶしぶ、山脈を越えてテヘランへ飛ぶ決心をした。三日後の十一月八日、彼はスターリンにテヘランで会おうと返事を出した。

メディアに対する意識がきわめて高かったローズヴェルトは、この会談が世論の観点からいかに重要かということを知り抜いていたので、その役割を話題として利用し、スターリンの自尊心に訴えた。「世界中がわれわれ三人のこの会談に注目している」[20]と。

例によってあふれんばかりの楽天主義を発揮して、ローズヴェルトは旅の計画を全速力で推進した。スターリンが実際に現れるかどうかということに何か疑念を持っていたとしても、ローズヴェルトはそれを自分の胸に秘めて誰にも洩らさなかった。スターリンは米国沿岸からはるか遠くの国を選んだ。だが、それは米国が管理する国であり、最初の印象ほど気まぐれな選択ではなかった。イランを経由するレンドリースの輸送回廊は非常に重要だったので、米国の将軍がイラン軍の参謀長に任じられていた。米国の警察幹部の一人がイラン憲兵隊の顧問になっていた。さらにもう一人の米国人がイラン政府の首席財政顧問を務めていた。これに加えて、約三万の米国軍人からなる「ペルシア湾岸戦務集団」がテヘラン郊外の二ヵ所のキャンプで野営していた。

ローズヴェルトは旅が大好きだった――自動車旅行も、鉄道の旅も。だが、とりわけ好きだったのが船旅である。だから、気掛かりなことはひとまず脇に置いといて、最新鋭の軍艦での航海ということになれば大統領の士気は高まっただろう。

ハリー・ホプキンスは艦に同乗していた唯一の非軍事の補佐官である。ローズヴェルトは国務省のキャリア外交官たちを警戒していた。その多くは保守的な共和党員だった。反ソヴィエト傾向の強かった東欧局は解体されていた。しかし、国務省キャリア職員の大多数は一九三三年にローズヴェルトがソ連を承認することに反対した。そして国務省内では大改革がなされたとはいえ、大統領とその政策に対する根強い反感が深く内攻していた。大統領がホプキンスを特に外交業務査察のためにヨーロパに派遣したとき、ホプキンスは現地の米国大使館、公使館の多くがローズヴェルトではなくて依然としてフーヴァー前大統領の写真を壁に掲げているのを発見した。これも大統領の心証を悪くした。(当時まだ若い外交官で、のちに封じ込め政策の発案者として有名になるジョージ・ケナンは、一九三三年のローズヴェルトのソ連承認に反対してかなり典型的な意見を述べていた。「われわれは彼らと一切関係を持つべきではない……その時も、それ以後のいかなる時期にも決して私はソ連をこの国のための実際的あるいは潜在的な、よき同盟国あるいは仲間とはみなさなかった」[21]と）。ローズヴェルトは連邦準備制度理事会のマリナー・エクルズ議長にこう言ったことがある。「君はキャリア外交官たちの思考、政策、行動のいかなる変化をも見逃さないように努力する経験を積むべきだ。そうすれば、実際の問題が何かということが分かるだろう」[22]。別の慧眼の士もまた、米国外交官たちの堅苦しさは度を越していると考えた。その英国の経済学者ジョン・メイナード・ケインズは「国務省をつうじて連絡をとるのは、毛布越しにセックスするようなものだ」[23]とジョークを飛ばした。

ヘンリー・モーゲンソー財務長官が国務省職員たちを非難してもどうにもならなかった。[24]財務長官は彼らがヒトラーのユダヤ人絶滅を大目に見る手段として「総ぐるみのさぼり」[25]を意図的に用いていると非難したのである。

挙句の果てに、ローズヴェルトには個人外交に対する信仰と、相手を説得する自信があった。自分こそ米国一番の外交官だと自負していた。彼は自分が追求している結果を知っていた。望んでいたのはソ連との強い絆をつくることである。彼は世界政府の実現可能性についてスターリンと探りの会話を開始することを、そして両国がまだ軍事同盟国でいる間に合意を成立させることを期待していた。「この目的に関して最大限の全般的合意を達成する」[26]ことである。ローズヴェルトは確信していた。これは世界政府の創立における必要な最初の一歩であり、そのような政府こそ世界戦争の終焉を保障するのであり、一人の世界指導者（彼自身）だけがこの交渉を操縦できるのだと。

国務省のスタッフが戦艦に同乗していないことは、ホプキンスが大統領側近の中でいかにユニークな存在であるかということをさらに際立たせた。ホプキンスは五十三歳で、好ましい資質をたくさん備えていた。魅力的で、知性的で、直観力があり、有能だった。そしてニュースとゴシップを底なしの井戸のように提供した。一部の人は彼を「大統領補（アシスタント・プレジデント）」と呼んでいた。ホプキンスの昇進の原因は、その疑問のない力量というよりも、むしろローズヴェルトの気分と必要を判断するその能力にあった。大統領が意気消沈していれば、ホプキンスはその周囲に人を集めた。大統領が気晴らしを必要としていれば、彼はそれを察知できた。大統領が誰か話し相手を必要とするときには（独りでいることが嫌いだったので、そういうことが頻繁にあった）、ホプキンスがそこにいた。特別の対応を要する重要問題が生じた場合、ローズヴェルトはその解決策探しをホプキンスに任せた。

ホプキンスは、アイオワ州生まれで、グリネル大学を卒業後、ソーシャルワーカーになった。彼は優秀な行政官だった。ローズヴェルトは一九二九年にニューヨーク知事として、大恐慌で仕事を失った数百万人を対象にした最初の全国規模の失業対策プログラムを立ち上げた。ホプキンスはこのプログラムを実に効率的に実施したので、ローズヴェルトは彼をワシントンに連れていき、ニューディール失業対策政策の立案と実施を手伝わせた。戦争の開始とともに、ローズヴェルトはホプキンスを同盟国と米国軍へすべての弾薬を配分する弾薬割当委員会の議長に任命した。彼はまた、米国がソ連へ送っている大量援助の指揮を担当した。

ホプキンスの服装はひどかった。「嘆かわしいほどだらしない。彼の服はまるで着たまま就寝する習慣があるかのように見えた。そして帽子は、彼がいつもその上に座ることを習慣にしているかのようだった[27]」と、ウィンストン・チャーチルの軍事首席補佐官サー・ヘイスティングス・イスメイ将軍は書いている。ニューヨーカー誌のある人物紹介は彼の風貌を「人間になったシュレッデッド・ウィート〔シリアル〕のすかすかビスケット[28]」に例えている。深刻な消化器系の問題に悩んでおり、そのためにとても痩せていた。健康状態はよくなかった。一九三七年には手術を受け、少しはよくなったが、依然として厳しい胃の問題を抱えていた。そのために彼は定期的に入院を繰り返していた。

ドイツ軍がオランダとベルギーに侵攻し、チャーチルが首相になった一九四〇年五月十日、ローズヴェルトはホプキンスをホワイトハウスでの夕食に招いた。ホプキンスは状況を評価し、とるべき行動を考え出すのに非常に役に立った。時間が遅くなったので、ローズヴェルトは泊まっていくように頼んだ。ホプキンスはパジャマの上下を借り、沢山ある寝室の一つへ寝にいった。それ以来、彼は自宅へ帰ることがなかった。彼に与えられたのは「リンカーン・スイート」だった。エイブラハム・リンカーンが「奴隷解放宣言」に署名した場所である。このスイートは「家族の階」である二階にあり、ドア二つ先から大統領の家族の部屋が並んでいた。リンカーン・スイートの間取りは天井の高い大きな寝室（暖炉があり、「サウス・ローン」〔芝生の庭〕と「ワシントン記念碑」に面している）と、それよりも小さな居間、そして大きな浴室で構成されていた。ホプキンスの机はトランプ用テーブルだった。一九四二年七月、ホプキンスがハーパーズバザー誌〔一八六七年創刊のファッション雑誌〕の元パリ編集長ルイーズ・メーシーと結婚したとき、式はローズヴェルトの書斎の、そのために特別に観葉植物で囲んだ暖炉の前で行われた。今度はルイーズ・ホプキンスがリンカーン・スイートに引っ越してきた。エレノア・ローズヴェルト〔大統領夫人〕は最初はルイーズを住まわせることを疑問視していた。しかし、大統領の意志は固く、「彼がうちにいることが絶対に必要なのだ」[29]と彼女に語った。ホプキンスほどローズヴェルトと近しい関係にあった者はいない。だが、ローズヴェルトは少し彼に距離を置いていた。ホプキンスはローズヴェルトのことを「大統領」（「ミスター・プレジデント」）と呼んだ。エレノア夫人やチャーチル首相が呼んだような「フランクリン」でもなく、友人のフェリックス・フランクファーター最高裁判所判事が呼んだような「フランク」でもなかった。

戦争中〔一九四三年から〕、ソ連の駐米大使だったアンドレイ・グロムイコの回想によると、ローズヴェルトはよく「私に……この面倒な問題についてはハリー・ホプキンスに会うようにと助言したものだった。彼はすべての答えを持っていないかもしれない。しかし、最善を尽くす。そしてあとで正確な報告を私にしてくれる、と[30]」。多くの人がホプキンスをローズヴェルトの「目と耳」と呼んだ。グロムイコは彼がローズヴェルトの両足でもあると気づいていた。

ホプキンスが艦上で務めていたのはコーデル・ハル国務長官の代わりだった。ハルはテネシー人で、尊敬を集めている人物であり、背が高く、白髪で、威厳があり、堂々としていた。彼は、ニューディール法案を通過させるのに不可欠だった保守的な南部の民主党上院議員たちの票を、ローズヴェルトに結び付けたきわめて重要な橋だった。

ハルは閣内で比類のない地位を占めていたが、それは彼が議会内に力をもっていたおかげである。この力が彼を、大統領に言わせれば、「自分が本来持ち合わせていない政治力をいくらか私にもたらしてくれる唯一の閣僚にしていた[31]」。

「ウィルソンがどのようにして国際連盟を失ったか忘れないでくれ[32]」と、ローズヴェルトはある時、労働長官で彼の最初の女性閣僚だったフランシス・パーキンスに語った。「いまだかつて構想されたものの中で、最重要の国際的取り組みに米国が参加する機会をどのようにして失ったかを。彼は議会を参加させないことによってそれを失ったのだ」。ハルは米国下院での長い経歴の後、一九三〇年に上院へ選出されたが、ローズヴェルトから国務長官就任を要請されて上院議員を辞職した。大統領はハルが元同僚の南部の上院議員たちと連絡を維持することを頼りにしていた。ローズヴェルトは、上院が国際連盟加盟の提案を却下したことをずっと心に留めていたのである。ハルは、上院が国際連合を否決しないように取り計らうだろう。

ローズヴェルトは人前ではハルを持ち上げたが、個人的な関係では無視し、ハルを大いに苛立たせた。だが、ハルの忠誠心には変わりなかった。ローズヴェルトは自分自身で外交政策を決定しただけはない。時にはハルでさえ、ローズヴェルトの次の指し手がどうなるか知らないこともあったのである。国務省の外交官として著名なロイ・ヘンダーソンが言ったことがある。ローズヴェルトは「プレーをしながら、自分でルールを作った。だから、ハル氏にとって多くの場合、決定を下すことが不可能だった」[33]。ある者は、ローズヴェルトがハルをあのように扱ったのは個人的先入観のせいだと考えた。というのは、ハルは少し重々しいところがあり、裁判官のような雰囲気もあった（彼の妻はいつも夫に「裁判官」と呼びかけた）。頭の回転が速く、直観力があり、飽きっぽいローズヴェルトが、ゆっくりした慎重な立ち居振る舞いのせいでハルを脇に追いやったのだという説もあった。確かにこの性格は一つの要因だった。ハルの話し方にはまた軽い舌もつれが見られた。人々はこれがローズヴェルトの耳障りになっていることに気づいていた。アメリカの参戦後、ローズヴェルトは外交政策と軍事政策の間に万里の長城を築き、軍事問題に関連する一切の会話からハルを締め出した。ハルは自分が締め出されたことにも傷つき、いろいろ傷つきながらも、これに耐えた——そして甘んじただけではない。「私は大統領以外の情報源から、カサブランカ、カイロ、そしてテヘラン会談で何が起きたかを知っていた」[34]。

戦争はローズヴェルトの役割を広げた。パールハーバー後、彼は民生計画と同じく軍事でもその頂点に身を置き、「最高司令官」という自分の新しい役割と称号にすぐに慣れた。彼はこの称号が大好きだった。古い友人のルイス・ウェーレの表現によれば、彼は「水を得た魚」[35]だった。ハルにはそれを認めるほかなかった。「どうぞ私に呼びかけるときには、大統領ではなく、最高司令官と呼ぶようにしてくれたまえ」[36]と、ローズヴェルトはハルに命令した。それは戦争に突入して一年目の内閣の夕食会で、大統領への乾杯を提案しようとしたときのことだった。

忠誠心が変わらぬハルは、一九四三年十月のモスクワの外相会談〔第三回。ハル、イーデン、モロトフによる〕に出席した。これは彼のキャリアの頂点だった。この会議の間、いまローズヴェルトがそのための途上にあるテヘラン会談の下準備を行なった。モスクワで外相たちは国際平和と安全を支援するための世界的機関設立の必要性に関して合意したのである。

モスクワ会談では、ハルとその代表団はスターリンと一回だけ行なわれた会見において見事な成果を収めた。きわめて将来性のある進展として見られる問題で、ハルはソ連代表団に、スターリンがローズヴェルトに今回は議題にしないと伝えていたあることに同意するように説き伏せたのである。それは中国の参加である。会議の数週間前、スターリンはローズヴェルトに伝えていた。「もし私があなたを正確に理解しているとすれば、モスクワ会談ではわれわれ三ヵ国にのみ関係する問題が討議されるだろう。それゆえに、四ヵ国宣言の問題は会議の議題に含まれないことが同意されているものと考える」[37]。ローズヴェルトはあっさりこの意見を無視した。その代わり、彼はスターリンにイタリアの問題、フランスの問題、そして二人の会談が開けるかもしれない一連の候補地について書き送った。

ハルはローズヴェルトのために奮闘した。彼は中国問題をモスクワ会談の議題にすることに成功しただけでなく、モスクワ駐在中国大使の傅《ふ》秉常《へいじょう》にモロトフ、英国外相アンソニー・イーデン、ハルとともに四ヵ国共同宣言に署名させることまで実現したのである。モロトフは、恐らくスターリンから与えられた命令に従って事態のこの展開を妨げようと試みた。モロトフは不承不承、中国があとで署名するのであれば反対しないと同意した。しかし、三ヵ国宣言という考えに固執し続けた。ハルは突然強硬になり、もしソ連が宣言の原本に中国を加えることに反対するなら、国務長官の自分は荷物をまとめてワシントンに帰るとモロトフに言った。その結果、モロトフはスターリンへメッセージを走り書きし、会談は再開された。提案を採決しないままで議論し続けるために、ハルは討議に参加し、スターリンからの回答が届くまで会談を引き延ばそうとある意味で「議事妨害」をした。モロトフは届けられた覚書を開き、満面に笑みを浮かべて言った。「ソヴィエト政府は四ヵ国宣言に中国を加えることを歓迎する」[38]。英国の通訳官A・H・バースは、この光景を見守りながら、こうメモした――会議が進んでいる間、舞台の裏をずっとスターリンがうろついているようだった、と。

宣言は、敵に対する統一行動、降伏条件については全員一致を守ること、「すべての平和愛好国の主権平等の原則に立脚した」国際的平和維持機関の創立などを規定した。これはローズヴェルトの希望にスターリンが折れた最初の例だった。

もう一つの勝利がそれにすぐ続いた。上院が、戦後の国際協力と一般的国際機関の設立を規定するコナリー決議案を通過したのである〔一九四三年十一月五日〕。この決議は上院が「国際連合」に出した青信号であり、ローズヴェルトの安心を計り知れないほど強めた。大統領は決議案の通過をひじょうに喜んだ。モスクワ会談の結果はもちろんのことだった。そこでローズヴェルトはワシントン国際空港へ行き、到着した軍の大型輸送機からハルが降りてくるのを出迎えた。これは大きな思いがけない名誉だった。「われわれはあなたに市の鍵を進呈する」――現場で取材したニューヨーク・タイムズ紙の記者は、大統領がハルに語った言葉として引用している。

テヘランへの旅ではハリー・ホプキンスがコーデル・ハルの代わりを務めた。ローズヴェルトは、ハルの忠誠心は頼りになるが、ハルが再び長い旅を、それも最初の旅の直後にそれを繰り返すのは体力的に無理だと分かっていた。

エレノア・ローズヴェルトは、慢性的に旅行をしないではいられない性格だったので、かねがねテヘランへ行きたいと考えていた。そこで、自分も連れて行ってほしいと大統領に文字どおり懇願した。ローズヴェルトは拒否した。女性は絶対にダメだ、と彼は宣言した。二人の長女、アンナ・ベッティガーはその会話の席にいて、夫のジョンに報告した。「ＯＭ（オールド・マン〔親父さん〕の略）は母をくそみそにやっつけ、母の気分を害してしまった」[39]。アンナも連れて行ってくれと頼んだ。大統領はアンナには答えを用意していた。女性は誰も乗船を許されないと。アンナは憤慨した。それはとりわけ二人の男のきょうだい――陸軍大佐のエリオット〔三男〕と海軍中尉のフランクリン〔四男〕は招かれていたからである。（「ＯＭは家族の女性メンバーの扱いで鼻もちならないわ」と夫に書き送った。その夫もカイロで大統領一行と合流するのである）。

　こうして、三ヵ国の戦争戦略を調整し、戦後世界を計画すべくヨシフ・スターリンと会うための旅に際して、ローズヴェルトは麾下の将軍たち、提督たち、個人的な料理スタッフ、執事、従者たち、そして有能な友人ハリー・ホプキンスを引き連れていた。

　ホプキンスに加えて、もう一人、ローズヴェルトが親しくしている文官の外交政策顧問としてアヴェレル・ハリマンがいた。彼はテヘラン会談に参加する予定である。ローズヴェルトはハリマンを、チャーチルと最初のレンドリース計画を立ち上げるためにロンドンへ派遣し、次いで一九四一年十月にスターリン、モロトフとともにソ連側の必要とするものを算定するためにモスクワへ派遣したことがあった。前月にソ連駐在大使になり、モスクワ会談に間に合ったハリマンは、カイロで待っていた。ニューヨーカー誌の人物描写によれば[40]、彼は外交官の中でもエネルギッシュで、思索的で、貴族的で、ハンサムだった。痩身で身長は一八五センチ、髪は黒く、深くくぼんだ茶色の目をしていて、目鼻立ちが整っていた。外国語は一つも話せなかった。ハリマンが冗談を言ったことがあった。「私のフランス語は絶品だよ。ただし、動詞を除いてだが」。彼が冗談を言うのを聞いたのはきわめて身近な人たちだけだった。ハリマンはとてつもない大富豪で、ブラウン・ブラザーズ・ハリソン銀行の共同設立者であり、ユニオン・パシフィック鉄道の会長だった。若いころにはスター・スポーツ選手で、八ゴールをゲットしたポロ選手として全米ランキング四位になったことがあった。大統領と同じように、彼はグロートン・スクール〔マサチューセッツ州の私立エリート高校〕へ行ったが、イェール大学へ進学し、ここで伝説的な秘密結社「スカル・アンド・ボーンズ」に加入した。彼の家族も、ハドソン川地区の広大な地所「アーデン・ハウス」を、ローズヴェルト家のスプリングウッドから上流のハドソン川の西側に持っていた。出身階級とそのキャリアには珍しく、彼は民主党員だった。ローズヴェルトは税金を上げ、社会保障制度を制定し、最低賃金を導入したが、これらはみな労働者階級の要求に対処したものだった。その上、株式市場を規制するために証券取引委員会を設立した。このため、富裕で保守的な米国人たちはローズヴェルトを嫌い、彼のことを「自分の階級の裏切り者」と呼んだ。ハリマンがローズヴェルトのもとで働くことになったというニュースが漏れて、ウォールストリートの彼の友人たちに伝わると、彼らは恐怖に駆られた。「ローズヴェルト憎しの感情が強まっていた。私がウォールストリートを歩いて行くと、旧知の仲だった人たちが私と握手しなくて済むように通りの向こう側へ渡った」と、ハリマンは回想している。

ハリマンはローズヴェルトと似通っていて、枝葉末節にこだわることを嫌い、しかるべき手続きを踏むことにうんざりする性格だったので、国務省の官僚主義を迂回することにはまったく平気だった。彼の名目上の上司のハルも、大統領の命令でハリマンがじかに大統領に報告するのは当然だと受け取っていた。ハリマンはホプキンスより一歳年下だった。そして二人は大の仲良しだった。ホプキンスが妻にプロポーズしたのは、ワシントンのメイフラワー・ホテルのハリマンのスイートで、彼とルイーズがハリマンとマリー夫人と連れ立って夕食に出かけようとしていたときだった。週末には、ロングアイランドのサンズポイントにあるハリマンの家で、機会さえあればいつも二人はクロッケーで争ったが、ハリマンはその名人だった。ハリマンはカイロで大統領を待っていた。

大統領航海中の安全守則は徹底していた。駆逐艦九隻と空母一隻が交代でアイオワを護衛していた。そのアイオワ自身が砲一五七門、カタパルト二基、観測偵察機三機を搭載していた。常時、駆逐艦六隻が対潜警戒網として作戦していた。空母「サンチー」を含むその他の艦艇は、北四〇キロに位置する機動部隊の一部だった。戦闘機が艦の上空を任務飛行しながら、監視を続けていた。アイオワは平均速度二三ノット〔時速四二キロ〕で航行し、即応3の態勢をとっていた。これは常時、乗組員の三分の一が交代で戦闘配置についていることを意味した。ひとたび海上に出ると、アイオワはメッセージを受信することはできたが、送信できなかった。ワシントンへの連絡はアイオワから駆逐艦によって中継された。駆逐艦は途中まで引き返してから外部世界と無線連絡をした。メッセージは絶対最小値にまで簡略にされた。なぜなら、ローズヴェルトの安全は彼の居場所を分からなくしておくことにかかっていたからだ。アイオワが受け取ったあるメッセージは、会談の場所をカイロからマルタに変更したいというチャーチルの希望に関係していた。変更のための理由がなさそうだったので、保安要員はチャーチル首相の気まぐれの発作の一つと判断した。ローズヴェルトもそう判断した。メッセージを知らされると、彼は直ちに回答した。「カイロに関する当方の計画に変更なし。復唱。カイロに関する当方の計画に変更なし」。

唯一の重大な事故、それも大統領をもう少しで殺しそうになったひやひやの事故が起きたのは、航海の二日目のことだった。対潜駆逐艦「ウィリアム・D・ポーター」が右舷側に位置をとり、最高司令官たる大統領のために砲術の特別の観閲試技を準備していたが、どうしたことか、信じがたいことだが魚雷をまっすぐアイオワに向けて発射した。この事故に関するローズヴェルトのメモによると、「護衛の駆逐艦がアイオワを演習用目標として魚雷発射訓練をしていた。規則に反し、魚雷発射管には発射薬が残っていた。魚雷は発射されたが、幸運なことに狙いが悪かった。もちろんキング提督はおかんむりだ。かなり過激な懲戒処分をとるのではないか心配だ。われわれは魚雷をかわすために第二砲列を使用した。結局、魚雷は二～三キロ後方で爆発するのが見えた」[41]。

観察力の鋭い、若い航法士補ジョン・ドリスコルがこの事故を記録していた。彼が紫水晶の海と呼んだ、穏やかな天候の海上でそれは起きた――

大統領はエビ茶色のポロシャツ、グレーのフランネルズボン、白のフィッシャーマンズハット、サングラスという服装で左舷のプロムナードデッキ〔遊歩甲板〕に座っていた[42]。キング提督、マーシャル、リーヒなどの将官は艦橋の通路にいて風船射撃の観閲試技を見守っていた。その時、ウィリアム・D・ポーターが「緊急事態」の信号を送ってきた。艦長が司令塔の中へ「面舵一杯」と怒鳴るのが聞こえた。そして艦は旋回し始め、激しく揺れた。われわれに向かってきたのは速度が五ノット〔時速九・二キロ〕以下の、方向が不安定な「魚《フィッシュ》」だった。私は大統領が座っている眼下のプロムナードデッキをちらっと見た。艦が右方向への旋回を続けていると、魚雷は艦の左舷船尾を狙っているかのように船尾へ進行方向を変えた。私の視線は大統領、ホプキンス、プリティマン（大統領の従者アーサー・プリティマン）に戻った。ホプキンスは救命索から大きく身を乗り出して後方の魚雷のコースを目で追っていた。プリティマンは後ろから大統領のアームレスの車椅子の向きを急いで変えた。（「右舷の手すりのところへ連れて行け」とローズヴェルトは叫んでいた[43]）。そして大統領も艦の後部に顔を向けていた。彼は右手を伸ばし、自分のそばの救命索をつかんだ。ローズヴェルトは毅然とし、集中し、興味津々で、大胆不敵の表情をしていた。それは畏敬の念を起こさせる光景だった。私の中でようやく呪縛が解けたのは、爆発音を聞き、左舷船尾から伝わってきたようにみえた衝撃を感じてからである。そのとき総員配置が発せられ、私は海図室の自分の戦闘部署へ急いだ——艦が被雷したのかどうか気にしながら……艦橋に知らせが届いた。艦は左舷船尾に被雷したのではなく、魚雷は艦の旋回によって激しく揺り動かされた大きな航跡の中で爆発したのだった。恐らく最後に発射した左舷船尾砲列によって爆破されたのだろう。

海軍の記録は、魚雷が時速八五キロで移動していたことを示している。アイオワの最大速度は三三・五ノット〔時速六二キロ〕だった。乗艦していた水兵たちに言わせれば、艦長のジョン・L・マックレア大佐は「魚雷を避けるためにアイオワに実際〝上を下にの大騒ぎ〟をやらせた」のである。

ローズヴェルトはキング提督に命令を撤回させ、責任者の水兵たちを処罰しないように命じた。大統領は単に実際的だっただけの話である。この失態はあまりにもひどかった。だから、もし駆逐艦の艦長が、アイオワにはキング提督、マーシャル将軍をはじめとするアメリカ合衆国軍のお偉方全員、あまつさえ大統領が乗艦していることを知ったら、「恐ろしい結果に直面するよりもむしろ自分から海中へ身を投じてしまう」かも知れないと、ローズヴェルトは心配したのだった。

航海中のほとんどの日は海が穏やかで、気温はたいていい摂氏約二〇度あったので、大統領はデッキに出て、外気にあたることができた。彼はそうするのが好きだった。「これまでのところ、すべて順調に進んでおり、とても快適な旅だ。天気も良く、十分に暖かいので、古いズボンと釣り用のシャツの上にセーターだけで座っていられる[44]」と、彼はエレノア夫人に書き送った。夜は夕食後、大統領の居住区画で映写会が開かれるのが常だった。

「これは別のオデュッセイアになるだろう——難攻不落のトロイよりもはるかに遠い海と陸の旅が

必要な。そのトロイというペンネームを私はグロートン高時代に使ったものだった。学校賞を争ったときのことだ」[45]と、ローズヴェルトはこの旅の間に始めた日記に書いている。

航海中、統合参謀本部は大統領との会合はもちろんのこと、自分たちだけの戦略会議も開いた。大統領の船室で行われた十一月十九日の会合で、マーシャル将軍が戦後のドイツについて尋ねると、ローズヴェルトは答えた。「ベルリンを目指す先陣争いが起きるのは必定だ……米国はベルリンを手に入れるべきだ」[46]。ローズヴェルトはナショナル・ジオグラフィック製の地図の上に自分が希望する米国ゾーン（ドイツの北西部分）を素描した。それはベルリンの東のソヴィエト・ゾーンに対応することになろう。

統合参謀本部はチャーチルとの間で悶着が起きることを予測していた。チャーチルは「オーヴァーロード」（英仏海峡越え大陸上陸作戦のコードネーム）を先延ばししようとしていたが、統合参謀本部は彼の論拠を絶対にローズヴェルトに受け入れさせたくないと考えていた。それはとりわけ、ローズヴェルトがスターリンに会いに行く途上にある今、重要なことだった。もう一年以上も前からローズヴェルトはスターリンに対して、ソ連側がいう「第二戦線」の開設を約束していたのである。ローズヴェルトは前回の会談でチャーチルの引き延ばし戦術に屈していた。そして今や、ホプキンスからマーシャル、リーヒまで関係者全員はそれが再び起きるのではないかと懸念していた。陸軍長官ヘンリー・L・スティムソンは、ローズヴェルトの十五歳年長で、大統領から率直で愛国的な共和党員として非常に尊敬されていた。そのスティムソンがハリー・ホプキンスをテヘランへ出発する前日にペンタゴンの執務室へ昼食に招いた。明らかにそれは、ホプキンスらが大統領の決意をどのようにして強めようとしているのか探るためだった。「われわれはまず〝オーヴァーロード〟の問題を取り上げた。二人とも、これが今、世界にとって最重要の問題であるということで同意見だった。そして二人とも、英国首相のきわめてあいまいな態度のせいで不安を持っていた。私の目的はハリーを激励して、できるなら彼がいかにして大統領に正しい行動をとらせるべきかについて私の考えを伝えることだった……私は英国国民がそれをやることに疑いを抱いていない。それはただ、彼らの首相が尻込みしているということだけなのだ[47]」と、スティムソンは日記に書いた。

チャーチルの引き延ばし戦術は、地中海のドデカネス諸島〔最大の島がロードス島〕占領のために部隊を回すことと、イタリアでの陽動攻撃の開始を強く要求して圧力をかけ続けるという形をとった。英国のご同役たちとの紛争が欧州作戦すべての統一指揮権の問題にかかわってくることを承知していたので、リーヒ、マーシャル、キングは、自分たちの戦略として、一人の総司令官、それも米国人を直ちに指名すべきだと主張することに決定した。この総司令官には作戦が計画段階に達する前にこれを拒否できる権限を与えなければならない、と。彼らの洋上会議は結果として、「この指揮権は一人の指揮官に与えられるべきであり、彼は地中海、北西ヨーロッパの、そして戦略航空軍のすべての連合軍指揮官に対して指揮権を行使すべきである[48]」ということで全員一致した。

アイオワの航海中、ドイツ軍が新型の滑空魚雷をジブラルタル海峡の入口で使用しているという連絡が無線室に入った。水中に投下されると標的を磁気で自動追尾するこれらの魚雷は、この狭い回廊で連合国の艦船に大損害を引き起こしていた。アイオワはその目的地、アルジェリアのオランまで行くには海峡を通過しなければならなかった。セネガルのダカールへの針路変更を準備すべしというメッセージがアイオワに送られた。このメッセージの送信から一時間後、ダカール沖にドイツの潜水艦が多数集結していることが判明した。この時点で、元々のスケジュールを変えず、オランを目指すことが決定された。米国北西アフリカ海軍司令官ケント・ヒューイット提督に対し、航空機、潜水艦、「可能なあらゆるもの」を集結して、海峡を安全にし、安全を維持せよという命令が出された。

司令官は命令を実行した。ある米軍機がドイツ軍潜水艦一隻と遭遇し、これを撃沈した。敵潜水艦はほかにいなかった。アイオワは夜、灯火管制をして海峡を航行した。ジブラルタルのスペイン当局がアイオワに最後の緊張した瞬間を与えるのに貢献した。艦が地中海へ抜けようとしているときに、陸地からの探照灯の光線の中にアイオワのシルエットを浮かび上がらせたのである。

八日間の航海後、アイオワはオランの近くの海軍投錨地に停泊した。晴れて明るい土曜の朝だった。ローズヴェルトの二人の息子エリオットとフランクリンが待っていた。二人は父親がアイオワのエンジン付きホエールボートに降ろされるのを目にした。しばらくして岸に着くと、ローズヴェルトは息子たちに大きな声で呼びかけ、健康そうな海焼けした顔で笑顔を見せた。それから父と息子たちは、自分の車で待っていた、トーチ作戦（フランス領アフリカ侵攻作戦）の司令官アイゼンハワー将軍と近くの飛行場へ向かった。ここで大統領専用機の四発のダグラスC-54に乗り込んだ。一行は最初にチュニスに着陸してカイロへの長い飛行のために給油することになっていた。カイロで会談後、ローズヴェルトはなかなかつかまらないスターリン首相と会談するためにテヘランへ飛ぶのである。

第2章 テヘランへ向けて

戦闘機に護衛されて、オーティス・ブライアン少佐は大統領一行を乗せ、北アフリカの海岸線をたどってチュニスまで約一〇五〇キロの空を飛んだ。ホプキンスの息子で、シグナル・コープスのカメラマン、ロバート・ホプキンス軍曹が飛行場で一行を出迎えた。

ローズヴェルトは、チュニス湾の海岸のカルタゴ遺跡のちょっと先にある、アイゼンハワー将軍の来客用別荘でその夜を過ごす計画になっていた。アイゼンハワーの前には、この別荘はエルヴィン・ロンメル元帥の住居になっていたのだが、この年の早くにロンメルはバーナード・モントゴメリーの英国第八軍に完敗したのである。ローズヴェルトは午前にカイロへ飛び立つ日程になっていた。しかし、飛行は翌日の夜遅くまで延期された。変更についての公式の説明では、ドイツ軍がまだクレタ島を保持しているので、夜間飛行のほうがより安全だということになっていた。しかし、ローズヴェルトはカイロに着くのをまったく急いでいなかったし、チャーチルに会うのを急いでいなかったということも真実である。そしてチュニスに滞在していれば、アイゼンハワー将軍を知るのに時間を使えた。大統領はこれまで皆に、マーシャルがD-デイ〔海峡越えフランス上陸作戦〕の指揮をとることになると話していたが、実際にはまだ心を決めていなかった。大統領はその日をアイゼンハワーと戦跡を見て回るのに費やした。二人が乗った車は将軍の若くて魅力的な女性運転手ケイ・サマーズビーがハンドルを握っていた。彼女はロンドン大空襲〔一九四〇年九月七日〜四一年五月十日〕の間、救急車の運転手をしていた。そして英国機械化輸送旅団の一員として一九四二年にアイゼンハワーのもとに配属されたのである。ローズヴェルトが目を付けた木立の近くで昼休みをとり、三人は座って弁当を食べながら、語り合った。彼らは完全に三人だけだったわけではない。憲兵が乗った三台のトラックと八台のオートバイが少し離れて大統領の自動車を囲み、それにいつもの護衛官が警護にあたっていた。サマーズビーの思い出によると、警備の内側で三人がくつろぎ、サンドイッチを食べているあいだ、ローズヴェルトは二人にいろいろと話をし、質問をしたり、質問に答えたりした。[1] 大統領は将軍の人物を見定めていたのである。

その夜の一〇時四〇分、将軍たち、提督たち、護衛官たち、ホプキンス、リーヒ、マッキンタイア、従者のアーサー・プリティマンを伴い、大統領はカイロへ向けてダグラスC-54で出発した。今度は約三〇〇〇キロ弱の飛行である。機内には急ごしらえのベッドが大統領を待っていた。背もたれを取り外した二つの座席の間にゴムのマットを広げ、緑のカーテンで仕切って大統領が眠れるようにしてあった。

一行がエジプトの海岸線に近づいたとき、晴れた美しい夜明けが始まろうとしていた。ローズヴェルトはブライアン機長に南へ迂回するように頼み、ライリー警護局長には夜が明けたら自分を起こすように頼んだ。これは明るくなったときに、ナイル川のコースを目で追い、最南端のピラミッド群、記念建造物、スフィンクスを目にできるようにするためだった。ライリーは午前七時に彼を起こした。川の雄大な光景が開け、記念建造物が視界に飛び込んでくると、ブライアン少佐はローズヴェルトが壮大なパノラマを堪能できるようにと旋回した。ピラミッドを眺めた後にローズヴェルトは感想を洩らした――「記憶されたいという人間の欲望は、とてつもないね[2]」と。

自分の観光癖のために飛行機が二時間以上も予定から遅れ、出迎えて護衛するように命じられたP－39機の二個群が大統領機を発見できなかったことは、ローズヴェルトには気にならなかったようだ。彼は身の危険をあまり心配することがなかった。

ローズヴェルトが唯一恐れたのは、火事だったと言われている。彼には十分な体験があった。三歳の幼児の時、彼は祖父デラノの家に行っていた。その家はハイドパークからハドソン川を下ったニューヨーク州ニューバーグの地所アルゴナックにあった。その時のことだが、母親の末の妹ローラが髪を灯油ランプでカールしている最中に、ランプに近づき過ぎて着ていたガウンに火が付いた。彼女は燃え上がったガウンをまとったまま階段を駆け下り、家の外の芝生に飛び出した。家族は彼女に気づいて助けようとした。しかし、命を救うことはできなかった。十七歳の時、ローズヴェルトはスプリングウッド〔ハイドパークの生家〕で農場管理人を救おうとして応接間の床をたたき割り、地下貯蔵庫の燃えている梁に水をかけた。その同じ冬には、グロートン校で馬が多数飼われていた馬小屋の火事を消そうとしてバケツリレーに加わった。「恐ろしい光景だった……可哀想な馬たち……がれきの下で皮膚が完全に焼けただれて横たわっていた」(3)と、後に回想している。ハーヴァード在学中には、構内のトリニティーホールの上の二つの階が焼失した。学内日刊紙クリムゾンの編集者として、彼は学生寮の火災避難設備設置のために闘った。一九一五年にスプリングウッドの邸宅が改築されたときには、壁を耐火にすることを主張した。シャングリ・ラ〔ワシントンから約一〇〇キロのメリーランド州内にある大統領専用の公設別荘地。現在のキャンプ・デーヴィッド。シャングリ・ラは英国の作家ジェームズ・ヒルトンの小説『失われた地平線』（一九三三）に登場する桃源郷の名前から〕では、自分のロッジの寝室のドアに近い外壁に非常口を作りつけた。それは底部の蝶番で外に開くようになっていて、いざというときには傾斜路になり、車椅子で、あるいは這ってでも外に出られるようになっていた。

ローズヴェルトは物見高い旅行者の典型だった。自分が詳しい地理的知識を持っている場所を見ることに常に関心があった。十歳の時から収集を始めた切手への深い、継続している興味は、彼の地理への関心から生まれ、それをあおった。今や一〇〇万点以上の切手を持っており、一五〇巻のそれなりのアルバムに整理していた。彼はそれに暇さえあれば取り組んでいた。そのうちの数巻は彼の手荷物の中で一番重い品物だったが、どこへ行くにも大統領と一緒だった。この年の一月、カナダのバサーストからモロッコのカサブランカへ飛んだ旅のときも、大統領はアフリカ最西端の港町ダカールが見られるように迂回を命じた。ここは大西洋に突き出し、連合国の目的にとってきわめて重要な北大西洋・西大西洋輸送レーンを牛耳っていた。トーチ作戦中に連合軍が奪取するまで目の上の大きなたんこぶになっていたのである。

カイロではローズヴェルトは大ピラミッドとスフィンクスの間近にある運河のそばの邸宅に宿泊した。この邸宅は米国のエジプト駐在大使アレクサンダー・カークが所有していた。チャーチルの宿泊する邸宅はここから八〇〇メートル離れていた。カイロには枢軸国側のスパイがうようよしており、市内の状況も不穏だったので、警備は徹底していた。ライリーは二人の宿舎の周囲に鉄条網をめぐらし、軍隊に二四時間態勢で警戒させた。ピラミッド地区の観光ガイドと彼らのラクダは締め出した。そして両方の宿舎の使用人たちは米国人と英国人の寄せ集めスタッフと入れ替えた。

カイロではウィンストン・チャーチル、蔣介石（今回がローズヴェルトと初対面になる）と宋美齢夫人が首を長くして大統領を待っていた。三人ともローズヴェルトとの、そして大統領の主要助言者たるマーシャル将軍、キング提督、アーノルド将軍、リーヒ提督、そしてもちろんホプキンスとの会談を心待ちしていた。しかし、この会談が三人にとって最高の重要性を持っていたとしても、モロトフが出席しない今となっては、ローズヴェルトにとって副次的な重要性しかなかった。

カイロ会談はさまざまな理由で計画された。すなわち、戦争遂行努力にとっての中国の重要性を宣伝する、チャーチルと英国軍首脳部にローズヴェルトと米国軍首脳部と会談する機会を与える、そしてモロトフにはテヘランで話し合われるはずのものを一口味見させる、などといった理由だった。だが、もう一つの理由として、この会談がテヘランの保険になるという避けられない現実があった——万一スターリンが姿を現わさなかった場合に、大統領が長い外洋航海をしたことの根拠ある言い訳になるのである。ロバート・E・シャーウッドが後に書くように、ソ連側が出席しなかったために、「朝鮮の自由と独立を保証する宣言を別にすれば、戦争の進展あるいは歴史に対するこれらの会談の効果は、取るに足りないものだった(4)」。

チャーチルはモロトフがカイロに出席しないことを喜んでいた。ソ連と会談する前に、米国と英国の合同参謀本部が戦術と戦略に関して決定しておくべきだというのが、彼の考えだった。それゆえチャーチルは、カイロでの四日間に両国参謀本部間の「多くの会談」を計画していた。とりわけ合同参謀本部はすでに三ヵ月以上会合していなかったからなおさらだった。チャーチルが望んだのは、本質的には、大統領と自分を同じ側にして、スターリンとの間に壁をつくることである。それこそまさに、ローズヴェルトの望まないところだった。テヘラン会談の数日前、ローズヴェルトはチャーチルにやんわりと警告した——自分は戦略についてはできるだけ討論を限定するつもりだ、なぜなら「もしU・Jが（ローズヴェルトとチャーチルは時々二人の間でスターリンのことを「アンクル・ジョー」〔ジョーおじさん。スターリンの名前のヨシフは英語のジョセフに相当〕と呼んだ）、軍事行動でわれわれが組んでいると考えたら、とんでもない誤解になるから(5)」と。ローズヴェルトは慎重に、しかし系統的にチャーチルとの絆を制限していた——友情の絆ではなく、提携の絆を。チャーチルはそれに抵抗していた。アンソニー・イーデン英国外相も同様だった。

ローズヴェルトの頭の中では、英国は彼のほかの二つの同盟国、中国とソ連と同等だった。それゆえにローズヴェルトは、蔣介石を会議に招くという簡単な方法によってカイロ会談を米英の合同会議にすることを避けた。彼はまたマーシャル、リーヒ、キングに指示した――君たちには英国とは別に、そして英国側とのいかなる会見にも先駆けて蔣介石に会ってもらいたい、と。後にアンソニー・イーデンは、英国戦時内閣が置かれた状況を苦し気にこう描写した。「われわれの観点からは、カイロ会談が蔣介石の出席のせいで対日戦の討議から始まったのは不運だった(6)」。

ローズヴェルトは蔣介石と長々と会談した。(英国はまだ上海、広東、香港に治外法権を持っていた。蔣介石は、戦後、英国軍艦が中国の港から出ていくことを希望した。ローズヴェルトは彼に「そうなるだろう」と約束した(7))。チャーチルは後で文句を言った。「長ったらしく、ややこしく、たいしたことのない……」中国問題が、「カイロではビリになるはずが先頭になった(8)」。ローズヴェルトは実に狡猾で、英国側をすっかり信じ込ませるような感想を米国の参謀たちに流させた、とチャーチルの軍事首席補佐官イスメイ卿は回想している。それは、中国がやってきたのは時期尚早だという意見だった。だが、それは真実ではなかった。「米国参謀本部は、中国代表団の時期尚早の到着に驚くどころか、付き添いが来てくれて確実に喜んでいるようだった(9)」と、イスメイは観察している。

米国の軍事スタッフの誰にとっても、チャーチルがフランスに侵攻するオーヴァーロード作戦に乗り気でないことは秘密でもなんでもなかった。そして、ローズヴェルトが頼りにするのはほぼマーシャルの助言に限られていること、マーシャルの欧州戦争プランの基本がオーヴァーロード作戦であることも同様に秘密ではなかった。ローズヴェルトが一九三九年四月にマーシャルを選んだのは、頭の回転が速く、自分と同じように人に左右されずに考える人間であり、第一次世界大戦当時から本音を語る人物として評判だったからである。誰にも、当時の陸軍長官ハリー・ウッドリングにさえ相談せずに、ローズヴェルトは階級が上の四人の将軍を差し置いてマーシャルを抜擢し、参謀総長に任命した。

ローズヴェルトは日曜や夜に訪ねてくる客とホワイトハウス二階の自分の書斎（オーヴァルスタディ）で会うのを好んだ。彼はこの部屋を多用した。寝室が隣なので、便利で楽だったからである。この部屋は造りが立派だが、堅苦しくなかった。数脚のテーブルには本がうず高く積まれ、他のテーブルには有名な帆船の模型の数々が置かれていた。彼のデスクの傍らには乱雑に配置された座り心地のいい何脚もの椅子と、客が来たときに彼の座る大きなソファがあった。ソファの前には虎皮模様のラグマットが敷かれていた。壁には一九世紀と二〇世紀初期の大型帆船の版画と絵画が並んでいた。これは彼が所蔵する一二〇〇点を超す海軍関係の版画と絵画のうちのほんの一部である。ここは海が大好きな人間の部屋だった。デスクの背後には大判地図の束があり、ローズヴェルトが引き出せるようにしてあった。部屋には彼の生涯を両脇から支えた二人の女性の姿もあった——妻と母親の肖像画が向かい合った壁から互いに見つめ合っていた。

一九三九年四月のある日曜日、ローズヴェルトはマーシャルをこの部屋に呼んで、君を参謀総長にするつもりだと告げた。マーシャルは少し堅苦しい、四角張った人間で、こう答えたとローズヴェルトは言っている——マーシャルは「自分の思っていることを言う権利を希望します。それはしばしば不愉快なことになりますが、それで構わないのですか？」。[10]「いいとも」と大統領は答えた。

ローズヴェルトの観点からは、マーシャルはその職務に理想的だった。彼には独立不羈、不屈、敏腕で、献身的だという定評があった。彼の話は質問されることが滅多になかった。彼は常に正しいと認められていたからだ。彼の任命が発表されたのは一九三九年九月一日、ドイツがポーランドに侵攻した日のことだった。

マーシャルは確信していた。ヒトラーを打ち負かす道は英国に連合軍を集結させ、海峡越しに彼らをフェリーで輸送し、フランスを侵攻し、ベルリンに向けて進軍することだと。それが最短のルートであり、損耗人員を最小に終わらせるだろう。スティムソン陸軍長官は賛成した。ローズヴェルトは「オーヴァーロード」のコードネームを付けられたこの計画を全面的に支持した。そして計画は二年間、立案段階にあった。スターリンはこの作戦が一九四二年かまたは四三年に実施されると信じ込まされていた。

対照的にチャーチルは、海峡越え作戦に関してはまったく煮え切らなかったとしか言えない。彼が望んでいたのはバルカン経由の攻撃だった。また、チャーチルが心を開いていた侍医によれば、彼は第一次世界大戦のソンムの戦いの記憶にも悩まされていた。この戦闘ではおびただしい数の英国軍人が死んでいた。

合同参謀本部がカイロで大統領と首相抜きで最終的に会談したとき、会議の議題はほぼアジアでの戦争に限られていた。イスメイ将軍はこぼしている。「欧州の第二戦線について、ソ連側との間で引かれるべきラインに関しては合意に達する時間が残っていなかった」と。[11] 実はそれこそがローズヴェルトの狙いだった。ローズヴェルトの側近たちはこのテクニックをボスから学んでいた。大統領がこれを使うのは、そうしようとしていると思われずに議論の息の根を止め、争点があるということで意見を一致させたいと彼が望んだときだった。ローズヴェルトの常套手段は会話の先手を取り、あるいは新しい主題を導入することである。彼は会議をのらりくらりと進め、さまざまなことについて話し、さらには物語をすることまであったが、それは決定を会議の最後の瞬間へと押し込むためだった。その時には、時間がないために、ローズヴェルトの望む決定は、たとえ不人気でも、あるいは予想外のものであっても、もう異議を申し立てることができなかった。

チャーチルは海峡越えの侵攻に対して熱意がないことをホプキンスから隠そうと試みたが、器用さが足りなかった。「ウィンストンはオーヴァーロード作戦に一〇〇パーセント賛成だと言った。しかし、ローマを占拠することが非常に重要だ。しかる後にわれわれはロードス島に行くべきだ、と」[12]——ホプキンスは彼らがテヘランへ到着する予定の二日前に、あざけるように記している。

ホプキンスはこれを知っても多分驚かなかっただろうが、英国参謀次長サー・ジョン・ケネディ少将によると、英国の計画はこうなっていた——「イタリアでの攻勢を継続し、バルカン半島のパルチザンへの援助物資供給を増やし、バルカン諸国をドイツから離脱させることによって情勢を激変させ、トルコを参戦に誘導し、オーヴァーロード作戦の延期を容認すること」[13]。(ケネディはこうも書くことになる——「われわれの道を進んだとしたら、フランス侵攻を一九四四年に実施しなくてもいいことはほぼ間違いないだろう」)。

チャーチルがいつまでも強情にオーヴァーロード作戦に反対しているのには別の理由もあった。彼はスターリンを信用していなかった。この年のもっと前にチャーチルはハリマンに説明した。「スターリンが一九四三年中の第二戦線開設をしつこく迫っているのは、バルカンにおける彼の狙いから出ているのだ。西側連合軍をバルカンに上陸させないようにするには、西ヨーロッパ奪還のための長く犠牲の多い戦闘に彼らを縛りつけておくよりいい方法がどこにある?」。

こうして彼はオーヴァーロード作戦の引き延ばしでこれまで非常に効果的だった。チャーチルは散開的な戦争計画を執拗に追求したが、これは実際には、連合軍と虎の子の揚陸艦艇が連携して戦闘を展開する(基本的にどこでも構わない)という戦術になった——そうなればこれらは海峡越え上陸作戦に利用できなくなるのである。

ローズヴェルトはチャーチルとの論争に慣れていたので、カイロを発つときにはすこぶる上機嫌だった。しかし、油断してはいなかった。そのことは感謝祭の翌日、彼が秘書のグレース・タリーに書き送ったメモに現われている――「会談はかなり順調に進んでいる。私の役割は調停役だ。ピラミッドを見たよ。スフィンクスとは親交を結んだ。議会に彼女を紹介しなければ[14]」。

これらのすべてがテヘランのための舞台準備を整えた。

大統領はテヘランでの宿泊先や滞在日数も決めていなかった。どちらもスターリンしだいだった。ローズヴェルトはスターリンがキャンセルの口実をつくらないように非常に寛容で、その度合いは一線を越えようとしていた。カイロに到着した十一月二十二日（月曜日）の朝、彼はスターリンにメッセージを送った。自分はテヘランに十一月二十九日に到着し、「あなたが自分の負うべき責任から離れられると判断する期間に合わせて、二日間から四日間滞在するだろう[15]」と。それからスターリンに「われわれの会談のためにあなたが希望する日」を知らせるように求めた。それに続いてこう述べた――テヘランのソヴィエト大使館と英国大使館は互いに近いところにある、「しかし、私の大使館は少し離れている」、これは車で往復し、そのために「不必要な危険を冒すこと」を意味するだろう。メッセージの最後にローズヴェルトは、見たところ何気ないような、しかし抜け目のない質問をした――ソヴィエト大使館にスターリンの客として滞在するようにという招待を誘い出そうと。「われわれはどこに滞在すべきだとお考えになりますか？」と彼は尋ねた。

これは惚れ惚れするほど大胆不敵な戦略だった。スターリンの懐に飛び込むことで彼への信頼を示し、できるだけ早くその信用を得ようというのである。もしこれが単に安全上の配慮だけの問題であったなら、もちろん、ローズヴェルトは英国大使館に滞在することができただろう。すでにチャーチルはまさにそうするように求めていたし、ローズヴェルトが同意したら大喜びしただろう。しかし、ローズヴェルトが意図したのは、自分を比類のない信頼に足る指導者として、そして米国を世界の主要大国として見せつけることだったし、自分が独立不羈の人間として受けとられることを望んでいたので、チャーチルの申し出を断っていた。ローズヴェルトは、最大の植民地帝国の元植民地相である英国首相が自分の首にひき臼のようにまとわりつくのを嫌った。ローズヴェルトがカイロで「距離取り」を開始したのはそのためだった。自分はテヘランでは自由に行動するつもりだと英国人たちに警告したのだった——この行動はチャーチルにかなりの苦悩を与えつつあった。

大統領一行は車でカイロ西空港へ行き、薄い霧が晴れるのを待ち、午前七時〇〇分少し過ぎに離陸した。ブライアン少佐は今度はスエズ運河を越えて東のテヘランまで約二一〇〇キロを飛ぶのである。少佐はエルサレムの上空を低高度で二回旋回し、その間ローズヴェルトは著名な史跡の数々を指さした。一行はベツレヘム、ジェリコ、ヨルダン川、死海の上を飛び、パレスチナの砂漠を飛び越えて東へ飛び、ティグリス、ユーフラテス両河の上空で再び高度を下げた。そこからブライアンは北東へ向かい、バグダッド上空で旋回後、イランを目指した。イラン領空に入ると、彼らが眼下に目にしたのは、米国人スタッフの運転する貨物列車がイラン縦貫鉄道でレンドリース支援物資を輸送している光景だった。また、米国と英国の車列がさらに大量のレンドリース支援物資をアバダン＝テヘラン街道で輸送している光景も見えた。この街道はペルシア湾のバスラからテヘランまで走っていた。一ヵ月に一〇万トンを上回る物資がイランを経由してソ連へ送られていた。

イランの首都テヘランはアルボルズ山脈の南の山麓に位置している。山脈はカスピ海と並行して伸びており、最高峰の高さはほぼ約五六〇〇メートルある。

この年の一月、飛行機でカサブランカ会談へ向かう途中、アトラス山脈を飛び越す直前にロス・

マッキンタイアは、慢性静脈洞炎を患っているローズヴェルトに酸素マスクを付けさせたいと思った。しかし、自分がそうするように頼んだら、大統領は拒否するだろうと心配して、マッキンタイアは一計を案じた。彼はマックレア提督に助けを求め、顔に酸素マスクを付けてほしいと頼んだ。そのあとで自分も付けるから、と。そして説明した。「私が大統領に言っても、彼は多分受け付けないでしょう。しかし、われわれ二人が付けているのを見れば、恐らく大統領はそれに倣うでしょう」[16]。このごまかしは奏功し、ローズヴェルトは酸素マスクに手を伸ばした。「そしてわれわれは山脈の上を飛び越えた」。

いま、一行はテヘランへ近付き、山脈が都市を囲んでいるのを目にして、マッキンタイアは酸素マスクに手を伸ばす準備をした。しかし、視界が完全に良好だったので、ブライアンは高度を約一八〇〇メートル以下に維持し、曲がりくねっている山岳道路の間を巧みに飛行した。

飛行機は一九四三年十一月二十七日（土曜）午後三時、市街地の南八キロのところにあるソヴィエト側が管理するゲイレ・モルゲ軍用飛行場に着陸した。機外に出た大統領一行が目にしたのは、飛行場が到着したばかりの米国レンドリース援助の飛行機で「おおわれている」光景だった。どの飛行機も大きなぴかぴかのソヴィエト軍の赤い星マークを誇示していた。

米国大使館はローズヴェルトとその一行を宿泊させることを予定して、万全の準備をしていた。米国の外交関係者は、イラン駐在米国公使ルイス・G・ドレフュスを含め、最後の最後まで来るべき会談について知らされていなかった。ドレフュスは旅行から戻ってきて、兵士たちが大使館の芝生の上の業務用天幕と軍用天幕の中で新たな電話設備を据え付けているのを発見した。その時になって初めて大統領がやってくることを知らされ、大統領が大使館に宿泊するので、引っ越してくれと言われたほどである。

ゲイル・モルゲ飛行場はローズヴェルトの飛行機が着陸したとき、イラン軍の兵士たちによって周囲を固められていた。しかし、保安のためにペルシア湾岸戦務集団司令官D・H・コノリー少将は大統領機を迎えるために滑走路に一人で立ち、大統領と一行を米国大使館へ乗せていく車へと先導した。

ローズヴェルトがこの長く危険な旅をしたのは、スターリンと懇意になるためだった。そしてその計画がうまく進むには、チャーチルと距離を取り、ソヴィエト人が自分に持っているとびきり肯定的な印象を維持することが大事だった。ニューディール政策の大統領として、ローズヴェルトは在任期の最初からプラウダ紙やスターリンの承認を勝ち取っていた。ローズヴェルトはアメリカに病的に蔓延する反共感情を無視し、就任したその年に米国のソ連承認を断行した。その実現をスターリンは一四年間首を長くして待望していたのである。今やローズヴェルトは、米国が独自の道を進んでおり、彼が自分自身の方針を実施していることをスターリンにはっきりと、労を惜しまずに示そうと懸命になっていた。そのためには、彼は本能的に知っていたが、ささいな点が重要なのだった。ローズヴェルトが交渉しようとしている相手が被害妄想的で疑り深い人物だったことを考慮すれば、幸先よく関係を開始するために大統領がどんな苦労も惜しまなかったのは、今から見ても、著しく賢明なことのように思われる。

ローズヴェルトはスターリンに電報を送って、どこに滞在すべきかを尋ねた――ぜひとも招待を誘い出そうとして。それは到着予定のわずか五日前のことだった。電報はワシントンの「マップルーム」から十一月二十二日午後二時五五分に送信された。モスクワの米国大使館は電文をクレムリンに届けた。それには十一月二十四日受取と記されている（時間の記載なし）。電文はそれから翻訳され、スターリンに届けられた。しかし、送信されてから二日間が過ぎていた。それまでにスターリンはテヘランへ向かう列車上にあった。そして列車には深刻な通信上のトラブルがあった。

そうこうしているうちに、外務第一副人民委員のアンドレイ・ヴィシンスキーが大統領を訪問し、恐らく若干のほのめかしを受けた後、ローズヴェルトをテヘランのソ連大使館に滞在するように招いた。しかしながら、このヴィシンスキー(黒い目をキラキラさせた小柄な男で、角縁の眼鏡をかけ、毛髪は茶色で薄くなりかけており、ちょびひげをつけていた)は、悪名高い一九三六~三八年のモスクワの見世物裁判を主宰した人物で、上司たちへの「卑屈なおべっか使い」という悪評を買っていた。国務省と大統領の記録は、彼らがカイロでヴィシンスキーをどう評価したかについて沈黙している。だが、この招待がスターリンの承認を得ていないこと、また、きちんと用意された正式の招待状でないことは歴然としていた。それにもかかわらず、その翌日の二十四日、ライリーはテヘランで保安上の問題と適合性を点検するために、英米両国の大使館はもちろんこと、ソ連大使館の中も闊歩していた。ソ連大使館と英国大使館はテヘラン中心部にあっただけでなく、通りを挟んで双方の庭が背中合わせになっていた。だから、通り側の塀を取り払えば、二つの大使館はくっつけることができただろう。米国大使館はそこから一・六キロ離れていたが、ライリーから「適切」と宣告されていた。英ソの大使館へのルートには保安上の問題はないとライリーは言った。とはいえ、この距離は、このあとローズヴェルトがソ連大使館に滞在する最大の理由として使われることになるのである。(テヘランの交通は確かにむちゃくちゃだった。通りは人、車、そして交通渋滞を引き起こす屋根なし四輪馬車でごった返していた)。「われわれは大統領の滞在場所についてはまったく関与していない」と、ライリーは語った。[17]「彼は米国大使館に滞在できるし、もし招かれれば、英国大使館あるいはソ連大使館に滞在できる」。

英国大使館は多分、快適さでは三つの中でいちばん劣っただろう。その根拠になるのがイスメイ卿の描写である。彼は英国大使館を「インド公共事業省によって建てられた今にも倒壊しそうな家[18]」だと書いているのである。

元陸軍長官のパトリック・ハーリー准将は上品な風貌の弁舌さわやかな人物で、ローズヴェルトからニュージーランド公使に任じられていたが、大統領の個人代表としてテヘランに来ていた。十一月二十六日（金曜）の朝、ハーリーはローズヴェルトに電報を送り、ソ連のミハイル・マクシーモフ代理大使が実際に正式招待状を出したと伝えた。招待状には「ソヴィエト政府はあなたの当地滞在中、その大使館の賓客として心からお招きする[19]」とあった。しかしながら、招待状にはまだスターリンの正式認可がなかったので、断った。

ソヴィエト大使館の構内には数棟の建物があったが、ハーリーは下見の際、会議の場所とローズヴェルトの想定される居住区画の両方が、大使館の主棟の建物の中にあることを知った。それは大きくて美しい四角い建物で、明るい茶色の石で造られ、白いドーリス式円柱のある広いポーチが前面にあった。この建物があるのは広い庭園の中心部で、庭園には池、噴水、花壇があり、遊歩道をめぐらしてあった。ハーリーはここを、ローズヴェルトの滞在のためにテヘランで見つけられる最高に理想的な場所だと宣言した。この建物には追加の魅力もあった——市内で唯一のスチーム暖房設備があったのである（ほかのすべての建物の暖房は持ち運びのできる石油ストーブが使われていた）。昼間は暖かくても夜は冷え込んだので、これは重要な留意事項だった。建物からの眺めはよかった。窓はヒマラヤスギや柳、大使館の庭園内の池に面していた。大統領のために取ってある区画は大きな寝室、居間、大きなダイニングルーム、キッチン、それにいくつかの小ぶりな寝室で構成されていた。居間は会談の主会場になるであろう会議室に隣接していた。キッチンは、メリーランド州カトクティン・マウンテン・パークにある大統領の戦時避難所シャングリ・ラから来るフィリピン人炊事係たちのためにうってつけのように見えた。大統領の食事を作るのは彼らである。

実のところ、ソヴィエト人たちはローズヴェルトの宿を整えるのに大変な思いをした。大使館の建物で働き、一階のアパートメントで暮らしていたソヴィエト人職員は全員、荷物を持って十一月十七日の夜までに市内の別の宿舎へ引っ越すように命じられた。ローズヴェルトの車椅子が通常の出入口を通過できないのではないかと心配して、ソヴィエト側はローズヴェルトが通過する可能性のあるすべての出入口を壊して広げた。その証拠に、ハーリーは浴室が大々的に改造中なのを目にした。バスタブ、便器、流し台が取り外してあった。据え付けを待っている新品が置いてあった。この進行中の作業――十一月の最初から始まり、月の半ばまでに最高潮に達していた行き届いた準備のことを、その月のもっと早くに知っていたら、ローズヴェルトもそれほど悩むことはなかっただろう。

ハーリーは報告した。「あなたの便利と快適さの観点から、また、会談の通信と保安の観点から、この宿舎はあなたご自身の大使館よりもはるかに望ましいものです」。ハーリーはローズヴェルトが必要としそうな家具のリストをソヴィエト側に渡した。彼が大統領に報告したところでは、ソヴィエト側は「あなたが彼らの招待を受けてくれることを本当に心から懇願」していた。しかしながらハーリーは、ローズヴェルトは米国大使館に滞在するつもりだとソヴィエト側に告げた。部屋の改造はまだ出来ていなかった。スターリンからの返事もなかった。

ローズヴェルトとその一行はドレフュス公使とハーリーが待つ米国大使館へ直行した。午後、ブラウン副提督とドレフュスはソ連大使館を訪問し、マクシーモフ代理大使と会見した。マクシーモフは自分もまだスターリンから何も聞いていないと語った。スターリンからの連絡がないのでソヴィエト人たちがみな事実上、麻痺状態に陥っていた。そのため大統領は米国大使館に滞在すると告げて、ブラウンとドレフュスは引き下がった。スターリンがようやく到着したと聞き、ローズヴェルトが先手を取った。ソ連大使館に滞在したいという自分の希望に返事しないのは、別にスターリンが自分に恥をかかせようとしているのではないと確信したらしく、ローズヴェルトはハリマンをつうじて夕食に招きたいと申し入れた。スターリンは、今日は「非常に疲れた」日だったので、最初の計画どおり明日の午後にお会いするほうがいいと、招きを断った。

ローズヴェルトは、ジョン・メイナード・ケインズの用語を借りれば、本能的判断の天賦の才を持っていた。そして今、それを発揮していた。

事実、スターリンは困難な旅をしてきた。もし彼が戦後の世界の形とその中のソ連の地位に関心がなかったならば（それを彼はローズヴェルトと調整することを期待していた）、こんな難儀な旅に乗り出して来なかっただろう——彼は旅が大嫌いだった。

彼は若い革命家として国外で開かれた党大会に出席するためストックホルム、ロンドン、ベルリンに旅したことがあった。しかし、彼が最後に外国へ行ったのはウィーンでレーニンに会った一九一三年のことである。この戦争中にスターリンが前線に出かけたのは一度だけだった。もっとも、ローズヴェルトとチャーチルにはしばしば前線に行っていると虚勢を張った。スターリンはクレムリンから約一〇キロのクンツェヴォの別荘よりも先に旅することは滅多になかった。ただ、ソチの別荘だけは例外だった。これは黒海の端の雪を頂くコーカサス山脈のふもとにある観光地の村だった。有名な硫黄泉があるのでスターリンはここに冬の休暇を過ごす家を持っていた。彼は心気症だった。しかし、さまざまな時期に乾癬、扁桃炎にもかかっており、時折、腎炎、胸膜炎、ぜんそくに苦しんだ。それに、シベリアでの流刑時代から続くリューマチがあった。彼がソチで非常に多くの時間を過ごしたのは、これらすべての持病に対処するためだった。ソチの水と気候が自分に回復効果を及ぼすと確信していた。（スターリンがテヘランに固執した理由の一つは、雪のモスクワからの息抜きになるということもあった可能性がある）。

彼は十一月二十二日の夜、普通の物資補給列車に見えるように偽装された特別列車でモスクワを出立した。スターリン一行が旅をする長い「特別客車」〔複数〕は、普通の列車に見えるように砂と砂利を運ぶ貨車の間にちりばめられていた。スターリンの客車は緑色の装甲防弾車両で、通説では重量が九〇トンあった。そこには羽目板がマホガニー張りの彼の寝室兼書斎（ベッド、テーブル、鏡を備えていた）、トイレ付き浴室、二人用の寝室三つ、会議室、そして電気コンロ付きのキッチンがあった。

彼が会談へ帯同するために選んだ助言者はたったの二人だけで、ローズヴェルトとチャーチルに同行した大勢の人数とは驚くほど対照的だった。

一人目はソ連で二番目に重要な人物であるヴャチェスラフ・モロトフで、スターリンは彼を相手に戦略と政策を討議することができた。モロトフはスターリンの最も近い助言者であり、通常は毎日何時間もクレムリンに彼と一緒にいた。スターリンが親しく君呼ばわりをする唯一の人物だった。本名はスクリャービン（ヴャチェスラフ・ミハイロヴィチ）だが、当時の慣例に従って革命家としてモロトフを名乗るようになった。ロシア語の「ハンマー」にちなむ姓である。人々は彼をスターリンのハンマーと呼んだ。

革命が始まったとき、モロトフはサンクトペテルブルクの大学で学んでいた。帝政が崩壊へと向かう情勢の中で一〇年も前に十代で革命家となり、ツァーリの秘密警察「オフラナ」に何回も逮捕された。スターリンが逮捕された回数とほとんど同じである。

いま、モロトフは国家防衛委員会の副議長であり、外務人民委員だった。ローズヴェルトがホプキンスを頼りにしたように、スターリンはモロトフを頼りにした。しかしながらモロトフには、ホプキンスが自分のボスの代弁をするときに持っていたような権威はなかった。ローズヴェルトはホプキンスを尊敬し、彼の判断に頼った。それに対し、スターリンはモロトフの発言を覆すのに決して躊躇しなかった。「私は常にスターリン元帥と同意見です[20]」と、モロトフは米国商業会議所会頭のエリック・ジョンストンにあわてて言った。これはスターリンがジョンストンの面前でモロトフの発言を取り消し、新聞記者たちは前線の取材ができると言ったときのことだった。「モロトフ氏は常に私と同意見です」とスターリンはニヤっとして言った。英国の駐ソ大使サー・スタフォード・クリップスは一九四一年にメモした――モロトフは事前にスターリンと討議していなければ、一つの意見すら出そうとしない、と。「われわれはいつものように非常に非啓発的な会談をした。これはMが見解上の問題についてすら事前の相談がなければ態度を明らかにしようとしないからだ……あらかじめメモを送っておいて、彼がそれについての指示を得られるようにしなければ、実際のところ、彼に会いに行くまでのことはない[21]」。

モロトフとスターリンが出会ったのは、一九一二年のサンクトペテルブルクのことで、ボリシェヴィキ派の新聞プラウダ（真実）の創刊のためだった。スターリンはその初代編集長になった。モロトフはまだ二十二歳で、彼に会って圧倒された。「彼は驚異的だ。彼は内に革命の美を秘めている。骨の髄までのボリシェヴィキで、才気縦横で、陰謀家のように抜け目ない」と、モロトフはある友人に語った。彼がこの畏怖の念を失うことは決してなかった。

モロトフの執務室はスターリンの執務室に近かった。クレムリン内の三室からなる彼のアパートメントはスターリンのそれに隣り合っていた。ずんぐりした体格で、暗褐色の髪、茶色の目をしていて、角ばった顔にちょび髭を生やし、縁無しの丸い鼻眼鏡をかけていた。いつもきちんとしたダークスーツに、白のワイシャツ、黒のネクタイという服装だった。スターリンと同じく、背は低かった。彼は滅多に笑わなかった。彼は仕事中毒で、政治局一の文書処理屋という評判を取っていた。ジョージ・ケナンは後に書くことになる――モロトフは人間機械にいちばん近かった、と。チャーチルは彼を権謀術数に長けたマキャヴェリアンだと考えた。なぜなら「彼は、変転極まりない陰謀が個人的破滅の絶えざる脅威を伴っている社会に暮らし、成功していた……途方もない機械《マシーン》が繰り出す政策の手先と道具になることにかけて、彼は誰よりも適していた」[22]。モロトフが控えめで仕事熱心だという点ではみな同意見だった。彼の話し方はのろく、吃音で、単調だった。スターリンが聴いている時には吃音はさらにひどくなった。スターリンが重用した通訳のウラジーミル・パヴロフは、モロトフよりもスターリンの通訳をするほうを好んだ。「そちらのほうが楽だった……スターリンが高く評価するのは、討議中の問題を理解していて、しかし同時に、謙虚であって、自分の知識をひけらかそうとしない人たちだった」[23]。パヴロフによれば、それよりも重要なのは、モロトフが同僚たちを非難するのをよしとしないように見えただけでなく、誰かがＮＫＶＤ《エヌカーヴェーデー》（内務人民委員部）に告発されても、彼は決してその人の弁護をしようとせず、いつでもすぐに逮捕に同意することだった。にもかかわらず、スターリンの葬儀では、棺を担いだ人の中で泣いたのは彼だけだった。共産主義は、スターリンにとってもそうだったように、モロトフの宗教だった。彼は農地を持っていたロシアの農民たち――クラーク（富農）の集団農場化の責任者だった。クラークにはほんの一握りの穀物しか渡されなかった。彼らの多くはこれに抗議して、自分の生産物に火を放つ挙に出た。（「クラークは最もけがわらしく、粗野で野蛮な搾取者である。他の国の歴史では、一度ならず彼らは地主、ツァーリ、腐敗僧侶たちの権力を回復した」と、レーニンはかつて書いたことがある）[24]。モロトフは彼らの撲滅と、抵抗するロシアとウクライナの他の農民の撲滅も実施し、正当化した。これらの人々は、共産党の教義では社会の利益のために根絶されるべき資本家階級と見なされていたのである。クラークが排除された後、農業技術に無知な党活動家たちが後釜に座ったが、あっという間に生産量を激減させ、穀物の種子不足まで引き起こした。この社会工学の実験が結果したのは、何百万人ものロシア人、ウクライナ人の餓死だった。これにはスターリンでさえ愕然とした。「集団農場政策は恐ろしい闘争だった……一〇〇〇万人……それは恐ろしかった。四年間、モロトフがそれを監督した。それは絶対にソ連に必要だったのだ――もしわれわれが定期的な飢饉を避け、土地をトラクターで耕そうとするならば」[25]と、スターリンがチャーチルに説明したのは有名な話である。集団化は最終的には伝統的農業経営よりも生産力と信頼性を高めた。だが、その代償は莫大だった。

モロトフは一つのことでは常と異なり、弱みがあった。妻ポリーナ・ジェムチュージナである。ほっそりし、おしゃれな彼女はユダヤ人だった。戦前はモスクワの外交レセプションで気前のいい女主人役を務め、化粧品と洗面用具の製造・流通にあたるソヴィエトの公団（トラスト）を取り仕切っていた。彼女の仕事はソヴィエトの女性たちにお化粧の仕方を教えることだった。「夫は人々の魂を高めるために働き、私は顔を美しくするために働いている」と、語ったことがあった。（死の直前、スターリンはポリーナを逮捕し、彼がシオニズムを疑った他のユダヤ人たちとともに投獄した。モロトフの地位には変化がなかった）。

スターリンが連れてきた会談のもう一人の助言者はクリメント・E・ヴォロシーロフ元帥である。金髪に青い目をしていて、愛想がよく、自信たっぷりの元騎兵で、優雅な口髭を生やしていた。革命後の国内戦の英雄であり、一九三四年から四〇年までソ連国防人民委員を務めていた。彼は昔からスターリンと懇意だった（一九〇六年にストックホルムでスターリンと同じ部屋に泊まったことがあった）。しかし、助言者というよりもむしろ友人だった。「いい男だが、決して軍事的な人間ではない」[26]

というのがスターリンのヴォロシーロフ評だった。忠誠の点では彼にはまったく問題がなかった。そしてスターリンは彼と一緒にいると肩が凝らなかった。彼は党中央委員会政治局の最初のメンバーの数少ない生き残りの一人だった。これはソ連を支配する八人の局員と六人の局員候補からなる固い絆のグループだった。しかし、彼はもはや尊敬されていなかった。ヴォロシーロフは一九三九年にソ連がフィンランドを侵攻した際の国防人民委員だった。フィンランド軍は見事な戦いぶりを見せ、赤軍が惨たんたる敗北を喫したために、彼は国防人民委員を解任された。ヒトラーのソ連侵攻後、スターリンはヴォロシーロフをレニングラード防衛に責任を負う北西方面軍司令官に任命した。彼はこの任務にも適任ではなかった。ある時点では、レニングラードの将来は絶望的だと信じて、彼は降伏の一歩手前まで行った。確実な敗北が目と鼻の先にあったのである。

　スターリンは彼をジューコフと更迭した。ジューコフは直ちに必要な思い切った対策を講じた。市を防衛するためにバルト海のソヴィエト軍艦の砲を取り外し、それらを陸上に再配置した。飢餓に苦しむ市民たちを力づけ、市の防衛力と資源を配備することにより、最後にはレニングラードを救った。レニングラード封鎖が完全に解消されたのは一九四四年一月のことである。レニングラードから呼び戻されたヴォロシーロフは、スターリンの命令で一線の指揮から外された――「ヴォロシーロフ同志を後方軍務に回す[27]」。さらに一九四四年には国家防衛委員会のメンバーも外されることになる。

　ヴォロシーロフの取柄は多分、歌うときの素晴らしい美声だった。夜遅く、酔っているときに、スターリンはヴォロシーロフ、モロトフと一緒に歌ってくつろぐのが好きだった。モロトフは美声だっただけでなく、バイオリン、マンドリン、ピアノも弾いた。長年、三人はそうやって未明まで合唱していた。モロトフはスターリンにとって欠かせない存在だった――ホプキンスがローズヴェルトにとってそうだったように。だが、ヴォロシーロフは忠実な宮廷道化師だった。

列車にはまた、内務人民委員というよりも秘密警察の長として知られるラヴレンチー・ベリヤも乗っていた。彼は会談には参加せず、スターリンの身辺警護に責任を負うことになっていた。ベリヤは性格が芳しくなかった。身体的にも魅力がなく、「幾分太り気味、緑がかった青い顔、柔らかい湿った手……」[28]という描写がある。アヴェレル・ハリマンの娘キャスリーンによれば、彼は「小男で太っており、陰険な風貌に見える厚いレンズの眼鏡をしていた」[29]。スターリンの娘スヴェトラーナ・アリルーエワは彼が大嫌いだった。彼女の母親も同じで、その生前には、ベリヤは決してスターリンの家の敷居をまたげなかった。

さらにこの特別列車にはアレクサンドル・ゴロヴァノフ将軍も乗っていた。将軍は飛行士で、スターリンをバクーからテヘランまで飛行機で運ぶ予定だった。そしてセルゲイ・シテメンコ将軍（後に参謀本部作戦部長になる）は、すべての戦況をスターリンに常時把握させておくのが仕事だった。スターリンの侍医ヴィノグラードフも同行していた。

チャーチルとローズヴェルトは自国の軍幕僚と文官スタッフの最高チームをテヘランへ引き連れてきた。スターリンはモロトフを除き、自分の最高チームを国に残してきた。スターリンはそのことを会談で釈明することになる――自分は軍事問題が討議されることを期待していなかった、だからソ連の軍事専門家を連れてこなかった、しかし「それでもヴォロシーロフ元帥が最善を尽くすだろう」と。後述するように、大勢による公式的な行事だった全体会談は別として、ヴォロシーロフはしばしば雲隠れした。そして会談の最後の日まで姿を見せなかった。

鉄道の旅の間、戦闘機がスターリンの列車の上空を守っていた。出発してから三時間目、約八七キロしか進んでいなかったが、列車はリャザン市の近くのゴルトヴィン駅に短時間停車した。ここで三人の男が列車の炭水車の上に座っているのが発見された。彼らは取り押さえられ、身元が調べられていた。三人は普通の犯罪者で、闇の中で列車にタダ乗りしようとしただけで、スターリンの乗車についてはまったく知らなかったことが確認された。

列車はひっきりなしに問題にぶつかったために、非常にゆっくりと南へ進んだ。レール自体が惨たんたる状態だった。台車は軸受が溶け続けており、軸箱が発火した。荒廃し、戦火で焼かれた風景の中を進むときには損傷したレールを警戒し、修理する必要があった。乗務員たちは予定表を守るために大変な苦労をした。列車がリペツク市の近くのグリャージ駅に停車すると、突然、夜空にドイツ軍の爆撃機が出現した。ソヴィエト軍のパイロットたちは飛行機のそばで緊急発進の準備ができていたし、対空砲部隊は砲のそばで待機していたが、ドイツ軍機は遠くへ飛び去った。

列車上の通信は大問題だった。レールの損傷と同じように、電話線にも断線があった。暖かい湿った天候が急に「雨氷」に変わった結果、電話線の切断が生じた。そのためリャザンから先は秘密の電話通信線（クレムリョフカ）によってわずかに点状の連絡が保たれただけだった。列車がさらに南に進み、今はがれきと化したスターリングラード（ここで行なわれた激烈な戦闘はソヴィエト軍五〇万とドイツ軍二〇万の将兵の命を奪った）に近づいたとき、参謀本部との連絡がすべて途絶した。ベリヤは激怒し、「犯人」たちを処罰するといきまいた。列車がカスピ海沿岸の、バクーから八〇キロのキリャジ駅に到着したのは十一月二十六日の朝のことである。スターリンと一行は直ちに空港に向かった。空港では米国製C-47機四機が彼らを約五四〇キロ先のテヘランまで輸送するために待機していた。スターリンは搭乗予定の飛行機のほうへ歩きはじめた。機のそばには彼の飛行士ゴロヴァノフ将軍が立っていた。しかしスターリンは歩きながら方向を変え、ベリヤの乗機のほうへ向かった。ベリヤの飛行士は大佐だった。「将軍はそれほど頻繁に飛行機を操縦しない。われわれは大佐と一緒に行ったほうがよいだろう(30)」と、スターリンはゴロヴァノフに説明した。「悪く思わんでくれ」。

これはスターリンの被害妄想の典型的な証拠だった。しょっちゅう飛んでいる飛行士と行くほうが安全だし、また、考えられるあらゆる陰謀の裏をかくには最後の最後に計画を変更するほうが安全だと考えていたのである。

バクーからテヘランまで空路一時間のルートは、カスピ海の岸、アゼルバイジャンの茶色の土地の広がりの上を飛び、続いて、小さな日干し煉瓦の家が散らばるタブリーズの上空を通り過ぎた。しかし、ローズヴェルトとは異なり、スターリンは飛行機の旅を楽しもうとはしなかった。彼が外に目を向けて移り変わる風景を眺めたかどうかさえ疑問である。なぜなら飛行機は上下に揺れ、気分がすぐれなったからだ。もっとも、戦闘機の三編隊を点検していたことは疑いない。編隊の一つはスターリン乗機の左、一つは右、そしてさらに一編隊は上空を飛んでいた。飛行機は定期的にエアポケットへ降下した。そしてその時には、彼は「完全な恐怖の表情を見せて、肘掛けにしがみついた[31]」。

スターリンは正午にゲイレ・モルゲ飛行場に到着した。機外に出る前に彼は飛行士たちと話を交わし、感謝のしるしとしてそれぞれに階級に見合った肩章が付いた新デザインの軍服を贈った。この軍服はこの年の早くに彼が赤軍上層部のために注文したものだった。スターリンは空軍の飛行士たちにスマートで立派な服装をさせたいと考えたのである。

着陸の際、彼もまた、米国のレンドリースがソ連に供給した、赤い星のマークをつけたP-39機の列を目にしたことだろう。

空港でスターリンを待っていたのがどういう種類の車だったかは、知られていない。しかし、彼がテヘランで使用するために確保された車一〇台のうち三台はいずれも特別装甲の米国製パッカード、リンカーン、キャデラックだった。

米国のテクノロジーからは逃れられなかった。

第3章 テヘラン

北のアルボルズ山脈のふもとから南のカヴィール砂漠の端まで広がるテヘランは、中東最大の都市だった。雪を頂いたイラン最高峰ダマヴァンド山〔五六一〇メートル〕を中央に据えた山脈が風景を支配していた。空から見たこの都市は、西欧の都市と同じように近代的だった。数々のモスクと尖塔、そして白と茶色の低い建物が見えた。これらの建物の多くには緑の塀で囲まれた庭があった。市内にはいくぶん近代的な病院、大学、博物館、そして機能している電話網があった。しかしテヘランは、コントラスト（明暗比）が強い習作だった。通りは舗装されていたが、歩道はそうではなかったので空気はほこりっぽかった。上水道は昔のままだった。水は山脈から流れ落ち、主要な通りの脇にある覆いのない細流を流れていた。これらの小川は市内唯一の給水源だったので、住民たちはこの水を飲用にはもちろんのこと、洗い物にも使わざるを得なかった。チフスが猖獗を極めていた。

そういう状況なので、英国、ソ連、米国の各大使館はタンク車を山の中まで送り、山の泉から直接汲み上げていた。会談の期間中ソ連人たちがとった多くの予防措置の中には、この水を汲む手順を変えることも含まれていた。毎日、彼らのタンク車は山の中へ入って行ったが、目的地は明らかにされなかった。

十一月二十七日（土曜）の午後七時までには、ハリマンとモロトフが会談のスケジュールを打ち合わせていた。注目に値するのは、この最初の会談では、時間の選択と議題についてはローズヴェルトの希望が容れられるという前提が黙契されていたことである。ハリマンはモロトフに第一日目のローズヴェルトのプランを手渡した――午後三時、スターリンがローズヴェルトを訪問する。最初の全体会談は午後四時に開始する。午後七時半、ローズヴェルトはスターリン、モロトフ、チャーチル、イーデン、ソ連駐在英国大使アーチボルド・クラーク・カー、ホプキンス、ハリマン、それに三名の通訳を加えて会食する。

それからハリマンはモロトフに、スターリンがあらかじめ承知するように会談の構想について見通しを伝えた。ハリマンは言った。ローズヴェルトは「固定観念を持ってチャーチルと一緒に来たわけではなく、スターリン元帥にさまざまな戦略計画を提出する用意がある……主要な問題は、オーヴァーロード作戦を急ぐか延ばすかということに対して、地中海における緊急行動の効果ということになるだろう」[1]。ローズヴェルトのメッセージは明快だった。海峡越え大陸上陸作戦は今やスターリンの手中にある――もし彼がチャーチルを抑え込むならば、ということである。ハリマンとモロトフは別れた。

真夜中をかなり過ぎてから、ハリマンとクラーク・カーはモロトフからソ連大使館に至急お越しいただきたいという電話を受けた。二人が到着すると、モロトフは伝えた――ソヴィエト情報筋はドイツ工作員がテヘランに潜伏しており、彼らはローズヴェルトの来訪を知っているということがたった今判明した。暗殺の企てがあり得る。そういう状況下でローズヴェルトにとって最も安全な場所はソ連大使館の中である。市内を相互に訪問するのは危険だ。ローズヴェルトは引っ越すべきだ、とモロトフは言った。

彼の話には説得力があった。イランの統治者がシャー・レザーだった数年前には、数百人のドイツ工作員がテヘランにいた。シャーは親ファシストでヒトラーの大の崇拝者だった。そのため多くの人が、ドイツがイランを掌握するのではないかと危惧するに至った。イランがヒトラーの手に落ちるのを防ぐために、ソ連と英国が共同してイランを侵攻し、シャーを退位に追い込み、その二十一歳の息子モハンマド・シャー・パフラヴィーを即位させた。しかしながら、二年の間に疑わしいドイツ人はすべて国外退去させられていた。

モロトフは、ローズヴェルトがソ連大使館に引っ越す必要があると断言し、二人を遅く呼び出した論拠として、可能性のあるドイツの暗殺計画の存在を主張し続けた。これはあるいは、大使館に到着し、ようやく状況の処理にあたったスターリンがモロトフに、宿舎の準備が終わっていなくてもいいからローズヴェルトに引っ越しを勧めるように命じたという可能性も大いにある。多分、話に追加の権威を付けるために、マイク・ライリーと同様の仕事をしているＮＫＶＤのアルチコフ将軍が、その後ライリーに、数週間前テヘラン郊外にドイツ人三八名が落下傘で降下した、六名はなおも逃亡中であると語った。

モロトフがローズヴェルトは引っ越すべきだと宣言したあと、遅い時間だったが、彼はハリマンとクラーク・カーを提供される予定の大統領宿舎区画の下見に連れて行った。これは大使館の中央棟にあり、前述したように、全体会談に使われることになる会議室に隣り合っていた。この下見は、なぜモロトフが今になって大統領はソ連大使館に滞在すべきだという招待を申し出ているのかという疑問に少なくとも部分的な答えを出してくれた。宿舎はまだ仕上がっていなかった。午前〇時をとっくに過ぎているというのに、職人たちが浴室でバスタブの据え付けを終えようとしているところだった。実際のところ、ローズヴェルトにソ連大使館に宿泊してほしいという要請が遅れたのは、各部屋の仕上げが遅れたことが理由だったに違いない。しかし、大統領への危険が現実のものなのか、それとも想像の産物なのかといったことは、ほとんど問題ではなかった。この危険は関係者全員の暗雲を吹き飛ばしてくれた。申し出を受け入れるかどうかはローズヴェルトの勝手だった。最も厳しい批判者たち――ローズヴェルトは共産主義のシンパだと考えている米国内の過激な右翼――でさえ、大統領の宿泊先選択を責めることはないだろう。

　翌朝、明らかに幸先のよさを喜んだローズヴェルトは、午後二時半に引っ越して、シャングリ・ラから今回も引き連れてきた米国海軍のフィリピン人炊事班に食事を作らせることにすると発表した。駐留米軍部隊が消費するすべての食材は国外から運び込まれており、地元で購入するものは皆無だったので、大統領一行のための食品供給にはまったく問題がなかった。

　ライリーは、NKVDのレポートと大統領の安全に留意して慎重を期しながら、大統領の引っ越しのために警備措置を講じた。移動にはリムジンが使われるだろう。午後早く、彼は車列を集合させ、先頭と後尾に武装ジープを配置した。駐留護衛官たちは大統領車の歩み板の上に乗り、トミーガン〔トミー式小型機関銃〕で武装していた。そしてルートの通りには肩が触れ合うほどの間隔で米軍兵士を並ばせた。車列がゆっくり堂々と通り過ぎていくと、イラン人たちが歓声を上げた。しかし車内に座っていたのはローズヴェルトを装った護衛官だった。車列が出発した後、ライリーはローズヴェルト、リーヒ、ホプキンスを何の変哲もない車に急いで乗り込ませた。車はジープ一台に先導され、裏通りを快速でソ連大使館に向かい、車列が到着する前に着いた。「ボスは例によって、替え玉パレードの行進を大いに面白がっていた」[2]と、ライリーは回想している。リーヒ大統領付参謀長、そしてもちろんホプキンスも大統領と一緒にソ連大使館に移り住んだ。

　スターリンは公園のような大使館の敷地内にある小ぶりな建物の一つに宿泊していた。モロトフとヴォロシーロフはさらにもう一つの建物に滞在していた。

ソ連大使館に引っ越すにあたって、ローズヴェルトは自分の部屋がソ連側に盗聴され、そして自分とスタッフの会話の一部始終が立ち聞きされることを十分に自覚していただろう。しかし、米国政府職員と大統領自身はもう何年も以前から、ソ連内の重要な建物、ホテル、大使館のすべてが盗聴されていると考えていた。一九三四年にローズヴェルトは米国の最初のソ連駐在大使ウィリアム・ブリットを送り出すときに、こういう忠告をした。「もちろん君は、在ソ大使館と領事館双方の全職員に、彼らが常時見張られていることを警告しなければならない」[3]。一九三六年にモスクワの米国大使公邸「スパソ・ハウス」〔地名にちなむ米国側の呼称。ロシア語では旧フトーロフ邸。一九一三年に建てられた新古典様式の建築文化財〕の屋根裏で一人の男が発見された。男は当時のジョセフ・E・デイヴィス大使のデスクのほぼ真上にマイクロホンをぶら下げようとしていた。デイヴィスが一九四三年の春にモスクワへ持って行き、スターリンと集まった政治局員たちに上映した『モスクワへの使節』という映画には、ソヴィエト政府による外交官の盗聴があまねく場所で行なわれているのを物笑いの種にするシーンがあった。ローズヴェルトは自分とスタッフが話すすべてのことがスターリンに報告されると考えていただろう。そして大統領は、目に見える盗聴装置がなくても、すべての会話をそれに合わせて調節しただろう。実際、マイクロホンは超最新式の小型で、NKVD長官のラヴレンチー・ベリヤはそれに気づくのは「不可能」だと豪語していた。大統領は大変な役者だったから、多分自分の才能を発揮するのを楽しんだことだろう。

ベリヤによると、スターリンは録音された会話を聴くことを非常に重視していた。ベリヤは毎朝八時に、大統領の宿舎で自分が耳にしたことを報告した。スターリンは「会話の調子の細部を尋ねることまでした。それを彼は確信をもって言ったのか、それとも熱意を見せずに言ったのか？　ローズヴェルトはどう反応したのか？　彼はそれを断固として言ったのか？……どう思う、彼らはわれわれが盗聴していることを知っているのだろうか……と。ローズヴェルトはいつもスターリンに好意的な意見を述べていた」。スターリンが一度、当惑したように言ったことがある。「彼らはわれわれが盗聴できるのを知っている。それなのに彼らはあけすけに話している！……これは奇妙だ。彼らはすべてのことを話している。これ以上ないほど詳細に……私は自分の盗聴から、ローズヴェルトがスターリンに大いなる敬意と共感を抱いていることを確証できた。リーヒ提督は彼にソ連指導者に対してもっと強硬な態度をとるように何回も説得した。そのたびにローズヴェルトはリーヒに答えている。『そんなことは問題ではない。君は私よりも遠くが見えるのかね。私がこの方針をとっているのは、そのほうがより得になるからだ。われわれは英国のために火中の栗を拾うつもりはない』と」。

ローズヴェルトの個人的な（と思われる）言葉と態度を毎日分析していた事実ほど、スターリンの被害妄想と徹底ぶりを特徴とする性格をはっきりと示しているものはない。また、ローズヴェルトがソ連大使館での宿泊に招かれるように仕向けてそのために粘ったことと、そこに滞在中の彼の行為以上に、大統領の人を正しく見定める能力と、役者としての才能を示しているものはない。スターリンが獲得したのは、ローズヴェルトが彼に獲得してもらいたいと思ったことだけだったのである。大統領が自分の会話が隠しマイクで傍受されていることを承知していたとはスターリンが夢にも思わなかったことを知ったら、ローズヴェルトは大いに喜んだことだろう。

ローズヴェルトの宿舎移転は英国人たちに被害妄想を生み出した。「大統領を自分の目の届くところに置けば、彼（スターリン）にとって都合がよいことは一目瞭然だ。あそこでは大統領は英国首相と構想を練る時間を持てない」[4]と、チャーチルの侍医ロード・モーランは意見を述べている。これはローズヴェルトの知力に対する全般的過小評価を示すものだった。この過小評価はテヘラン会談の英国人たちの間に広まっていた。

ピストルを携帯する、恐ろしいほど頑健なＮＫＶＤの職員たちが大統領の宿舎の使用人にとって代わった。ベッド・メーキングをし、部屋の掃除をする男たちを見た者には、そのことがはっきりしていた。ライリーの回想によれば、「どこに行っても使用人の白のコートを着た獣《けもの》のような男が忙しく一点の曇りもないガラスを磨き、あるいはほこり一つない家具を乾拭《からぶ》きしているのに出会った。彼らの腕がほこりを払い、ガラスを磨くために大きく動かされると、ルガー自動拳銃〔ドイツ製〕のはっきりした冷たいシルエットが全員の尻に見てとれた」[5]。大統領一行が帰途についた後、荷物を包装するために残ったウィリアム・リグドン海軍中佐（ホワイトハウスの海軍副官）は、白のコートを脱いだ使用人の多くが実際にソ連軍士官であり、上は将軍までの階級を示す軍服と記章を身に着けているのを見てびっくりした。獣のようなソ連軍兵士は実際、至る所にいた。短機関銃で武装した二〇〇名の兵士が大使館の敷地を取り巻いていた。さらに多くの兵士（「その全員が実際に大男で、一九〇センチ以下の者は一人もいない」[6]）が、ローズヴェルトのいる建物を囲んでいた。庭園内のどの樹木の背後にもソヴィエトの警備員がいるように見えた。ソ連大使館と英国大使館の間の通りは、大使館から大使館まで高い壁を設置することにより通路に変えられた。ソ連大使館の庭園自体は石の壁で囲まれていた。そして毎朝、オーバーコートのカラーを引き上げ、フェルトの帽子を目深にかぶったラヴレンチー・ベリヤが、黒っぽい着色ガラスのビュイックに乗って大使館の庭園を巡回した。

多分、大統領はより大きな安心感を決して持たなかっただろう。後に宿舎移転を論じながら、常にローズヴェルトは、自分がどこに滞在すべきかについてスターリンに助言を求めたことを省略した。彼はフランシス・パーキンスに半面の真理を語った。自分は何か陰謀があると信じたことは一度もなかった、と。しかし大統領はまた彼女に、スターリンが自分を大使館に宿泊させたがっていることははっきりしていたと語った。そして話を潤色しながら先に進んだ。引っ越しは自分を悩ませた、なぜならそれを可能にするためにスターリンが大使館の敷地内の小家屋に引っ越さねばならなかったからだ、と。

ホプキンスを唯一の例外として、ローズヴェルトが自分はどこに滞在すべきだろうかという問い合わせについて、知る者は一人もいなかった。それが知られるようになったのは、何年も後に二人の完全な通信文集が刊行されてからである。チャーチルがそれを知ったら、唖然としただろう。しかし、スターリンは知っていた。それにモロトフも。その問い合わせが肝心だったのだと。ローズヴェルトは、二人の会見の下準備をするために自分がした大変な苦労をスターリンに分かってもらいたかった。「彼らを満足させるのは取るに足らないことだった……もしわれわれがこの方法で彼らに求愛できるならば、多分それは最も安上がりな方法だった……それは彼らに対する私の完全な信頼、完全な信任を披歴する問題だった。そしてそれが彼らを満足させたのだ。それについては疑問がない[7]」と、ローズヴェルトは後にホプキンスに語った。

ローズヴェルトがそれをしたのは、スターリンに盛りだくさんな政治的目標を承認してもらいたかったからである。軍事的な検討事項もあった。大統領はオーヴァーロード作戦、すなわち連合軍のフランス上陸作戦――ソ連側のいう第二戦線開設の確定的な期日を決めなければならなかったのだ。そしてスターリンがモスクワで十月にコーデル・ハル国務長官に、ソ連は対日戦争で米国に加担するだろうと語ってはいたが、ローズヴェルトは本人の口からその言葉を直接聞く必要があった。ソ連の軍事計画はオーヴァーロード作戦と調整されねばならなかった。

しかし、ローズヴェルトにとって最高に重要なのは、戦争の詰めのことであり、平和の構造だった。そしてそのためにはスターリンの最大限の協力を必要としていた。ヴェルサイユ――第一次世界大戦後のあの講和会議の憎悪と不毛性――はずっと彼の心の中にあった。まだ同盟して戦争をしている間に、まだお互いを必要としている間に開かれる戦勝諸国の会議でのみ、戦後世界を形成できる――ローズヴェルトはそう痛感していた。

一体、ローズヴェルトはスターリンに会談を何回提案したのか？　数え切れなかった。一九四三年春までには、ローズヴェルトは会談の見込みがまったく立たないために実際に気をもみ始めていた。戦争の流れは連合国側に有利に変化していた。それなのにまだスターリンとの会談は決まっていなかった。彼は新たな戦術に出ることを決心した。ローズヴェルトはチャーチル抜きの会談を提案したのである。なぜなら、ハーヴァード以来の友人で、ホワイトハウスを訪問していたカナダの首相マッケンジー・キングに彼が語ったところでは、「私の勘では、スターリンはわれわれ二人がそろって会うのを望んでいないようだ。少なくとも、手始めとしては。彼は私とだけ話したがっているようだ」[8]という感触があったからである。ローズヴェルトはこの会談をアラスカで行なうことを思い描いた。恐らく八月に、ノームで。彼はこのプランを胸の中で練り上げた――オタワでマッケンジー・キングと落ち合い、二人でアルカン・ハイウェイを北にドライブすることになろう。（ローズヴェルトはこの道路建設を一九四二年に命じ、陸軍工兵旅団が大きな困難にもかかわらず八ヵ月間で完成させていた。彼はこの道路が見たくてたまらなかった）。そしてそのあとドライブを続けて一人でアラスカへスターリンに会いに行くつもりだった。

少なくともローズヴェルトがチャーチルを知っているのと同じくらい知っていたキングは、自分は英国首相からの反対はないと思うと大統領に語った。なぜならチャーチルはソ連へ行って「そこでスターリンに会った」ことがあるからである。だが、キングは間違っていた。このプランはチャーチルの気に大いに障った。そしてローズヴェルトはこのあと七月に、自分がスターリンに個人的会談を要請する手紙を書いたことをチャーチルに否定することになる。それはスターリンの考えだった、とローズヴェルトは書いた。「われわれだけで会おうという提案を自分はU・J〔アンクル・ジョー〕にしなかった。しかし、スターリンはデイヴィスにこう想定していると語った——（a）われわれだけで会うこと、そして（b）予備的な会談になるのでわれわれはスタッフを同行すべきでない」[9]と。

二人だけで会うことの重要性をスターリンに強調するために、大統領はジョセフ・E・デイヴィス本人に自分のメッセージを届けさせた。ローズヴェルトの親友だったデイヴィスは、一九三六年から三八年まで駐ソ大使をしている間にスターリンと良好な関係を築いていた。彼は一九四三年の五月後半にモスクワに到着した。

ローズヴェルトはその書簡で自分の地理的知識を披露した——

> 親愛なるスターリン殿。私の旧友の手を借りてこの親書をあなたにお届けする……それが触れているのは、お互いの友人をつうじてわれわれが相談するほうが容易だと私が考える一つの問題だけである……私はスタッフが参加する大きな会議のわずらわしさを避けたいと思う……アフリカは、夏はほぼ問題外である。英領のハルトゥームも同様だ。アイスランドは好ましくない。なぜなら私とあなたの双方にとってこれはかなり困難な飛行を含んでいるからである。それに、ごく率直に言って、ここはチャーチル首相を同時に呼ばないでおくのを難しくする。それゆえ私が提案するのは、ベーリング海峡のあなたの側か私の側かのどちらかで会談することである。[10]

ローズヴェルトが望んだのは、第二戦線の具体的計画がないことに対するスターリンの怒りと失望を和らげることだった。その第二戦線はこの夏にも開設されるとモロトフが信じ込むように仕向けたのは、大統領である。

スターリンはデイヴィスがモスクワに到着すると、特別の歓迎ぶりを示した。スターリンは五月二十日にクレムリンでデイヴィスと二時間半会った。そして三日後には彼のために公式夕食会まで開いた。事実上、政治局員の全員が夕食会に出席した。その最後に、『モスクワへの使節』が上映された。この映画はワーナー・ブラザーズ社製作で、同じ題名のデイヴィスの本が原作である。本質的にこれは、試練を受けているソヴィエト人たちへの共感を掻き立てるために企画されたハリウッド宣伝映画だった。それは「私（デイヴィス大使）が見たままの事実」を伝えることを目的にしていた。スター総出演で、ローズヴェルトの「お気に入り中のお気に入り」俳優のウォルター・ヒューストン（デイヴィス役）、アン・ハーディング（夫人のマージョリー・メリウェザー・ポスト・デイヴィス〔米国の有名な女性富豪。三番目の夫がデイヴィス。〕の役）、そしてオスカー・ホモルカ（マクシム・リトヴィノフ役）が出演していた。ヨシフ・スターリン、ウィンストン・チャーチル、英国外相アンソニー・イーデンの役はほかの俳優たちが演じた。この映画はソヴィエト人の勇気、粘り強さ、そしてドイツ軍の虐殺に対するソヴィエトの市民と兵士たちの英雄的な闘いへの熱烈な讃歌だった。映画は、工場のノルマを遂行して特別手当をもらうソヴィエトの労働者たちが米国の労働者とかなり似かよっていることを示唆していた。集団農場は山のような穀物を生産しているところとして描かれた。妨害工作により工場が爆破される劇的な場面もあった。これは一九三六〜三八年のモスクワの見世物裁判の正当化だった。脚色された見世物裁判のシーンがそれに続いた。この裁判でソヴィエトの高級官僚たちは、裏切り者のレフ・トロツキーから命令を受け取っていたと認めたのである。トロツキーはドイツ政府の援助を受けて、ソヴィエト政府の転覆を狙っているのだと。この映画は、クレムリンによる監督作品でもないかぎり、これ以上は望めないほどにソ連の理念をほめちぎっていた。

映画が終わり、明かりが点き、拍手が終わると、誰もがスターリンの反応を見ようと顔を向けた。

彼はまったく茫然自失のように見えたと、英国のある外交官は回想している。やがてスターリンは「みんなで一杯呑もう」[11]と言ったと、この外交官は報告している。スターリンはこの映画の熱狂的で単純すぎる描写に気をよくして、ソ連全国でこれを上映するように命じた。（この映画はスターリンを非常に満足させ、後年彼が楽しみに見る映画の一本になった）。

デイヴィスはスターリンがローズヴェルトとの会談に同意したと考えた。「私が携わっている特別任務に関しては、その結果は完全に成功だったと信じます」と、彼はローズヴェルトに助言した。スターリンはローズヴェルトに電信を送った――われわれは七月か八月に会えると思うので、正確な日付はその二週間前に大統領に伝えると。「そのような会談が必要であり、それは引き延ばされるべきではないということに関して大統領に賛成である」[12]。しかし彼は予告もした。「夏の数ヵ月はわがソヴィエト軍にとって正念場になるだろう」。異例なことに、スターリンはこのメッセージの最後に「心からの敬意をもって」と書いた。

そのあと、一九四三年六月十一日にスターリンはローズヴェルトに手紙を書いた。それは、ワシントンで終わったばかりの「トライデント」会談〔ローズヴェルトとチャーチルの第三回ワシントン会談、一九四三年五月十二日〜二十七日〕で、「あなたとチャーチル氏が英米の西ヨーロッパ上陸作戦を一九四四年春まで延期する決定をした……」と知って、自分が失望したことを伝えるためだった。「この決定はソヴィエト連邦にとって特別の困難を生み出す」と。

ローズヴェルトはこれには直接答えなかった、その代わりに書いたのは、ソ連がのどから手が出るほど必要としているアルミニウムの輸送を彼が強化しているということだった。そして「われわれの新議定書に追加して、私は一九四三年度中に追加の戦闘機六〇〇機が貴国へ送られるように命じた……これはわが国が保有する最も操縦性の高い戦闘機である……また、追加のB-25機七八機の輸送も命じた」[13]と。

スターリンは六月二十四日に、上陸作戦の延期に関してもう一度ローズヴェルトに怒りのメッセージを送った。それはスターリンがチャーチルに送ったメッセージの中継という形式をとっていた――

あなたは私の失望を十分に理解すると書いておられる。しかし申し上げねばならないが、これは単にソヴィエト政府の失望の問題ではなく、連合国に対するその信頼維持の問題である。そしてこの信頼は厳しい試練にさらされている。

忘れてはならないのは、それが西ヨーロッパとソ連の被占領地域における数百万人の生命維持の問題であり、そして英米軍の犠牲が少数であるのに比べてソヴィエト軍の膨大な犠牲の削減の問題であるということである。(14)

しかしながら二日後、スターリンはヒトラーのソ連侵攻二周年にあたってローズヴェルトが送った称賛のメッセージ（届くのに二日かかった）に間違いなく影響されて、大統領に友好的なメッセージを返した。ローズヴェルトはそのメッセージで、「背信行為」〔ドイツ軍の侵攻のこと〕、「ソヴィエト連邦の軍隊の歴史に残る偉業」、「ソヴィエト国民がかくも英雄的に払っているほとんど信じがたい犠牲」、そして「勝利が世界にもたらしてくれる平和の困難な課題に取り組むこと」(15)などに言及していた。一方、スターリンはそのメッセージで、その時点の彼の心理的傾向を表明した。それは次のことから伺われる――異例なことに、わざわざ彼はドイツ軍を指す最初の「敵」という単語に線を引いて消し、代わりに「賊」という単語を使ったのである。(16)

ドイツの賊どもに対する闘争でのソヴィエト人民およびその軍隊の決意と勇気を高く評価して

くださったことに感謝する。

ヒトラー・ドイツとその隷属者たちに対するソヴィエト連邦の二年間の闘争の結果、そして連合国により北アフリカのイタリア－ドイツ軍に与えられた重大な打撃の結果、われわれの共同の敵の最終的破滅の条件がつくり出された[17]。

七月、ローズヴェルトは待ちきれなくなって、自分は今も確定的な会談の日付を待っているとスターリンに催促した。しかし、スターリンが待機していたドイツ軍の反攻がついに始まったのである〔七月五日〕。ヒトラーはモスクワの南方、クルスクでの戦闘を準備するためにおびただしい数の戦車と砲を集結させた。ドイツ軍がここで決定的な勝利を収め、この勝利が世界への「のろし」になることを狙ったのである。この戦いには両軍合わせて飛行機四〇〇〇機、戦車六〇〇〇両、兵員二〇〇万名以上が参加した。赤軍はドイツ軍を食い止め、しかる後に次第に押し返し、ついには圧倒した。ほぼ一週間で戦闘は終わった。赤軍が主導権を握っていた。それは決定的な時点だった。ヒトラーの対ソヴィエト進攻の終焉である。ほぼ直ちに赤軍は再編成され、進撃を開始し、すぐにオリョールとベルゴロドを奪回した。続いてドニエプル川とその対岸を目指し、大挙して前進した。

八月八日、スターリンはようやくローズヴェルトのメッセージに答えた。自分は長旅をすることができないとスターリンは説明した。「戦闘は今たけなわである……ソヴィエト軍は七月攻勢を撃退し、オリョールとベルゴロドを奪還し、今やさらなる圧力を敵軍にかけている……私は……残念ながらこの夏と秋の間はディヴィス氏をつうじてあなたにした約束を守ることができないだろう[18]」。ローズヴェルトがはるばる自分に会いに来ないのであれば、と彼は続けた。「現下の軍事情勢のもとでは、会談はアストラハン〔ヴォルガ河口〕か、あるいはアルハンゲリスクで準備することができよう」。

二人だけで会おうというローズヴェルトの提案に関しては、スターリンは策略だと考えているようだった。「私はこの会談にチャーチル氏が出席することにまったく反対しない。あなたがこのことに反対しないことを希望する」。ローズヴェルトには知る由もなかったが、スターリンはこのメッセージに関して細心の注意を払った。これは彼が自筆で書いた極めて数少ないメッセージの一つである。

ローズヴェルトはこれをスターリンがチャーチルの出席を望んでいるという合図として受け取った。そこで、会談を要請する次の二本の電信は、チャーチルとの連名になった。ローズヴェルトはこれらの電信に加えて九月四日にさらにもう一本の電信を送り、チャーチルを三人目の会談参加者として言及した。「当方としては北アフリカまでの場所で会談の準備ができるだろう」。ようやく九月八日になって、スターリンがやっと会談のために時間をとることができると同意した。しかし、会談場所としての北アフリカを退けた――自分はイランまでしか旅をしないだろう、と。

ローズヴェルトはイランには行きたくなかったが、それには十分な理由があった。彼が十月十四日にスターリンへの手紙に書いたように、テヘランは問題だった。なぜなら米国憲法の規定では「新たな法律および決議はその採択後、私によって決定を下されねばならず、そして物理的に一〇日間が経過する前に上院へ返送されねばならない……山を越える際に――最初は東へ、それから西へ――遅れが生じれば、もうどうすることもできない」。

スターリンは答えた。「残念ながら、あなたが会談のためにテヘランの代わりに提案したどの場所も、私には不適切である[19]」。

十月の末、ローズヴェルトはスターリンのテヘラン固執のためにこれまでになく動揺していた。長い、熱のこもったメッセージでローズヴェルトはあらゆる障害を取り出して、こう書いた。「もしも私が一五〇年以上の歴史がある憲法制政府を運営しなければならないという事実がなかったならば、あなたに会うために私は喜んでその十倍の距離でも行くだろう……もしあなたと私とチャーチルが数百キロのために今日失敗したならば、将来の世代からそれは悲劇として見なされるだろう……繰り返すことになるが、自分にはどうしようもない制約のためでなければ、私は喜んでテヘランへ行くだろう……どうかこの危機に際して私を失望させないでほしい[20]」。

彼のメッセージは、外相会談のためにモスクワにいたハル国務長官が自分でそれをスターリンに届けることができるように見はからって送られた。結果が分からずに無理して体裁を保つ緊張が、ローズヴェルトにはこたえていた。十月十九日に彼はインフルエンザにかかり、熱が出て、四〇度以上もの熱が数日間続いた。

十月二十五日、ハルはハリマンに伴われてクレムリンでスターリンに会った。スターリンはクレムリンの黄色の宮殿――ニコライ一世が建てたモスクワ川を見下ろす見事な黄色と白の宮殿に執務室を持っていた。二人は緑のカーペットを敷いた長い廊下を歩いて、二階から川を見下ろす、スターリンの質素な調度の大きな執務室へと通った。窓には重い厚手のカーテンが吊るされ、壁にはロシア式の暖炉があった。どちらもスターリンが切実に感じていたロシアの冬の厳しい寒さを証明していた。床には厚い赤のカーペットが敷いてあった。壁からはレーニン、マルクス、エンゲルスの肖像画が下を見つめていた。角の一つにはガラスのケースにレーニンの白いデスマスクが安置されていた。ハルとハリマンは大きな会議用テーブル越しに、居心地の悪い固い椅子に座ってスターリンと向かい合った。ハルは、まだ日程の決まっていない会談がローズヴェルトにとっていかに重要かということを力説した。スターリンは言った――軍事作戦の失敗が数万の人命を犠牲にするかもしれないのに、政府関係の書類発送の二日の遅れが、どうしてローズヴェルトのテヘラン出席を不可能にするほどの重大問題になるのか自分には理解できない。ハルは説明しようとした。そして、スターリンの誠実さについては疑念を抱きながらも彼が少なくとも安心したのは、自分は「原則的に」会談に反対しているのではないというスターリンの発言と、自分が会談を延期したのはドイツ軍の決定的敗北につながる現在の好機を逸するわけにはいかない、これは「五〇年に一度しか起こらない好機かもしれない」からだというスターリンのさらなる説明を聞いたためである。

さらに三日間が過ぎた。スターリンから何も言ってこなかったので、十月二十八日、ローズヴェルトはハルに電信を打ち、スターリンに「たとえ一日でもバスラまで[21]」飛ぶことと、残りの期間はモロトフがチャーチルと自分とで会談できるということを提案すべきだと述べた。ハルはそのような合意の実現は「疑わしい」と返電した。会談のお膳立てができずにさらに一日が過ぎた。ローズヴェルトはインフルエンザから十分に回復して記者会見を開くまでになったが、記者たちから「モスクワ会談」について押しまくられることになった。記者の一人が質問した。「あなたは、平和維持においてわれわれと協力しようというソ連の意欲に今では自信をもっているわけですね？[22]」。ローズヴェルトは答えた。「私ならそういう表現をしないだろう。自分としてはずっと自信を持ってきた。これ〔モスクワ会談〕は私の信念を強めている」。

質問――「それは強められた――強固になったというわけですか？」

ローズヴェルト――「そのとおりだ」

その日の後刻、ローズヴェルトはニューヨーク州ラインベックの自宅にいた〝よき友〟マーガレット・〝デイジー〟〔愛称〕・スックリー[23]に電話し、彼女に欲求不満を吐き出した。彼はこぼした――「なにもかも〝めちゃめちゃ〟なんだよ」。

「電話ではいろいろ質問できない」と彼女は日記に書いている。だが、そのあとに付け加えている。「彼は長旅に出ることを〝予期〟しており、それが巧くいくと〝考えている〟。しかし、まだ完全に確かというわけではない」。

ローズヴェルトより十歳年下のスックリーは大統領の遠い親戚の女性で、戦争中は彼の一番近しい友だった。

ローズヴェルトの生涯における彼女の重要な役割はほとんど知られていない。なぜなら、彼女の数千ページにも及ぶ日記、大統領への彼女の手紙、大統領から彼女に宛てた三六通の手書きの手紙がスックリーの寝台の下にあったスーツケースから発見されたのは、一九九一年に彼女が死去した後のことだったからである〔享年九十九〕。彼女の日記は一九九五年にジェフリー・ウォードの編集で『一番親密な間柄』〔Closest Companion〕という題で刊行された。彼女が初めてローズヴェルトに目を留めたのは、新年前夜の舞踏会でのことで、当時彼女は感受性の強い十八歳、彼は二十七歳だった。彼女はその光景を決して忘れることがなかった。ある親友に語ったことがある。「彼は長身で、パートナーを次から次へ取り替えてくるくる旋回させ、ホール中を回っていたの、笑いながら」。彼は彼女の生涯の恋人だった。彼女は「ウィルダースティン」に住んでいた。これはハドソン川沿いにある一族のクイーン・アン様式の大邸宅で、五層の円塔まであったが、荒れ放題だった。場所はスプリングウッドから、つまり、ローズヴェルトの父が建て、ローズヴェルトが改築したハイドパークのローズヴェルト屋敷から上流にあった。ローズヴェルトが自分の真の家と考えていたのはこの屋敷である。彼女は頭が切れ、博識で、思いやりがあった。大統領の生涯のこの時点で、彼女は恐らく彼の最良の友だった。彼女はほかの誰よりも多く彼と余暇を過ごした。それに加えて、彼女は彼と一緒に仕事をしていた。ローズヴェルトの生涯についての私的な知識を発揮して、彼の新しい大統領図書館（米国最初の大統領図書館）で大量の写真コレクションを整理していたのである。ローズヴェルトはこの図書館をハイドパークの自分の地所に建て、国に寄贈した。

スックリーはすらりとした体型で、取り澄ました顔つきをしており、いつも少し流行遅れの服を着ていた。二人の間に情事があったかどうかは知られていない。けれどもある日、二人が「トップ・コッテージ」に、すなわち大統領が設計してハイドパークの地所に建てた完全に私的な小別荘にいたときに、何かが起きた。それが何であったにせよ、それはデイジーにとって十分であり、状況のいかんに左右されず生涯終始一貫して彼女をローズヴェルトに結び付けたのである。

彼女は努力して大統領が周囲に置いた女性たちの中で最も無害な存在となり、エレノア夫人もあきらめて彼女を受け入れていた。夫人は友人で伝記作家のジョセフ・P・ラッシュにこう語った――フランクリンの目はそもそもの最初から（二人がハネムーンに行っている間から）ほかの女性にきょろきょろしていた、と。「彼がくつろぐために、そして何を話してもそのたびに褒めそやす聞き手を持ちたいというきりのない楽しみのために、常にマーサ（デイジー）のような女性がいた」[24]。デイジーはローズヴェルトにファラ〔一九四〇～一九五二〕という黒いスコティッシュ・テリヤ〔スコットランド原産の犬種〕をプレゼントした。この犬はローズヴェルトが共和党議員の攻撃に反駁した後、すっかり有名になった。議員は、大統領は納税者のドルをファラの輸送のために浪費したと攻撃したのである（それが事実でないことを大統領は示した）。ローズヴェルトは見事な反撃をした――私を攻撃するのも下劣だが、自分で答弁できない犬を攻撃するなどとはもってのほかである。「彼のスコットランド魂は憤怒に燃えている。あれ以来、彼はまったく犬が変わってしまった」[25]と。〔ファラのことと、この「ファラ・スピーチ」のいきさつについてはウィキペディア英語版、日本語版などの「ファラ（犬）」の項目に詳しく出ている〕。彼自身、デイジーに半分恋をしていたに違いない。というのは、彼女からの手紙を彼はずっと保管していたからだ――どこへ行くにも一緒に旅行した切手コレクションのアルバムの間に忍ばせて。

ローズヴェルトは、デイジーの日記によると、まだインフルエンザが全快しないまま、十月二十九日にハイドパークに着いた。「彼は長旅の準備をしている――テヘランに行かなくてもいいようになることを望んでいる。現地は病気が蔓延しているし、高さ約四五七〇メートルまでの山脈越えの飛行が含まれている。彼が事態を恐れているのは自分自身と彼の党全体の両方のためだ[26]」。最悪なことに、会談が行なわれる運びになるのかどうか、彼にはまだ分からなった。そのことについて、十一月一日に彼はカナダ首相マッケンジー・キングへの手紙で書いている。「私はまだ、われわれが〝アンクル・ジョー〟に会えることを期待している。しかしながら、私の憲法問題は彼にとって明らかに重要ではないのだ。彼に一〇回も説明を試みたにもかかわらずだ。私の議会の開催中は、法律を受け取り、それらに決定を下し、一〇日以内にそれらを物理的に議会へ返送できる立場に私はいなければならないのだと[27]」。

もう一本の電信がスターリンから届いた。「テヘラン以遠に旅をする可能性は除外されている。政府内の私の同志たちは……現時点で私がソ連国外に旅をすることは不可能だと見なしている……私はこの会談でV・M・モロトフ氏に支障なく代理をしてもらうことができよう[28]」。

その同じ日、ローズヴェルトはいい知らせも少し受け取った――上院が八五対五の圧倒的多数決で、彼の心にかかっていた大切な法案、すなわち国際連合を承認するコナリー決議案を可決したのである〔一九四三年十一月五日〕。「上院は、できるだけ早期の実行可能な期日に、すべての平和愛好諸国家の主権平等の原則に立脚し、大小を問わずそのようなすべての国家に開かれた、国際平和および安全維持のための全体的国際機関が設立される必要性を承認する」。ローズヴェルトは最初のハードルを――ウィルソンが失敗したハードルを跳び越えた。彼は立法府の支持を得たのである。上院は大統領の戦後平和維持機関のために後ろ盾となるであろう。

翌朝、ローズヴェルトはごく最近まで国務省のナンバー・ツー、国務次官だったサムナー・ウェルズと朝食を共にした。彼は国際平和維持機関の策定に取り組んだ戦前の国務省作業グループの長をしていた。それは十一月の暖かい曇った日だった、とウェルズは回想している。ローズヴェルトはベッドで体を起こし、新聞の束に埋もれていた。ダークブルーのケープを肩に羽織り、上向きの長い象牙ホルダーで煙草を吸っていた。外気は霧で重かったが窓は半分開けてあった。二人は二時間にわたり、平和維持機関の一般的本質について話し合った。ローズヴェルトはスターリンと会えたときには、彼にこの機関を提示するつもりだった。「われわれはいかなる強力な国際機関も持てないだろう。もしも時の経過とともにソヴィエト連邦と米国がこの機関の構築のために共に働けるような方法をわれわれが見つけられないならば[29]」と、ローズヴェルトはウェルズに語った。「それが彼にとっての主要問題だった」と後年、ウェルズは書くことになる。午前のこの後、大統領はシャングリ・ラに向けて出発した。気分転換のために、最高裁判事ウィリアム・O・ダグラス夫妻、ネルソン・ロックフェラー夫妻、そしてデイジーを同行した。

彼女の日記によると、翌日の午後、デイジーが彼のコッテージのガラス張りベランダに入ると、彼はあいさつ代わりに自分が最近スターリンについて考えていることを彼女に話した――彼はソヴィエト軍の総司令官だから、「一定の時間を超えてモスクワから離れることができないのだ、と……大統領は、スターリンが劣等感を持っているのかもしれないと示唆した……これは外の世界に対する彼の〝戦略〟と関係しているに違いない――ソ連はいま非常に大きく、そして非常に強い。だからソ連はその意志を押し付けることができるし、少なくとも対等に扱われねばならない――これは言うなれば一〇年前からの変化なので、スターリンはそのことを意識しているのかもしれない[30]」。

この思いは、戦後のプランをつくるのは戦闘が終結する前だというローズヴェルトの考えからは決して離れていなかった。戦争終結がすべての人の期待よりも早くなるかもしれないことを彼はひそかに恐れていた。「ドイツが今にも崩壊するかもしれないということはまったくあり得る[31]」と、彼はマッケンジー・キングに前年の十二月に語っていた。これはジューコフがスターリングラードの周囲で輪なわを締め始めていた時のことである。ローズヴェルトは説明した――自分はドイツ人たちから「食糧不足について、国民の不満について」多くの報告を受け取っていると。彼は会談の日程を決めねばならなかったのである。

観察の鋭いデイジーは、彼の手がいつもよりひどく震えているのに気づいた。これはコーヒーの飲み過ぎのせいだとローズヴェルトは言った。しかし、両膝がむくんでいた。これは言い逃れることができなかった――説明できた振りをしても。デイジーは書いている。「彼の膝がむくんでいるのが少し心配。これは彼が疲れているときに来る。夕食前、フォックス（ジョージ・フォックス海軍少佐、大統領の物理療法士）が膝をさすり、就寝前に電気バイブレーターをかける[32]」。

ローズヴェルトは自分の旅行問題をフランシス・ビドル司法長官に提示した。彼は大統領と同じくグロートンとハーヴァードの卒業生である。司法長官は覚書を書き上げることでこの問題を解決した。それには、大統領はどこにいようとも、法律が大統領に提出された時からこれを議会に返送するために、勘定に含まれない日曜日を除いて、一〇日間の期限を持っていることが強調されていた。問題は解決した。月曜日、ローズヴェルトはモスクワの米国大使館にメッセージを送り、ハリマンにスターリンへ届けるように指示した。しかしながら、スターリンには会えなかった。モロトフがメッセージを受け取った。モロトフはハリマンに、首相は軽いインフルエンザにかかっており、あなたに面会できないと告げた。そこでハリマンはメッセージをモロトフのために翻訳させた。これは何か疑問があれば、自分がそれを明確にできるようにするためだ、とハリマンは説明した。大統領のメッセージにはこう述べられていた。「私は一つ方法を案出した。もし私の拒否権を必要とする法案が議会で採決されたという知らせを受け取ったら……私はチュニスへ飛んで、それに対応し、しかる後に〔会談場所へ〕引き返す」[33]。メッセージは続いた。「十一月二十二日にカイロで連合国参謀部が協議を開始するというのが私の望みである。そして私が希望するのは、モロトフ氏とあなたの軍事代表（英語を話せる人を希望する）がその時にそこへ来ることである」。

モロトフはハリマンに質した。カイロでの予備交渉には何が含まれているのか、なぜなら自分がソ連代表になるという話なのだから、と。ハリマンは自分が知らないことを認めた。ここに至ってモロトフは冷ややかに尋ねた。大統領は十一月五日の電信の中にあったスターリン元帥の意見に留意したのだろうか？　これには元帥の同志たちが、「自分がソ連国外へ旅をすることは全般的に不可能だと見なしている」とあったはずだ。ハリマンはそのことについては大統領に知らせる、しかし大統領は「この会談に高い優先権を与えている」[34]と答えた。

ローズヴェルトとの電信の交換、そしてローズヴェルトからスターリンとチャーチルに宛てた電信も同様に、スターリンにきわめて大きな効果を及ぼした。世界はもはや彼と彼の国家に対してよそよそしくなかった。スターリンはローズヴェルトとチャーチルが自分を対等の者として扱っていることを今にして実感し、世界の主要大国としての来るべきその戦後の地位のために、ソヴィエト連邦を仕込むことに集中しはじめた。テヘラン以前でさえ、彼は系統的な変化をもたらしていた。テヘランに行くかどうかについてやきもきしながら、大統領がデイジーとともにシャングリ・ラにいたのと同じ週末、スターリンは毎年恒例の革命記念日演説をしていた。初めて彼は連合国のために称賛と思いやりの一節を導入した。「南ヨーロッパで戦うのは、第二戦線ではない。しかし、それでもこの戦いは第二戦線に類するものである……当然、真の第二戦線——今やそれほど先のものではない——それのみがナチ・ドイツに対する勝利を大いに早め、連合諸国の戦友愛をさらに確固たるものにするだろう[35]」。彼は先週初めてモスクワ会談での発言で認めていた——「一九四三年夏の北フランスにおける第二戦線の脅威は、ドイツ軍の約二五個師団を西にくぎ付けにした」。

大の歴史研究家だったスターリンがとりわけ好んだのは、自分自身を、ロシアを大国にしたイワン雷帝の後を継ぐ統治者として考えることだった。リトアニアの外相が一九四〇年のある夜、クレムリンの広間を一緒に歩いたとき、スターリンは彼に言った。「ここはかつてイワン雷帝が歩いていたところですよ[36]」。一九四三年の今、彼は天賦の才に恵まれたソヴィエトの映画監督、セルゲイ・エイゼンシュテインに命じて『イワン雷帝』という作品を撮らせた。エイゼンシュテインが脚本を書き、監督したこの映画は、イワン雷帝を残忍な、だが国を統一した賢明な国家建設者として描いた狂騒劇だった。そして映画はロシアを野蛮で、壮大で、強い国として示した。ここに描かれたイワン雷帝は、スターリン自身の「露骨な先駆者」だったと、戦争中BBCとロンドンのサンデー・タイムズ紙のソ連特派員として働いたアレクサンダー・ワースが書いている。もう一人の伝説的なツァー、ピョートル大帝についての戯曲を書いた作家のアレクセイ・トルストイも、同じ経験をした。スターリンはピョートルを自分に似せるために原作を編集した。作家は書いた。「〝人民の父〟はロシア史を修正した。ピョートル大帝は、私の知らないうちに、〝プロレタリアのツァー〟と我らがヨシフの原型になった！[37]」。

スターリンは、他国で革命を扇動しているとして長いあいだ特別に非難されてきた組織——コミンテルン〔共産主義インターナショナル〕を解体することについて考えていた。スターリンの考えでは、この組織の有用性はもうなくなっていた。すでに一九四一年四月にスターリンは、他国の共産党はコミンテルンのメンバーであることをやめて各国の民族政党に変えられるべきだと公言していた。「コミンテルンに加入していることは、ブルジョアジーの共産党迫害に余計な口実を与えている」と。[38] バルバロッサ（ドイツ軍のソ連侵攻作戦）は、この考えの実行を中止させた。しかし、今やスターリンには時間と足場があった。モロトフはコミンテルン議長のゲオルギ・ディミトロフに、組織はなくなると通告した。一九四三年五月二十一日、黄色の宮殿内にあるスターリンの執務室で開かれた政治局の会議で、モロトフは次の決議を読み上げた――

われわれがコミンテルンを創立し、すべての国における運動を指導できると考えたとき、われわれは自己の勢力を過大評価していた。それはわれわれの誤りだった。コミンテルンのこれ以上の存続はインターナショナルの理念を傷つけるだろう。それはわれわれの目にしたくないところである……また、解体にはもう一つの動機もある……そしてそれは、コミンテルンに加入している共産党が、ある外国の手先だと不当に非難されているという事実である……コミンテルンを解体することにより、われわれは敵の手からこの取って置きの札を叩き落としている。[39]

解体はうわべ以上のものだったが、決して全面的ではなかった。モロトフはディミトロフに、コミンテルンのさまざまな作戦と機能は他の機関の間で分担されることになると語った。ローズヴェルトは皮肉っぽく、それを期待できる一歩、友好のジェスチャー、正しい方向への一歩として受け取った。実際には、それは完全に機能をやめることはなかった。しかし、それはもはや中央で制御されているわけではなかった。そのネットワークはＮＫＶＤのネットワークの中へ溶け込んだのだった。

この解体は、過去のソヴィエトの二枚舌をはっきりとさらけ出した。ソヴィエト政府は常に、コミンテルンはソヴィエト政府から独立していると主張してきた。実のところは、スターリンがコミンテルンの活動を牛耳っていたのだ。長年、彼からモロトフへの手紙には、コミンテルンの活動方針の是非についての助言が含まれていた。コミンテルンの架空の独立が今や完全に暴露された。ジョセフ・E・デイヴィスがスターリンとローズヴェルトの会談をお膳立てするためにモスクワに現れたとき、この解体の準備はかなり進んでいた。スターリンは広報宣伝で大花火を打ち上げる好機を見た――デイヴィスがモスクワにいる間にそれを発表するのである。「われわれは発表を急ぐべきだ(40)」と、スターリンはディミトロフを急かした。ディミトロフは仕事に取りかかった。そして解体が発表されたのは、スターリンがデイヴィスのために夕食会を開き、『モスクワへの使節』がそこで上映される日の前日だった。デイヴィスはこの展開に興奮した。彼は夕食会で感想を述べた――「自分がモスクワ駐在大使だったころ、リトヴィノフによく言ったものだ。コミンテルン――誰もがソ連を打つときのステッキとして使う――は、あらゆるトラブルの真の根源であると(41)」。

スターリンはこの行動から最大限の利用価値を手に入れた。ロイターのモスクワ特派員ハロルド・キングはスターリンに、解体は何を意味するのかと質問した。五月二十八日にスターリンは回答した――「それは、〝モスクワ〟は他国民の生活に干渉し、彼らを〝ボリシェヴィキ化〟しようとしているなどという趣旨のヒトラー主義者どものうそを暴露する。今後はこのうそに終止符が打たれる(42)」。

戦前のソ連は敵に包囲されたプロレタリアの除け者だったが、戦後はむしろ世界の大国として登場するだろう――ローズヴェルトが育んだスターリンのこの新しい展望に沿って、スターリンが実感したのは、ソ連には他国の将校団と同等に渡り合えるプロのエリート将校団が必要だということだった。スターリンが英国の通訳官A・H・バースに語ったように、「ソヴィエト軍にはいい将軍たちがいる。ただ、われわれの将軍たちは教養を欠いている。それにマナーもひどい[43]」のであった。一九四三年八月、九校のスヴォーロフ士官学校が設立された。名称は一八世紀のロシアの将軍アレクサンドル・スヴォーロフにちなんでいた。スヴォーロフ将軍は戦闘で一度も負けたことがなかった名将である。これらの士官学校は、革命前に存在したような将校階層をつくり出すために革命前の陸軍幼年学校を厳密にモデルにして開設された。若者たちはここで軍事教育と中等普通教育を受けることになるが、教科には世俗的な常識、外国語、それにマナーや社交ダンスのような社交術も含まれていた。彼らは賢明で、洗練され、教養のある軍人に育つだろう。また外見的にも洗練されるはずである。制服は赤軍の制服を手本にして、肩章その他のマークが付いていた。要するに、次世代のソヴィエト軍人は英国、フランス、米国の軍人たちに引けを取らなくなり、国内でも尊敬されるだろう。

陸軍士官たちの制服自体も、赤軍がドイツ軍を撃退し始めた一九四三年の早い時期に驚くべき変化を遂げた。スターリングラード戦の最中、それもソヴィエト軍が優勢に立ったそのクライマックスの時期に、金色の肩章とモール――英国から輸入された――が士官たちの軍服の上に出現した。これは以前なら受け入れられなかっただろう――一九一七年にはツァーの士官たちの肩から肩章がむしり取られたのである。しかし、スターリングラード後には士官たちは誇り高いプロフェッショナルとして見られた。「立派な軍服は退却時にはまったく様にならないだろう[44]」と、アレクサンダー・ワースは書いた。しかし、スターリングラードで追い詰められた赤軍兵士たちが必死の努力で盛り返し、ドイツ陸軍を破ると、階級としての士官たちはそれまでソ連で失っていた尊敬を再び獲得した。かつて革命で解き放たれた怒りはあらゆる階級区別を完全に破壊していたのである。優秀な士官たちが選び出されて、共産主義以前のロシアの偉大な武人たちの名前が付いた勲章を授与された。すなわち、アレクサンドル・スヴォーロフにちなむスヴォーロフ勲章、ナポレオンを破ったミハイル・クトゥーゾフにちなむクトゥーゾフ勲章、エカテリーナ大帝に仕えた提督フョードル・ウシャコフにちなむウシャコフ勲章、チュートン軍を撃退した一三世紀の英雄アレクサンドル・ネフスキー公にちなむネフスキー勲章である。一定の階級以上の士官たちには、彼らを兵卒から区別するために新たな行動規範が与えられた――彼らは公共交通機関で旅行してはいけなかった。紙包みを手にして歩くようなみっともない行為は一切やってはいけなかった。もし将軍がモスクワで劇場に行くなら、一階席の前から一五列目までの席に座らなければならなかった。もしそれらの席が全部売り切れていた場合には、劇場に入れなかった。下士官兵は桟敷席に座らなければならなかった。

さらにもう一つ、陸軍士官の生活におけるもっと重大な変化が導入された（しかし、これは後に撤回されることになる）。政治委員が廃止されたのである。政治委員が仕事にしていたのは、士官たちの政治的品行方正を確保することはもちろん、彼らを監督し、探ることだった。こうして、赤軍では初めて士官が軍事的決定に単独責任を負うことになった。

外交官たちも身なりを整えた。突然、外交官用の新たな服装一式が出現したのである――金ボタン付きの紫がかった灰色のスーツ、これを引き立たせるひさしのある帽子、チョッキ、黒のシルク・ソックス、固いカラーの付いた白のワイシャツ、真珠のカフスボタン、白のキッド革手袋、そしてベルトに下げる小さな短剣、等々。

だが、スターリンがローズヴェルトに促されて導入した最大の変化は、宗教分野のそれだった。テヘランの二ヵ月前、スターリンは公式に彼の反宗教政策を破棄した。彼は、宗教に対するソ連の否定的態度がローズヴェルトの絶えざる懸念の種だということを承知していた。ローズヴェルトは、それが米国内のソ連の敵対者たち、とりわけカトリック教会に格好の攻撃材料を与えていることを承知していた。しかし、ソ連の反宗教政策には彼自身も怒っていたのだ。ローズヴェルトの深い宗教的性格に気づいていたのは彼のごく身近にいた人たちだけだった。レクスフォールド・タグウェルは友人で、大統領としてのローズヴェルトのために初期の政策提言を策定したコロンビア大学顧問団の一員だったが、その彼が回想している――ローズヴェルトは何か新しいことを策定しようとするときには、最初に同僚たちの全員に対して、自分たちがやろうとしていることに神の祝福があるように共に祈ることを求めた、と。スピーチライターのロバート・シャーウッドは信じていた――「彼の信仰は彼の中にある最も強く、最も神秘的なものだった[45]」。

ローズヴェルトはその機会があるたびに、ソ連における宗教の自由を執拗に求めた。一九四一年六月のヒトラーのソ連侵攻の翌日、彼はスターリンに通知した――米国の援助と宗教の自由は切り離して考えることはできない。「良心が命ずるままに神を信仰する自由は、すべての国民の偉大なる基本的権利である……合衆国の国民にとってこれとその他の共産主義独裁の諸原則および教義は、容認できないし、われわれの信念と無縁である。それはナチ独裁の諸原則および教義がそうであるのと同じである。いずれの種類の強制された専制も、生活様式において、あるいは統治システムにおいて、アメリカ国民のいかなる支持も、あるいはいかなる共感も得ることができないし、得ることがないだろう[46]」。

一九四一年秋、ドイツ軍がモスクワに迫り、アヴェレル・ハリマンとビーヴァーブルック卿（新聞王で英国の補給相）が、米英両国がどのような援助物資をソ連へ輸送できるかを交渉するためにモスクワへ向かおうとしていたとき、ローズヴェルトはこれをソ連における宗教の自由を提言する好機として捉えた。スターリンは死にもの狂いだった。ローズヴェルトはこれ以上の好機が二度とないことを知っていた。九月の上旬に彼は書いた。「ソ連は現在のこの紛争の結果として自国における宗教の自由を認めるかもしれない、と私は信じている[47]」。彼は三つの行動をとった。第一は、ワシントン駐在のソ連大使コンスタンチン・ウマンスキーをホワイトハウスに呼んで、こう告げることだった――ソ連が是が非でも欲しがっている援助を議会に承認させることは、貴国に対する議会内の敵意のためにきわめて難しくなりそうだと。それから大統領は示唆した。「もしモスクワが、ハリマンの使節がモスクワに着くのを待たずに、この数日中に、宗教の自由について米国に何か広報宣伝できるなら、これは次のレンドリース法案が議会に上程される前に非常に結構な教育的効果を持つかもしれない」(48)。ウマンスキーは問題を処理することに同意した。九月三十日、ローズヴェルトは記者会見を開き、その席で記者たちに、良心の自由と宗教の自由を許しているソ連憲法第一二四条を読んで、その情報を流すように指示した。(新聞がしかるべく情報を報道した後、ローズヴェルトの最大の政敵、彼の地元ハイドパーク出身の共和党下院議員ハミルトン・フィッシュが提案した――大統領はスターリンを「ホワイトハウスのプールで洗礼を受けられるように」招待すべきだ。そのあと二人で「ホワイトハウスの日曜学校に参列できるだろう」と(49)。)

次にローズヴェルトは、モスクワへ発つ寸前のハリマンに、信仰の自由の問題をスターリンに提起するように指示した。ハリマンは回想している。「大統領が望んだのは、宗教に対する制限を緩和することがいかに重要か、私がスターリンに印象づけることだった。ローズヴェルトは宗教団体からのあり得る反対を懸念していた……それに加えて、彼が心から望んでいたのは、宗教に対するソヴィエトの敵意を修正するために両国の戦時協力を利用することだった」(50)。ハリマンは問題をスターリンに提起した。スターリンが食いつくような文脈で――ソ連に関する米国の政治状況と否定的な世論は、もしソ連が「信仰の自由を建前だけでなく、実際に許す意向を見せるならば」(51)改善するだろう、と。ハリマンの回想によると、彼がこれを説明したとき、スターリンは「うなずいて、何かをやってみようとする意欲(私はそういう意味だと理解した)を示した」。

ハリマンは問題をモロトフにもぶつけた。モロトフはローズヴェルトがごまかしをしない人間だと信じていないことを露呈した。「モロトフは私に、彼とほかの人たちが大統領に抱いている大きな尊敬の念を心から表明した……だが途中で……彼は尋ねた。あれほどの知性人である大統領が実際に見かけと同じように宗教的なのだろうか、すなわち、彼の公言は政治目的のためではないのか、と」――ハリマンはそう回想している。それはソ連側の無理からぬ反応だった。ウマンスキー大使が、ローズヴェルトはナショナル・キャセドラル〔ワシントン大聖堂〕や米国聖公会の日曜礼拝に一度も行ってないと報告したかもしれなかった。歴代大統領やワシントンの上流階級の米国聖公会信徒たちはこれに伝統的に出席していた（もっとも、ローズヴェルトはラファイエット広場のセント・ジョーンズ教会には時々出かけた）。ウマンスキーは恐らく知らなかっただろうが、ローズヴェルトがナショナル・キャセドラルから足が遠のいていたのは、主宰するワシントン教区主教ジェームズ・フリーマンに我慢がならなかったからである。ローズヴェルトは一九三四年にナショナル・キャセドラルを訪れた。彼の大統領就任一周年を祝う特別礼拝のためで、フリーマン主教の招きによるものだった。礼拝後、車椅子で車のところへ向かうローズヴェルトの傍らを歩いていた主教が、ウィルソン大統領やデューイ提督がしたように、大聖堂の遺体安置所に埋葬されるための計画を作るように大統領に示唆した。次いでフリーマンは、「ここに埋葬して欲しいと大統領の希望を表明する」覚書を口述するように提案した。ローズヴェルトはかっとなって、返事をしなかった。しかしながら、ひとたび主教の魔手を脱し、無事に車の中に落ち着くと、ローズヴェルトはぶつぶつぶつやき続けた。「死体泥棒の古狸、死体泥棒の古狸[52]」。しばらく後、主教の提案をどうするのかと催促されると、ローズヴェルトは覚書――相続人たちへの――を口述し、自分を故郷のハイドパークに埋葬するように指示した。そしてナショナル・キャセドラルの礼拝には二度と行かなかった。

ハリマンにできたのは、せいぜいへこみをつける程度だった。外務副人民委員のソロモン・A・ロゾフスキーは、ハリマンがモスクワを発つ日まで待って、記者会見を開いた。彼は次の声明を読み上げた。「ソヴィエト世論は、ソ連における信仰の自由に関するローズヴェルト大統領の記者会見での声明を大きな関心をもって知った……信仰の自由と反宗教宣伝の自由はすべての市民に認められている[53]」。しかし（と彼は言った）、ソヴィエト国家は「宗教に干渉しなかった」。宗教は「私的な問題」だった。そしてロゾフスキーは、依然として投獄されている者が多いロシア正教会の指導者たちに次のように警告することで声明を終えた――「いかなる宗教の自由も、宗教、教会、信徒会は国内で承認されている既存権力の打倒のために利用されないということを前提としている[54]」。これを記事にして掲載したソ連唯一の新聞は、モスコー・ニューズだけだった。これは米国人しか読んでいなかった英字紙である。プラウダとイズヴェスチヤはロゾフスキーの発言を無視した。ローズヴェルトは愉快ではなかった。彼はそれ以上のことを期待していた、とハリマンは回想している。「彼はこれでは不十分だとして私を叱責した……私がもっと成果を上げられなかったことに批判的だった」。

　ローズヴェルトは数週間後、枢軸国側と交戦中のすべての国家が一九四二年一月一日に署名する予定の連合国共同宣言の最新版国務省草案を読んでから、ハルに宣言に宗教の自由を入れるように命じた。「私はリトヴィノフには同意させられると信じている[55]」。しかし、最近ウマンスキーと交代したばかりのリトヴィノフ・ソ連大使が、宗教に関する文言の追加に反対したとき、ローズヴェルトは表現に少し手を加え、「宗教の自由」を「宗教的自由」に変えた。この変更は些細で意味がなかったが、そのおかげでリトヴィノフはモスクワへ、自分がローズヴェルトに宣言を変えさせるほどの強打を与えたとうそをつかずに報告することができ、かくしてスターリンを満足させたのである。

　一九四二年十一月[56]、ソヴィエトの反宗教的な統治姿勢に最初の変化が現れた。ロシア正教会を指導する三人の府主教の一人、キエフ府主教ニコライが、ドイツ・ファシスト犯罪調査特別国家委員会のメンバーに選ばれたのだ。そして今、テヘランの二ヵ月前になって、ローズヴェルトに大きなプレゼントがあった。あれほど多くの教会の閉鎖と（または）破壊に、ソ連の一〇二六の修道院および女子修道院のうち六三七の廃止に加担したスターリンが、宗教を共産主義の狭い教条主義的なレンズを通してではなく、ローズヴェルトと同じように見始めたのである。これをより容易にしたのは、もちろん、教会はもはや彼の支配体制に対する抵抗の温床ではないという事実があったからだ。教会はドイツへの対抗で政府に協力していた。政府と教会は今やどちらも母なるロシアの守護者であった。

一九四三年九月四日の午後遅く、スターリンはクンツェヴォの別荘にロシア正教会問題審議会議長のG・G・カルポフ、国家防衛委員会（GKO）メンバーのゲオルギー・マレンコフ、それにラヴレンチー・ベリヤを呼んだ。すでに教会が戦争で演じている友好的な役割と、将来に教会が演じるかもしれないより強い役割について討議した後、スターリンは、一九二五年に自らが廃止したロシア正教会総主教座を直ちに復活し、ソ連全土で教会と神学校を開くことに決めたと発表した。その同じ日の夜遅く、府主教のセルギイ、ニコライ、アレクシイの三人はクレムリンに呼び出され、スターリンから自ら決定した重大な変更を告げられた。スターリンは三人と朝の三時まで話し合った。彼らがもはやソヴィエト体制を弱体化させようとする考えを抱いていないことを確かめるために、探りを入れていたのは疑いない。話し合いは有益で、多分友好的だった。スターリンはもう神の存在を信じていなかったが、聖職者を尊敬していた。それは恐らく、彼の初期の教育が神父たちの手で行なわれたからだったろう。

翌日[57]、プラウダは、ニコライ皇帝の宮廷でラスプーチンに反対した偉大な聖職者であり、ボリシェヴィキの監獄で延べ二五年間を過ごし、教会はソヴィエトと和解すべきだと信じていた府主教セルギイが、今や自由の身となり、新総主教を選ぶための主教会議を招集することが許されるだろうと報じた。プラウダはこれに加えて、宗教施設の開設と修復のために許可書が発行されること、正教会が定期刊行物の再刊も許されることを伝えた。プラウダは、新政策の背後にいるのがスターリンであることを明々白々にするために協力した——「政府首班、I・V・スターリン同志はこれらの提案に賛同し、政府はその妨げにならないだろうと述べた」。短期間のうちに正教会はスターリンの統治権を支える秩序の一部になっていた。

　またバリトンの声を持ち、歌うのが大好きだったスターリンは、この時期に、ソヴィエト国歌が国際基準に合っていないと判断した。国歌もまた身なりを整える必要があったのである。彼は少年時代、生まれ故郷のゴリの教会学校では聖歌隊で歌い、すこし年上になってチフリス〔トビリシ〕の神学校へ進学してからもしばしば聖歌隊のリーダーとして歌い続けた。実際、革命活動のために神学校から追われるまで、彼は聖歌隊リーダーとして歌うことで小遣い稼ぎをしていたのだ。奇妙なことだが、生涯の間ずっと、スターリンは讃美歌を歌って夜の暇つぶしをした。大抵はモロトフとヴォロシーロフが一緒だった。歌には正教会の礼拝歌とロシア人なら誰でも子供の時から知っているようなロシア民謡が含まれていた。多分そのために彼は、人の助けを借りるとしても国歌を改善するのに自分が適任だと考えた〔ソ連では十月革命後の一九一八年からそれまでフランス生まれの革命歌『インターナショナル』が国歌になっていた〕。彼は布告した——新国歌のコンテストを実施する、自分が審査員を務める、自分で応募作品全部を聴く、そしてコンテストは一九四三年十一月一日にモスクワのベートーヴェン・ホールで開催される、と。コンテストの当日、彼はモロトフ、ベリヤ、ヴォロシーロフを引き連れて午前九時〇〇分にコンサートホールに到着した。夜更かしで有名だったスターリンが朝から仕事をしている光景が見られた数少ない例の一つだった。グループは四時間座って、応募作品四〇点の演奏を聴いた。そのあとでスターリンは歌詞だけ変更する必要があると判定を下した。長い討議の末、スターリンが承認した歌詞が選ばれたが、彼はそれも際限なく手直しすることを主張した。「君たちは詩をそのまま残して構わない」と、途中で作詞者たちに言った。「だが、リフレーンを書き直してくれ。もし問題でないなら、〃ソヴィエトの国〃を〃社会主義の国〃に変えてくれ」。それから思い付いて、〃祖国〃を加えてくれと言った。そのあと、歌詞の一節〔第三節〕に自分自身の名前が挿入されるのを認めた。「……偉大なレーニンがわれわれの道を照らし、スターリンがわれわれを人民に忠誠に育て上げ、労働と偉業へわれわれを奮い立たせた！」と。恐らくそれがずっと彼の狙いだったのだろう。高名な作曲家ドミトリー・ショスタコーヴィチとセルゲイ・プロコフィエフが従順なソヴィエト市民として、新たな単語に合うように曲を管弦楽に編曲する作業をやらされた。スターリンは結果が気に入り、新国歌は「果てしない波のように空と天をかき分けていく」[58]とまで言ったほどだった。

自分の政府が世界に見せている顔を変えたいというスターリンの熱望は続いた。革命二六周年の一九四三年十一月七日の日曜日は、モスクワで祝賀が行なわれた日だった。夜、祝賀行事は大パーティーの形で続いた。ヴャチェスラフとポリーナのモロトフ夫妻が主人役を務めた。二人はスピリドノフカ通りの外務人民委員部迎賓館（帝政時代の堂々たる新ゴシック様式の邸宅）の大クリスタル・シャンデリアの下に立っていた。ハリマンと駐ソ英国大使のサー・アーチボルド・クラーク・カーをはじめ、その他の国の外交団が出席した。将軍たち、提督たち、有名な作家、芸術家、音楽家たち（その中にはイブニング・ドレスで正装したショスタコーヴィチの姿があった）もパーティーに来た。驚くほど豪華なビュッフェスタイルの料理が一二の部屋にわたって伸びていた。多くの乾杯が英語で行なわれた――その回数があまりにも多かったので、そのたびにグラスを飲み乾さねばならなかったハリマンとクラーク・カーは、モロトフが自分たち二人を酔っぱらわせようとしているのだと感じたほどしきりに嘆いた。政治局の重要メンバーの一人、ラーザリ・カガノーヴィチが飲み過ぎていて、大声でまくしたて始めた——米英からの援助がいかに効果がなかったかということについて。そして、そろそろ彼らは自分の義務を実行すべき時だ、と示唆した。「われわれが必要としているもので間に合って到着したのはたったの二パーセントだけ、二パーセントなのだ……あんたたちはこの戦争をどのように戦っているのか？　フルタイムで働いているのは一ヵ国だけだ。赤軍はその仕事を遂行している。だが、英米軍はパートタイムで働いているに過ぎん……あんたたちに必要なのは猛打だ[59]」。彼は急いでコートと毛皮帽を着せられ、部屋から連れ出された。そのあまりの早業にハリマンも気づかないほどだった。

第4章 第一印象

ローズヴェルトは無類の話好きで有名だった。彼をよく知っている者は事実上誰でも、大統領の話好きにまつわる挿話を話すことができた。ローズヴェルトはこの性癖を自覚していて、自分でそのことについて話したことさえある。あるとき彼が、これから短い閣議を一つ開きたいのだと家族に告げると、「どうしたらそういう閣議をやれるのか、分かっているんでしょうね。自分が話すのをちょっとやめればいいんですよ[1]」と家族からたしなめられたそうだ。重要な地位の多くの人たちも大統領には横合いから口をはさむのに苦労した。ハル国務長官は認めた。大統領から昼食をとりながらの会議に呼ばれたときには、「最初にまず自分が食べることにした。大統領が食べている間に自分が話せるように[2]」。

ある閣僚によると、閣議は「大統領の独演会で、途中少しの質問とごくわずかな討論しかなかった[3]」。インドで数ヵ月過ごした後、国務次官のウィリアム・フィリップスは現地の状況をローズヴェルトに説明するためにワシントンへ遠路はるばる戻ってきた。「私には大統領に話すことが沢山あった……しかし大統領は例の話したくてたまらない気分の時で、私が報告しなければならないことに負けないほど沢山話すことを持っていた[4]」。結局、フィリップスはあとで大統領に報告メモを書くことになった。ヘンリー・スティムソン陸軍長官が学んだのは、辛抱強い、しかし毅然たる態度をとることである。彼は日記に、大統領との典型的なある会見について書いている――「恐らく、私は多めに見積もって四〇パーセントの話す時間を獲得したが、大統領は残り六〇パーセントの時間話した。しかし、これは毎度のことで、私は慣れていた。私は一度に済ませようと五項目のリストを用意していた。そして大統領は、思い出話のいくつかを私に中断されることに、ひじょうに従順だった。だが、私が終える時までには大統領の回顧談をぜんぶ聞かされていた」。鋭い観察者だったジャーナリストでローズヴェルト伝の著者ジョン・ガンサーは、ローズヴェルトがあれほど話好きだったのは彼が歩けなかったからだと考えた――「会話は彼のゴルフであり、テニスであり、バドミントンであった[5]」。

十一月二十八日の日曜日、ローズヴェルトがソ連大使館に到着して間もない午後三時一五分、スターリンが大統領を訪ねてきた。

大統領はついに、ずっと追い求めてきたがどうしても捕まらなかった獲物と向かい合った。スターリンは自分が提案することに同調するだろうか？　現在の非常事態が終わったときにも協定に忠実だろうか？　三年前、ヒトラーはスターリンとの会見をお膳立てすることを望んだ。あるいは少なくともそういう切望をモロトフに表明した。それでもその年のうちにドイツ軍はソ連を侵略した。スターリンの常に疑り深い頭の中をこういう思いがよぎったに違いない――もしかしたら、ローズヴェルトがお膳立てするのに労を惜しまなかったこの会談をつうじて、彼ですらソヴィエト政府を油断させようと試みているのではないだろうか。

ローズヴェルトは、スターリンがレーニン以後初めて会った自分よりも大きな権力をもつ人物だった。すなわち、前例のない三選大統領であり、世界で最も生産力のある工業を動かしていた。そしてその工業力がいまソ連の主要な支えになっているのである。この人物――風貌も行動もそれとは感じさせないこの身体障碍者は、彼に会うために数千キロを旅してきた。大統領が着ている服はぴったり体に合っていて、長椅子に座っていると、まったくの健康体に見えるだけでなく、優雅でさえあった。大統領はほとんど自分から言い出して、ソ連大使館を滞在先にさせてもらったのだった。この大統領は手ごわいぞ――スターリンがそう考えざるを得なかったことは確かである。

それは黄葉と青空、温暖で日が降り注ぐすばらしい日曜の午後だった。二人の首脳はローズヴェルトの居間でようやく向かい合った。これに加わりたいという懸命の努力にもかかわらず、チャーチルはそこにいなかった。スターリンがこちらに向かっていると告げられたとき、ローズヴェルトは大使館に到着したばかりで、寝室で休んでいるところだった。それでも彼はそれまでに何とか居間の長椅子に座って、スターリンが現れるのを待っていた。マイク・ライリーによると、「とても人なつっこい笑みを顔に浮かべて、彼はボスのところへひじょうにゆっくりと歩み寄った……微笑みながらローズヴェルトに向かって部屋を一種の〝側対歩〟で横切った。そして初めてローズヴェルトと握手するために手を伸ばした。二人で握手しながらボスも笑顔を見せて言った。『元帥、お目にかかれて喜ばしい』。元帥もひじょうに陽気に笑いはじけた(6)」。

スターリンは座った。そのとき「彼が私の脚と足首を物珍しげに見ているのに気づいた(7)」、とローズヴェルトは思い起こしている。

ローズヴェルトは濃紺の背広、白のワイシャツ、地味なネクタイという姿で、ベストのポケットにハンカチを挿していた。もともと彼持ち前の率直な、澄んだ視線、人を歓迎する笑みには部屋の中を明るくするほどの効果があった。いま彼はそれをスターリンに向けた。

ローズヴェルトの魅力とマナーは有名だった。「彼は不意の来客に、自分のこの訪問が彼にとってその日の最も大事なことであり、この時が来るのを彼が一日中ずっと待っていたのだと信じさせることができた。彼は自分の政権内のほとんどどこでも強い忠誠心を呼び起こした。彼に協力した若くて情熱的な理想主義者たち、老いて疲れた政治家たち、教授たち、そして実業家たちでさえ、彼の命令を遂行するために昼夜を問わずぶっ通しで働くことをいとわなかった[8]」。ハロルド・イッキス〔一九三三年から四六年まで内務長官を務めた〕は認めている。「彼ほど愛されている人間と会ったことは一度もなかった[9]」と。ローズヴェルトには顔をキッと上げる独特の仕草があったが、それは勇気の身振りのように見えた。これも人々をひきつけた。

ホプキンスが、スターリンの少々だぶだぶのズボン、勲章を付けていないこと、そして地味だが仕立てのよい上着に注目した一九四一年の夏の時とは異なり、今のスターリンはスマートな新式のソヴィエト軍制服の一つ、肩に赤い肩章と白い星の付いた辛子色の元帥用上着と赤の幅広のストライプが入った細身のズボンを着用していた。レーニン勲章の金星章が胸に飾られていた。ホプキンスが目にしたくたびれたブーツの代わりに、今はピカピカのエレガントで柔らかそうなコーカサス風ブーツがスターリンの足を包んでいた。

スターリンの容姿は人々の予想と異なった。思ったより小柄だった。背が低く、一六四センチほどしかなかった。もっとも、ローズヴェルトを含めて多くの人は、彼はそれよりも大きく見えたと述べることになる。多分、体つきがとてもがっしりしていて、力強そうだったからだろう。ソヴィエト軍がドイツ軍に圧倒されていた一九四一年七月、重圧を受けていたときのスターリンに会ったホプキンスも、彼はもっと大柄だという別の印象を受けて帰ってきた。「およそ一七〇センチ……彼の体つきは腰から下が頑丈にできていて……アメリカン・フットボールのコーチならタックルの選手として夢見る体形だった。彼の手は大きく、彼の精神と同じように強靭だった[10]」。

彼は濃い口髭、黒い髪、太い眉、狭い額、そして多くの人が東洋人的だという蜂蜜色の目を持っていた。彼のロシア語はすべての点で正確だったが、普通のロシア語とは違うグルジア語の訛りがあった。また、驚くほど低い、抑制した声で話した。そして時々、さらにその声を低めたので、まるで自分自身に語りかけているように見えた。

彼はまた、写真ほど「威厳」がなかったので、人々を驚かせた。彼の写真は公表される前に修正を施されていたに違いない。顔には子供の時に罹った天然痘のあばたがあった。歯はぼろぼろで、色ずんでいた。その上に、パイプにたばこを詰める際には（彼は紙巻きたばこを吸ったり、パイプを使ったりする両刀使いだった）、左手の動作が少しぎこちないのが見てとれた。少年時代の事故の名残である。

さらなる驚きは、スターリンのマナーだった。彼は非情で、気まぐれで、厳しく、冷たかったが、新参者には親切で辛抱強く接し、彼らが予想したほどの威圧感を与えなかった。軍事使節団の団長として一九四三年にモスクワに駐在し、米国のレンドリースと軍事問題の調整にあたったジョン・ディーン将軍は、スターリンがいかに頑固で非情かを知るに至ったが、それでも彼との会見について「何よりも強い印象を受けたのは、深いしわを刻んだ血色の悪い顔に浮かんだ親切な表情だった[11]」と書いた。一九四一年十月にハリマンとともに援助物資の初期の流れを打ち合わせるためにモスクワへ行った英国のビーヴァーブルック卿は、スターリンは「親切な人間で……実際上、いかなる焦りも決して示さない」と考えた。スターリンの信頼した仲間の一人は書いた――このような人間が自分をだますことなど想像しがたかった。彼の反応は実に自然で、彼が振りをしている感じはみじんもなかった、と。スターリンはコーデル・ハル国務長官にまで感銘を与えた。「スターリンほどの個性と取り組み方を持っていれば、多分どんなアメリカ人でも自国で高い公職に就けるだろう[12]」と彼は書いた。米国のモスクワ駐在陸軍武官クリントン・オルソンはスターリンをこう描写した。「彼はおとなしそうな小柄な人間だった——その眼を見るまでは。その時、前にいるのは強力な人物だと実感できた」。スターリンは「見るからに邪悪」[13]だと思った点でリーヒ提督は少数派だった。

　スターリンは自分の敵たちに、あるいは敵になるかもしれないと思った人たちに大惨事をもたらしたが、伝記作者のサイモン・セバーグ・モンテフィオーリによると、それにもかかわらず持ち前の魅力でも知られていた。彼は側近グループにとってひじょうに親しみやすく、思慮深かった。モンテフィオーリは書いている。「党内におけるスターリンの権力基盤は恐怖ではなかった。それは魅力だった……彼は今なら〝ピープル・パーソン〟と呼ばれる庶民的人間だった。一方で彼は真の思いやりの能力を欠いていたが、他方では友達づくりの名人だった。スターリンは絶えず怒りを爆発させた。彼がしかし、この人を魅了しようといったん心に決めたら、その魅力には抗すべくもなかった」[14]。彼の昔の仲間たちはスターリンを子供の時の名前でソソと呼んだ。あるいは彼が十代の時に崇拝して借用した勇敢なグルジア人の名前コバで呼んだ。あるいは彼に向かって遠慮のない「お前、君」呼ばわりをした。スターリンと会った人はしきりにもう一度会いたがった。「今や二人を永久に結ぶ絆ができたのだという感じを彼はつくり出した」。

　スターリンはまた完全なる暴君として、仲間たちの生活をごく細部に至るまで支配した。彼は仲間たちの住む場所を選んだ。ＮＫＶＤ（内務人民委員部）の長官ラヴレンチー・ベリヤにはクレムリンの近くの貴族の豪邸を選んだ。年下でお気に入りのニキータ・フルシチョフにはクレムリンに近い、ピンク色の大理石の建物が続くグラノフスキー通りにある宮殿のようなアパートメントを割り当てた。側近グループのほかのメンバーたちには、クレムリン内で彼自身が住んでいたのと同じようなアパートメントを割り振った。彼は仲間たちが使う乗用車も選んだ。昔の仲間たちに定期的にカネを配り、彼らと（通例）その子供たちに気の利いた贈り物をした。

スターリンは仕事中毒だった。時間を見つけては新作ソヴィエト映画の多くを見、大抵の新聞の論説、ソヴィエト・ロシアを支配している各人民委員部が出す種々の命令に目を通した。それらはすべて最初にモロトフの役所を通されるのであった。スターリンの机の上にはブロンズのカップがあって、芯先が太い青鉛筆と赤鉛筆が詰まっていた[15]。彼が映画、論説、論文、命令を承認したときには、書類に太い青鉛筆で氏名のイニシアルを大きく走り書きした。彼が文書を承認しないときには、赤鉛筆で殴り書きした。そういう場合にはモロトフをひどく狼狽させた。

スターリンは本物の共産主義者だったので、エレガントな装飾品には目もくれなかった。自分の時間は、娘のスヴェトラーナが住むクレムリンのアパートメントと、クンツェヴォに一九三四年に建てた〝ブリージニャヤ〟と呼ぶ別荘の両方に分割していた。別荘はクレムリンから約一〇キロの地点にあり、通常は夕食後にそこへ向かい、夜を過ごした。別荘には厚い壁の背後にいくつかの寝室と応接室、ビリヤード室、地図が貼り出されている部屋、そして映写室があった。家は警備隊に囲まれ、地所の周囲には頑丈な塀が張りめぐらされていたが、夜、この家に滞在するのはスターリンだけだった。夕食の客が帰ると、彼は独りになった[16]。

スターリンとローズヴェルトはどちらも権力を、それをいかにして獲得し、保持するかということを理解していた。スターリンは一九二四年のレーニンの死以来、ソヴィエト連邦を統治してきた。ローズヴェルトは一九三三年の就任以来、権力の座にあった。

二人ともとても教養豊かで、ずば抜けた記憶力を持っていた。だが、それは種類が異なるものだった。ローズヴェルトのスピーチライター、サム・ローゼンマンが書いている。「複雑な問題の諸事実を彼ほど素早く、かつ完璧に把握する人にはそれまで一度も会ったことがなかった。事実の簡単な叙述に注意深く耳を傾けたあと、彼はそれらを口述してスピーチの草稿に入れることができた。そしてその場ですぐ、演壇に上がり、あるいは宴会のテーブルで立ち上がり、聴衆を前にしてそれらについて、あたかもこれらの問題に生涯ずっと親しんできたかのように語ることができた(17)。アーサー・シュレジンジャーはローズヴェルトの「基本的な一般問題に対する本能、細部の〝ハエ取り紙的(18)〟捕捉の名人芸、多種多様な問題を頭に入れておく能力、一つの問題から別の問題に急転換する能力」について語っている。〔アーサー・シュレジンジャー（一九一七～二〇〇七）は米国の歴史家で、『ローズヴェルトの時代（1～3）』（論争社・ぺりかん社、一九六二～六六年）など日本でも多くの著作が翻訳刊行されている。ジョン・F・ケネディ大統領の補佐官を務めたことでも知られる〕。

スターリンもまた情報を把握し、心に留める能力を持ち、それに加えて写真のように正確な記憶力に恵まれていた。彼は会見では「紙なし、ノートなし」で話し、「何一つ聞き漏らさなかった」。後に駐米ソ連大使になるアンドレイ・グロムイコによると、彼はコンピューターのような記憶を持っていた。スターリンは「取り巻きを彼の機密情報で牛耳っている(19)」と、ベリヤは語った。

ローズヴェルトと共に時間を過ごしたこれらの人間性観察者たちは、彼が円熟した役者であることを目にした。ローズヴェルトに「ニューディール」を勧告し、その用語をつくり出した優秀な政策立案顧問団――コロンビア大学のブレーン・グループのメンバーだったレイモンド・モーリーは、ローズヴェルトの「細心の注意を払って作り上げられた公的な役割」について語っている。「……彼が演じていたのは生涯の当たり役だった」と。ペギー・ベーコン〔米国のグラフィックアーティスト（一八九五～一九八七）〕は、彼の明るい、まっすぐな視線について評している。それは「ものすごく聡明な、しかし純真な……老名優の率直な、澄んだ凝視(20)」だった。ローズヴェルトがオーソン・ウェルズに向かって言ったことすらある。「ねえオーソン、君と私はアメリカの二大名優だよね(21)」。ある時、自分が映っているニュース映画を見た後で、彼はニヤッと笑って言った。「あれはグレタ・ガルボが私に乗り移ったんだ(22)」。

他方、スターリンはスフィンクス的な謎めいた雰囲気によって有名だった。

二人のこの会見が行われたという事実は、ローズヴェルトがチャーチルに対してどれほど優勢だったかを如実に示している。チャーチルは自分が除け者になったと考えただけで立腹したからである。彼はこの会見について知っていたし、自分が招かれなかったことを知っていた。そして少なくとも一度、たまたまそばにいた侍医に怒りをぶちまけた。彼は除け者になったことを確信した。実際にはチャーチル自身、一九四二年にモスクワでスターリンに会っただけでなく、一連の会談も行なっていた。通常これには米国のアヴェレル・ハリマン特使が同席したが、いつも同席したわけではなかった。会談の目的は「オーヴァーロード作戦」が予定通りに実施できないことをスターリンに通告することだった。「一九四二年八月のアヴェレルとのモスクワ旅行は、まったく低いレベルのものだった[23]」というのが彼の憤まんの背景である。

テヘランでの三度にわたった非公式のローズヴェルト＝スターリン会談は注目に値する。両首脳は互いの発言に耳を傾け、相手の人物を量り、探り合った。二人はそれぞれの最大の切望と最大の懸念について話した。これらの会談は前例のないものだった。二人は戦後世界をどう構築するかについて議論した。二人は戦争終結のための公式を探し求めた。二人は今後の平和確保の方法を追求した。

この期間を取り上げた歴史書では、これらの会談がしばしば見落とされている。この時のメモがチャールズ・ボーレン〔通訳〕によって保存されているにもかかわらず、である。ホプキンスの記録に基づくロバート・シャーウッドの画期的な伝記『ローズヴェルトとホプキンス』〔*Roosevelt and Hopkins* 邦訳―村上光彦訳、みすず書房、一九五七年。未知谷、二〇一五年〕でさえ、二人の首脳会談を軽く扱っている。多分これは、ホプキンスがこれらの会談のどれにも同席していなかったからだろう。テヘラン会談の最良の記述としてしばしば取り上げられるハリマンの著書『チャーチルとスターリンへの特使』〔*Special Envoy to Churchil and Stalin*〕は、二人の首脳会談についてほとんど触れていない。彼が同席したのは最後の会談の時だけである。これらの首脳会談が見過ごされている理由にはまた、この時期に関する大歴史家ウィンストン・チャーチルに、二人だけの会談が多大な苦痛を引き起こしたという事情もある。そのため彼はそれらについて考えることにさえ耐えられなかった。まして、それらについて書くことなど問題外だった。そして、今も歴史家が最も頻繁に参照するのは、聴く者を魅了する語り部たるチャーチルなのである。そして、ローズヴェルトとスターリンが二人だけで議論するのをチャーチルが恐れたのは正しかった。なぜなら、この二人が互いに共通するものをいかに多く持っているかを見出したのは、二人が一対一で会い、意見を交わす過程だったからである。

日がさんさんと降り注ぐその日曜日、ローズヴェルトの居間で行なわれたこの歴史的な最初の会見は、四〇分間続いた。その半分は通訳に費やされた。ローズヴェルトが最初に話した。この会談で注目に値するのは、前座のちょっとした雑談がなかったこと、その単刀直入さ、二人が互いの質問にすらすらと淀みなく答えたこと、そして二人の態度に驚くべき類似点があったことである。また、議題を決め、会話の舵をとったのがローズヴェルトであるという事実も注目に値する。すべての会談でローズヴェルトはそうすることになる。

ローズヴェルトが心配していたのは、ソヴィエト西部の戦線から正確に何個のドイツ軍師団を早急に引き剝がしてもらえるのかとスターリンから質問されることだった。この質問を未然に防ぐために、いまローズヴェルトは言った。「自分は東部戦線から三〇個ないし四〇個のドイツ軍師団を離脱させることができればいいと願っている」。

スターリンは答えた。「それはひじょうに役立つ」。

ローズヴェルトが次に提案したのは、「戦後、多分どちらの国でも余剰になる米国と英国の商船隊の一部をソヴィエト連邦に利用できるようにする可能性」だった。彼がこのことを話したのは、米国が戦後、世界最大の商船隊を持つことになるのを承知していたからである。

スターリンは回答を外交官的に表現して、強化された商船隊は米ソ両国間の貿易拡大をもたらすだろう、「もし機材が送られてくれば……大量に供給される原料が……米国に利用できるようになるだろう」と語った。

大統領は中国情勢の簡単な要約をして、米国はいま中国〔国民政府〕軍の三〇個師団に物資供給と訓練を実施している、統合参謀本部はさらに追加の三〇個師団に同様のプロセスを継続することを提案している、ビルマ北部を通過する攻勢作戦の新たな可能性がある、などと伝えた。

スターリンは、中国の指導者はその兵士たちの失態に責任があるという意見を述べた。

それからスターリンは、フランスの植民地レバノンの情勢について質問した。ローズヴェルトはレバノンを震撼させている暴動にまで至った情勢を簡単に説明し、「これは全面的にフランス国民解放委員会とドゴール将軍の態度に原因があった」と結論した。

レバノンでは十一月八日にフランスの委任統治を終了させるための投票が行なわれた。三日後、シャルル・ドゴールが率いるフランス国民解放委員会がレバノン大統領を逮捕し、レバノン憲法と政府の機能停止を布告した。その結果が市街での暴動だった。米国は英国と提携し、ドゴールに圧力をかけて大統領を釈放させるために努力していた。ローズヴェルトはテヘランへ来る途中、大西洋上の乗艦アイオワからハル国務長官に電報を送り、「レバノンにおける英国の立場を後援し、それをさらに前向きにする」ように指示した。ハルは指示に従い、ドゴールに圧力をかけてついに屈服させた。ハルは二日前にフランスの是正措置を承認する旨のプレスリリースを出していた。

ローズヴェルトとスターリンはフランスについて話し合っているうちに、二人ともこの国とその指導者たちの両方を嫌悪していることを発見した。なかでも一番嫌いなのがシャルル・ドゴールだった。

スターリンはドゴールのきざな態度について意見を述べた。自分は「ドゴール将軍を直接に知らない。しかし率直に言って……彼はその政治活動においてひじょうに非現実的だ……だが、現物のフランスはペタンの下で、ドイツの戦争遂行努力のためにフランスの港、原料、機械などを利用させることによってわれわれの共通の敵ドイツを助けているのだ……ドゴールの厄介さは、戦争中の対独協力のかどで罰されてしかるべき現物のフランスと彼の運動が断絶していることだ。ドゴールはあたかも大国の元首のように行動している。実は、それが現実に指揮しているのはわずかな勢力だというのに」と、スターリンは結論した。

ローズヴェルトは、ドゴールがフランス代表として発言することを認めてもらおうとしているのに抵抗していたので、スターリンの意見に賛成し、こう述べた。「将来、四十歳以上のフランス人、とくに現フランス政府に参加したフランス人は誰一人として、元の地位への復帰を許されるべきではない」。

二人は共にフランス国民に怒りをぶちまけた。スターリンはフランスの支配階級について長々と論じた。「連中のこれまでの対独協力の記録を考慮して、彼らには平和の一切の恩恵を享受する資格が与えられるべきではない」。ローズヴェルトはこの機を利用してチャーチルに言及した。チャーチルは「フランスはきわめて速やかに強国として再建されるべきだという意見だが、自分は個人的にはこの考えに賛成しない。なぜなら、フランスが再建されるまでには長年にわたる誠実な労働が必要になるからだ」。さらにローズヴェルトは、「その政府のみならず、国民にとっても同様だが、フランス人にとっての第一の必要事は、正直な市民になることである」と述べた。スターリンは同意した。

次いで両者は、インドシナ（当時ヴェトナムがそう呼ばれていた）について驚くほど似通った見解を表明し、フランスがこの国に与えた損害、同じく植民地主義がすべての属国に及ぼした悪影響に関して意見が一致した。

スターリンは、インドシナをフランスの植民地支配に戻すために連合国に血を流させるようなことは提案しないと宣言した。最近のレバノンにおける出来事は、これまで植民地臣民だった人々の独立に向けての第一歩を公共の事業にした、と彼は述べた。フランスはインドシナを取り戻すべきではない、フランス人は自分たちの犯罪的な対独協力の報いを受けなければならない、という考えをスターリンは繰り返した。

大統領は一〇〇パーセント賛成だと言い、インドシナにおけるフランス支配の一世紀のあと、住民たちの暮らしはそれ以前よりも悪くなったと指摘した。ローズヴェルトは、蔣介石が彼に対して、自分はインドシナに関して何の計画も持っていないが、インドシナの人民はまだ独立の用意ができていないと述べたことを話した。ローズヴェルトは蔣介石にこう答えたと語った――米国がフィリピンを獲得したときには、住民はやはり独立の用意ができていなかった。しかし、対日戦が終了したら、その資格がなくても独立が許されるだろう、と。ローズヴェルトは、蔣介石とインドシナのために委任統治制度を適用する可能性について議論したことも付け加えた。これは一定の期間内に、多分二〇年ないし三〇年のうちに人々を独立に向けて準備することになるだろう、と。

この見解にスターリン元帥は完全に賛成した。

それからローズヴェルトは、モスクワの会議でハルが持ち出した国際委員会の構想に触れた。この委員会はすべての植民地を訪問して「発見した、先住民へのいかなる虐待も世論の力を借りて是正」しようとするものである、と。

この構想には価値があるとスターリンは言った。

会話が続き、ローズヴェルトは植民地領有に内在する問題に立ち入った。このときローズヴェルトは、スターリンが単にチャーチルへの更なる当てこすりとしか受け取らなかったかもしれないような言葉を差し挟んだ。植民地領有のテーマを続けた後で、大統領は言った。「チャーチル氏とはインドの問題を議論しないほうがいいと自分は感じている。なぜなら彼はこの問題の解を持ち合わせていないからだ」。そして、この問題を戦争の終わりまで保留することを提案した。

スターリン元帥はこれが英国人たちの泣き所だということを認めた。

大統領は、将来のある時点でインド問題についてスターリン元帥と話し合いたい、自分は最良の解はいくぶんソヴィエト式の下からの改革だろうと感じている、と述べた。

ローズヴェルトがこういう意見を述べたのには、多分、スターリンに取り入ろうという魂胆があったからだろう。ローズヴェルトがレーニンの権力奪取のいきさつを知っていたことは確実である。ローズヴェルト自身が国内でそのような危機を乗り切る経験をしていたからである。チャールズ・ボーレンは通訳しながら、この意見に震え上がった。「ソヴィエト連邦に関するローズヴェルトの無知の驚くべき実例……彼はボリシェヴィキが無政府状態の間に権力を握った少数派であることに気づいていなかった」[24]と、ボーレンは後に書くことになる。（大統領についての時折見くびるような感想を洩らしているにもかかわらず、ボーレンは書いている——「首脳会談においては疑いもなく彼が最有力人物であった」）。

ローズヴェルトも時には策を弄することがあったし、時にはまったく無邪気だったこともある。時には相手がどう答えるかを見るためにだけ何かを言うこともあった。多分、この時は後者が彼の狙いだったろう。「スターリン元帥は答えた。インド問題は複雑な問題であり、カースト間では文化水準が異なり、関係も欠如している、と。彼は、下からの改革は革命を意味すると付け加えた」[25]。

ローズヴェルトは答えなかった。

ボーレンの覚書からは抜けているが、ローズヴェルトは後に、彼に長時間のインタビューをした世界的に有名なジャーナリスト、フォレスト・デイヴィスに語った――自分はこの会話の間に「善隣政策」を持ち出した、と（「善隣政策」というのは、ラテンアメリカ問題への米国の伝統的な武力干渉政策を否定した政策のことである）。大統領はインドと民族自決の文脈でこの政策について話したのだろう。それから米国の連邦制度にまで話が進んだと大統領は語っている。明らかに彼は、政府の行政権と立法権の関係についての、また、なぜ大統領が規定の期間内に議会の法案に対応しなければならないかについてのスターリンの誤解を解こうと試みていたのである。議会の法案への対応問題が、遠いテヘランで会談することにローズヴェルトが思い悩んだ原因だった。

実質的に、この時のこの短い会談で、ローズヴェルトは赤軍への圧力を早急に取り除きたいという自分の切望を表明し、チャーチルとのそれほど拘束的でない関係を強調し、商船隊という形での戦後の援助を提案し、米国政府には植民地宗主国になることに関心がないということを示した。スターリンのほうは、戦後の米国と貿易パートナーになりたいという切望と、ソ連も植民地宗主国になることに関心がないということを表明した。

二人のどちらの念頭にもあった二大テーマ――第二戦線開設問題と戦後世界の構築問題は、後のために残された。

二人は次の非公式会談を翌日の午後、再びローズヴェルトの居間で二時四〇分から行なうことを決めた。

最初の全体会談、すなわちウィンストン・チャーチルを加えた最初の会談は、前述の二人の非公式会談が終わった後から開かれた。

大統領、首相、元帥、そして三首脳のスタッフたちは、大統領の居間に隣り合った、天井の高い広々とした立派な会議室へ入った。部屋の中央には緑のベーズで覆われた大きな円卓があり、肘掛け椅子が円卓を取り囲んでいた。椅子の肘掛けはマホガニーで、縞模様の絹で布張りしてあった。それぞれの椅子の前の卓上には筆記帳と芯の先をとがらせた鉛筆が置いてあった。米国、英国、そしてソヴィエト連邦の国旗を立てた木製スタンドが円卓の中央に置かれていた。壁にはタペストリーが掛かり、窓には厚手のカーテンが花綱のように飾られていた。

三首脳は、それぞれ三名の随員を伴って円卓の周りに着席した。ローズヴェルトはいつも使っているアームレスの車椅子に乗り、右側のハリマンと左側のチャールズ・ボーレン通訳の間に座を占め、ホプキンスをボーレンの左側に座らせた。スターリンはクリメント・ヴォロシーロフ元帥、ヴャチェスラフ・モロトフ、ウラジーミル・パヴロフ通訳を伴っていた。チャーチルにはアンソニー・イーデン外相、戦時内閣の副官房長官イスメイ卿、通訳のバース大佐が付き添った。円卓を取り巻く椅子の第一列の背後には、ほかの会談参列者たちのための椅子の列があった。

この全体会談とこれに続く会談は、ローズヴェルトとスターリンの会談とは完全に性格の異なるものだった。全体会談で討議された主題は、政策検討ではなく、軍事作戦の決定、戦闘の問題、そして戦術であった。会談の討議では通常、チャーチルが一方の側に立ち、ローズヴェルトとスターリンがもう一方の側に立った。

会談の性格はローズヴェルトによって設定された。彼は日ごろとは異なりほとんど話さなかったが、議事進行を牛耳った。暗黙の了解により、各会談の開始を宣するのはローズヴェルトの役割であった。彼が堅苦しい議事日程を望まなかったので、そういうものはなかった。彼が（ほとんどの場合）議題を決定した。話すときには頻繁に鼻眼鏡をはずし、要点を強調するためにそれを振った。

ローズヴェルトはこの最初の会談を奥ゆかしいあいさつで始めた——ここに出席している三人の中の最年少者として、年長者に歓迎の辞を述べるのは自分の特権だと。〔この時点の三首脳の年齢はローズヴェルト六十一歳、スターリン六十三歳、チャーチル六十八歳だった〕

「われわれは、戦争に勝つという同じ目標をもって、初めて家族としてこの円卓を囲んでいる」、というのが彼の最初の言葉だった。それから大統領は、「戦争中の全期間および戦後にわれわれが緊密な接触を維持すべく建設的な合意を達成するために」、ここで話し合うべき多くのことに言及した。それから彼は興味深い注意をした。「もしわれわれの誰かが何らかの特定の主題について話し合うのを望まないならば……われわれはそれをしなくてもよい」。

ローズヴェルトはなかなかの外交官だったので(当然そうすべきだったのに、ホストのスターリンではなく、チャーチルに顔を向けて)こう言った。軍事問題を討議する前に、「恐らく、首相は今後に関係する問題についてお話しになりたいことがあると思う」。

首相は雄弁に応じた。「われわれの手に握られているのは……人類の未来である。われわれがこの天与の機会にふさわしからんことを祈る」。

そのあとローズヴェルトから発言を求められたスターリンはこの会談を歓迎し、次のように言った。「歴史はこの機会がとてつもなく重要だったことを示すだろう……さあ、仕事に取りかかろうではないか」。

そこでローズヴェルトは太平洋における戦争の全般的な概観を始めた。この地域では米国が「太平洋戦争の主要な役割を負っている」、そして「われわれは軍艦、商船を問わず多数の日本船を——恐らく日本の回復能力を上回る数の船を沈めていると信じている……日本の西では中国を戦争にとどめておくことが必要である。それゆえにわれわれは北ビルマを経て雲南省に入る作戦計画を作成した」。これは中国への道路を敷設することを伴うだろう。「われわれは中国を積極的に戦争にとどめておくことを明確にしておかねばならない」。

次いで大統領は、最も重要な交戦圏——ヨーロッパに目を向けたいと言い、第二戦線の問題を持ち出した。彼はチャーチルにうなずいて見せてから話し始めた。「彼がカサブランカ、ワシントン、ケベック……での二回ないし三回の会談で一年半以上のあいだ強調しようと望んだのは、われわれの計画の主要部分は枢軸側に対するイギリス海峡越え上陸作戦の考慮にかかわっているということだった」。

それからローズヴェルトはそのような作戦の問題点について触れた。「主として輸送上の困難のために、われわれははっきりした日付を設定できなかった。われわれはイギリス海峡を単に渡ることを望んでいるだけでなく、ひとたび渡海したら内陸をドイツへ前進することも意図している。そのような作戦を一九四四年五月一日以前に立ち上げることは不可能だろう」。次いで彼は地中海、アドリア海、エーゲ海における英米の可能な戦闘計画について触れた。しかし、ソ連にとって危険になるような「地中海におけるいかなる大規模上陸作戦」も退けるというものだった。なぜなら、もしそういう作戦が行なわれたなら、「この重要な海峡越え上陸作戦を断念せざるをえないだろう。そして地中海における若干の予定作戦は結果としてオーヴァーロード作戦を一ヵ月ないし二、三ヵ月遅延させるだろう」からである。

ローズヴェルトはスターリンに最初のカードを出して、次のように述べた——英米の軍事戦略の目的はソ連に支援の手を差し伸べることであり、地中海で下された決定はスターリンの希望に適合している。これによって、スターリンが自分の望んでいるものを要求する道が開けるからである。「私はこの軍事的会談において二人のソ連邦元帥の意見をお聞かせいただき、どうすればわれわれがソ連にとって最も役に立てるのかをお二人が直接教示されることを希望する」。（ローズヴェルトはヴォロシーロフをもう一人の元帥として挙げたわけだが、実際にはスターリンはヴォロシーロフと協議したり、あるいは彼に留意したりする気は全然なかった）。

次にチャーチルが発言し、後になって改めて考えると明らかに利己的に見える意見を述べた。ローズヴェルトは英米の共同軍事作戦のことを指して〝われわれ〟と言ったのだったが、チャーチルはそれを利用して、ローズヴェルトは自分たちの両方を代表して発言したのだ、われわれはチームなのだとほのめかそうとした。こうして、首相は次のように語った。「われわれが知りたいのは、ソヴィエトがその西部戦線で行なっていることをできる限り助けるにはわれわれに何ができるかということである……われわれはできるだけ単純化して問題の概略を示そうと努めた。英国と米国の間には〝方法と手段〟以外の点に関して意見の違いはない」。

スターリンはそれが真実でないことを知っていた。その前月のモスクワ会談で、チャーチルはアンソニー・イーデン外相に対し、スターリンに「分かるように説明する」ことを指示していたのである[26]——「君が与えた五月のオーヴァーロード作戦についての言質は、特定の条件しだいでは、イタリアでの戦闘の緊急事態により修正されねばならない。私はローズヴェルトとこの問題に取り組んでいる。だが、どんなことがあってもこの時点でイタリアの戦闘を棄てないという私の決心は変わらないだろう[27]」。マーシャルはまさにそのような事態の展開を予想していたので、直ちに米国統合参謀本部にスターリンへのメッセージを送らせ、自分たちはオーヴァーロード作戦を遅延させる何らかの機会、ましてや放棄する何らかの機会があるとは考えていないことを伝えた。

スターリンはメモ帳に赤鉛筆でいたずら書きをしていた。いま彼はチャーチルを無視して、何気ない様子で対日戦争へのソヴィエトの参戦を提案し、すぐそばに座っているパヴロフ通訳にしか聞こえないような低い声で話した。「ドイツが最終的に敗北したあかつきには、シベリアへ必要な増援部隊を送ることが可能になるだろう。そしてしかる後にわれわれは共同戦線によって日本を打ち破ることができよう」。

ホプキンスはその場にいた。彼は観察した――「それから」スターリンは「まるで何事も起きなかったようにいたずら書きを続けた」。彼が書いていたのはオオカミの絵だった。

スターリンは若い頃、革命前のロシアでツァーの秘密警察「オフラナ」に九回逮捕された。そのたびに流刑にされたが、八回脱走した。一度、北方の毛皮交易前哨地ソリヴィチェゴックから脱走したときには女装して逃げた。一九〇八年に最初に逮捕されてからその後の九年間、彼が自由の身だったのは一年半の間だけだった。自由の身だった期間にサンクトペテルブルクで地下に潜伏しながらプラウダを創刊し、その初代編集長になった。その第一号が出た後、オフラナは再び彼を見つけて、シベリアへの流刑に処した。この最後の逮捕で彼が流されたのは北極圏内に含まれるシベリアの奥地のクレイカだった。オフラナがクレイカを選んだのは、彼がもっとましな環境の流刑地に送られた時には必ず警備兵を買収したり、あるいは自力で脱走したからである。クレイカは極限の環境で、小さな村はツンドラとオオカミの群れに囲まれていたので、脱走は不可能だった。一九一七年の帝政政府の崩壊だけが彼を自由にしてくれたのである。

スターリンはオオカミを忘れることができなかった。残りの人生ずっと、彼がいたずら書きをするときの絵はオオカミだった。(彼はこれを普通のこととしてやっていた。しかし、〝シベリア〟の話が出ると、その瞬間にいたずら書きを始めるのだった)。

ソ連が対日戦争に加わると述べた後に生じた短い静寂に続いて、スターリンはソ独戦線の軍事的展開について話した。「われわれがこの夏と秋に達成した成功は、期待をはるかに上回るものだった」。それから彼はソヴィエト軍が対峙するドイツ軍師団と非ドイツ軍師団(ハンガリー、フィンランド、ルーマニア軍)の数などドイツ軍の力を概観し、意見を述べた――ソヴィエト軍はドイツ軍に対し数的優位を持っている、そして「ソヴィエト軍が前進に際して遭遇している困難の一つは、補給の問題である。これはドイツ軍が退却時に文字どおりすべてのものを破壊したからだ」。スターリンは連合軍のイタリア方面作戦を非生産的な戦略としてはねつけ、ソヴィエトの軍事指導者たちはこう信じていると言った――「ヒトラーはできる限り多くの連合軍師団を決着がつかないイタリアにとどめておこうと努めている。そしてソヴィエトが考える最良の方法は、北フランスと北西フランスを通る攻撃により（場合によっては南フランスを通る攻撃でもいいが）、ドイツ心臓部を衝くことである」。

元帥に続いて、チャーチルが話した。まず彼は「米国と英国は海峡越え上陸作戦の必要性に関して以前から合意している。オーヴァーロードの名で知られるこの作戦は現在、われわれの合同した資源と努力の大部分を吸収しつつある」と述べた。それから彼は英米軍兵士たちの北アフリカ、イタリア、そして地中海における作戦の詳細な検討に移り、ローマが占領されねばならないことについて触れた。これは一月に行なわれ、オーヴァーロード作戦のほうは「もしわれわれがローマを取り、ドイツ軍を壊滅させれば」、六ヵ月後に行なわれるだろうと。首相はトルコの参戦を勝ち取ることの可能性と望ましさについて――長々と――力説した。これはトルコに手段を送ることを必要とするだろう――「戦闘機飛行隊二〇個と対空連隊数個を派遣することが提案されている」。これらの兵力をトルコに送るための準備は「すでにかなり進んでいる」と彼は付け加えた。そして発言を質問で締めくくった。「地中海における可能な作戦のどれかがソ連にとって十分に興味深いものかどうか、これらの作戦がオーヴァーロードに二ヵ月ないし三ヵ月の遅れを引き起こすにしても」。そして言った。「自分と大統領はこの問題についてのソ連の見解を知るまで何の決定もできなかった。それゆえ、はっきりした計画をまだ作成していない」と。

ローズヴェルトはチャーチルを阻止しようと（そして同時に恐らくスターリンの心に訴えようと）試みて、「アドリア海の先端部での可能な作戦」を提案した。それは「チトー麾下のパルチザンたちとの連絡をつけ、しかる後にオデッサ地域からのソヴィエト軍の進撃と連動して北東のルーマニアに向けて行動するための」作戦だった。この発言にホプキンスは心配になり、急いでキング提督にメモを書いた。「アドリア海の仕事を推進しているのは誰だ?」。キングは答えた。「私の知る限りでは、これは彼自身のアイデアだ」。

スターリンは無言だった。チャーチルは動じることなく、再び話し始めた。彼は自分のお気に入りの戦闘計画を押し続けた。「もしわれわれがローマを取り、現地のドイツ軍を壊滅させるならば」。

スターリンは答えた。「オーヴァーロードを一九四四年のすべての作戦の基礎とするほうがいいだろう。ローマ占領後、それによって浮いた部隊は南フランスへ送ることができるかもしれない」。

ローズヴェルトは、南フランスに対する作戦には八個ないし九個のフランス師団が利用できると指摘した。

チャーチルはまたしてもトルコを持ち出した。

スターリンは繰り返した。「それらの作戦に価値があるのは、トルコが戦争に参加した場合だけだ」。そして、自分はそうなるとは信じていないと再度繰り返した。(数日後のカイロで、スターリンが正しかったことが証明される。トルコのイスメト・イノニュ大統領はチャーチルの招きでカイロに到着したが、チャーチルはローズヴェルトの助けを借りながら、彼に参戦を説得できなかった)。

チャーチルはまたもや、強力な地中海方面作戦に賛成であることを主張した。彼はローマ占領後の六ヵ月間について触れた。その期間、「自分と大統領の双方は自国軍部隊が怠けていないように最大限に気をつける(彼らは戦っているのだから)、そして英米両国政府は、彼らがソヴィエト連邦に戦争の大きな重荷を負わせているという批判にさらされることはないだろう」。

スターリンはこれを受け付けようとしなかった。彼はオーヴァーロードの二ヵ月前の南フランス上陸作戦と、そしてローマ占領延期を提案した。

チャーチルはローマ占領のために別の論拠を持ち出したが、そのあとローズヴェルトが断固とした態度で割って入り、こう言った。「自分個人としては、オーヴァーロード作戦の実施を遅らせるために何もすべきではないと感じる。この作戦は東地中海で何かの作戦が行なわれる場合に必要になるかもしれない」。それゆえに、と彼は提案した──「参謀たちに明日の午前中に南フランス攻撃作戦の計画を策定してもらおう」(28)。

チャーチルはしぶしぶこの考えに同意した。しかし、もう一度、トルコ参戦の可能性について述べた。ローズヴェルトはスターリンに賛成して、それは起きないだろうと言った(「もし自分がトルコ大統領の立場だったら、飛行機、戦車、装備などの高い代償を要求するだろう。そういう要求を聞き入れたら、オーヴァーロードの延期がはっきり決まるほどの代償をね」)。

スターリンは、トルコはすでに提案に否定的に回答していると付け加えた。

チャーチルは、自分の意見ではトルコはまともじゃないと述べた。

スターリン元帥は言った。まともでないほうを明らかに好む人たちもいる、と。

はっきりと線が引かれた。

会談は午後七時二〇分に一時休会した。

チャーチルの侍医、モラン卿は会談が休止された直後に首相に会った。「彼がとても意気消沈しているように見えたので、私は自分の用心深い習慣から逸脱して、どこか悪いのかと彼に単刀直入に尋ねた。彼はぶっきらぼうに答えた。『どこもかしこも悪くなった』。彼はそれについて話したがらなかった」(29)。

英国軍参謀総長でチャーチルの最高軍事顧問アラン・ブルック将軍は、ローズヴェルトはまったく頼りにならないと考え、大統領の冒頭の発言を「貧弱であまり役に立たないスピーチ」と呼んだ(30)。

会談が論争になってしまったという点ではブルックは正しかったが、大統領の冒頭の発言を貧弱と決めつけたのはブルックの間違いだった。ローズヴェルトは、地中海での大規模な行動が第二戦線の開設を遅らせるだろうと指摘することによって口火を切ったのだ。彼はわざと頼りにならなかった。ローズヴェルトが慎重にチャーチルの擁護に回らなかったこと、そしてその結果として最初の全体会談がチャーチルの気分を害し、スターリンを満足させて終わったことは明らかだった。

会談はローズヴェルトが望んだように進行していた。それは発言されことについてはもちろんだが、発言されなかったことについてもそうだった。彼自身とスターリンの間には暗黙の意見一致が生じた。チャーチルは行動のコースについて、ローズヴェルトとスターリンをかたくなに説得しようとするのを放っておかれた。そのコースは、今になればはっきりしているが、二人のどちらも望んでいなかった。チャーチルはひどく失望した。「英米の計画が合意されていなかったので、われわれはロシア人たちの面前で米国人たちと問題を議論しなければならないという嘆かわしい立場に置かれることになった(31)」と、チャーチルは後に自らの戦時内閣に語ることになる。

途中で大統領はスターリンに、あなたとチャーチルの三人で写真に納まろうと求めた――スターリンはパイプを持ち、ローズヴェルトはシガレットホルダーを手にし、チャーチルは葉巻をくわえたポーズで。スターリンは依頼を断った。ローズヴェルトは後に語った。「それでは不真面目な感じを生み出しかねないと彼は感じたのだと思うね(32)」。

ローズヴェルトは夕食会までの一時間を利用して、議会の法案四件に署名し、自分宛ての郵便物を片づけた。

夕食会

午後八時三〇分、ローズヴェルトは首相と元帥、二人のスタッフたちのために夕食会を開いた。料理は大統領が引き連れてきたフィリピン人水兵たちがつくった。しかし、最初に彼はカクテルを出した。これは彼が家にいるときに通常やるように、自分で混ぜたものだった。この夜、大統領が供したのは彼のスタンダード・マティーニ、すなわち、多めのドライとスイート両方のベルモットとそれより少量のジンを、氷を詰めたピッチャーに一緒に注ぎ、かき混ぜたものである。スターリンはローズヴェルトに、私のカクテルを楽しめたかと尋ねられ、答えた。「結構ですな。ただ、胃には冷たい」。(ローズヴェルトがアルゼンチン産ベルモットと品質のあまりよくないジンでマティーニを作り、それが「かなりひどい」ものだったことは、そもそも迷惑千万なことだった。しかし、これに文句をつけようとする者は一人もいなかった――ローズヴェルトお気に入りの儀式を台無しにしかねなかったので)。

夕食会はステーキとベークドポテトの地味な象徴的アメリカ料理だった。そして乾杯はウォトカの代わりにバーボンで行なわれた。

ローズヴェルトは自分のアームレスの車椅子に乗り、他の客たちよりも先にダイニングルームに入り、客たちが入って来る前にテーブルについていた。夕食会に出席したのはスターリン、モロトフ、チャーチル、イーデン、クラーク・カー、ホプキンス、ハリマン、そして三名の通訳である。ヴォロシーロフ元帥は欠席した。スターリンはローズヴェルトの右の席に座った後、自分の通訳に向かって言った。「大統領に伝えてほしい。私は今にして理解したと。このような長途の旅に出かけてこようと努力したことが彼に何を意味したかを――次回は私が彼のところへ行くと伝えてくれ(33)」。

ローズヴェルトは、それは恐らくアラスカへ行くことを意味するだろうと言った。そこで、次はどこで会うか、そのような会談はいつ開かれるべきかについての討論が始まった。スターリンが「可能性がある」と言ったアラスカのフェアバンクスに関しては明らかに合意があった。

それに続き、スターリンはフランスとその指導者たちに対する深い嫌悪感を吐き出した。フランスに対する彼の憤激には深い根があった。フランスはソヴィエトがロシアの権力を奪取するのを阻止するために力の限りを尽くした。一九一八年にはボリシェヴィキに対して白軍〔反革命軍〕を支援する部隊を派遣し、ボリシェヴィキ政府を飢えさせて屈服させることを狙って経済封鎖を企てた。そして一九三〇年代には、ヨーロッパがヒトラーの脅威に直面する中でフランスはソヴィエト連邦との条約締結をはぐらかした。そのことがドイツとの戦争を回避しようとする努力の中で、ソ連にヒトラーとの条約締結を余儀なくさせたばかりか、ヒトラーがやすやすとヨーロッパ征服を始めるのも許したのである。英国はこれらの出来事でずっとフランスのパートナーだった。しかし、英国人たちはチャーチルのもとで祖国の英雄的防衛によって名誉を回復していた。彼らはヒトラーの行く手を阻んだ。一方、フランスは崩壊という許されざる罪を犯した。スターリンを激怒させたのは、この最後の一撃だった。フランス国民は五週間でドイツ軍に制圧されるほどに意気地がなかったのである。

今、スターリンは発言を続けて、言った。「フランスの支配階級全体は骨の髄まで腐っていた。そしてフランスをドイツ軍に譲ってしまった。事実上、フランスは今やわれわれの敵を積極的に助けているのだ」。彼は述べた――「戦後、フランス人の手に何らかの重要な戦略地点を残すのは危険」だろう、と。

ローズヴェルトは「部分的に」賛成だと答えた。そして、四十歳以上の者は誰でも、いかなるフランス政府からも排除されるべきだと自分が考えているのはその理由からだと語った。彼は、アフリカ大陸最西端にあり、「米国への直接の脅威[34]」であるフランス植民地セネガルのダカールに触れ、ニューカレドニアに触れた。ニューカレドニアは米国海軍によって要塞化されたばかりだったが、これはその位置がオーストラリアとニュージーランドにとって脅威になっているからだった。ローズヴェルトは、この両植民地は国際信託統治下に置かれるべきだと考えていた。「戦後、フランス人の手に何らかの重要な戦略地点を残すのは、不当であるだけでなく、危険でもあるだろう」。

チャーチルはフランスについてはきわめて異なる考えを持っていたので、話題を変え、英国は「いかなる追加の領土も獲得することを欲していないし、期待していない」と発表した。この発言は恐らくローズヴェルトとスターリンに、英国が依然支配している広大な領土を思い出させるのに役立ったことだろう。

しかしながら、スターリンはフランスについて話すのをまだ終わっていなかった。この国にはその国境外でいかなる戦略的領土も信託統治させることはできない、と彼は言った。チャーチルは、フランスは敗戦国であり、占領の恐怖を経験したと抗議した。「逆だ」とスターリンが言った。「彼らの指導者たちは国を引き渡し、ドイツ軍に対し〝玄関口を開けた〟のだ」。

ローズヴェルトは会話を切り替え、それまでまだ触れられていなかった問題を持ち出した――ドイツである。自分は帝国（〝ライヒ〟）の概念をドイツ人の頭から消去したいと考えている、と彼は語った。「その単語そのものを……ドイツ語から削除したいのだ」。

スターリンは同様の趣旨で答えたが、〝ライヒ〟という単語を抹殺するだけでは不十分だと言った。「そのライヒ自体を、二度と世界を戦争に追い込むことができないように変えなければならない……もしも勝利した連合国がドイツ軍国主義のいかなる再発をも阻止する戦略地点を確保しなかったならば、連合国はその義務を怠ることになるだろう[35]」。

次にスターリンはポーランド国境の問題を持ち出し、自分はポーランド人がオーデル川に国境を得るのを助けたいと考えていると述べた。

ローズヴェルトはスターリンと国境のことを議論する用意がなかったので、ソ連にとって得になることに話題を変えた——バルト海への通路確保の問題である。彼が出したのは、キール運河の自由航行を保証するために、その国際的開放状態がつくり出されるべきだという考えである。キール運河はヴェルサイユ条約によって国際化されたが、ドイツの監督下に置かれていた。全長わずか九八キロながら、この運河のおかげで船舶はデンマーク沿岸四六〇キロの危険な水路を航行しなくてもよかった。しかし、ヒトラーはこれを外国に閉鎖していたのである。

通訳ミスのため、スターリンが耳にしたのはバルト海ではなく、バルト諸国という言葉だった。彼はすぐにムッとした。「彼はきっぱりと答えた——バルト諸国は人民の意思表明によりソヴィエト連邦への加盟を投票で決めた。それゆえ、この問題は討議のための問題ではない、と」。通訳ミスが訂正されると、スターリンは大統領に同意した。

ローズヴェルトは海外領土の問題に戻った。植民地領土の信託統治は彼の根源的関心事の一つだった。彼がいま提起したのは、「過去の歴史においていまだかつて展開されたことのない概念」だった。すなわち、これらのかつての領有地は「国際連合のような集団的機関」によって管理されるべきだというのである。

ローズヴェルトはこれを詳しく説明する前に、とつぜん顔面蒼白となり、玉のような汗が顔に噴き出した。彼は震える手を額に当てた。ホプキンスが車椅子を押して大統領を彼の部屋に連れて行った。ここで侍医のロス・マッキンタイア海軍中将の診察を受けた。マッキンタイアは診察の前、一瞬、大統領は毒を盛られたのではないかと思った。しかしすぐに、症状が深刻でなく、大統領は単に消化不良の軽い発作を起こしているのだと知った。そこでマッキンタイアは夕食会に戻り、ローズヴェルトは明朝一〇時にはお会いできるでしょうとスターリンに伝えた。ローズヴェルトがいなくなると、スターリンとチャーチルの関係は急速に悪くなった。スターリンは首相に目を据えてこう言った。「いや、私はうれしいです。家に帰る時間を知っている人がここにいたとは[36]」。それからチャーチルが何かをスターリンに言った。スターリンの返答が通訳されると、マイク・ライリーによれば、「ウィンストンはかっとなり、とても大きな声で怒って話したので、彼の話はみんなに筒抜けだった。スターリンに向かい、指を一本振りながらチャーチルは言った。『だが、あなたは私をお宅の前線に行かせてくれないだろう。私はそこへ行きたいのだ!』。スターリンはひじょうに穏やかに微笑し、こう答えた。『多分、それはいつかお膳立てできますよ、首相閣下。多分、私も訪問できる戦線がお宅に出現したときに[37]』」。

第二戦線がまだ存在しないことを思い出させられた後、チャーチルは戦後のドイツ処理問題の論議を開始した。これについては二人の意見相違が続いていた。

チャーチルが望んでいたのは、ドイツが戦後、ヨーロッパでソ連と均衡をとるのに十分なほど強い国として登場するのを確実にすることだった。角が立たないようにした彼の説明によれば、強くはあっても、危険ではない国として、ということである。

スターリンは、好戦的ドイツの再生を常に危惧していたので、チャーチルが提案したドイツの工場の恒常的監督や領土縮小のような方策には不満だった。そのような方策では「ドイツ軍国主義の復活を阻止するのに不十分」である。今までの話とは直接結びつかなかったが、彼は付け加えた――自分はみずからドイツ人捕虜に、なぜソヴィエト人の家に押し入り、女性たちを殺したのか、等々を質した。自分が得た唯一の答えは、そうするように命令されたからだというものだった、と。

ローズヴェルトがいないことを最大限に活用して、チャーチルはスターリンに「ポーランド問題を議論していいだろうか」と尋ねた。スターリンは不承不承同意した。少し議論した後、チャーチルは言った――自分は兵士たちが教練でやる「左詰め進め」と同じやり方で西にずらしたポーランドが見たいと思う。そしてソ連、ポーランド、ドイツを表す三本のマッチ棒を使って自分の論点を説明した。

スターリンは、この問題はもっと検討することが必要だろうと述べた。

スターリンが大統領のいない席で持ち出したのは、正確な用語の定義がない無条件降伏原則は「ドイツ国民を団結させるのに役立つかもしれない」という彼の懸念だった。彼は十月のモスクワ会談で、中国を四人目の警察官として含めるのに同意したのと同じように、この原則にしぶしぶ同意していた。ハルはモロトフに、中国をモスクワ宣言の四番目の調印国にすることに同意させるために、援助をソ連から中国に転換することになるとやんわり脅しをかけねばならなかった。そしてもちろん、四ヵ国はドイツと日本が「無条件降伏に基づいて武装を解く」まで戦うことにも、ソ連を同意させたのであった。

ローズヴェルトが退席した後もボーレンが二人の会話をメモしていたので、彼が二人の意見をローズヴェルトに提出するだろうということを、スターリンとチャーチルは承知していた。スターリンが無条件降伏についての自分の懸念をこのように別の言葉で表現したのは、大統領がこの問題に関する自らの立場に何の疑問も持っていないことを確かめるためだった、と受け取っても差しつかえないだろう。

チャーチルは翌日の全体会談の前に単独でローズヴェルトに会おうと試みた。彼は大統領に昼食を提案するメモを送ったが、ローズヴェルトは「丁重に」断った。ローズヴェルトの仲介人役を務めていたハリー・ホプキンスは、首相のプライドに加えられた打撃を和らげようとして、この拒絶はスターリンの信頼を獲得しようというローズヴェルトの作戦の一環として見るべきだ、とチャーチルに説明した。この作戦は、もし成功するなら、将来スターリンと交渉するのを容易にするだろう。そのことを念頭において、チャーチルは理解すべきだ、と。しかし、ローズヴェルトの導入したこの距離が首相に与えた心の傷はうずき続けた。メモの返事を受け取った直後の首相に会った侍医のモラン卿は回想している——チャーチルは「明らかに気分を害した」ように見え、「これは彼らしくない」とぶつぶつ言っていた。(38)

第5章 心の通い合い

翌日（十一月二十九日）の午前中、ローズヴェルトは郵便物を片づけ、身内で静かに昼食をとった。

スターリンはモロトフを伴って午後二時四五分きっかりに、二人だけの二回目の会談のためにローズヴェルトの居間に到着した。ローズヴェルトは前回と同じように、長椅子に座った。ソ連側二人は彼の前に椅子を引き寄せた。エジプトから飛んできたばかりのエリオット・ローズヴェルト〔男三〕も同席した。スターリンは大統領とエリオットのそれぞれに、長さ六センチほどのボール紙製ホルダーの端からロシア製紙巻きたばこを突き出して勧めた。二人はそれを受け取り、礼儀正しく二、三口吸って、下に置いた。

ローズヴェルトは傍らに文書を持っていて、それをスターリン元帥に手渡した。最初の文書は、リーン・ファリッシュ少佐に関する戦略諜報局（OSS）の報告だった。彼はユーゴスラヴィアの共産党指導者ブローズ・チトーのもとにOSSの連絡員として派遣されていた。チトーは撃墜された米軍飛行士を探し出して救出し、ひそかに国外へ送り出していた。ファリッシュはユーゴスラヴィアに数回落下傘降下し、最近の任務から帰還したばかりだった。数百名の米軍飛行士を救出したチトーのパルチザン活動に関するファリッシュの情報は、米国のチトー支援を実現するのに貢献した。

次にローズヴェルトが元帥に渡したのは、ウクライナに米軍飛行機が利用できる航空基地設営の提案だった。米軍のベルリン空襲はすでに始まっており、壊滅的な損害を与えていた。新聞は報じていた——「連合国軍の新たな空襲を警戒して、帝国の行政機構の主要部分は今やベルリンから移転中である」。もしも枢軸側の標的を狙う、イタリアと英国の基地から離陸している爆撃機が、燃料補給のために——そしてさらに爆弾を搭載するために——ウクライナに着陸できたならば、戦果はもっと効果的になる。この往復爆撃は敵の損害をさらに大きくするだろう。

ローズヴェルトは次いで、ソ連の対日戦争参加問題を中心にして編成された米軍参謀部が準備した二件の書類をスターリンに手渡した。同時に大統領は元帥に語った。「日本軍の打倒に関してあなたの約束が聞ければ、自分はどれほどうれしいことか(1)」。書類の一つは来るべき対日戦での両国間の航空作戦の計画的協力に、もう一つは海軍作戦の計画的協力に関するものだった。スターリンは最初の書類にさっと目を通し、計画的協力に同意した。しかし彼は、海軍協力には言葉を濁した。「大統領閣下」と彼は言った。「あなたは私に、決定を下す前に自国政府と頻繁に協議しなければならないとおっしゃる。忘れないでいただきたいが、私にも政府があり、モスクワに問い合わせずに私が常に行動できるとは限らないのです(2)」。ローズヴェルトはこれを協力の部分的な約束と受け取った。

続いてローズヴェルトは彼の得意なテーマに焦点を絞った。平和な戦後世界の構築である。彼は言った——自分はこれらの問題についてスターリンと——非公式に——話し合う機会が来るのをずっと心待ちにしていた。モロトフが一年前、ソヴィエトにとって実に切実な第二戦線の開設を討議するという緊急の目的でワシントンに飛んできたとき、ローズヴェルトは二人の会話を戦後世界の討議から始めた。モロトフは夜の電信で二人の会談内容を常にスターリンに知らせていた。そのときスターリンは強力な国際機構の構想に従順なように見えた。

ローズヴェルトはスターリンとモロトフの前向きの反応に満足していた。しかし、そのやりとりが行なわれたのは、ソヴィエト連邦がまだ重大な危機の中にあった時期である。当時、ドイツ軍は依然としてソ連の広い地域を占領し、攻撃し、破壊しており、スターリンは米国の援助を切望していた。一九四二年のあの絶望的な夏にあっては、スターリンは何にでも同意しただろう、たとえ妥当性に難があったとしても――もしそうすることが、ソ連戦線からドイツ軍部隊を引きはがすことになる第二戦線の開設を早めてくれるとスターリンが考えたならば。だが今や、状況は変わっていた。いま改めてローズヴェルトはスターリンに面と向かって、提唱している国際機構の概要を述べた。「連合国のおおよそ三五のメンバー国からなる、世界的な大きな機構が生まれることになる。この機構は定期的にさまざまな場所で会合し、討議し、より小さな機関への勧告を作成することになる」。

農業、食料、保健のような問題、そして経済問題に取り組むために執行委員会が作られる（と、ローズヴェルトは続けた）。一〇名のメンバーからなるこの委員会は、ソヴィエト連邦、米国、英国、中国、これに加えてヨーロッパ二ヵ国、南米一ヵ国、中東一ヵ国、極東の一ヵ国、そして英国自治領一で構成されるだろう。（ここで大統領は意見を挟んだ。「チャーチル氏はこの提案が気に入らなかった。大英帝国が二票しか持っていないという理由で」）。[3]

スターリンは尋ねた――この機関の勧告は世界の諸国に拘束力があるのだろうか、と。

ローズヴェルトは答えた。「どちらともいえない」。しかし、その時の彼の言葉の流れでは、答えははっきりと「ノー」だった。というのは、自分は米国議会が拘束されることに同意するとは思わない、と彼が認めたからである。大統領は続けた――武力は四人の警察官、すなわちソ連、米国、英国、中国で構成される第三の機関に属することになる。「この機関は平和へのあらゆる脅威と、抑止行動を必要とするあらゆる緊急事態に対処できる武力を持つことになるだろう」[4]と彼は説明した。そのような機関が一九三五年に存在していたならば、それはスエズ運河を閉鎖することが可能だったし、この行動により、イタリアがエチオピアを攻撃し、破壊するのを防いだだろう。

スターリンはすかさず問題点を指摘した。「ヨーロッパの国は多分、中国がヨーロッパに対して一定の機能を適用する権利を持つのを不快に思うだろう」[5]。スターリンは可能な代替策としてヨーロッパ委員会あるいは極東委員会、そしてヨーロッパ機関あるいは世界機関の創設を提案し、さらに、ヨーロッパ委員会は米国、英国、ソ連、そして「恐らくヨーロッパのあと一ヵ国」で構成されることも提案した。

地域的勢力圏の考えこそまさしく、ローズヴェルトが避けようと努めているものだった。地域的勢力圏では、どちらの世界大戦の勃発も止められなかったのだ。ローズヴェルトは、チャーチルが似たような考えを持っていると答えた。ヨーロッパのために一つ、極東のために一つ、アメリカ大陸のために一つ、地域的委員会をつくり、さらに米国をヨーロッパ委員会のメンバーにもするという考えである、と。それから大統領はこの考えを実現性なしとして退けた。そして、「米国がもっぱらヨーロッパだけの委員会に参加し、その委員会がヨーロッパへの米軍部隊派遣を強制できるなどということに、米国議会が同意するとは思えない」[6]と語った。

スターリンは、ローズヴェルトが提案した世界機関、とりわけ四人の警察官の構想も米軍のヨーロッパ派遣を必要とするかもしれないと指摘した。ローズヴェルトは答えた——自分が心に思い描いてきたのは、飛行機と艦船をヨーロッパに送ることだけで、英国とソ連が地上軍を動かさねばならなくなるだろうと。[7]もし日本が米国を攻撃しなかったならば、何らかの米軍をヨーロッパに派遣することが可能だっただろうとは思えない、と彼は付け加えた。

大統領は四人の警察官の構想について話し続けた。四ヵ国は可能性のある侵略に対処する二つの方法を持つだろう。もし小さな国で革命または事態が急展開する脅威が生じたならば、「防疫方法を、すなわち問題になっている国々の国境を閉鎖し、輸出入禁止を課すなどの方法を適用することが可能かもしれない」[8]。もしそれが機能しなかったら、脅威がより重大な場合には、四ヵ国は警察官として行動しつつ、最後通告を送り、そしてそれが拒否された場合には、「結果としてその国に対する爆撃と更には侵攻を招くことになるかもしれない」。

この意見がスターリンを驚かせなかったように見えた事実は、ローズヴェルトを満足させたに違いない。なぜならそのことは、一九四二年にワシントンで大統領がモロトフに説明したことに対してスターリンが関心を払っていたことを示したからだった。(ローズヴェルトには、彼とモロトフとの会話にスターリンがどの程度密接に関与していたのか確実なところは分からなかった。結局のところ大統領は、モロトフが毎夜、その日の二人の議論をスターリンに電信で伝えており、モロトフの立場は毎日、スターリンの指導に大きく依存していたことを直接には知らなかったのである)。

スターリンは今、彼の主要な懸念を持ち出した。すなわち、将来のドイツ封じ込めである。六ヵ月前、スターリンはニューヨーク・タイムズ紙の記者に書面で答えていた――ドイツ人は未来の平和にとっての最大の危険であるばかりか、ソ連の「主敵」でもあると[9]。テヘラン後の同じ週に、スターリンはボリショイ劇場でチェコスロヴァキア大統領エドヴァルド・ベネシュにこう語った。「あなたはドイツ人を短い時間では変えられないだろう。彼らとはもう一度戦争があるだろう」。彼はまたローズヴェルトに忠告した――自分とチャーチルはこの点で違うのだ、すなわち、首相はヨーロッパに報復するためにドイツが再起することを信じていない、と。

これはローズヴェルトに注意を喚起した。スターリンの支持を得るには、計画中の国際機構はその最高の優先事項としてドイツ復活に対処できる権限を持たねばならないのだと。それはまた、もしスターリンがそのような機構を創設できると十分に安心するならば、彼は多分それを歓迎するだろうということも示していた。しかしながら、会話が進むにつれて、スターリンの意見が示したのは、ローズヴェルトの提示したような国際安全保障機関が十分に強くなると彼が考えていないということだった。（「私はドイツ人を憎んでいる」――スターリンは一九四五年三月にあるチェコ代表団に語ることになる。「しかし、そのことがドイツ人に対する人の判断を損なわせてはならない。ドイツ人は偉大な民族である。ひじょうに優秀な技術者であり、組織者である。優秀で、生まれつき勇敢な兵士である。ドイツ人を一掃するのは不可能だ。彼らは生き残るだろう……われわれスラヴ人はドイツ人が再びわれわれに立ち向かってくるのに備えねばならない[10]」）。

スターリンはローズヴェルトに語った。自分としては、ドイツは阻止されなければ一五年から二〇年以内に完全に復活するだろうと考えている。それゆえに「われわれは大統領が提案するタイプの機関よりももっと本格的なものを持たねばならない……ドイツによる最初の侵略は一八七〇年に起き、それから四四年後の第一次世界大戦で起きた。それなのに先の戦争の終わりから現在の戦争の始まりまでにはたったの二一年しかなかった[11]」。ドイツの国力復活までの期間が将来それよりも長くなるとは自分は信じていない、と彼は付け加えた。

ドイツ国内、ドイツ国境沿いか、あるいはそれより遠くでもいいが、一定の戦略的な物理的地点の管理が行なわれるべきだ、それはドイツが別の侵略路線に乗り出さないことを確実にするためだ、とスターリンは続けた。彼はとくにアフリカ大陸最西端ダカールに言及し、付け加えた――同様の戦略は日本のケースに適用されるべきだ、日本付近の島嶼は日本が同様の侵略路線に乗り出すのを防ぐために強力な管理下にとどめられるべきだ、と。

大統領はスターリン元帥に一〇〇パーセント賛成だと言った。実のところ、ローズヴェルトもまたドイツ人に根深い反感を抱いていた。それは少年時代に育まれた。彼は当時、両親と一緒に何度もドイツで夏を過ごした。父親が健康を回復しようと努力を続けていて、湯治のためにバート・ナウハウム〔ヘッセン州〕に滞在したからである。ジェームズとサラのローズヴェルト夫妻は息子のフランクリンにドイツ語を学ばせるためにドイツ人の家庭教師を雇った。そしてしばらくのあいだ息子を毎日、公立国民学校へ通わせた。大統領のドイツ語は、アルバート・アインシュタインとドイツ語で話せるほど巧みだった。彼のドイツ人嫌いは、ふだんは隠されていたが、驚くほど強烈だった。一度、財務長官のヘンリー・モーゲンソーに言ったことがある。「われわれはドイツに対して厳しくしなければならない。私が言っているのはナチではまったくないドイツ人のことだ。われわれはドイツ人を去勢しなければならない。さもなければ、自分たちが過去に歩んだ道を続けようと望む人間の繁殖がまったくできないようなやり方で、彼らを扱わねばならない[12]」。別の時にはこうも言った[13]――和平の第一の必須事項は、いかなるドイツ人も二度と軍服を着ることは許されないということだ、と。

次いでスターリンは中国の参加問題についての疑問を表明した。

ローズヴェルトは、自分は中国の弱さを承知していると答えた。(中国がいかに不安定か、あるいは蔣介石の政府がいかに弱いかを彼ほどよく知る者はいなかった。一九三八年にローズヴェルトは蔣介石に一億ドルの借款を供与するお膳立てをした。蔣政府の資金が底をついたからである。事態は改善しなかった。蔣介石はカイロで彼に一〇億ドルの金借款を求めたばかりだった)。ローズヴェルトには二つの懸念があった。一つは直接的な懸念、一つは将来的な懸念である。もし蔣介石にきつく圧力をかけ過ぎ、十分な援助を与えなければ、蔣介石は日本と取引をする可能性があると大統領は危惧していた。(中国の共産主義者たちが降伏するなどということは心配していなかった)。

しかし、ローズヴェルトを最も悩ませていた――常に彼の頭の中心を占めていた――のは、国際連合の将来だった。というのは、もし国際連合が機能しなければならないとすると、それには中国が必要だったからである。ローズヴェルトが書いたように、「私は四億二五〇〇万の中国人を連合国側に付けることは勝利だと実感している。これは今後二〇ないし五〇年間ひじょうに役立つだろう。たとえ中国が差し当たりの間、多くの軍事あるいは海軍支援を提供できないとしても[14]」。彼は今スターリンに語った――自分が考慮しているのはすでに驚くほど膨大な中国の人口だ。その数だけで中国は主役の一つを与えられるだろう、たとえその政府がどんな政府であろうとも。「とどのつまり、中国は四億人の国家なのだ。そして彼らを潜在的なトラブル源としておくよりもむしろ味方として持っていたほうがよい[15]」。ローズヴェルトは議論を四人の警察官に戻し、これは再生ドイツに対する最良の抑止力だと述べた。大統領は(明らかに後で彼に報告された)スターリンの前夜の意見――ドイツの家具工場は簡単に飛行機工場に変えることができ、時計工場は砲弾の信管を製造できるという意見に調子を合わせて、こう言った。「四大国の強力で効果的な機関は、そのような工場が好戦的な目的のために転換され始めた最初の兆候が発生したときに、迅速に行動できるだろう[16]」。

ドイツ人たちはそのような兆候を秘匿するのに大きな才能を発揮した、とスターリンは答えた。そのとおりだとローズヴェルトは賛成し、戦略的地点は、ドイツと日本を監視し、再軍備を防げるような何らかの国際機関の管理下に置かれるべきことに同意した。

スターリンがはっきりと示したのは、ドイツ封じ込めが自分たちの唯一最重要の課題であり、ドイツが世界平和にとっての主要な脅威だったし、これからもそうであり続けると自分は信じているということだった[17]。また、スターリンの質問の結果として、ローズヴェルトが自分の創立しようとしている世界政府を考え直さねばならないだろうということもはっきりしていた。

エリオット・ローズヴェルトは静かにこの会談に同席していた。彼はボーレンが省略した発言をメモに取っていた。ボーレンは同時に通訳であり、内輪の会話の覚書の書き手でもあったので、面倒な仕事をこなしていた。それに加えて、自分の勤め先である国務省の親英的な外交基盤に時折忠誠心を示して、重要でないもの、不適切なもの、入れたくないと判断した事柄を覚書から省いた。エリオットは父親が再び、アメリカの目標と英国のそれとの相違について、とりわけ植民地領土に関する相違について長々と話したと伝えている。エリオットによると、ローズヴェルトは、戦後の世界では彼ら三ヵ国のそれぞれが共同で行動するのはもちろんのことだが、別々に行動することも必要になるだろうと指摘した。彼はスターリンに語った――カイロで蔣介石はローズヴェルトに、中国にとって上海、香港、広東における英国の治外法権を終わらせることがいかに重要であるかを話した。そしてまた、蔣介石はソ連が満州国境を尊重しなければならないことを力説していた、と。

スターリンは、ソヴィエト連邦の主権の世界的承認は基本原則であり、それゆえに「自分は同様に、大小を問わず、他国の主権を間違いなく尊重するだろう[18]」と答えた。

ローズヴェルトは彼が蔣介石と討議したほかのテーマに触れた。中でも注目すべきなのは、中国の共産主義者は全国選挙が行なわれる前に政府に迎え入れられる、そして選挙は戦後、可及的速やかに実施されるという約束があったことである。考えが一つ一つ通訳されるのを待ってローズヴェルトが話していると、スターリンはうなずいて、完全に賛成しているように見えた。以前は米英両軍参謀本部間の連絡官をしていた、モスクワ駐在のレンドリース使節団首席のジョン・ディーン将軍は、後にこう書いた――スターリンの立場は「米軍参謀本部のそれと合致していた。そして彼の発するすべての言葉は、ソ連が最終決定においてローズヴェルト大統領から期待できる支援を強めた[19]」。

三時半の少し前、〝パー〟・ワトソン将軍がドアの内側に頭を突っ込んで、二回目の全体会談の準備万端が整ったと告げた。

しかし、最初にチャーチルが盛大な行事を用意していた。ソ連と英国の兵士たちからなる儀仗隊が大広間で待ち構えていたのである。今まさに、劇的な趣向が始まろうとしていた。ローズヴェルトが大広間に座ると、スターリンとチャーチルがそれぞれの側に立ち、英軍兵士二〇名が銃剣を捧げて入場行進し、そのあとからトミー銃を手にしたほぼ同数のソヴィエト軍兵士が続いた。ソヴィエト軍の軍楽隊が「インターナショナル」〔当時のソ連国歌〕を、続いて英国国歌を演奏した。兵士たちは反対側の壁に向かって互いに向かい合いながら整列した。それからチャーチルが、恰幅がよく猫背だったが[20]、この式典のために英国空軍高級将校のブルーの礼装（飛行士の翼マークがしっかり付いていた）に身を包み、堂々たる態度で言った——ここに国王の名代としてスターリンに「スターリングラードの剣」をお渡しする。彼は剣の銘を読み上げた。「スターリングラードの鋼鉄の魂を持った市民たちへ。英国国民の敬意のしるしとして国王ジョージ六世からの贈り物」。剣は長さ約一二〇センチで、ヒョウの頭が彫られた銀の柄《つか》が付いており、緋色のラム革の鞘に納まっていた。スターリンはいたく心を動かされていた。彼は唇のところまで剣を持ち上げ、口づけした。目には光るものがあった[21]。彼は剣をヴォロシーロフに差し出したが、ヴォロシーロフは思いがけず取り落としてしまった。このばつの悪い瞬間が終わると、スターリンと首相はローズヴェルトの見分に供するために剣を差し出した。首相が鞘を押さえている間に、大統領が剣を抜いた。それは焼き戻し鋼だった。彼はそれをまっすぐ持ち上げた。「まさに彼らは鋼鉄の魂を持っていた」——彼はそう適切につぶやいたはずである。

その直後、三首脳は写真撮影のために玄関ポーチへ移動した。これが終わると、二回目の全体会談が始まった。ローズヴェルトとともに一一名のスタッフが出席した——ホプキンス、ハリマン、リーヒ提督、マーシャル将軍、ワトソン将軍、キング提督、アーノルド将軍、ディーン少将、ロイヤル大尉、ウェアー大尉、サマヴェル将軍である。チャーチルには一〇名のスタッフが随行していた――アンソニー・イーデン外相、サー・アーチボルド・クラーク・カー、ジョン・グリア・ディル陸軍元帥、アラン・フランシス・ブルック将軍、アンドルー・カニンガム海軍元帥、チャールズ・ポータル航空副元帥、ヘイスティングス・イスメイ中将、ギファード・マーテル中将、ウィリアム・ホリス准将である〔原著は九人の名前しか挙げていない〕。他の国の代表団とは対照的に、全体会談の時はいつもそうだったが、スターリンが連れてきたのはモロトフとヴォロシーロフ元帥だけだった。

またしてもローズヴェルトが会談の開始を宣した。そして特段の議題はないと述べて、午前中に会合した三ヵ国参謀本部からの報告を求めた。

ブルック将軍、マーシャル将軍、ヴォロシーロフ元帥がオーヴァーロード作戦のさまざまな側面について話した。ブルック将軍は地中海作戦の賛否両論を検討し、イタリア半島を攻め上がることや、トルコ参戦の利点について述べた。マーシャル将軍は、適切な上陸用舟艇と適当な飛行場の問題が第一に重要であること、上陸用舟艇の生産が強化されたことを強調した。ヴォロシーロフ元帥は自分の質問に対する回答が確認されたと言った。

スターリンが割って入った。「誰が」と彼は尋ねた。「オーヴァーロード作戦を指揮するのか?」。それはまだ決まっていない、とローズヴェルトが答えた。

スターリンはやや不愛想に言った。「それでは、これらの作戦から何も出てこないだろう」。「あの古参ボリシェヴィキは最高司令官の名前を教えるように私に強制しようとしている……私はまだ決めかねているんだ」、とローズヴェルトはリーヒにささやいた。

ローズヴェルトはスターリンに、最高司令官以外のすべての指揮官の名前は決定済みだと断言した。

スターリンは答えた。「最高司令官は、参謀本部が必要なすべてのことを遂行済みだと考えないかもしれない。責任を負う一人の人間がいなければならないのだ」。

ローズヴェルトは、自分がまだ決めかねているのをスターリンに悟られたくなかったので、機転を利かせてチャーチルに発言権を回した。そして椅子に深く座り、耳を傾けた――チャーチルがしだいに窮地に陥っていくのに決して口出しすることなく。

チャーチルは持説を述べたが、それは長かった。首相はまず、オーヴァーロード作戦にはあらゆる支援が与えられるべきだと宣言することから始めた。しかし、ハリー・ホプキンスが後にチャーチルの侍医に話したように、そして記録が実証しているように、「彼はこの序論に続いて、地中海北岸を系統的に縦走することに移った」[22]。チャーチルは後に、自分は「約一〇分間しか」話さなかったと書いたが[23]、彼の発言の公式記録は数ページに及んでいる。彼がまたしても望ましいこととして持ち出したのは、ロードス島の占領、いまイタリアでドイツ軍を捕獲すること、トルコの参戦（英国はクリスマスまでにこれを実現すべく奮闘していると彼は述べた）、トルコ参戦のバルカンにおける効果、チトーへの援助、上陸用舟艇問題、その他の補助的な地中海作戦などであった。

スターリンは項目ごとに逐一答えた。（ブルックは後に認めることになる――「私は彼がひじょうに高度なレベルの軍事的知力を持っている事実をすぐに理解するようになった。彼はその発言のいずれにおいても一つの戦略的ミスも決して犯さなかった」[24]）。スターリンはバルカンにおけるドイツ軍師団数について首相の数字を訂正し、「トルコは絶対に参戦しないだろう」と繰り返し、副次的な作戦のために最重要の作戦から脇道にそれないことが大事だということに、出席者の関心を呼び起こした。そして、総司令官が決まるまで、オーヴァーロード作戦からはいかなる成功も期待できないと信じている、と言って発言を締めくくった。

最後にローズヴェルトが介入し、チャーチルのおさまらない抗議に一つうなずいて議論を終わらせ、こう述べた。「われわれ全員がオーヴァーロード作戦に同意しているのなら、次の問題は適時選択になるだろう(25)」。さらに続けて、東地中海における作戦の危険を指摘し、それをしかるべくやれば、恐らくオーヴァーロード作戦を遅滞させることになると述べた。

スターリンがフランスにはドイツ軍二五個師団がいると言うと、ローズヴェルトは答えた。「それゆえ、われわれはこれらのドイツ師団を牽制する計画を策定すべきだ……合意時期にオーヴァーロードを実施することから、手段を脇道にそらさないような規模で」。

この言に突き動かされてスターリンも口を開き、何度も繰り返した。「そのとおりです――そのとおり」。

今や、チャーチルをコーナーに追い詰めるのに、ローズヴェルトがスターリンに協力する瞬間が訪れたのである。

大統領は言った。「可能ならば、オーヴァーロード作戦は大体五月一日にやるのがいいだろう。あるいは五月十五日以前、あるいは五月二十日以前に確実に」。

チャーチルは「それには同意できない」と言った。

スターリンは述べた。前日の会議で「これらの提案されている脇道からは何も出てこないだろう」ということに自分は気づいた、と。

チャーチルは、このような強い不賛成に直面してもなお、降参しようとしなかった。「地中海における多くの大なる可能性は、オーヴァーロード作戦の一ヵ月の遅延問題を理由に無価値のものとして情け容赦なく放棄されるべきではない」と。

スターリンは繰り返した。「すべての地中海作戦は脇道だ、南フランスへの上陸作戦を除けば」。そして付け加えた。自分には「南フランスへの上陸作戦以外のいかなる作戦にも関心がない[26]」。

モラン卿はチャーチルについて、彼を唯一無二の存在にしたのはその言葉遣いであると言っている。「言葉に対するあの感覚がなければ、彼はあれほどの活躍ができなかったかもしれない。というのは、判断力、技量、統治能力において、人間性の知識において、彼は抜きんでていなかったからだ[27]」。

チャーチルはモランの判断を証明しつつあった、それも雄弁に。彼は自分に本当に反対しているのはスターリンだけであり、ローズヴェルトの考えを変えるチャンスがまだ自分にあると考えていたようだが、それは真実からほど遠かった。二人に対する評価を誤ったまま、首相は念入りに同じ論点を繰り返した――地中海において英国軍を使用することについて、イタリアのドイツ軍打破に向けて邁進することについて、東地中海における行動がドイツ軍重要師団を牽制することについて。そしてまたしてもトルコを持ち出した。

スターリンはまったくいら立ちを見せなかった。メモ帳にいたずら書きをし（オオカミの頭を書いていたことは間違いない）、煙草をふかしていた。

話された言葉はチャーチルの失望と怒りを、あるいは首相の語ったことに対するスターリンの暗黙の却下の程度を伝えていない。というのは、キング提督が書いているところでは、この会話の途中で「チャーチル氏はかんかんになり、立ち上がってスターリンにこう言った。あなたは私に、あるいはほかの英国人の誰に対してもそんな風に口を利けないはずだ、と。それから部屋の中をどしんどしんと歩き回り始めた。それはイーデン氏が立ち上がって、彼と低い声で話すまで数分間続いた。そのあとチャーチル氏は席に戻り、少し落ち着いたように見えた[28]」という場面があったからである。

チャールズ・ボーレンは後にこう書くことになる――ローズヴェルトはチャーチルの弁護に回るべきだった。なぜなら「彼はスターリンに実際にひどい扱いを受けていたからだ」[29]。これはボーレンの同情がどこにあったかをうかがわせる意見である。ボーレンが認めたように、「ローズヴェルトがスターリンと同じ側に立って議論していることが事実であり、そしてこの事実上の反チャーチル的態度が正当化される」ことを前提としたら、そうすべきだったのだと。

ローズヴェルトは手を出さず、歴史が作られるのをじっと見ていた。彼の頭には介入する気がほとんどなかった。

彼には大英帝国をテコ入れしようというつもりはなかった。彼が望んでいたのはその解体だった。だからチャーチルの計画、ヨーロッパの柔らかい下腹部であるバルカンを通って攻撃しようという計画は、ソヴィエト連邦を孤立させることになるため、失敗に終わったのである。

スターリンは前日にすでに地中海軍事作戦を副次的重要性のものとして退け、こう意見を述べていた――イタリア軍事作戦の大きな価値は連合国の輸送のために地中海を解放することである。イタリアはドイツ本国攻撃を企てる起点として適さない場所である。アルプスは、かつてロシアの名将スヴォーロフ将軍が見出したようにほぼ対処不可能な障害である、等々。今、チャーチルの強情を目の前にして、スターリンは再度言った。「ソヴィエトの意見では、最良の方法は、北フランスまたは北西フランス、そして南フランスでも構わないが、そこを通る攻撃でドイツ心臓部を衝くことである」。そのあと、最後に彼は大統領に、会談はあと何日続く予定かと尋ねた。そして言った――自分は明日にも出立しなければならないほどだが、明後日まで滞在しても「構わない」、しかしそれ以降は帰国しなければならない、と。

チャーチルは、必要ならずっと滞在すると言った。

スターリンは曲がったパイプを軍服のポケットから取り出し、「ヘルツェゴヴィナ・フロル」の箱を開けて数本抜いた。そして、それらの吸口をゆっくりと破り、煙草をパイプの中へ振り落とした。それからパイプに火をつけ、数口ふかした。それが終わると、彼はあたりを見回した。

ローズヴェルトは二人の間の裂け目を埋めようとして、問題を再び三ヵ国参謀本部の会議に回すことを提案した――彼らは、「この午後の会談で行なわれたすべての提案に向き合わされた」という事実に鑑みて、午後の会談の要旨を特別委員会に伝えることができよう、その結果、幕僚は一つだけの指示を最終的に持つことになろう、と。

スターリンは譲歩しようとしなかった。特別委員会は不必要だ、と彼は言った。「解決する必要があるのはただ、オーヴァーロード作戦のための司令官の選任、オーヴァーロード作戦のための日付、そして支援作戦の問題だけだ[30]」。

そこでローズヴェルトは特別委員会のためにもっと方向性の強い指示を提案した――簡潔に彼の選好、スターリンの選好を述べ、しかもチャーチルのためにイチジクの葉っぱを一枚用意した指示である。すなわち、(1)委員会はオーヴァーロード作戦を支配的作戦と想定する。(2)委員会は、いかなる遅延もオーヴァーロード作戦に影響を及ぼさないことを考慮しつつ、補助作戦が地中海において含まれることを勧告する、と。

スターリンはここで、日付についての言及がないことに気づいた。彼は指摘した。ソ連が正確な日付を知らなければならないのは、「ソヴィエトが自分の側で攻撃を準備できるようにするために」それが役立つからだと。

ローズヴェルトはそこで、日付は今年の夏にケベック〔ローズヴェルト、チャーチル、キング・カナダ首相による一九四三年八月十七～二十四日のケベック会談〕ですでに設定されていることに注意を喚起した。「そして、その日付に多分影響を及ぼすことができるのは、何かのもっと重要な問題だけである」。少なくとも、それが彼の見解だった。

注目すべきことに、チャーチルがまたもや割って入り、またまた問題をややこしくしようと試みた。「彼には大統領の計画がどういうものかはっきりしなかった……彼はスターリンに質問を持っていた……彼は特別委員会が補助作戦について勧告すべきだと信じていた……彼は特別委員会への適切な指示を作成するため、われわれがもっと時間をとるべきだと信じていた」。

ローズヴェルトは再び妥協点を見出そうと試みた。特別委員会が「今後の一切の指示なしに自分たちの討議を進め、明日の午前までに回答をつくることが可能ではないだろうか？」[31]。

スターリンは答えた。「そういう委員会に何ができるのか？　われわれ国家指導者のほうが一委員会よりも大きな権限と権威を持っている」。

それから彼は尋ねた。「英国はソ連を満足させるためにだけオーヴァーロード作戦を真剣に考えているのではないか？」

実際、これは図星だったから、チャーチルはこれをかわした──雄弁で。「万一オーヴァーロード作戦に関してモスクワで規定された条件があるとしても、持てる力のすべてを余さずイギリス海峡越しにドイツ軍に対して投入することが英国の義務だろうと、自分は固く信ずる」[32]。

彼らは、軍幕僚部、特別委員会、外相たち（これはホプキンス、モロトフ、イーデンを意味した）が翌日話し合うという了解のもとで休会した。

スターリンが最後に言った。「それでは明日午後四時に再び会談を持つことにしよう」。明らかに彼は苛立ちを高めていた。それには十分な理由があった。ローズヴェルトが、三ヵ国の参謀本部は明日、午後一時半に昼食のために会合しようという提案で会談を終わらせたのである。

会談が休会したのは午後七時少し過ぎだった。ローズヴェルトは、大統領の部屋で帰りを待っていたエリオットに、疲れたよと認めた。彼はしばらく横になっていたが、目をこすって、起き上がった。そしてエリオットにスターリンについて話し始めた。後にエリオットが父親の感想を回想しているところによると、ローズヴェルトは言った。「彼と働くのは楽しいよ。腹黒いところは何もない。彼は自分が討議したいと望むテーマの要点を説明してくれる。そしてそれに固執する」[33]。「オーヴァーロード作戦のこと?」。ローズヴェルトは次のように答えた。

　彼が話していたのはそのことだ。そしてわれわれもそのことを話していた……ウィンストンは一度に二つの作戦について話している。思うに、彼にはこれ以上西での上陸作戦に反論しようとしても無駄なことが分かっている。マーシャルときたら、自分の耳が信じられないとでもいうように首相の顔をまじまじと見つめるところまでいったね……もしウィンストンが我慢できない米国の将軍がいるとしたら、それはマーシャル将軍だ。そして言うまでもないが、それはマーシャルが正しいからだ……ヨーロッパ大陸における英国の実際の、あるいは架空の利害を守るために米国軍人の生命を危険にさらす理由は、私には見えない。われわれは戦争をしている。そしてわれわれの仕事は、できる限り早く、危険な冒険なしに戦争に勝つことだ……部屋にいた者全員にとって彼〔チャーチル〕が実際に意味していることはまったく明白だった。それは彼が何にもまして中央ヨーロッパにナイフを入れたがっているということだ、赤軍をオーストリア、ルーマニアから、さらにはハンガリーから締め出すために……スターリンには分かっていた。私もそれが分かっていた。全員にそれが分かっていた……そしてアンクル・ジョーは、西からの上陸作戦の軍事的利点を主張するときには……常に政治的意味合いも意識していた。

父親と息子はさらにしばらくの間、話し合った。それからローズヴェルトは風呂に入った。エリオットは夕食会の前にカクテルが飲みたいかと父に尋ねた。彼は飲みたいと答えた。「だが、エリオット、弱いやつを頼むよ……これからまた、あの乾杯が控えているからね!」(34)。

今夜はスターリンが夕食会を催す順番だった。それはソヴィエト大使館のローズヴェルトの宿泊区画のそばの大広間から離れた部屋で開かれた。

出席予定者のリストにはチャーチル、イーデン、クラーク・カー、スターリン、モロトフ、ローズヴェルト、ホプキンス、ハリマン、そしていつもそばにいる通訳たちが含まれていた。

エリオットはぎりぎりになってから夕食会に加わるように招待を受けた。夕食会に通じるドアのところに彼が立っているのにスターリンが気づいたのである。スターリンは彼を部屋に引っ張り込み、イーデンとハリマンの間に座らせた。

ソヴィエト(ロシア)の公式の夕食会ではいつもそうだったように、そこには「信じられないような量の食べ物」と沢山の飲み物があった。夕食会はオードブルから始まり、熱いボルシチ、魚料理、種々の肉料理、サラダ、コンポート、フルーツへと進んだ。料理が次から次へと「まったく山のように」運ばれてきた。それぞれの料理には大量のウォトカとワインが付き、料理がすべて終わるとリキュールが供された。

スターリンお気に入りの飲み物は、モロトフによればシャンパンで、夕食では時々ウォトカの代わりにこれを飲んだ。しかしながらこの夜は、エリオット・ローズヴェルトが気づいたところではウォトカを飲んでいるようだった。元帥はすぐそばに置いてある自分専用のボトルからエリオットのグラスに酒を少し注いでくれたのである。

ロシアの流儀に従い、会話のほとんどは乾杯の提案を媒介にして行なわれた。乾杯が提案されると、全員が立ち上がり、自分のグラスを飲み乾し、そして座った――次の乾杯まで。乾杯には心がこもっていたが、時折退屈なこともあった。しかし乾杯は、時には爆発の危険を制御した環境下でモヤモヤを発散する手段ともなった。

この日はスターリンにしこりを残していた。長い全体会談の間、彼はチャーチルに圧力をかけてその地中海軍事作戦信奉を放棄させ、ケチをつけずにオーヴァーロード作戦を受け入れさせようとした。チャーチルは最終的には不承不承、二つの同盟国と足並みをそろえることに同意した。しかし、その不満たらたらの態度から明白だったが、彼が同意したのはほかに選択肢がなかっただけのことで、他の二ヵ国の戦闘計画の正しさを納得させられたからではなかった。

ローズヴェルトが反対に腹を立てることは滅多になかった。政治生活の駆け引きの中で反対には慣れていたからである。実際、反対を克服するのは彼の大きな楽しみの一つだった。彼は反対を肥やしにして成長したのである。今、彼はオーヴァーロード作戦に関して意見の一致を手にしていたので、ご機嫌だった。しかし、スターリンは反対には慣れていなかった。仲間うちでは彼の言葉は法だった。彼は人々が従うことを期待していた。しかしながら、チャーチルは頑固に、そして無駄に彼に反対した。スターリンは今、首相をからかうことで彼に対する苛立ちを示すことに喜びを見出していた。チャールズ・ボーレンは書いている――彼は「チャーチル氏に当てこすりを言う機会を一つも逃さなかった。彼が首相に向けた発言のほとんどすべてには鋭い刃が含まれていた」(35)。しかし、彼はひじょうに用心深く短剣を振るった。「元帥のマナーはまったく友好的だった」と、スターリンのファンでは決してなかったボーレンは認めねばならなかった。スターリンはまた、警告にも等しい言葉を発した――「ソヴィエト人は素朴な国民だからと言って、彼らが盲目で目の前にあるものが見えないと信じるのは間違いだ」と。もっと本質的なレベルでは、彼はチャーチルを、ドイツのために寛大な和平に賛成している――さらに悪いことには、ドイツに対してひそかな好意を抱いていると非難した。

ローズヴェルトにはチャーチルを弁護する気はさらさらないようで、ただ見守っているだけだった。彼にはスターリンの言ったことが実際に事実であることが分かっていた。彼はチャーチルの頭の中にあることをいくらか知っていた――ヨーロッパでソ連と均衡する強いドイツを首相が望んでいることを。「ロシアの白い雪とドーヴァーの白い断崖との間にわれわれは何を持つことになるのか?」[36]――チャーチルはこの年の夏、ケベックでの会談の時に激して大統領にこう言ったことがあった。ローズヴェルトは知らなかったが、チャーチルはソ連を実際よりもさらに強力な国として考えていた――首相の頭の中ではソ連の人口は一億六五〇〇万から二億へと膨れ上がっていたのである。

しばらくの間、主役たちの間の雰囲気は和やかになり、スターリンはくつろいでいるように見えた。その機を逃さず、ホプキンスが持ち前の確かな触覚で、赤軍のために尊敬を込めた乾杯を提案した。スターリンは称賛の言葉を受けて、ソヴィエト軍についてざっくばらんに話した。彼は言った――軍があのように不様な戦いぶりを示した一九四〇年のフィンランドとの冬戦争の結果として、全軍が再組織された。軍はそれを必要としていた。そしてドイツ軍と戦いながら改善し続けた、と。ほぼそのとき、最初に気持ちが悪くなったホプキンスが一言断って、座をはずした。

そのあと、夕食会の終わり近くになって、スターリンが立ち上がり、彼の「何度目かわからない」ほどの乾杯を提案した(エリオット・ローズヴェルトは後に書くことになる。「私はずっと数え続けようと努力していた。しかし、その時までには完全に分からなくなっていた」)。エリオットはスターリンの乾杯がドイツの問題に関するもので、スターリンが次のように述べたと回想している――「私は祝杯を提案する、ドイツのすべての戦争犯罪人に可能な限り迅速な当然の報いが下されることに対して――銃殺隊に当然の報いが下されることに対して。私は乾杯する、われわれが彼らをぜんぶ捕まえて直ちに処刑することで一致団結することに対して。彼らは少なくとも五万人いるはずだ[37]」。ボーレンは、スターリンのこの乾杯は「半ばおどけた調子[38]」で行なわれたと考えている。もしそうなら、これは完全にスターリンらしさが出たものだっただろう。

スターリンは、スラヴ人すべてに対するドイツ軍人の行為がいかにひどいものであるか、直接に知っていた。ヒトラーがポーランドとソ連に対して行なった戦争（アーリア人対スラヴ諸国民）は、ヒトラーが西ヨーロパで行なった戦争（アーリア人対アーリア人）とは残酷なほどに異なっていた。ヒトラーはスラヴ人を劣等民族であると信じていた。征服の後には、ロシアとポーランドを奴隷国家に変え、その住民たちからは基本的権利を奪うことを計画していた。彼はそれを自慢した。「この紛争は、西部での紛争と非常に違ったものになるだろう[39]」と。ドイツ陸軍がポーランドへ侵攻すると、総統のもくろむ民族的な追放と再定住化の政策が実施に移された。知識人は絶滅収容所に集められ、一般ポーランド人たちは飢えと病気で死ぬしかない地域へ追いやられた。これはリチャード・J・エヴァンズ〔英国の現代史家。一九四七年生まれ〕が『戦争中の第三帝国』〔*The Third Reich at War*〕で記録しているとおりである。医療行為は病人が死ぬように差し控えられ、児童たちのための学校は閉鎖された。

ポーランドはドイツ本国以外で死の収容所が建設された唯一の国だった。それはヒトラーがポーランド国民全体を絶滅することを計画していたからである。ヒトラーはソ連でも同じ政策を実施する計画だった。知識人とユダヤ人を殺すことから始めて、残りの先住住民を片づけ、インフラを建て直し、最終的には最上の地域と残りの町にドイツの農場主と中産階級を移住させようというのである。

それゆえ、この二重の目的に役立てるために、三つの死の収容所――ソビボル、マイダネク、ベウジェツがあった。これらは事実上、ポーランド・ソ連国境に建設された。ヒトラーは、大英帝国のインドおよびアフリカの征服と改造にならって枠組みを作り、ウクライナをドイツ支配下に置くことを考えていた。ポーランド人の八〇パーセントから八四パーセント、ウクライナ人の六四パーセント、ベラルーシ人の六四パーセントはさらに東へ追いやられることになっていた。これによって、ヒトラーが東ヨーロッパから追い出すことを計画した住民は総計三一〇〇万人から四五〇〇万人という数字になるのであった――そのあとに数百万人のドイツ人植民者を住まわせるために。彼らは素晴らしい広々とした農場に暮らし、最新式の農機でスラヴの土地を耕作し、増大するドイツ国民のために食糧の豊かな収穫を上げるはずだった。ユダヤ人たちはどこにいようとも絶滅されるべきグループとして摘発された。「一〇〇年たてば、われわれの言葉がヨーロッパ語になる」[40]と、総統は約束した。

このような考え方からすれば、当然のこととして、捕虜になったすべてのソヴィエト軍人は通常、虐待され、動物並みの扱いを受け、冬の真最中に野天の囲いの中に閉じ込められた。時には最小限の食事しか与えられず、野ざらしが十分な数の捕虜を死なせなければ、餓死させられることもあった。ほかの捕虜たち（数十万名）は銃殺隊によって射殺された。さらにほかの捕虜たちはドイツ国内の労働収容所や絶滅収容所へ送られた。一九四一年十二月、ドイツのある公式報告は、ソヴィエト軍捕虜の二五パーセントから七〇パーセントは収容所へ向かう途中で死んだと述べていた。[41]戦争の終結までに赤軍捕虜三三〇万（捕虜総数の半分以上）が死んだ。いかなる場合でも、捕虜になった軍人たちは第三帝国の人種的、思想的な敵として扱われた。ジュネーヴ協定はまったく適用されなかった。

東ヨーロッパの人種的征服と絶滅をもくろむヒトラーの計画の恐怖が、テヘランの文脈でそのまま信じられることは決してなかっただろう。ローズヴェルトもチャーチルも、ソヴィエト軍捕虜に対するドイツ軍の残忍な扱いの全貌を知らないでいた。このことを背景にすると、スターリンの乾杯は理性を欠くものではなかった。米国人たちでさえ残虐行為を耳にし始めており、復讐心が芽生えていた。数週間前のモスクワ会談でコーデル・ハル国務長官はこう言っていた。「もし私に方法があれば、ヒトラー、ムッソリーニ、東條と彼らの主立った共犯者たちを捕らえ、臨時軍法会議の前に立たせるだろう。そして翌日の日の出には歴史的な出来事が起きるだろう[42]」。

全体会談の間、スターリンは繰り返しチャーチルをないがしろにしていた。ハリマンの回想によると、「大統領が話すと、スターリンは敬意をもってじっと耳を傾けていた。一方、チャーチルに対しては機会があればいつでも躊躇せずに話を遮り、あるいは斬り込んだ[43]」。今、スターリンの乾杯の後、チャーチルはとうとう怒りを破裂させた。英国国民はそのような大量殺人に決して賛成しないだろう、と彼は腹立ち声で言った。チャーチルは、スターリンを不作法で、無節操で、野蛮な暴君として描き出す好機だと考えたのかもしれない。あるいは、単に酔っぱらっていて、ドイツが戦後、ソ連に対抗するのに十分な力を持たない弱国になるのではないか、という本能的な恐怖が突然表面に現れたのかもしれなかった。

エリオットによると、チャーチルはそれから言った。「そのようないかなる態度も、われわれ英国の正義感にはまったく反している。この機会に言っておけば、ナチであるなしにかかわりなく、誰一人として、適正な合法的裁判なしに、銃殺隊の前で、即決で扱われるべきではないと強く感じている。その者に不利などのような既知の事実と立証済み証拠があろうとも！[44]」。

エリオットの回想ではそうなっている。この出来事についてのチャーチル自身の説明は、彼にこう宣言させている。「英国議会と国民は集団処刑を決して容認しないだろう。たとえ戦争の激情の中で彼らがそれを許したとしても、彼らは最初の虐殺が起きればすぐに、その責任者たちに猛然と食ってかかるだろう。この点に関してソヴィエト人はいかなる思い違いもしてはならない[45]」。

スターリンは、エリオットの観察では、すました顔を続けていた。しかし、目はキラキラ輝いていた。彼はローズヴェルト大統領（笑いを隠そうとしているのにエリオットは気づいた）に向かい、意見を尋ねた。

「いつものように」と、ローズヴェルトは言った。「この論争の仲裁をするのが私の役割のようだ。明らかに、あなた方、スターリン氏と、私のよき友である首相の立場にはある種の妥協がなければならない。多分われわれは、五万名の戦争犯罪人を即決で処刑する代わりに、もっと少ない数字で決めるべきだろう。四万九五〇〇名ではどうだろう？[46]」（かつてローズヴェルト自身、閣議でドイツ人の処遇についてこう話したことがあった。「厳しい処置がなければならない。だが、私はあまり過重にはしないだろう……野戦の臨時軍法会議をほんのいくつか開き、早く終わらせたい」。ヘンリー・モーゲンソー財務長官は、ドイツの主立った戦争犯罪人の名簿を作成すべきであり、逮捕したら、これらの戦犯は直ちに銃殺されるべきだと考えていた[47]）。

ふだんは驚くほど酒に強いことで知られるチャーチルは、この夜はずっと間断なくブランデーを飲んでいた[48]。そして今晩は限界を踏み越した。彼の顔と首は紅潮していた。そして今や、急に怒り出して、椅子から立ち上がった。その途中で自分のブランデーグラスを思わずひっくり返しながら、彼はスターリンとローズヴェルトのほうへ向き直った。ブランデーがテーブルの上に広がった。彼は怒り声で言った――戦争犯罪人はみずからの罪を償い、裁判を受けねばならないが、自分は政治目的の処刑には反対である、と。そしてさらにローズヴェルトに嫌味を言った。自分は大国が戦略的地点を管理するのに反対だと。この管理は先刻の会談の際にローズヴェルトが賛同したものだった。チャーチルはローズヴェルトにさらにもう一つ嫌味を追加した――英国はその領土を堅持するだろう、そして誰も戦争に訴えずにはそれを英国から取り上げられないだろう。彼はとくに香港とシンガポールの名を上げた。英国は最終的には独立を供与するかもしれない、とわめいた。しかし、「これは完全に英国自身によって、それ自身の道徳律に従ってなされるだろう」。

スターリンは楽しんでいた。彼は今やその最高に愛想のよい態度でテーブルの周りを歩き始め、めいめいにその意見を尋ねた——何名のドイツ人が銃殺されるべきだと思うかと。イーデンとクラーク・カーは外交官だったので、その質問に答えずに如才なく身を引き、その代わりに、この問題はもっと研究する必要があるという趣旨の意見を述べた。ハリマンの答えは記録されていない。しかし、エリオットの番になったとき（彼自身の回想によれば）、彼は立ち上がって言った。「ソ連、米国、そして英国の軍人たちは、戦闘において、ほとんどこの五万人で問題を解決するでしょう。そして私はこれらの五万名の戦争犯罪人が始末されるだけでなく、さらに数十万名のナチも同様に処分されることを希望します(49)」。

エリオットが椅子に腰を下ろすよりも早く、スターリンがテーブルを回ってきて、片腕で彼の肩を抱いて、言った。「素晴らしい答えだ！　君の健康のために乾杯」。

それはチャーチルにとって耐えられないことだった。彼はエリオットに向かって癇癪を爆発させた。「君は何を言っているか分かっているのかね？　どうしてそんなことが言えるのかね？」。彼は立ち上がって、隣の薄暗いクロークルームへ足音荒く入って行った。スターリンは謝罪の身振りを見せながら、詫びを入れるためにチャーチルの後を追った。

この時のことをチャーチルが書いている、後世の歴史書のために彼自身の注釈を付けながら。「私はそこに一分もいなかったが、背後から肩を両手でポンと叩かれた。そこにはスターリンがいて、モロトフがそばに控えていた。二人ともニコニコ笑っていて、あれは遊びなのだからと熱心に説いた……スターリンはここぞというときにはひじょうに人の心を捉える態度を持っている。そしてまさにこのときほど彼がそれを発揮するのを見たことがなかった……私は戻ることに同意した。その夜の残りの時間は愉快に過ぎた[50]」。

彼らは一緒に戻った。スターリンは満面の笑みを浮かべていた。

会話は再開された。チャーチルはいつもより葉巻を激しく吹かしていた。

ローズヴェルトは話題を変え、どちらにも傾かないと思う問題を取り上げて言った——ドイツと日本の周辺の基地と戦略的地点は信託統治に付されるべきだ、と。

スターリンは賛成した。

チャーチルはまだ好戦的な状態にあった。チャーチルと彼の最高軍事スタッフが英国の戦略を計画し、戦闘の展開を監視しているロンドンの作戦指令室では、彼は大きな地図を張りめぐらした三面の壁に直接に向かい合って座っていた。左と中央の壁にある地図は世界中の陸上と海上の戦闘の進展を示していた。しかし、常にチャーチルの視線の先にあるのは右の壁の同じように大きな地図だった。堂々とした赤い色で塗りつぶされた大英帝国地図である。一九〇五年から一九〇八年までチャーチルは植民地省の次官であり、一九二一年から一九二二年まで植民地相だった。帝国が彼の想念から離れたことは決してなかった。

依然として自制心の働いていないチャーチルが、ローズヴェルトにさらに一発ジャブを見舞って、宣言した。英国は新たな領土あるいは基地を得ることを欲していない、しかし「いま持っているものは手放さないつもりだ……戦争なしには英国から何一つ取り上げられないだろう」と。

ローズヴェルトは無言のままだった。スターリンが介入し、なだめようとしてこう言った——英国はこの戦争でよく戦っている、自分は個人的には大英帝国の増大を、「とりわけ、ジブラルタル周辺の地域」の取得を支持している、と。当時、この地域はフランコの支配下にあった。

チャーチルはこれを誤解して、ソ連の戦後の領土的関心を露呈させる好機だと考え、ソ連の関心を尋ねた。スターリン[51]は彼に満足のいく答えを与えようとせず、こう述べるにとどめた。「その時が来たら、話しましょう」。

彼らは散会した。仮にローズヴェルトが何か締めくくりの言葉をその場で述べていたとしても、それは伝わっていない。

ボーレンは後に書き留めた。彼は夕食会のあと、もうほとんど人気のなくなったダイニングルームの中をちらっとのぞき見た。そこには白の上着を着た大男のロシア人（身長がおよそ一九五センチほどで、がっしりした体つきの）がいた。確か、夕食会ではずっとスターリンの背後に立っていたので、ボーレンは彼のことを執事だと思っていた。その彼がいま上着を脱ぐと、下から現れたのは何と少将の制服だった。

エリオットは自分が引き起こした「爆発事故」に心を痛めていた。夕食会のあと、彼は父親に詫びようと試みた。自分は連合国間の紛争の種になりかねないような問題を引き起こしてしまったと。しかしローズヴェルトは、あの事件は素晴らしかったと思うと語り、エリオットを安心させた。「お前が言ったことは完全に問題がない。あれは上出来だった。ウィンストンは、全員が問題をまじめに受け取るのを拒んでいるのに、ちょっと気が動転したんだ。アンクル・ジョーは……首相をチクチクからかった彼のあのやり口ときたら。首相は誰が何を言っても憤慨する心理状態だったんだ。とりわけ、話されたことがアンクル・ジョーを満足させた場合にはね[52]」。明らかにローズヴェルトは、自分が介入しなかったことを少しも悔やんでいなかった。

さらにその夜遅く、チャーチルがオーヴァーロード作戦の日付に関して同意したことを確認しようと、ホプキンスが英国大使館を訪問した。首相に次のメッセージを渡すためである――オーヴァーロード作戦を遅らせる試みはやめるべきだ、米ソ双方は同作戦を推進する、潔く譲歩すべきである。ホプキンスが自分自身の考えで行ったのか、それとも大統領の命令で行ったのか、それは明らかではない。しかし、二人の密接な関係を考えれば、この訪問は多分、ホプキンスと大統領が問題を討議した後で行なわれたのだろう。

チャーチルはエリオット・ローズヴェルトを決して許さなかった。エリオットはそれまでロンドン郊外の英国首相別邸「チェッカーズ」をしばしば訪ねていた。二人はひじょうに仲が良かったので、チャーチルは彼を息子のように気安く扱った。ある週末の最後の日、彼は辞去のあいさつをするためにチャーチルの部屋へ呼ばれた。エリオットは回想している。「彼は部屋の中を歩き回っていた、葉巻の煙だけしか身にまとわない姿で[53]」。それで終わりだった。エリオットにとって残念なことに、彼は二度とチェッカーズに招かれなかった。

翌日の十一月三十日（火曜日）の午前、合同参謀本部、すなわち米英の軍上層部が会談したときには、英国軍参謀総長のサー・アラン・ブルックでさえ、チャーチルから「前進命令」を受けていたので、オーヴァーロード作戦の合意済みの日付への反対を取り下げた。合同参謀本部は全会一致で「大統領と首相のそれぞれに」勧告した――「われわれが五月中に、その時点で利用可能な上陸用舟艇による、フランス南部に対する最大規模の補助作戦と連動して、オーヴァーロード作戦を開始することをスターリン元帥に通告すべきである」と。

それでもなお、最後の最後までもめた証拠がある。草案は実際にオーヴァーロード作戦の日付を六月一日としていた。ローズヴェルトはそれを消し、まぎれもない彼の筆跡でそこに「五月」と殴り書きした[54]。

ローズヴェルトは午前の一部を売店（ＰＸ）の出張所を訪ねるのに使った。これはペルシア土産を買う米国人スタッフ用にソ連大使館内に開設されたものだった。ナイフ、短剣、ラグマット、その他の品の中から、彼は「少し骨とう品めいた」碗を買った。チャーチルへの誕生日プレゼントにするつもりだった。彼はこれを後刻、夕食会の席でチャーチルに贈ることになる。

ローズヴェルト、チャーチル、スターリン、そして彼らの通訳たちはソ連大使館の大統領の宿舎区画で昼食をとりながら、今後に予定されている計画を少し詳細に討議した。ローズヴェルトはスターリンに、合同参謀本部が六月一日までにオーヴァーロード作戦を開始することに同意したこと、そして同時に南フランスで補助作戦が行なわれることを伝えた。スターリンは「大きな満足」を表明してから言った――赤軍は同時に攻勢作戦を開始し、赤軍がこの決定に置く価値を実証するだろう、と[55]。

しかし、前日の彼の質問への答えはまだなかった。そこでスターリンはそれを再び尋ねた。「総司令官はいつ指名されるのだろうか？[56]」。

ローズヴェルトは依然としてマーシャル将軍とアイゼンハワー将軍の間で決めかねていた。大統領はスターリンの質問に対して、決めるのにあと数日かかると答えた。ローズヴェルトは話をバルト海への接近路の問題に切り替えた。これは彼が最初の夜に、具合が悪くなる直前に少し話し始めた問題だった。ローズヴェルトは、「ブレーメン、ハンブルク、リューベック……をある種の自由ゾーンに変え、キール運河を国際的管理と保証のもとに置き、世界の商船の航行を自由にするという考えが気に入っている」と述べた。数ヵ月前、ソ連では平和条約と戦後秩序に関する外務省の委員会がまさにその問題を審議するために設置されていた。マクシム・リトヴィノフが長を務めるこの委員会は、ソ連が戦略的拠点を獲得することとキール運河の国際化を計画していた。

スターリンは反応した。「それはいい考えだ」。それから彼は単刀直入に尋ねた。「極東ではソ連のために何ができるのか？」

チャーチルはこの機会を捉えて探りを入れた。それはスターリンが最も嫌うことだった。チャーチルは言っている。自分は「極東に対するソヴィエト政府の見解に関心があったのだ」と。

チャーチルの質問の間が悪かったことは確実だが、それどころか決定的に悪かった。実際にはスターリンはチャーチルの話を聞くことに関心がなかった。スターリンの質問はローズヴェルトが腹の中で考えていることに向けられていたのである。それゆえ、スターリンは首相に対してこう答えた――ソ連にはそれ自身の見解があるが、それを話すのはソ連が極東の戦争において積極的な行動をとるようになる時を待ったほうがいいだろう。そして彼は付け加えた。ソヴィエトは極東のすべての港から切り離されている、これは冬季に凍結するウラジオストクが唯一の港で、しかもここは日本による閉鎖の危険にさらされているからだ、と。ローズヴェルトがここで口をはさんで、スターリンの質問に答えた。「自由港の構想は極東に適用できるかもしれない……例えば大連……」一つの可能性としてだが」。

スターリンはそのような構想に対する中国の見解について大統領に質した――中国がそういう構想を好むとは自分には思えない、と。

ローズヴェルトはもちろん、蔣介石と話したカイロ会談からテヘランへ直行したので、彼の言葉の根拠になるのはその時の情報のはずだったのに、結局、答えを外交官的なはぐらかしで表現した――自分は国際的保証のもとでの自由港構想は中国の気に入るだろうと考えている、と。「それは悪くないだろう」とスターリンは答え、ソ連にはカムチャツカの不凍港があるが、そこへは鉄道が通じていないと指摘した。「ソ連には国の役に立つ不凍港がただ一つある。ムルマンスク港だ」。

チャーチルが発言した――戦後世界を支配する諸国は「領土的、その他の野心を持たないことに甘んずべきである……飢えた国家と野心のある国家は危険である」。

これは歓迎された。ローズヴェルトとスターリンはチャーチルに賛同した。しかし二人とも多分、これは高尚で大げさな言葉ではあるけれども、いまだ世界最大の植民地大国である大英帝国の首相が口にするには気楽な言葉だと考えたことだろう。チャーチルが抱えていたのは、国境を守るのとは異なる問題である。それは帝国を維持するということだった。

ローズヴェルトは午前中、売店を訪れた後、ソ連大使館内の書斎でイランの若い皇帝モハンマド・レザー・パフラヴィーと会談した。皇帝は会談中、自国の石油・鉱物資源に対する英国の圧倒的支配の問題を持ち出した。同席したエリオットによると、ローズヴェルトは親身になって耳を傾け、イランの天然資源を保護するために何かがなされるべきだという点で賛同した。皇帝の辞去後、ローズヴェルトはエリオットに、パトリック・ハーリーを見つけて声明案の作成を指示するように命じた。この声明案は自分とスターリンとチャーチルが署名できるような内容で、イランに独立と、自国の経済的利益の自決権を保証するようなものにしなければならないと。会談後、ハーリーとローズヴェルトは後にイラン宣言となるものの原案――ハーリー草案を検討した。ハーリーは、イランにおける英国の政策は帝国主義的ではあるが、それにもかかわらず、イランの石油で航行している英国海軍にはその供給が続けられるべきだとする点で、ローズヴェルトと見解が同じだった。チャーチルはそのイラン石油のことを「夢にも思わなかったおとぎの国からの賞品」と呼んでいた。

普通なら、こういう草案は国務省の役人によって作成されただろう。だが、ローズヴェルトは外務官僚をひどく馬鹿にしていたので、通訳を務めたチャールズ・ボーレン以外、ここには国務省関係者は誰もいなかった。ローズヴェルトは外務官僚たちを「国務省の縞柄ズボンをはいた連中」と呼んではばからなかった。テヘラン会談からしばらくして、ローズヴェルトは息子のエリオットにこう言ったことがある。「何人いようが連中はみな、米国が外交政策を実施すべき道は、英国がやっていることを見つけてそれを模倣することだと信じ込んでいるのだ」。ホプキンスも外務官僚を毛嫌いし、会ったことのある外務官僚たちを「押しの強い青二才でホモ――そしておまけに決まって孤立主義者ときている」と切り捨てた(57)。

外務官僚たちの多くは、国務省東欧局の反ソ強硬派ロバート・E・ケリーの下で鍛えられ、ニューディールとその対ソ関係改善政策の両方に対して疑いなく偏見を抱いていた。ローズヴェルトは頭の回転が速く、決断力のある国務次官サムナー・ウェルズに国務省の再編とその日常業務管理の仕事を任せた。ウェルズは大統領自身と同じようにグロートン校、ハーヴァード大学出身の「背教」民主党員だったが、ローズヴェルトとは一九〇五年の彼の結婚式以来の知り合いだった。当時十二歳のウェルズは花嫁エレノアのドレスの裳裾を手にもって運んだのである。ウェルズは大統領の承認を得てケリーを更迭し、東欧問題を西欧局へ統合することを行なった。にもかかわらず、外務官僚の反ソ文化は依然として深く根ざしていた。大部分の外務官僚たちはヒトラーのソ連侵攻後でさえロシアへの援助に反対していた。のみならず、彼らはスターリンの対西欧観を理解しようと試みることすらしなかった。こうしてチャールズ・ボーレンは後に、(注目すべきことだが)自分自身を含めた外務官僚たちについて次のように書くことになる――彼らのスターリン評価は戦争の期間中、見当違いもいいところで、「ソヴィエト問題に関わっていたわれわれの間では、ソ連が国際連合のような世界機構に参加することを真剣に検討するかどうか疑問視していたほどだった……提案の草稿が初めてソヴィエト側に提示されたとき、われわれは若干不安を覚えながら彼らの反応を待った(58)」。それはケリーの影響だけではなかった。彼らのほとんどは(例外はあったが)保守的で、富裕で、社会的に有名な、東部の支配層家族の出身だったのである。これらの家族は反ニューディールの急先鋒だった。ハリー・ホプキンスやローズヴェルトに触れてから考えが変わってきたボーレンでさえ、この鋳型にぴったり合っていた。ボーレンは型どおりにセント・ポール高校とハーヴァード大学で学び、ハーヴァードのクラブ中で最もお高くとまった「ポーセリアン・クラブ」に入会を許された。ローズヴェルトの場合は、父親がここの会員だったのに、彼自身は入会を許されなかった。このことはポリオにかかる前の彼の若い時代、最大の強烈な挫折だったのである。（ポーセリアン会員が全員知っていたように、ローズヴェルトが入会を許されなかったことをボーレンが知っていたのは確実である。なぜならそのことはクラブの不朽のニュースだったし、ボーレンの大統領についての意見に時折忍び込む優越感らしきものの土台になっているのは疑いのないところだからである。他方、大統領は自分の新しい通訳がポーセリアン会員であることを多分知らなかっただろう）。

ローズヴェルトが望んだのは、自分の意思を理解し、質問せずにそれをやってくれる男性――そして時折は女性――である。ハーリーはそのカテゴリーにぴったりの人物だった。

ローズヴェルトが一九四二年三月にイランをレンドリースの適格国だと宣言して以来、米国はイラン全国で相当の権力を行使し始めていた。テヘラン会談の時までには米国人スタッフが財政、警察、配給のような国家の重要活動を監督していた。米国はまたイラン軍を再編中だった。ローズヴェルトが希望したのは、簡素で直接的な宣言であり、それは米国がイランの領土保全を尊重しており、今後もそれを維持すること、そして戦争終結後は退去することをイラン人たちに確信させるものでなければならなかった。そしてまた、ソ連と英国が同様にそれぞれの協定を守るだろうということを強調するものでなければならなかった。米国がイランで行使する影響力の程度に主として責任を負ってきたハーリーなら、宣言の文案をどうすべきかを知っているだろう。

これは本質的に大西洋憲章の繰り返しだったから、とりわけ「イランの独立、主権、領土保全」の約束は、スターリンにもチャーチルにも異議を唱えることのできない約束だった。しかし、英国とソ連のどちらもイランとは長年にわたる協定の歴史があったので（両国がこれらの協定をいつも軽視していたにせよ）、チャーチルもスターリンも十中八九、この声明について深くは考えなかっただろう――宣伝活動の域を出るものではないとして。（実際、どちらもその合意を守らなかった。ヤルタでアンソニー・イーデンが宣言の再確認を提案したとき、モロトフはこれを拒否した。アングロ・イラニアン石油会社の製油所と重要な油井があるイラン南半部で優越的地位を占める英国は、宣言に対してリップサービスをしたが、アングロ・イラニアン石油会社の利益から最大の分け前を受け取り続けていた――イラン人従業員をスラムに住まわせ、イラン人を管理職に雇ったり、そのための訓練をしたりすることを拒否しながら。これが後の紛争と革命の原因になるのである）。

パトリック・ハーリーが部屋を去ったあと、ローズヴェルトはエリオットに言った。「パットのような、頼れる人間がもっといてくれたらと思うよ」。

ローズヴェルトはイランに関心を持ち続けた。イランに滞在した期間が短かった割には、彼はきわめて多くのものを吸収した。米国帰還の数週間後、ローズヴェルトはハル国務長官にイランの印象を伝えるメモを送った――「イランは間違いなくひじょうに、ひじょうに遅れた国家だ。現実に一連の部族で構成されており、人口の九九パーセントは事実上、残りの一パーセントに束縛されている。その九九パーセントは自分の土地を持たず、生産物を保持できないか、あるいは金銭または財産に変えることができない[59]」。

この日はチャーチルの誕生日（六十九回目の）だった。そして彼はそれを最大限に利用した。昼間は英国軍部隊、インド軍部隊、そしてアングロ・イラニアン石油会社の従業員たちが祝賀のささやかなパレードを行なった。チャーチルはその日の夜を、誕生日の権利により夕食会を主催する自分の夜だと主張し、ローズヴェルト、スターリン、三ヵ国の軍と外交政策の最高顧問たち、実子のランドルフとサラ、そしてエリオット・ローズヴェルトを英国大使館の誕生日ディナーに招待した。

それは楽しい夕べだった。昼は暖かったが、夕暮れには心地よい涼しさが降りてきた。安全のために（そしてまた雰囲気を盛り上げるために）英国側はシーク教徒の兵士たちを凝った白い建物の玄関ドアのそばに立たせていた。彼らはローズヴェルトが車椅子で出入りできるように玄関ポーチに傾斜路を用意していた。

ベリヤは英国側の警備の完全さを信用せず、スターリンの訪問に先立って安全措置を講じた。NKVDのスタッフは建物をくまなく点検し、苛々したチャーチルの話によると、すべてのドアの背後だけでなく、すべての椅子のクッションの後ろまでのぞき込み、大使館の召使たちまで尋問した。夜の間、ソ連の警護員たちが屋上はもちろんのこと、すべてのドアと窓のそばに立っていた。

しかしながら定刻までに夕食会は始まり、チャーチルは娘のサラを傍らに置いて快活に笑い、葉巻を嬉しそうにぷかぷか吹かしながら客人たちを迎えた。客のほとんどは贈り物を持ってきた。ローズヴェルトが目にしたところでは、チャーチルがサラをスターリンに紹介すると、スターリンは腰から体を折り曲げてお辞儀をし、「彼女の手を取って昔風の優雅な欧州式作法で口づけした」。

ローズヴェルトから首相への贈り物はペルシアの碗だった。スターリンはチャーチルにアストラカン帽と、ロシア民話をテーマにした大きな陶製の彫刻を贈った。チャーチルはタキシードを着ていた。しかしローズヴェルトは、ディナージャケットに着替えるのを好まず、常々それを避けていたので、改まった服装が求められる時にはしばしばそうしたように、細い縞模様がうっすらと見える濃いネイビーブルーのスーツを着用し、黒の蝶ネクタイをしていた。スターリンは軍服姿だった。

集まった人々は優雅なダイニングルームへと移動した。部屋の壁はミラータイルで、窓は赤い厚手のカーテンで縁取られていた。各ロングテーブルにはクリスタルと銀の食器がセットされ、それがろうそくの光の中できらめいていた。お仕着せを着た召使たちは手袋をしていた。チャーチルは、ローズヴェルトが彼の右隣に、スターリンが左隣になるように客人たちを座らせた。

六九本のろうそくを立てたチャーチルの「巨大な」バースデーケーキがテーブルの上にそびえたっていた。

それぞれの席の前には十二分の数のナイフ、フォーク、スプーンが並べてあったので、スターリンは隣に座っている英国側通訳のA・H・バースのほうを向いて、こう言ったほどだった。「これは見事な食器コレクションだ。どれを使うかが問題だ。君が教えてくれたまえ。そしていつ食べ始めていいかも。私は君たちの習慣に慣れていない」(60)。

ディナーの料理は簡素で地味だった――とりわけソヴィエト(ロシア)の尺度から言えば。英国の習慣を守って、メニューは書き出され、会食者めいめいの前のテーブルに置いてあった――すなわち、オックステール・クレールスープ、舌平目のムニエル(ムスリンソース添え)、七面鳥の詰め物と付け合わせ、季節のサラダ、アスパラガスのビネグレットソース、アップルタルト、フルーツ、というコースである。

祝杯の応酬が盛んに行なわれた。祝杯のあいさつのたびに習わしで全員が起立した(もちろん、ローズヴェルトを除いて)。スターリンは独自の習わしを持っていた。祝杯が捧げられた当人のそばへ歩み寄って、彼とグラスを触れ合わせた。チャーチルも同じように振る舞った。そのため、ソ連側通訳のワレンチン・ベレシコフによると、「グラスを手にした彼ら二人が、部屋中をゆっくり徘徊していた」。チャーチルはすっかりご機嫌で、「陽気でやんちゃなホーンパイプ（ダンス）」を踊って見せるほどだった。

ローズヴェルトがサラ・チャーチルの健康を祝して乾杯を提案した。そのあと、スターリンは習慣どおりテーブルをぐるっと回って彼女とグラスを合わせた。サラは回想している――彼は「クマのような細い目をしていて外見は恐ろしかったが、陽気になっていた。彼の目の中ではわずかな光が暗い水面の冷たい日光のように踊っていた[61]」。

サラはスターリンとグラスを合わせた後、礼を言うために大統領の席へ行った。ローズヴェルトは珍しく自分の体のことに触れて彼女にこう言った。「私のほうから君のところに行っただろう。でも、できないんだよね」。

スターリンとチャーチルの間の二度のやりとりは、記憶に残るものだった。スターリンはある乾杯のあいさつの中で、ローズヴェルトとチャーチルの双方を自分の「戦闘的友人」、すなわち「戦友」と表現した。そのあと、一呼吸おいて言った――「もしチャーチル氏を友人と見なすことが可能ならば」。別の時にはチャーチルが、世界は変わりつつあると語り、これに関連して、英国の顔貌はますます「ピンク色」〔左翼的〕になりつつあるという意見を述べた。ここですかさず、スターリンが口をはさんだ。「それは健康のしるしだ」。チャーチルは答えた――その意見に賛成だが、それはこのプロセスがあまりに推進され過ぎて、うっ血を誘発するほどにならなければの話だ、と。これとはまったく異なるが、戦慄を覚えるような別の場面があった。それはスターリンが彼とソヴィエト国民に対する賞賛の乾杯の辞に答えて、次のように述べたときのことである――「赤軍は英雄的に戦ってきた。だが、ソヴィエト国民は自分たちの軍隊がそれ以外の資質を示したら許さなかっただろう……ソ連では中くらいの勇気を持つ者たちでさえ――そして臆病者たちでさえ――英雄になった。なれなかった者たちは殺された」。

ある時点でローズヴェルトがグラスを上げて、英国軍参謀総長サー・アラン・ブルックのために乾杯した。スターリンはローズヴェルトの乾杯の辞に少し付け加えたいことがあると言って、サー・アランがソ連に対して手厳しい、不信感のある態度をとったことを残念に思う、自分はサー・アランが「われわれのことをもっとよく知り、われわれが結局のところそれほど悪くないのだと発見するようになられることを希望して、将軍の健康のために乾杯する」と続けた。

この発言の結果は悲惨だった。夕食会はそれまではまったく和気あいあいとしていた。サー・アラン・ブルックはスターリンを尊敬していた。しかし、好きではなかった。今や、疑いもなく飲み過ぎたアルコールの勢いで、ブルックはナイフで自分のグラスを軽く叩いて乾杯の音頭をとり、事実上次のように宣言した——英国はこの戦争でほかのどの国家よりも多く苦しみ、多く失い、多く戦っている、と。

部屋にいる誰もが真実でないことを知っている、このがく然とする見解に直面して——ソ連は英国よりも数百万多い軍人と一般市民を失っていたし、はるかに多くのドイツ軍を撃滅していた——「スターリンは暗い顔になった」と、ベレシコフ通訳は観察していた。「彼は嵐の突発寸前の状態にいるかのように見えた[62]」。しかし、感情を押し殺しながら、穏やかに言った——

私がソ連の観点から皆さんに申し上げたいのは、大統領と米国が戦争に勝つために何を行なったかということだ。この戦争において最も重要なものは機械である。米国は月に八〇〇〇機から一万機までの飛行機を製造できることを証明した。ソ連が製造できるのはせいぜい月に三〇〇〇機である。英国は三〇〇〇機から三五〇〇機を製造しているが、これは主に重爆撃機である。レ

ンドリースをつうじてこれらの機械を使用することがなければ、われわれはこの戦争に敗れるだろう。(63)

後に米国の新聞は、スターリンがローズヴェルトに意味深長な賛辞を贈ったと指摘した――世界最大の共産主義国家の指導者が世界最大の資本主義国家の指導者へ現実に贈った賛辞として。それはまた見事な主題の転換でもあった。

もちろん、ローズヴェルトはこれに応えねばならなかった。そしてその応答の機会を利用して彼はテヘランにおける三者の大きな成果を強調した――三ヵ国は諸国家を永続的に連合させることに向けて第一歩を踏み出したのだと。(「この場でさえ、ローズヴェルトが絶対に話しておく必要があると考えたのは、彼が会議室で行なったのと同じように、戦後世界のことであり、大国の結束と協力を今だけでなく、将来においても維持する重要性のことであった」と、ベレシコフは書き留めている。)

われわれは異なる習慣、哲学、生活様式を持っている。われわれのいずれも自分自身の国民の欲求と理念に従って物事の在りようを考え出している。

しかしわれわれは、ここテヘランで、諸国家の異なる理想が調和した全体の中で一つになれることを証明した――われわれ自身と世界の共通の利益のために団結して前進しながら。

だから、この歴史的会合から帰るときには、われわれは初めて空に希望の伝統的な象徴、虹を見ることができる。

これをもって、夕食会はお開きとなった。

第6章 同盟関係を固める

ローズヴェルトは十二月二日の木曜までテヘランに滞在する計画だった。しかし、天候が悪化の兆しを見せ始めていた。山地には雪が降っていた。彼は出立を水曜日の夜にすることに決め、全員に通知した。

大統領は最後の日の午前中を、発送しなければならない公務の急ぎの郵便物の処理で過ごした。予定ではスターリン、チャーチルとの全体会談は会議室で正午に始まり、大統領宿舎区画でのランチへと続き、午後に会議室で再開され、すべての問題が解決を見るまで必要なら夜も続くことになっていた。

ローズヴェルトが自分の個人的な会話がスターリンにどれほど執拗に監視されていたのか、知らなかったのは確実である。しかし、ローズヴェルトの世話が行き届いているかどうかを確かめるために、彼の宿舎区画へ顔を出す癖がスターリンについたことは知っていた。大統領の報道官ウィリアム・リグドンと、英語を話すソヴィエト諜報将校でローズヴェルト接遇の監督責任者だったゾーヤ・ワシリエヴナ・ザルービナの二人の証言によると、スターリンはお忍びで何度も足を運び、自分でその役を買って出た。リグドンによれば、スターリンは時には通訳のパヴロフを伴ってきて、「必要なものがそろっているか」と尋ねたこともあった。そしてパヴロフを介してローズヴェルトのデスクの上にあるロシアの小間物の説明をした――「スターリンはその間ずっと笑顔で、自分の客人への深い敬意を示しながら……大統領には何でもやりたいようにしてもらいたいのだと言い張った。『君の仕事に私が口出ししなくて済むようにしてもらいたい』と、パヴロフをつうじて言った[1]」。

ザルービナは回想している。彼女はある朝、初めてスターリンに会った。彼はローズヴェルトのスイートの近くにいて、明らかに大統領を訪問しようとしていた。彼女はスターリンが尋ねるのを通訳した――「入ってもよろしいですか?」。「ようこそ」とローズヴェルトが答えた[2]。

「会話はスターリンからローズヴェルトへの簡単な質問で始まった。『ご機嫌はいかがですか? よく眠れましたか?』。大統領は答えた――『ええ、よく眠れましたよ。ここが気に入りました。でも、池で蛙がゲロゲロ鳴き続けていて、なかなか寝付けませんでした』。私は顔の向きを変えてスターリンを見た。そしてあがってしまい、ロシア語の〝蛙〟という単語〔〝リャーグシカ〟〕を忘れてしまった。私は言った。『ヨシフ・ヴィッサリオーノヴィチ〔スターリン〕、池でゲロゲロ鳴いているあの小さな黄色い動物たちが米国大統領を寝させませんでした』。私の思い出はいつもあの瞬間から始まる。なぜなら、あれはいわば一種のショック性記憶障害だったから」。(ソヴィエト側の話によると、ローズヴェルトの眠りを妨げないように蛙はぜんぶ退治されたという)。

さて、その最後の日の午前、ローズヴェルトは郵便物を片づけた後、スターリンがやったのと同じように、もっと個人的に彼と話をすることに決めた。ローズヴェルトは信じていた――もし自分がスターリンの心を開かせ、心を通わせることができれば、スターリンは自分を信頼するかもしれない。国家の権限抑制の受諾を含む自分の計画をスターリンに受け入れさせるには、あの親密さが必要だとローズヴェルトは感じた。ローズヴェルトが構想する、平和を強制し無法国家を威圧する能力を持つ国際連合は、その構成メンバーから権限を引き出すことになる。これが意味するのは、それぞれの国がある程度の権限を全体の機関へ委譲する必要があるということだった。権限委譲をスターリンに受け入れさせるのは難物になりそうだ。その協力が不十分ならば、計画は失敗ということになる。ローズヴェルトには国際連合創立へのスターリンの全面的協力が必要だった。ローズヴェルトはそれを得るために彼独特のやり方で取り組んだ。

この日、ローズヴェルトは最高に腹黒かった。彼には人々の心をもてあそぶ性向があった――そのためにケガをしなくて済んだのは、彼がひじょうに頭が切れ、人の性格の尋常ならざる判定者であったからである。彼は例えばダグラス・マッカーサー将軍をおもちゃにした。大統領は、彼を有能な将軍だが、足場を不安定にしておく必要のある危険なプリマドンナだと見ていた。マッカーサーの伝記作家ウィリアム・マンチェスターが指摘しているように、ローズヴェルトは将軍を困惑させることと丸め込むことを一度にやった。ローズヴェルトは、将軍を国内で最も危険な人間の一人だと見ていると話したことがある。(もう一人は、一九三五年に暗殺されたルイジアナ州知事で無節操な扇動政治家だったヒューイ・ロング。これらの二人とも大統領選に出馬する可能性があるという事実で共通していた)。

マッカーサーは軍人として許しがたいことをした過去があった――命令に従わなかったのである。一九三二年の夏、ワシントン近郊に集まり家族とともにキャンプを張っていた、第一次世界大戦に従軍した文無しの兵士たち――いわゆる「ボーナス軍」を追い散らす命令を受けながら、それをする代わりに、マッカーサーは彼らの野営地に火をかけたのである。罪のない人たち――子供たち――が死んだ。大統領としてローズヴェルトは、その後も彼に将軍としての任務を与えていた。しかしその他の点では、彼を保守的政治思想の目安として扱っていた。

それから数年後のホワイトハウスの夕食会で、マッカーサーはローズヴェルトに尋ねた。「なぜなのですか、大統領。あなたは検討中の社会改革に関してしばしば私の意見を質される……それなのに軍事に関する私の意見にほとんど関心を示されないのは？[3]」。ローズヴェルトは答えた――マキャヴェリアン的な正直さで。「ダグラス、私がこれらの問題を持ち出すのは、君の助言が欲しいからではなく、君の反応を見るためなんだ……私にとって、君はアメリカ国民の良心の象徴なんだよ」。

ローズヴェルトはスターリンと会っている今、彼の慎みの殻を何とか破りたいと考え、自分の駆け引きの一つを発動した。後にフランシス・パーキンスに語ったところによると、ローズヴェルトは思い切った手が求められていると感じた。そうでなければ、「われわれがやっていることは外相たちにできたはずだった[4]」からである。

スターリンと個人的な関係をつくるためのローズヴェルトの作戦は、チャーチルを犠牲にするもので、最後の全体会談が始まる直前に開始された。チャーチルの機嫌はよくなかった。二人が会議室に入ったとき、「彼に話しておく時間が少しあった。『ウィンストン、これから私がやろうとしていることで君が感情を害さないことを願っているよ』」。チャーチルの反応は葉巻をくわえなおし、低いうなり声を上げることだった。

私は個人としてスターリンと話した。前に言わなかったことは何も話さなかった。しかしそれはまったく親しげで打ち解けているように見えたので、ほかのソ連人たちもわれわれ二人に耳を傾けたほどだった。それでもなおスターリンは笑顔を見せなかった。

そこで私は手をかざしてささやきを隠しながら言った（もちろん、これも通訳する必要があった）――「ウィンストンは今朝は虫の居どころが悪い。縁起の悪いことに、ベッドの反対側から起きちゃったんだ」。

うっすらとした笑みがスターリンの目の上を通過した。私は自分の路線が正しいことを確信した……私はチャーチルをからかい始めた――その英国人気質について、そのジョン・ブル〔典型的英国紳士〕らしさについて、彼の葉巻について、習慣について。これはスターリンに効き目があった。チャーチルは赤くなり、にらみつけた。そしてチャーチルがそうすればするほど、スターリンの笑みは大きくなった。とうとうスターリンは深い腹の底からの爆笑に転じた。私は三日間で初めて光を見た。スターリンが私と一緒に笑うまでこの作戦を続けた。私が彼を〝アンクル・ジョー〟と呼んだのはそうなってからだった。前日なら彼は私のことをなれなれしいと思っただろう。だがこの日の彼は笑って、近づいてきて、私の手を握った。

この瞬間からわれわれの関係は個人的なものになった。そしてスターリン自身も時折、機知に富んだ話に興じた。氷は割れ、われわれは人間らしく、兄弟のように話し合った。

ローズヴェルトのチャーチルいじめが間違いなく意図していたのは、ローズヴェルトが今やスターリンに対して、首相との関係と同じように気が置けず親密に感じているということを示すことだった。ほかのことはともかく、彼はスターリンの、そして確実に自分自身の気分を改善した。六月にリトヴィノフは報告していた――ローズヴェルトは「第二戦線を可及的速やかに、しかも西ヨーロッパにおける確実な開設の必要性を完全に確信している」、しかし彼は、「軍事顧問たちによって、とりわけチャーチルによってこの確信から徐々に離脱させられている……間違いを恐れずに言えば、こと軍事政策に関する限り、チャーチルがローズヴェルトを凌駕していると考えられる[5]」。

デイヴィスは大体同じころにローズヴェルトに語っていた――スターリンは、ローズヴェルトが

「ダーダネルス海峡を封鎖してロシアを封じ込め、ロシアに対抗的な勢力均衡を構築するという古典的な英国外交政策」を支持していると非難した、と。(6)

もしスターリンが依然としてローズヴェルトの外交政策目標について、あるいは彼がチャーチルに牛耳られているのではないかと疑念を持っているなら、ローズヴェルトはそれを解消したいと考えていた。

全体会談が始まった。ホプキンスとハリマンが大統領の両側に、イーデンと駐ソ英国大使のクラーク・カーがチャーチルの両側に座った。モロトフがスターリンと一緒に座った。ローズヴェルトが会談の口火を切り、トルコのイスメト・イノニュ大統領に参戦を説得するには何が必要になるかという問題を取り上げた。統合参謀本部とローズヴェルト自身は共に、トルコの参戦はあまりにも高くつくことになるので得策ではないと考えていた。その代償としてトルコには軍需物資と補給、とりわけオーヴァーロード作戦のためにすでに予定されている上陸用舟艇を提供しなければならなくなるだろう。しかしながらチャーチルは、それがオーヴァーロード作戦の妨げになることを知りながら、上陸用舟艇を提供されてやる気になったトルコなら、ロードス島攻撃を成功できると主張した。彼はロードス島を今もなお戦略的に重要だと考えていた。チャーチルは太平洋から上陸用舟艇を移すことを提案した。ホプキンスが、利用できる余分の上陸用舟艇はないと断言した。ローズヴェルトはどこかから上陸用舟艇を持ってくるのは「絶対に不可能だ」(7)と言った。スターリンは意見の違いを重要視しなかった。なぜならこの問題はすでに却下ずみだったからである。

討議はランチの間も続けられた。このランチはフィリピン人スタッフによりローズヴェルトの宿舎区画で用意された。

ローズヴェルトは次にフィンランド問題を取り上げた。一九三九年にスターリンがフィンランドを侵略したとき、彼はこれに激怒し、ある手紙の中でこの侵略を「忌まわしい強姦(8)」と呼んでいた。侵略直後のある閣議でローズヴェルトは、補給品または武器弾薬を一切ソ連に送ってはならないと命令した。それ以降、事態はもちろん一変していた。今やフィンランド軍部隊はレニングラードを包囲するドイツ軍の一翼を担っていた。ローズヴェルトは、スターリンの頭の中にあることを自分は知っていると考えていた。一九四二年六月にリトヴィノフがホプキンスに、スターリンは戦後のフィンランドに手を出さないことを決めたと語っていたからである。ローズヴェルトは、リトヴィノフがスターリンの考えを正確に伝えたことを願っていた。しかし、それを頼りにはしていなかった。彼はあらゆる事態に備えていた。ニューヨーク大司教のスペルマン枢機卿への手紙に、憂鬱そうに書いたように、ローズヴェルトは九月には、スターリンがポーランド、バルト三国、ベッサラビア〔ほぼ現在のモルドヴァ共和国〕、そしてフィンランドを要求する十分な可能性があると考えていた。「それならこれらを潔く与えたほうがいい……このことでわれわれに何ができよう？　一〇年か二〇年かするうちに……『ヨーロッパの影響がロシア人たちに野蛮さを減じさせるようになるだろう(9)』」。

今、スターリンは大統領を安心させた。彼はフィンランドを批判することから始め、フィンランド軍の二一個師団がソヴィエト戦線で戦っており、レニングラードがすでに二七ヵ月間包囲下にあること、フィンランド軍部隊がドイツ軍と協力していることを指摘した。しかし次に彼は、ソ連はフィンランドの独立に関して「何の計画も持っていない」と述べた。ローズヴェルトは大いに満足したに違いない。

討議は次いでフィンランドにおけるソ連の領土的要求の細目に移った。スターリンはフィンランド沿岸南部のハンコ港または極北部のペチェンガ港のうちの一つを希望すると言った。「もしハンコの割譲が難しければ、私は喜んでペチェンガをとるつもりだ」[10]。ローズヴェルトはほっとして、反対しなかった。「公正な交換だ」と大統領は自分から言った。

会談は一時休止した。

ローズヴェルトはスターリンに最後にもう一度、チャーチル抜きで会うことを求めた。

スターリンはモロトフを伴い、午後三時二〇分にローズヴェルトの宿舎区画を訪ねた。大統領にはハリマンが同席した。

例によって、ローズヴェルトが討議事項を設定した。スターリンと向かい合って座ったとき、彼の頭の中には二つのテーマがあった。第一はポーランドである。

ローズヴェルトは、ポーランドが平和であり、その制度が維持される限りにおいてはソ連のポーランド支配を受け入れる用意をしていた。米国は英国と共にロンドンのポーランド亡命政府を公式政府として立て直したにもかかわらず、ローズヴェルトにはポーランド亡命政府に対する熱意が明らかに欠けていた。彼の考えでは、政治家グループとしての亡命政府は自国を代表しておらず、その願望において非現実的であり、さらにもっと重要なことだが、強硬な反ソ派だった。ローズヴェルトはテヘランへ発つ直前、エレノア・ローズヴェルトの若い英国人の友人に自分の気持ちをぶつけて、こう語っていた――「私はこの人たちにはうんざりしている。ポーランド大使が少し前にこの問題について私に会いにきた[11]」。それから彼はソ連との交渉で支援を要請した大使の口真似をして見せ、話を続けた。「私は言った〔大使に〕。彼らがその問題のためにあなた方を、あるいはわれわれを喜ばせるためにすぐに立ち止まると思いますか？　あなたはわれわれと英国がジョー・スターリンに宣戦すると期待しているのですか、彼らがあなた方の大切な国境を越えたならば」。

ハリマンもまたポーランド亡命政府について重大な懸念を持っていた。彼は亡命政府を貴族たちのグループと呼んでいた——米英が彼らの地位と広大な所有地を回復し、この世紀の初期にポーランドに存在した封建主義的制度を強化してくれることを期待しているグループだと。

今、ローズヴェルトはスターリンと話しながら、これらの問題は何も持ち出さなかった。彼が明確にしたのは、自分はポーランドの将来を次の大統領選挙のレンズを通して見ているということだった。もし戦争が一九四四年も続いているなら、自分は四期目を目指して出馬するだろう。そしてもし出馬すれば（そのことはまだ公表していないが）、ポーランド系米国人の六〇〇万ないし七〇〇万票が必要になる。（指摘しておくべきだが、ローズヴェルトは米国内のポーランド系人口を著しく誇張した。一九四〇年の米国人口調査によれば、米国内の本国生まれのポーランド人は一〇〇万弱、ポーランド系市民は二〇〇万弱だった）。さらにローズヴェルトは明確に示した——ポーランド人票が必要なので自分はポーランド国境に関するいかなる論議にも参加するつもりはない、しかし、ポーランド東部国境を西へ移動させ、西部国境をオーデル川まで移動させるべきだというスターリンの考えには賛成だと。そのような西への国境移動は、ソ連がポーランド領土に関して望んでいるもの——回復したロシア領——をソ連に与え、ドイツの領土を減らしてポーランド領を拡大するという問題を一挙に解決するだろう。

スターリンは答えた——大統領から説明があったので、自分は了解したと。

ローズヴェルトは次にソ連とバルト海の間にあるバルト三国——リトアニア、ラトヴィア、エストニアを議題として出した。これらの国はボリシェヴィキ革命中にドイツ軍が占領し、第一次世界大戦の結果として解放されて独立するまでロシアの県だった。そして一九三九年には国際連盟に加盟を認められた。一九四〇年にスターリンは赤軍を送り込み、力ずくで三国を奪った——スターリンの目からは、三国を回復したのだった。当時、ローズヴェルトはこの行動に激怒し、サムナー・ウェルズにモスクワの「露骨な野蛮行為[12]」への不満を述べた。「彼〔大統領〕はソヴィエト政府が外交関係を続けることに価値を見出しているのかどうか本当に疑問に思っている」。ローズヴェルトの怒りはすさまじく、ほとんど外交関係を断絶し、すべてのソヴィエト領事館を閉鎖し、ついにはソ連資産の凍結という思い切った措置をとった。もちろん、ヒトラーの侵略が他のすべての留意事項を消し去り、直ちに良好な関係が回復された。

ローズヴェルトは今もなお、バルト三国は解放されるべきだと考えていた。この年の三月、彼はアンソニー・イーデンに、自分はバルト三国をロシアに戻す考えを好まない、ソ連は「それを言い張ったら国際世論の多くを」失うだろう、そして「前の住民投票は多分いかさまだったろう」と語っていた。十月にローズヴェルトはハルに対して、自分は高い道徳性を根拠にしてスターリンに訴え、彼にこう指摘するつもりだと語った――もしソ連が戦争終結から二年後にラトヴィア、リトアニア、エストニアで住民投票を実施することに同意するなら、これは世界におけるソ連の立場から見て、望ましいことになるだろうと。しかし、十一月が近づくころまでには、ローズヴェルトの立場はあきらめと許容へと変化していた。「あのバルト三国はすべてソ連のものだと言っていいくらいだ[13]」と、エレノアの友人のマイルズ中尉に語った。

ローズヴェルトは今、細心の注意を払いながらこの問題にとりかかった。ボーレンが冗談めかしたやり方と表現した態度で大統領は言った――アメリカにはリトアニア人、ラトヴィア人、エストニア人（彼らも投票権を持っている）がいるけれども、「ソヴィエト軍がこれらの地域を再占領したとき、自分はそのことでソ連と戦争を始めるつもりはなかった」。これは決して冗談にできる問題ではなかったから、ローズヴェルトはこのような問題でスターリンに譲らねばならないことに気づまりで、完全に当惑していたのだとわれわれは結論すべきだろう。ローズヴェルトは一歩退いて、体裁の重要性を説明し、スターリンに米国における世論の役割について語った――これら三国のための住民投票と自決権の問題は大きな問題になるだろう、そして「世界世論は住民による意志の多少の表現を求めるだろう、多分ソヴィエト軍の再占領直後ではなく、将来のいつかの日に[14]」。

スターリンはすでに、ローズヴェルトがバルト三国の地位について痛切に感じていないこと、大統領に関心があるのは体裁だということを知っていた。というのは、リトヴィノフがその年の夏にそのことを正確に彼に語っていたからである――「米国は、バルト三国問題あるいはわれわれとポーランドとの間の論議を呼んでいる国境に対して、いささかの経済的あるいは外交政策的関心も持っていない……［しかしながら］ローズヴェルトは、来るべき大統領選挙キャンペーンでは米国のカトリック教徒はもちろんのこと、バルト三国系とポーランド系の票を得るべく努めねばならない。そしてこの理由のために、われわれの要求を公然と支持するのを嫌がっている[15]」。

それゆえ、スターリンはローズヴェルトに立ち向かったとき、自分が堅固な地盤に立っていることを知っていた。スターリンは述べた――三国は最後のロシア皇帝〔ニコライ二世〕のもとで自治を持っていなかったが、当時は誰も世論の問題を提起しなかった。自分には今なぜこの問題が提起されているのか分からない、と。そして、いかなる形態の国際的な管理にも自分は反対するだろうと付け加えた。彼は宣伝のための多少の作業が実施されることを示唆した。

ローズヴェルトはさらに押した。「元帥が言及した将来の選挙に関して何か公の宣言がなされることが可能なら、これは自分にとって個人的に助けとなるだろう[16]」と、彼は言った。

スターリンは答えた――「そのような住民の意志表明のための機会はこれから沢山あるだろう」。

言うまでもないが、ローズヴェルトから見れば、スターリンにはバルト三国を支配する権利は皆無だった。しかしローズヴェルトは、英国のインド支配権の問題に関してチャーチルとの間で同じような問題を抱えていた。ローズヴェルトは英国に強く要求して、カナダのような独自の国家として、インドに一九四二年一月一日に連合国共同宣言に署名させようとした。チャーチルの念頭には全然なかった考えである。（「チャーチルは瞬時にそれに反対し、それから肩をすくめ、思い直した[17]」と、ローズヴェルトは観察している〔インドも署名した〕）。しかしチャーチルは、英国のインド支配の手を緩めることに関しては少しも前進していなかった。インド人が今にも反乱を起こしかけており、英国の政策が数百万インド人の餓死を引き起こしていたにもかかわらず、である。どちらのケースでもローズヴェルトは同じように痛感したことだが、自分が越えることのできない一点があった。もし今、自分がスターリンにさらに圧力をかけたら、二人の関係を実質的に台無しにするかもしれないことをローズヴェルトは知っていた。

ローズヴェルトは話を国際連合に戻した。性格と形態において真に国際的な機構の創立という自分の構想にスターリンを転向させることで頭が一杯だった。ローズヴェルトは地域的ブロックが機能しないことを痛感していた。一九四二年にワシントンで彼がモロトフにこの問題を切り出したとき、スターリンはモロトフに地域的ブロックを擁護するように命令していた。彼はまだこの概念に恋々としていた。チャーチルも勢力範囲別にまとめた機構をひいきしていた。いまローズヴェルトは、自分の世界規模の組織計画の正しさをスターリンに穏やかに納得させようとして言った――自分は「この問題をここでチャーチル氏と検討するのは時期尚早だと感じている[18]」。

ローズヴェルトは説明した。国連は一本の傘の下の三つの別々の機関になるだろう。すなわち、第一に、全加盟国による大きな総会。第二に、非軍事的問題を処理するソ連、米国、英国、中国、追加の欧州二ヵ国、南米一ヵ国、中東一ヵ国、極東一ヵ国、そして英国自治領一ヵ国によって構成される執行委員会。第三に、四人の警察官である。

ローズヴェルトは戦後に世界の治安を維持する四大国、すなわち米国、英国、ソ連、中国を「特別に」強調し、「これはまだほんの構想で、正確な形態はさらなる研究を要するだろう[19]」と付け加えた。ローズヴェルトが示唆していたのは、自分がスターリンからの応援を必要としているということだった。しかしまた、自分とスターリン、米国とソ連が最も強力な二大警察官になるということも示唆していた。

かつてローズヴェルトは、労働者の年間賃金の問題をヘンリー・フォードと議論しようと試みたことがあった。ローズヴェルトはどのようにしてフォードをじりじりとこのテーマに近づけていったかを描写している[20]。ローズヴェルトは後退した。自分が何に話を持っていこうとしているのかフォードに気づかれたときには、ローズヴェルトは後退した。次にローズヴェルトが別の角度からフォードをその話に持っていこうとすると、フォードが後退した。ローズヴェルトは言った――自分は彼をその話題に持っていこうとしながらランチの丸々一時間を「アンクル・ヘンリー」（彼はそう呼んでいた）とチェスを指しながら過ごしたようなものだ、と。だが、「どうしても彼をその話まで連れていけなかった」。今、ローズヴェルトはスターリンを相手に同じことをしていた。しかし、結果のほうは悪くなかった。

ローズヴェルトの論拠は、そのように構成された機構ならば、世界に平和を強制する絶好の機会を持つだろうということだった。スターリンは耳を傾けながら、明らかにその結果を理解したようだった。

モロトフが理解したことは確実だった。珍しいことに彼は口をはさんで、モスクワ会談で彼らが四大国の優越性の継続、「指導的役割」を確実にする討議をすることに合意していたことを指摘した。

スターリンは答えた――「大統領が輪郭を描いた世界機構の問題を熟考した結果、それが地域的なものでなく、世界規模のものになるという大統領に賛成することにした[21]」。

二人の会談はそれをもって終わった。

この会談に同席したハリマンによると、ローズヴェルトはスターリンのこの発言に「とてつもない」励ましを受けた。サムナー・ウェルズの観察によれば、ローズヴェルトにとって、国際連合とそこでのソ連の地位を正当なものにするよりも重要なことはなかった。「フランクリン・ローズヴェルトにとって、ソヴィエト連邦との確固たる協定は将来の平和のために欠くべからざる基礎だった」のである。バルト三国をソ連に譲ることは、平和な戦後世界のために払うべき代償としてはわずかだった。とりわけ、この問題ではじたばたせずに優雅に譲渡に同意するか、あるいはじたばたした挙句に不様に同意するかの二つの選択肢しかなかったから、なおさらだった。

スターリンもまた、この会談の主旨に勇気づけられた。自分はソヴィエト連邦を新しい未知のコースに、レーニンですら思い描くことができなかったようなコースに進ませようとしているのだと信じた。後に彼はユーゴスラヴィアのある共産主義者にこう語ることになる――レーニンは、「全員がわれわれを攻撃しようとするだろう……ブルジョアジーのあるグループがわれわれに敵対し、別のグループがわれわれに協力するということがあるとしても」と信じていた。しかし、「レーニンはブルジョアジーの一翼と同盟することが可能だとは信じていなかった。だが、われわれはそれをやってのけた」と。

午後六時、最後の会談のためにローズヴェルト、スターリン、チャーチルは会議室の緑のベーズを張ったテーブルを囲んで絹張りの肘掛け椅子に座った。上階のバルコニーではソヴィエトの警備要員たちが警戒にあたっていた。ローズヴェルトが最後の全体会談の口火を切り、あと二つ討議すべき問題がある、それはポーランド問題とドイツの処分だと述べた。

しかしながら、次にモロトフが発言し、それまで出ていなかった問題について述べた。鹵獲されたイタリア船団の一部を受け取りたいというソ連の期待である。イタリア船団は多数の商船とより少数の軍艦で構成されていた。ソ連はこれらの艦船を必要としており、「戦争終結まで共同の大義のために[22]」すぐに利用できる、戦後になればそれらを分配することができる、とモロトフは語った。スターリンは、ソヴィエトの要請は穏当なものだと感じていると述べた。チャーチルは、イタリア艦船の中にある武器弾薬の可能性を示唆し、もし船が突然ソ連に渡されたら、船の自沈につながることもあり得ると語った。短い討議のあと、ソ連が「一月の末あたりに[23]」船舶を受け取るということで合意された。

それからローズヴェルトは話をポーランドに転じた。ソヴィエト政府はロンドンのポーランド亡命政府と今年の四月に関係を断絶していた。それは後者が、一九四〇年にソ連が捕虜のポーランド軍将校数千人を殺害したというドイツの告発を調査しようとしたときのことである。この告発は真実であったから、これは問題の多い状況だった。後に明らかになったところでは、この二国間の何世紀にもわたる紛争の一端として、スターリンは親ドイツ派と見なされた将校たちの処刑に同意した。そして将校たちはスモレンスク近郊のカティンの森の集団墓に埋められた。ローズヴェルトは、ソヴィエトが将校たちを処刑したという蓋然性にかかわることや、何らかの種類の調査に引き込まれることを拒否した。スターリンは彼の同盟者であり、調査は二人の関係を混乱させる以外の何物でもなかった。このような状況下で、有罪か無罪かの問題は見当はずれだったのである。彼はただ、ソヴィエト政府がポーランド亡命政権と関係を復活することへの自分の期待を言明しただけだった。というのは、そうなれば、紛争中の問題は「何らかの決定を促すだろう」からである。しかしながらスターリンは、「ドイツと密接につながっている」ポーランド亡命政府と、ソヴィエト政府が後押しするポーランド臨時政府の区別を続けていた。

これは膠着状態だった。チャーチルはそれほど対立のないポーランド国境問題に話を振った。スターリンは再び言った――ソ連は「ドイツにツケを払わせて[24]」ポーランドを再構成し、拡張することに賛成である。これはチャーチルとローズヴェルトが共に賛成する立場だった。カーゾン・ライン（その正確な位置はボーレンが差し出した地図の上で確認された）が、非公式に同意された。スターリンは赤鉛筆で地図に線を入れ、彼がポーランド領になると期待している一九四一年のソ連・ポーランド国境の東の地域とカーゾン・ラインの西の地域を示した。スターリンは、ソ連に東プロイセンのケーニヒスベルクとチルジットの両港が与えられるのであれば、自分はこの案を受け入れられると述べた。

ローズヴェルトは話をドイツに戻した。すなわち、彼の見るところでは、ドイツを分割すべきかどうかの問題である。

スターリンは、ソ連はドイツの分割を支持すると明確に答えた。

チャーチルは、ヨーロッパ大陸でソ連と対抗できる有望な大国としてドイツが復活することを当てにしていたので、こう言った――自分がより関心を持っているのは、「ドイツ軍国主義の邪悪な中核[25]」たるプロイセンが分離されることである、しかし、南部の諸州はドナウ連邦の一部になることができるだろう。

そこでローズヴェルトはドイツを次の五つの自治区域に分ける自分の計画を披露した――（1）可能な限り弱小にされたプロイセン、（2）ハノーヴァーと北西区域、（3）ザクセンとライプチヒ、（4）ヘッセン・ダルムシュタット、（5）バイエルン、バーデン、ヴュルテンベルク。キール運河とハンブルク、ルールとザールは連合国の管理下に置くこととする。

スターリンは、チャーチル案よりもローズヴェルト案のほうがドイツに厳しいのでこちらを好んだが、どちらの案も十分ではないと考えた。スターリンは言った――ドイツ再統合の動きを無力化することが「どのような国際機構であろうと、その」仕事になるだろう、そして、戦勝諸国は「ドイツ人が新たな戦争への道に踏み出したら彼らを打ち破る力を持たねばならない[26]」と。この発言はチャーチルから根深いスターリン不信を映し出す質問を誘発した――「スターリン元帥は、小国で構成された、分離され、ばらばらになった、弱いヨーロッパを期待しておられるのか[27]」。スターリンは答えた――ヨーロッパではない。ドイツだけのことだ、と。

チャーチルはスターリンを信じなかった。スターリンが西欧を弱体化し、多分占領することを狙っていると彼は確信していた。チャーチルはその月の間にアンソニー・イーデンにこう書くことになる。「私はあらゆる手を尽くして自身をこれらの共産主義指導者たちと協調させようと試みたが、彼らに対していささかの信用も信頼も感じることができなかった[28]」。

これとは対照的にローズヴェルトは、この場合のスターリンの真の狙いが本人の言のようにドイツを弱体化し、残りの西欧はそのまま残すことだということを疑わなかった。実際のところ、ローズヴェルトは正しかった。スターリンは西欧に関しては軍事的計画をまったく持っていなかった。ドイツと日本の人種優越的な高言とは対照的に、スターリンはスラヴ人が世界を統治すべく運命づけられた支配者民族だと信じてはいなかった。彼が信じていたのは共産主義が将来の経済モデルであること、そして共産主義はより効率的な統治形態であるから、最終的には西側も共産主義を採択するだろうということだった。しかし、直近の課題はこの戦争に勝ち、ソ連の国境を守ることで、これはドイツを制御することを意味した。

ドイツの将来の問題がスターリンの念頭から離れることは決してなかった。モスクワに帰った後、彼はテヘラン会談のソ連側発言を念入りに編集し、自分の発言を振り返り、自分の手で直しを入れた。ソヴィエトの最終版記録では次のようになっている――「同志スターリンは、ドイツ弱体化の目標に関してソヴィエト政府はその分割のほうを選ぶと言明した。同志スターリンはローズヴェルトの計画に肯定的な態度を示したが、ドイツが分割される国の数をあらかじめ規定することはしなかった。彼は、ドイツ分割後にドナウ連邦のような持続不能な新たな国を創立するというチャーチルの計画に反対した[29]」。

今、議論が少し下火になったところで、ローズヴェルトはドイツ分割の議論の最中としてはとても中立的とは言えない情報を差しはさんだ――ドイツが一〇七の地域からなっていた時代には、ドイツは文明に対してさして危険ではなかった、と。チャーチルは、自分は「より大きな単位を願っている」と答えるにとどめた。

会談が終わりに近づいたころ、チャーチルがポーランド国境問題はきちんと決められるべきだと述べたのに対し、スターリンが改めて断言した――もしソ連に、ネマン川の左岸に沿って伸び、チルジットとケーニヒスベルクを含む東プロイセン北部が与えられるならば、自分はカーゾン・ラインをポーランド・ソヴィエト国境として受け入れるだろう、と。

彼らは夕食会でまた会うことにして、散会した。ローズヴェルトが夕食会を主催することを申し出た。自分の手際のいいフィリピン人スタッフに任せれば、さっさとその準備ができることを知っていたからである。スターリンとチャーチルは同意した。

この最後の夕食会で、彼らの成果を発表するテヘラン宣言〔三大国宣言〕の最終草案が閲読のために提出された。ローズヴェルトが固執して、ハーリーが起草したイランに関する宣言案も提出された。後者は連合国の大義に対するテヘランの貢献と、その将来の独立の権利を認めていた。三首脳は文書を検討した。

スターリンは数週間前のモスクワ会談で、対イラン政策に関していかなる声明を出すことにも反対していた。今、イラン自身によってそのような提案が出されことであり、加えて大統領からの個人的な要請もあったので、スターリンは考えを変え、ほかならぬそのような声明に賛成したのである。

すべての議論と変更はスターリンにとって明らかに負担になっていた。この最後の夕食会が終わりに近づいたころ、ボーレンは彼が疲れ切っているように見えるのに目を留めた。スターリンがこれらの文書の一つのロシア語訳を読んでいるとき、ボーレンはローズヴェルトのメッセージを持って後ろから足早に彼に接近した。スターリンは振り返って、苛ついてきつい口調で言った。「後生だからこの仕事を済まさせてくれ[30]」。それがボーレンだと分かると、「初めて、そしてただ一度だけ、彼はきまり悪そうな表情をした」。

イランに関する宣言への署名は、スターリンのローズヴェルトへの信頼を垣間見せていて興味深い。三首脳が署名すべき公式テキストは英語でしか用意されていなかった。ハリマンはそれをスターリンに渡し、翻訳を希望するかどうか尋ねた。スターリンは、それは必要ないと述べ、パヴロフにそれを口頭で訳すように求めた。パヴロフの翻訳を聴いたあと、ハリマンによれば、「私とボーレン氏がいる前で、彼は言った——宣言を承認する」、そして、時間がないから英語のテキストに署名するのに同意しよう、と。しかし、彼はチャーチルが最初に署名すべきだと主張した。そして、二番目もだめだと。「彼は大統領のあとにそうすると言った。そこで私は宣言を大統領のところへ持っていき、大統領が署名した。そのあと、すぐにスターリンが宣言に署名した」。〔しかし、現在、ネット上で参照できるこの宣言のテキスト（英語、ロシア語とも）では、署名はチャーチル、スターリン、ローズヴェルトの順に並んでいる〕。

チャーチルとスターリンがともかくもこの宣言に署名したことは、イラン人たちに将来の希望を与えたに違いない。なぜなら宣言は英国とソ連が何年も無視していた「イランの独立、主権、領土保全の維持」を標榜していたからである。英国とソ連が一九四一年八月、ドイツのソ連侵攻作戦「バルバロッサ」開始から二ヵ月後にイランへ進駐した際、皇帝はローズヴェルトに電報を送り、助けを求めた。ローズヴェルトはこの侵略が既成事実になるまで待ってから、皇帝をなだめた――これは戦時の一時的な措置であり、ヒトラーによるイラン占領を未然に防ぐために計画されたものであるという趣旨の声明によって。大統領はしかる後に英国とソ連に対して、両国はヒトラーの敗北後に撤退するとの声明を出すように圧力をかけた（そして両国は実際にそういう声明を出した）。これによりイランは自由に使えるレンドリースを受ける適格国になった。イランは今や経済的支援はもちろんのこと、行政的な支援も米国に頼っていた。大統領は皇帝から贈られた感謝のカーペットをテヘランから持ち帰り、自分の書斎に敷いた。

夕食会は一〇時三〇分きっかりに終わった。その時までにこの夜は寒くなっていた。ローズヴェルトは車椅子を押されて玄関ポーチへ行き、車に乗せられた。大統領は間違いなく来たときと同じようにしてテヘランを去った――目立たないリムジンで、目立たないジープに先導されて。大統領の行く先はテヘラン郊外の砂漠の中にあるキャンプ・アミラバードである。ここにはペルシア湾軍管区の米軍部隊が宿営していた。大統領とホプキンスはその夜をここでドナルド・コノリー将軍（ホプキンスの旧友）の客として過ごした。

この最終日について、ローズヴェルトは日記にこう書いた。「会談は順調に進んだ――もっとも軍事計画ではソ連側に同調しなければならないことが分かった。今日の午前になって英国も賛成したので、大いに安堵した」[31]。

翌朝、ローズヴェルトは砂漠のキャンプを回り、日焼けした隊員たちと野戦病院の兵士たちに激励の演説をした――

私はスターリン元帥、チャーチル氏とこの四日間会談をして――それもひじょうに成功裏に――三ヵ国の協力のために軍事計画を練りました。これはできる限り迅速に戦争に勝つことを目指すものです……

別の目的は戦後の世界の状況について話し合うこと――すなわち、戦争が必要でなくなったときの、われわれとわれわれの子供たちのための世界を計画しようと試みることでした。われわれはこのことにおいても大きな前進をしたのです。

ローズヴェルトが兵士たちに演説していたのと大体同じころ、ソ連大使館ではワレンチン・ベレシコフ通訳がローズヴェルトのきわめて印象的な出立（てっきりそうだと彼は思った）を目撃した。ベレシコフは書いている――黒のケープと帽子を身に着け、鼻眼鏡をかけ、ロングホルダーで煙草を吸いながら、「彼」（多分、前回と同じ大統領護衛官）は待っていたジープに乗せられた。車が動き始めると、四名の刑事が歩み板に飛び乗り、二名が上着からサブ・マシンガンを取り出して車のフロント・ウイングに置いた。ベレシコフは非難めいた感想を書いている。「刑事たちが示した周到な示威行動は、悪人どもの関心を引き付けただけのように見えた(32)」。

スターリンとその関係者は午前中遅くにゲイレ・モルゲ飛行場へ車で向かった。そこには彼らをバクーまで運ぶ双発の旅客機二機が待っていた。スターリンは二番機で出発した。バクーに着くと、スターリンは瀟洒な元帥の軍装から普通の兵士用外套と階級章も何もない帽子に着替えた。すぐにリムジンの車列が空港に現れた。スターリンは二台目の車に乗り込み、運転手の隣に座った。後部座席には護衛が座った。車列は鉄道駅へ向かって疾走した。ここには長い客車を組み込んだスターリンの特別列車が待機していた。彼をモスクワまで運ぶのである。

スターリンは一度だけ途中下車して、スターリングラードの信じがたい廃虚を自分の目に収めた――かつて壁だったものの残骸、がれきの山、ぽつんと立っている煙突、黒焦げの地面。あばたのように開いている穴は地下室の跡で、そこに建物があったことを示していた。要するに、かつて繁栄していた都市の遺跡を目にしたのである。列車は四日目にモスクワに戻った。

スターリンは会談に満足していたに違いない。それは革命以来、彼が出席したソ連国外の最初の国際会議であった。一〇年前のローズヴェルトのソ連承認はスターリンの除け者政府を合法的政府に、国際社会の承認されたメンバーに変えた。今や彼は、世界の将来を討議する対等の人間としてローズヴェルト、チャーチルと同じテーブルに座ったのである。

そして彼は、一連の問題に関して自分と大統領の話が合うことを発見していた。これは予想もしていなかったことだった。自分と同じようにローズヴェルトは、ドイツの分割が必要であり、フランスはその植民地を奪われるべきであり、ポーランド国境はドイツから領土を取り上げる過程でほぼカーゾン・ラインまで西に動かされるべきだと考えていた。ローズヴェルトが構想する、四人の警察官に権限を持たせるという国際連合機関は、ソ連を世界の大国の一つにするだろう。それは結局、新たな世界秩序を意味していた。さらにその上に、オーヴァーロード作戦が現実のものとなりつつあった。

カイロに到着後、ローズヴェルトはスターリンに親密な二本の電報を送ってもてなしに感謝した――「会談は大成功だったと考える。そして戦争を共に遂行するだけでなく、来るべき平和のためにも最大限に一致して働くわれわれの能力を確信するうえで、会談は歴史的出来事だったと感じている。私はわれわれの個人的会談を大いに楽しんだ[33]」。

スターリンは返電して例になく開放的なメッセージを大統領に伝えた――「われわれの個人的な会談が多くの点できわめて重要であるというご指摘に同感である……今や、われわれの各国民が現在も戦後も共に協調して行動するだろうという確信がある……私はまた、テヘランでのわれわれの会談が最後のものと見なされることなく、われわれが再び会見することを希望する[34]」。

ローズヴェルトはスターリンに、オーヴァーロード作戦の最高司令官は三、四日以内に、あるいは自分とチャーチルがカイロに到着後すぐに決定すると語っていた。

マーシャルはカイロで自分が最高司令官に任命されるのを期待していたので、彼を推す一人であるスティムソン陸軍長官に、「恐らくもうすぐ指揮を執ることになる[35]」と金曜日に電信を送った。

アイクの名で知られるドワイト・デイヴィッド・アイゼンハワー将軍は、前年にマーシャルによって三六六名の士官を飛び越して北アフリカとイタリアで英米軍を指揮するために抜擢された。ローズヴェルトはかつて古戦場を視察しながらマーシャルと共に過ごしたとき、わざと気を持たせるようにあいまいな発言をした。「君も私も南北戦争の最後の数年間の参謀長が誰だったか知っている。でも、実際にはほかの人は誰も知らない……五〇年後にジョージ・マーシャルが何者だったか実際に誰も知らないなどと考えるのは嫌だね。私がジョージに大きな司令部を持ってもらいたいと願っている理由の一つはそのことだ――彼は偉大な将軍として歴史に自分の地位を確立する資格がある」。

ローズヴェルトはマーシャルを参謀総長に任命すると決めたとき、誰にも相談しなかった。今回はすべての人に意見を求めることにした。彼が相談した人の中にはパーシング将軍（第一次世界大戦の英雄）、リーヒ提督、キング提督、アーノルド将軍、ヘンリー・スティムソン、ハリー・ホプキンスがいた。最初の四人は競合する連合国軍のリーダーとしてのマーシャル将軍の有効性と、複雑な指揮の手綱さばきを大いに尊敬していたので、オーヴァーロード作戦の指揮をとらせずに現職に留めるべきだと考えた。他方、ホプキンスとスティムソンは彼にこの作戦の指揮をとらせたいと考えた。スターリンとチャーチルも同じだった。

ローズヴェルトは明言しなかったが、その考えには反対だった。スティムソンによれば、問題は結局、ローズヴェルトがマーシャルを参謀総長の地位に留任させたまま作戦司令官に任命し、ワシントンでの仕事には一時的に別の人間を呼びたいと考えていることだった——そうすれば、リーヒ、キングその他が抱いている懸念に対処できると。しかしマーシャルは、もし自分が作戦の指揮をとるなら、参謀総長を辞めると言い張った。参謀総長の地位は「その職に任命される人に公平を期して完全で永続的でなければならない」(36)というのがその理由だった。

ローズヴェルトは決定をマーシャルに押し付けることに決めた。彼はハリー・ホプキンスにその役を命じた。ホプキンスはカイロ到着の翌日、夕食前にマーシャルに会いに行った。マーシャルは書いている——ホプキンスは私に、

大統領は私の任命について少し懸念を持っていると言った……私が明確にしようと努めたのはただ、大統領がどのような決定をしようとも、自分はそれに全面的に従うだろうということだった……私は自分の意見を述べるのを断った。翌日、大統領は私を宿舎のコッテージに呼んだ……彼の質問に応えて、私はいつもの考えを述べた——自分で自分の能力を評価するつもりはありません、それをしなければならないのは大統領でしょうと。私がはっきりさせたかったのはただ、決定がどのようなものであれ、自分は全面的にそれに従うということだった……大統領はわれわ

れの会話を締めくくりながら言った。「君が国外に行ったら、私は夜もおちおち眠れないだろうという気分なのだ[37]」。

アイゼンハワーをオーヴァーロード作戦の司令官に選んだことをスターリンに伝えるローズヴェルトの電報は、通常どおりワシントンの「マップルーム」経由で発信された。電報はここで暗号化され、モスクワの米国大使館へ送られた。電報は大使館で復号され、改めてタイプされた。ハリマンは電報の重要性を理解し、ボーレンを連れて自分でクレムリンのモロトフに届けた。ボーレンを連れて行ったのは、メッセージをその場で翻訳できるようにするためである。モロトフはハリマンが聞いている前で、ニュースを知らせるためにスターリンに電話した。スターリンが電話を切ってからモロトフは受話器を置き、いくぶん堅苦しい口調でハリマンに披露した。「スターリン元帥はこの決定に満足しておられる。彼はアイゼンハワーを老練な将軍だと見ている。とりわけ大軍と上陸作戦の指揮にかけては」。

実際、スターリンはパズルの最後のピース――第二戦線の司令官――がようやく決まったことを大いに喜び、ローズヴェルトへの返信の文に自分で手を加えた。「私はアイゼンハワー将軍の任命を歓迎する[38]」。

ローズヴェルトの息子エリオットは書いている――カイロでの最後の夜、彼の父が話したがった唯一の話題は、国を留守にした一ヵ月間の最重要の成果――国際連合のことだった。「国民、連邦議会議員、社説担当記者たちは、連合国のことをただ戦争のためにだけ存在するものとして話している。われわれが連合しているのはただ戦争によって連合を余儀なくされているからだけなのだと言って、連合国をけなすのがすう勢になっている。だが、戦争は連合を余儀なくさせる真の強制力ではない。

平和こそが真の強制力なのだ。戦争のあと――その時こそ私は明確にすることができるだろう、連合国は実際に国際連合（ユナイテッド・ネーションズ）なのだと」[39]。

帰国の途上、大統領はペンをとってデイジー・スックリーに手紙を書いた――「旅はほぼ完全に満足できるものだった。とりわけ、ロシア人たちがそうだった」[40]。もう一つの満足は、旅の間に四四件の連邦議会法案が署名のためにローズヴェルトに提出されたことだった。彼はそのうちの二件に拒否権を行使した。すべての法案は既定の期間内に議会に返送された。大統領がチャーチルにオーヴァーロード作戦の延期を説得されてしまうのではないかとひやひやしていたスティムソンに会ったとき、ローズヴェルトはこう言った。「ほら、私は〝オーヴァーロード〟を道中無傷で持ち帰ったよ、実施するためにね」[41]。その結果、スティムソンは記者会見で、会談の議事録を読んで自分は達成されたことに感動していると語った。「もちろん、これらの決定の本質と詳細は公にできないが、スターリン首相とその随行者ヴォロシーロフ元帥の出席は会談の成功に力強く貢献したと言える。スターリン元帥の明晰な分析力と態度の公平さはいくつかの懸案の解決に大きく貢献した」。

スティムソンはほとんど常にローズヴェルトの決定に賛成した。しかし彼には大統領がどのようにして的確な決定に到達するのか見当もつかなかった。それはスティムソンの知的営みが論理的というよりもむしろ直観的だったからである。加えて、スティムソンは政治家ではなかった。彼にはローズヴェルトの人間操作の機微が理解できなかった。それゆえ、彼の日記はAからBに到達するローズヴェルトのプロセスに対する批判に満ちている。Bが通常、スティムソン本人が到達したいと望んでいた結果であったにもかかわらず、である。

スティムソンは、カイロとテヘランで行なわれた一部始終についての議事録を読んだ後、ローズヴェルトがチャーチルにそこまでやらせたのは、それがチャーチルの強い反ソ的先入観を暴露するという大統領の目的に合っていたからだという事実を見逃した。こうして、スティムソンは次のように書いた――

私はスターリン氏がそこにいたことに感謝する。私の意見では、彼が窮地を救った。彼は直接的で強力だった。そして首相の陽動攻撃の試みを、痛快な力強さで払いのけた。彼の到着時まで、わが方は不利な立場にあった。第一に、大統領の幾分いい加減な情勢把握のために。第二に、その全責任を負っているマーシャルが自分は利害関係者だと感じていて、自分は多少とも圏外にいるべきだと言って聞かなかったために。それゆえ、スターリンが参加する前の最初の会談は、議事録の示すところによれば、わが方が提案しているひじょうに強力な調整結果がまったくない、かなり落胆させるものだった。しかし、スターリンがヴォロシーロフ将軍を伴って参加すると、彼らは情勢を完全に変え、〝オーヴァーロード〟のために攻勢を開始した。彼らはフランス南部での助攻〔副次的攻撃〕に好意的態度を示したが、東地中海における陽動攻撃には強く反対した。最後はスターリンが勝ち、私はそれを喜んだ。(42)

日記に映し出されている、ローズヴェルトの無頓着さと見た目の方向喪失に対するスティムソンの心配は、大統領のために働いている人たちの間のかなり共通の愚痴だった。しかし当時、ローズヴェルトの心の見かけの気まぐれにいつも完全についていける者は皆無だったのである。

ハリマン大使が知ったところでは、会談に続いてソヴィエト政府は多大の努力を払って会談の結論の重要性を自国の一般労働者たちに説明し始めた。さもなければ彼らはソ連の新たな世界的役割とソ連の新たな同盟国について知らなかったかもしれない。ユーゴスラヴィア大使がハリマンに、「工場ではすべての作業班で集会が開かれ、〝政治宣伝員〟が宣言とその重要性を説明した。労働者たちは質問をするように促された」ことについて話した。

米国では市民グループが自分たちの熱狂ぶりを銘記してもらおうとローズヴェルトに手紙を送った。軍艦「ジョージ・ウッドワード」の乗組員は書いている――「われらが大統領であるあなたとウィンストン・チャーチル首相とスターリン首相が、ファシスト諸国を退治するために引き受けたとてつもない役割は……歴史の未来のページにおいて不朽の名声を与えられるでしょう」。全米電機・無線・機械労組第一五五支部はこう書いた。「われわれは迅速かつ決定的勝利をもたらす会談の決定を、喜びをもって歓迎する」。

テヘランにおける三巨頭の成果は米国中の新聞の第一面を飾った。

「連合国の第一の戦争目的、ドイツ軍撃滅のために企図された、三ヵ国により調整された多正面攻撃、そして戦後の平和機構は、今夜、テヘランでのローズヴェルト＝チャーチル＝スターリン会談のあと一歩近づいた」――ジェームズ・レストン記者は十二月六日のニューヨーク・タイムズ紙にこう書いている。この年の一月、タイム誌はスターリンを「今年の人」に選んでいた。もしスターリンがいなかったならば、「ヒトラーは誰もが認めるヨーロッパの指導者になっていただろう」と。タイム誌は今、スターリンについてこう書いた。「一九四二年十一月に冬季攻勢が始まって以来、彼は数十万のドイツ軍人の死体を乗り越えて、ソヴィエト軍を約八四万一七〇〇平方キロのロシアの廃虚奪回へと導いた。彼の影は東ヨーロッパと南ヨーロッパの上に長く広がった。しかしスターリンはもはや一九四二年にそうだったような孤独な勝者ではない。彼は今、他の諸大国との提携を求め、これを承認した」。

スターリンがチャーチルの夕食会の夜に米国製機械の威力について述べた意見は、ローズヴェルトが帰国する前から米国の新聞の見出しになっていた。「米国の工業生産にこれまで捧げられた恐らく最大の賛辞がスターリン首相の口から出た……乾杯のあいさつで……米国の機械がなければ連合国は決して戦争に勝てないだろうと」――ニューヨーク・タイムズ紙はパールハーバー三周年〔十二月七日〕の日にこう熱狂していた。

ソヴィエトの新聞は会談を広く、好意的に報道した。イズヴェスチヤ紙によれば、会談でなされた決定は「世界全体の運命にとって歴史的意義」を持っていた。プラウダ紙は「テヘラン宣言」を「勝利だけでなく長く安定した平和の前触れ」と呼んだ。細かいことにまで口を出すのが常習のスターリンは、「ソ連、米国、英国政府首脳の会談」というタス通信の見出しが気に入らなかったので、これを「三連合国指導者の会談」に変更した。

タス通信はまたロンドンのタイムズ紙の記事を紹介した。もっともこれはモロトフによりひどく手を入れられて、次のようになっていた――「この会談への道は三人の指導者にとって容易なものではなかった。しかし、三人は精神と彼らの目標において真の友人としてしばし別れた(43)」。

チェコスロヴァキア大統領のエドゥヴァルド・ベネシュ博士は、スターリンがテヘランから帰ったら彼と相互援助・防衛条約に署名するためにモスクワに滞在していた。大統領はハリマン大使に、スターリンは彼が前回の一九三五年に会った人物から「変身した」と語った。ハリマンはベネシュが受けた印象をワシントンへの電信で伝えた――

謙虚と落ち着きがソヴィエト人たちの以前の攻撃性と興奮性に取って代わった……ロシアの過去とつながった、国際革命のための基地ではなく、ロシア人のためのロシアという強力なナショナリズムが出現した。他国のボリシェヴィキ化は、方針として、国際問題に強力な国家として参加するという決断と置き換えられた。新たな関係に対する大きな満足がスターリンによって表明された。彼は大統領〔ローズヴェルト〕に大きな感銘を受けた。そして、もちろん細部においてではなく、取り組みの姿勢において、すべての問題に関して完全な合意がテヘランで大統領との間に達成されたと思う。

モスクワの米国大使館員たちは報告した――米国と英国に対する態度にほとんど「革命的な変化」が生じている、そして新聞はほぼ連日、採択された歴史的決定に言及している、と。タス通信は英国のロイター通信社の次の報道を大々的に伝えた――「スターリンの署名は、西と南からの軍事作戦における英米協力計画を彼が完全に承認したことを意味しており、戦争遂行に関して三大国間に不和の種をまきたいというドイツの望みにとどめを刺すものである」(44)。ハリマンは観察している――「米国、英国との新たな提携は、ソヴィエト政府の基本政策として国民の意識構造に織り込まれた」(45)。

スターリンは赤軍副最高司令官のゲオルギー・ジューコフ元帥にこう述べた。「ローズヴェルトは大規模な行動が一九四四年にフランスで開始されると約束した。私は彼がこの約束を守ると信じている」。もっとも、まったく彼らしい一言を付け加えた。「だが、もし彼が約束を破ったとしても、われわれにはナチス・ドイツの撃滅を完了させるのに十分な自国の軍隊がある」。

ローズヴェルトの約二万八〇〇〇キロにわたった旅はようやく十二月十六日に終わりに近づいた。チェサピーク湾でポトマック号がアイオワを出迎えた。その日、彼が日記に書いているように、「小さなポトマックが約一〇キロ先の河口に姿を現した。四時三〇分に私は同船に乗り移る……そして明日われわれは九時三〇分にワシントンのネイヴィーヤード〔海軍工廠〕に到着する。それから間もなくして私はホワイトハウスに着く。電話をかける。そして新版のオデュッセイアを終えるのである」。
ローズヴェルトはその日の午後遅く、ポトマックの船上でマップルーム当直士官、米国海軍予備中尉R・H・マイヤーズが届けた郵便ポーチの中身に目を通しているとき、実に興味深いものに出くわした。フランス沿岸部のドイツ軍築城に関する最新情報である。米国信号情報部（SIS）がこの見事な作戦を担当していた。一九四〇年にSISの暗号解読者たちは日本の外交暗号を解読した。米国情報機関はそれ以来、日本の外交通信文書を読んでいた。中でもとりわけ重要だったのが、ドイツ駐在の大島浩大使が送った電報である。大島はアドルフ・ヒトラーや彼の側近のさまざまなメンバーと友人であり、ベルリンで耳にしたすべてのことを用心深く故国へ送信していた。大島は陸軍大臣の息子で、陸軍大学卒業生であり、日本軍部の対ソ戦参加を望んでおり、ドイツの戦争計画と軍事作戦について自分が知ったことを定期的に東京へ打電していた。

大島が送った詳細な情報は日本語コードで送信された。米国の暗号解読者たちはこのコードに「パープル」というコードネームを付けたが、一般には「マジック」という名で呼ばれるのが通例だった。このコードを解読したアーリントン・ホール（ヴァージニア州）のSISチームの責任者は、頭脳明晰な元学校教師フランク・B・ロウレットだった。彼のチームは一八ヵ月の奮闘の末に日本の機械式暗号の解読に成功した。これは長い時間のように見えたが、それでもロウレットの上司、SIS部長ジョセフ・モーボーン少将はロウレットとそのチームがとにかく成功したことに大きな感銘を受け、このグループのことを「マジシャン」〔魔術師〕と呼び始めた。その結果、この解読は「マジック」のコードネームで知られるようになった。

大島の電報をつうじて情報の宝庫が開かれた。大島が内情に通じていたのはドイツ軍最高司令部から聞いた最新のドイツ戦争計画だけではなかった。彼は頻繁にドイツ軍の軍事施設を視察し、自分が知ったすべてのことを本国政府に報告していた。マーシャル将軍は、ヒトラーの計画を知るための自分の主要情報源の一つとして大島レポートに頼っていた。

ローズヴェルトと連合軍の目的にとって幸運なことに、大島大使は十月にフランス海岸のドイツ軍防御施設を視察し、ゲルト・フォン・ルントシュテット元帥や他のドイツ軍高級将校と防御準備を議論していた。そして東京の上司に情報を書き送った——沿岸防御にかかわっているドイツ軍すべての戦闘序列、オランダからフランス地中海沿岸までのドイツ軍防御施設の詳細について。大使はそれをすべて送った。

電文は数ページにわたっていた。その一節はこう始まっていた——

> フランス沿岸のすべての築城は海岸にひじょうに近く、ドイツ軍が可能な限り水際近くで敵上陸の試みを撃破しようと計画していることがまったく明白である……最小の築城ですらも独立してひじょうに長期間持ちこたえられるように金がかけられている……この全体的体系は仏独国境背後のジークフリート線〔西の壁〕で認められる防御に似ているが、「大西洋の壁」〔海岸防衛線〕の質ははるかにすぐれている……ドーヴァー海峡地区がドイツ軍の築城体系と部隊配置において最重視されている。そしてノルマンディーとブルターニュがそれに次ぐ。[46]

ローズヴェルトは詳細な電文を読み、統合参謀本部に回送した。それはまさに彼らが必要としているものだった。

最新情報を持っていることは、信じられないような戦略的、心理的な利点だった。それは事実上、オーヴァーロード作戦の成功を保証していた。もしローズヴェルトがテヘランでこの情報を持っていたならば、チャーチルの否定的な感情を取り除くのに苦労しなくて済んだだろう。しかし、それでもなお、このような情報をとにかく持ち、確信をもって計画を立てられることは、連合国の大義にとって大勝利だった。チャーチルにも大島資料を読む機会が与えられ、オーヴァーロード作戦の成功をより楽観的に見なすようになった。

郵便ポーチにはまた、チャーチルから大統領に、自分がいまカルタゴにいて、病気だと知らせる通信も入っていた。ローズヴェルトはすぐに返事を出した――「肺炎だということで心を痛めています。ハリー〔ホプキンス〕と私は共にあなたが元気になり、病をすぐに払いのけることを切に願っています。私はアイオワを下船したところで、ポトマック川をさかのぼっている最中です[47]」。

翌朝、ポトマック号はクアンティコに入港した。ローズヴェルトが九時三五分にホワイトハウスに現れると、全閣僚とニューディール関連連邦機関のほとんどのトップたち、民主党連邦議会指導者と少数の共和党関係者に迎えられた。彼らはみな外交使節接見室で待っていた。

ローズヴェルトはグレーのスーツ、セーター、格子縞のシャツという服装だった。大統領は大勢の人たちを目にして、「これを知っていれば、もっとましな服装をしたのに」と冗談を飛ばした。「私は大統領があの朝以上に満足して上機嫌そうにしているのを見た記憶がない[48]」と、スピーチライターであり、よき友人として伝記を書いたサム・ローゼンマンは回想している。「彼は自分がそのために出かけた目的――ソ連を平和維持のための厄介な機構において西側諸国との協力に引き入れること――を成就したと深く信じていた。そして喜んでいた……彼はまさに賞を獲って帰ってきたチャンピオンだった」。

ローズヴェルトは自分の第一番の仕事として議会指導者たちと会談した。大統領は自分の予定を彼らと討議した――彼はアメリカ国民への報告となる大きな演説を計画していた。当然のことながら、議会指導者たちは大統領が連邦議会の上下両院合同会議で報告することを提案した。メディア利用の意識が高く、米国だけでなく世界が自分に耳を傾けてくれることを十分に認識していたローズヴェルトは、自分の戦後世界構想への支持を集めることを望んでいたので、この提案に確答しなかった。正午までにローズヴェルトが下した決定は、議会では演説せずに、ラジオの炉辺談話の形でスピーチすることによって最大限の支持勢力を得るというものだった。

しかし、それには少し計画を練る必要があった。彼には関心と支持を生み出すためにすぐにでも記者会見を開くことが可能だったが、その日遅くになってから行なった。記者たちの前に現れるまでに、彼はグレーのツイードスーツ、グリーンのネクタイ、白のワイシャツに着替えていた。総勢一〇〇人を超すジャーナリストがオーヴァルオフィス〔執務室〕の大統領のデスクの周囲をびっしりと取り囲むと、ローズヴェルトはこういう言葉で発言を始めた――「これからの議論は戦後のために明確な、ひじょうに有益な効果を持つだろうと希望している。それはわれわれがこの戦争に勝ったときには、この世代が生きている間は新たな戦争をしたくないという一般的な考えに基づいている」。

彼は「いつもの長いホルダーで」たばこを吸っていた、とあるジャーナリストは書いている。

スターリンのことをどう思っているかと尋ねられて、ローズヴェルトは答えた。「彼は私に似ているところがあると言おう。彼は現実主義者だ」。

この世代での新たな戦争を防止したいという大統領の願いをスターリンは共有しているかと質問されると、ローズヴェルトは答えた。「もちろんだ。その目標を望む人々がそれを支援するならば」。

メイン州の新聞数紙の特派員をしているメイ・クレイグに、スターリンについて何かもっと話せることがあるかと問われて、ローズヴェルトは答えた――「メイ、私はゴシップ欄は書かないよ」。これはかなりの笑いをとった。

記者会見は軽い話で終わった。一人の記者が大統領に、夕食会での乾杯のすべてにどうやって耐えたのかと尋ねた。ローズヴェルトは答えた。「われわれはロシア式の夕食をする宴会を一回持った。ひじょうに結構な夕食会だった。ロシア式は数多くの乾杯を意味する。私は乾杯を三六五回まで数えた。そしてわれわれは全員酔っぱらわないで散会した。君たちがやってみれば、どうなるか、注目に値する」。

ローズヴェルトは自分の「最終弁論」をクリスマスの午後、炉辺談話として行なうことを選択した。そうすることで彼は目標（恒久平和）とクリスマスの自然なメッセージを結びつけることができた――地上には平和を、人々には善意を。

彼はまったく突然に、そのスピーチをハイドパークですることに決めた。それはローズヴェルトがハイドパークで過ごす一四年ぶりのクリスマスだった。しかし、十二月二十一日にハリー・ホプキンスと夫人のルイーズがホワイトハウスを出て、ジョージタウン三三番N街のタウンハウス〔マンション〕へ引っ越した。ホプキンスがいなくなったことは、娘のアンナ・ベッティガーがしばらくの間ホプキンス夫妻に代わってリンカーン・スイートに引っ越してきたにもかかわらず、ローズヴェルトには大きな打撃だった。

妻のルイーズ・ホプキンスは最初、ローズヴェルト一家とこれほど親密であることに恍惚となった。世の動静の中心部にいれば無理からぬことである。しかし、そのような狭いスペースで暮らすことの現実が身に染みるにつれて――彼女とハリーが所持しているものと言えば本と電蓄兼用ラジオ、わずかな数のガラス製品、それに本棚の上に立っているカクテルシェーカーだけだった――彼女の巣作り本能が表面に現れてきた。彼女はまた夫と水入らずの時間をもっと多く過ごしたかった。

彼女は、ローズヴェルトが自分の夫を一日中、朝食から始まって夜の夕食までずっと優先的に独り占めしているやり方に嫉妬していた。ホプキンス夫妻は引っ越すのを喜んでいるように見えた。「自分の家でクリスマスを迎えたのは久しぶりだ。そしてルイーズは我が家を生涯で最高に快適にしてくれた(49)」と、ホプキンスは南太平洋の海軍にいた息子のスティーヴンに書き送った。（不運にも、それから数週間のうちにホプキンスは病に倒れ、翌年をさまざまな病院で胃の疾患の治療を受けながら過ごすことになる）。

ローズヴェルトの行動は衝動的だったが、しかし決して偶発的ではなかった。凍えるような零下六度の天候の中をハイドパークへ戻るように大統領を突き動かしたのは、ホプキンス夫妻のホワイトハウスからの引っ越しと、自分の真の家から演説することで得られるかもしれない、情緒的付加価値の両方だったのである。

クリスマスイヴ演説は、大統領が特別に気を使ったスピーチだった。ロバート・E・シャーウッド、サム・ローゼンマン、そしてホプキンスが主務として草稿を作成した。別のスピーチライター、ジョン・ガンサーによると、通常の六本ないし七本の草稿の後で、ローズヴェルトはこう言うことがあった――「だんだん調子が出てきたぞ。最初に戻って、ゼロから始めよう」。ローゼンマンが回想しているところでは、このクリスマスイヴ演説は八本の草稿を経て完成した。それは真剣な作業を要した、と。

ローズヴェルトは実家の自分の書斎のデスクに座りながら演説を行なった。それは散らかった小さな部屋で、少年時代の教室〔家で家庭教師から教育を受けた〕だったバックホール〔裏部屋〕からは離れていた。カメラと強力な照明ライトがあらゆる方向から大統領に向けられ、マイクロホンと電話が彼のデスクを覆い、いろいろなコードが床にくねっていた。書斎の一角に詰め込まれて大統領を見守っているのは息子のフランクリンとジョン（二人は所属部隊から休暇をもらった）、さまざまな孫たち、ヘンリー・モーゲンソーとエリノア夫人を含む隣人たち、デイジー・スックリーだった。エレノア・ローズヴェルトはデスクの後ろの床の上に娘のアンナを座らせる場所を見つけた。演説のニュース映画はその週に全国の映画館で上映されることになっていた。

午後三時〇〇分きっかりにローズヴェルトは始めた。彼は最近の旅の間に到達した里程標を強調した――

米語で少し俗な表現を使うならば、私はスターリン元帥と「とてもうまが合った」と言っていいだろう。彼はとてつもない過酷な決断を筋金入りの上手なユーモアと結びつける人物だ。私は彼がロシアの心と魂を真に代表していると信じている。そして私は、われわれが彼やソヴィエト国民とひじょうにうまくやっていけるだろうと信じている――文字どおりひじょうにうまく。

次いで大統領は、四人の警察官に関する自分の構想を披露した――

英国、ソ連、中国、米国とその連合は、地球の全人口の四分の三以上を代表している。大きな軍事力を持つこれらの四ヵ国が平和を守るとの決意において結束する限り、別の世界戦争を始めるために侵略国家が出現する可能性はなくなるだろう。

しかし、これらの四大国は、ヨーロッパ、アジア、アフリカ、そして南北アメリカのすべての平和愛好諸国民と連合し、協力しなければならない。大小を問わず、すべての国家の権利は、個々人の権利がわれらが共和国において扱われているのと同じように用心深く尊重され、保護されねばならない。

しかしながら、カイロとテヘランの会談は、蒋介石総統、スターリン元帥と会見し、これらの不屈の人たちと同じテーブルにつき、向かい合って話し合う最初の機会を私に与えてくれた。われわれが計画していたのはカイロとテヘランでテーブルをはさんでめいめいと話し合うことだった。しかしすぐに分かったのは、われわれがみなテーブルの同じ側にいるということだった。われわれは互いに信頼を持って会談に臨んだ。だが、われわれに必要だったのは個人的な交流である。そして今やわれわれは信頼を明確な知識で補完したのである。

大統領は英国首相のことも忘れなかった――

皆さんのすべてが知っているように、もちろん、チャーチル氏と私はこれまでに何度も仲良く会っている。そしてわれわれは互いをひじょうによく知り、理解している。実際、チャーチル氏は何千万もの米国人に知られ、愛されるようになっている。

初めて大統領は彼の「無条件降伏」の最後通告を和らげて、ニューヨーク・タイムズ紙が伝えているところでは次のように語った――

われわれは彼ら「ドイツ国民」が平和に、有益で尊敬すべきヨーロッパ家族の一員として発展する正常な機会を持つことを望んでいる。しかし、われわれがまぎれもなく強調するのは「尊敬すべき」という単語である。というのは、われわれが意図するのは、彼らからナチズムとプロイセン軍国主義を、そして自分たちが「支配者民族」を構成しているという異様で危険な観念をきっぱりと取り除くことだからである。

非公式には大統領はそれほど楽観的ではまったくなかった。ローズヴェルトは、ホプキンスに認めたところでは、スターリンが期待以上に毅然としていることを見出していた。もっとも大統領は、彼は「ものにできる」と付け加えた。ローズヴェルトの文書秘書官で口の堅い元新聞記者ビル・ハセットが大統領に、スターリンの印象でずっと心に残ることになるのは何かと尋ねたとき、こう答えた――「花崗岩から切り出された人間だということだ[50]」。

ローズヴェルトが気づいていたように、スターリンは会談が設定される前から三つの重要問題で彼に便宜をはかっていた。すなわち、宗教、コミンテルン、中国である。スターリンがモスクワ会談で示した中国が第四の警察官になることに同意するという一八〇度の方針転換は、とりわけ嬉しいことだった。スターリンはこの外相会談が始まる前に特別にローズヴェルトに書き送っていたのである――「四ヵ国宣言の問題が会議の議題に含まれないことは、同意されたものと了解する」と。

ホプキンスはアンドレイ・グロムイコがワシントンで代理大使をしているときに彼に語った――ローズヴェルトは、スターリンとソ米関係の将来の両方について懸念を持っている。ローズヴェルトが期待しているのは、テヘランでソヴィエトの指導者を品定めし、共存の可能性を探ることである。「それは多くの要因にかかっている――主たる要因はソ連が世界の大国としてとる態度である」。それからホプキンスはグロムイコに次のように保証した。「彼［ローズヴェルト］は、ソ連との良好な将来関係の基礎を築くためにあらゆることを米国がすべきだと信じている」。

大統領が帰国後にエレノア・ローズヴェルトに述べた感想は、彼には自分が成功したという確信が本当はなかったことをうかがわせる。「夫が私に語ったところでは、二人が初めて会ったとき、彼はスターリン元帥の側に大きな不信があると感じた。そして、別れるとき、自分がそれをいくらかでも消すことができたのかどうかさっぱり分からなかった、と。彼は、われわれは約束を文字どおりに守るように気をつけるつもりだと付け加えた」。

ローズヴェルトはスターリンがはたして納得したままでいるかどうか気をもみ続けた。スターリンは本当に信じたのだろうか、国際連合のための国際的基盤についてのローズヴェルトのこだわりが最良の解決法だと？　ローズヴェルトが恐れたのは、スターリンがチャーチルの地域的な計画に類似した彼の当初の立場に後退することだった。ローズヴェルトはトム・コナリー上院議員に、スターリンもチャーチルも自分の構想の正しさを完全には信じていないと打ち明けた。「二人にはもっと働きかける必要がある」と彼は上院議員に語った。

しかし、労働長官のフランシス・パーキンスに対しては、ローズヴェルトはもっと楽観的だった。「ところで」と、大統領は彼女に言った。「私は真剣に考えているが、勢力圏を得ないことと、世界中の港を自由港に……すべての連合国がいつでも自由に利用できる港にするための協定に関して、ソ連は私に同意するだろう。それが解決策になると思う(51)」。ローズヴェルトは、労働界と実業界に広い知己を持つ彼女なら情報をもたらしてくれると考えた。「私にはよいソヴィエト人と悪いソヴィエト人の違いが分からない。よいフランス人と悪いフランス人の違いは分かる。よいイタリア人と悪いイタリア人の違いも分かる。ギリシア人も会えば、よい人は分かる。だが、ソヴィエト人は分からない。私には何が彼らを動かすのか皆目分からないんだ……調べて何か分かることがあったら、時々教えてくれたまえ」。

ローズヴェルトは十二月二十八日にもう一度記者会見を開き、その席で戦前の時代と、孤立主義に戻ることの危険性を概括した。興味深いことに、彼が描いた米国のイメージは、ようやく自分の二本足で立った国というイメージだった。それは大統領がお前も自分の足で立てると信じろと、心理的に自分に言い聞かせたような観があった。銀行救済、農業経営者支援、失業保険導入のような内政問題に対処したのは「老ニューディール・ドクター」である。次は「ウィン・ザ・ウォー〔戦争に勝つ〕」・ドクター」の出番だ。今、「結果として患者は回復しつつある。彼はもう松葉杖を使うのをやめた。だが、まだ完治はしていない。戦争に勝つまでは完治しないだろう。そして勝利が訪れたときには、過去の計画が実施されねばならない。そして私の考えでは、これは他国で進行すること（戦後計画）と一体となって実施されねばならない。なぜならそのほうが効果的だからだ。われわれは経済的孤立主義には入れない。軍事的孤立主義に入ることが引き合わないのと同じである」。

明らかに、今やらねばならないのは、戦後世界を構築するのに必要な道筋を開発することである。しかし、ローズヴェルトがアメリカ国民とこのことを議論するには、時機がまだ熟していなかったし、計画も十分に具体化されていなかった。

スターリンが演説することは滅多になかった。ソヴィエト連邦の大統領に相当するミハイル・カリーニンが国民に向けて新年を迎える祝賀の演説をした。その中でカリーニンはテヘラン会談を「まさに、現代の最大の出来事であり、ドイツ侵略者との闘争における歴史的標識である[52]」と呼び、こう述べた――「自由愛好諸国民を分断しようとするドイツのあらゆる努力は、失敗した。三大国の指導者たちは戦争と平和の問題に関して完全な合意に到達した」。

スターリンがローズヴェルトに安心したのは確かである。事実、スターリンの観点からは、ローズヴェルトは夢の米国大統領だった。実際、彼はこれまでずっとそうだったのだ。スターリンが目にしたのは、その彼がソ連にパートナーシップを申し出ていることである。ごく最近までヨーロッパの病人だったロシアが、戦争の中から「国際問題における強大な国家」として立ち現われようとしているのだ。それはスターリンを世界で最も有力な二人の人間の一人にしたのである。

テヘランから数週間後、ローズヴェルトはアンドレイ・グロムイコと会ったときに、彼と雑談をした。グロムイコの記録しているところによれば、ここにいるのは自分の言葉を自覚し、もう一度注意深くチャーチルから距離をとろうとしているローズヴェルトである。「彼は、自分とスターリンの間にある良好な関係を強調することから始めた。それから彼は会談がどのように進んだかを総括し、最後に私に言った。『合意を達成するために、チャーチルに圧力をかけることがしょっちゅう必要だった。彼が妥協に向かうのは相当に遅いからね。そしてわれわれはかなり有益な理解に到達した』[53]。彼がチャーチルについて語ったとき、グロムイコは気づいた。「大統領は私にその魅力的な〝ローヴェルト・スマイル〟を見せ、英国首相が彼にたっぷり面倒をかけるパートナーであることをはっきりさせた」。

二月上旬、ワシントンでは心配する事態がにわかに起こった。それはプラウダ紙が突然、一九四〇年大統領選においてローズヴェルトの共和党対抗馬だったウェンデル・ウィルキーを激しく攻撃したからである。このときウィルキーは一九四四年大統領選の共和党候補指名を狙って西部諸州を遊説中だったが、メディアの関心をほとんど引いていなかった。プラウダの攻撃にはそれを始める根拠があまりなかったが、ただ一つ、前年にウィルキーがスターリンと会見したとき、二人が東ヨーロッパについて議論していたことだけは別だった。今、プラウダは咳払いをして不満を表した。「バルト三国問題はソ連の国内問題であってウィルキー氏の知ったことではないということが、もはや理解されてしかるべき時である[54]」。米国訪問中に会って話をした駐ソ英国大使のクラーク・カーによれば、ウィルキーはこの攻撃にあっけにとられた。なぜならウィルキーはずっと変わらず対ソ援助の強力な支持者であり、プラウダ論文は彼を「滑稽」に見せたからである。しかしながら、クラーク・カーがスターリンにウィルキーの反応を伝えると、スターリンは、「ウィルキーが好きだし、今回のことを遺憾に思っており、彼には電報を送る」と述べ、クラーク・カーがそのことをハリマンに通知して、一件落着した[55]。多分その電報には、「私はあなたが好きだ。でも、あなたには大統領になってもらいたくない」[56]と書いてあったことだろう。ウィルキーの人気がスターリンに懸念を抱かせたのは疑いない。

チャーチルは、相変わらずD-デイの引き延ばしを図る努力を続けながらも、折り合いをつける必要があった。モロッコのマラケシュから手紙を書いたとき、彼にはオーヴァーロード作戦を延期するための新しい理由がいろいろとあった。チャーチルはローズヴェルトに書いた――安全を期すには、最初の海峡越え強行上陸はもっと多くの兵力で実施されるべきだ、そしてそれらを集めるにはもっと時間がかかるだろうから、作戦延期を考えているのは自分一人ではない、と。さらにチャーチルは続けた。「指揮官たちはそのほうがよい勝機をもたらすだろうと考えている……U・J〔アンクル・ジョー〕の大作戦のためにも地面はより乾燥しているだろう[57]」。

ローズヴェルトはチャーチルにきわめて冷ややかに回答した。「テヘランでU・Jには、オーヴァーロード作戦は五月中に開始され、ほぼ同時期に可及的最強力の〝金床〟(〝アンヴィル〟)作戦〔南仏上陸作戦。後に〝ドラグーン〟作戦に改名された〕によって支援されると約束してある。そして彼はソヴィエト軍の同時攻撃を計画することに同意している[58]」。

第7章 スターリン、同盟国を探す

レーニンは権力を掌握した当初から米国に目をつけていた。それはまだ彼の権力基盤が確固たるものになる前のことで、赤軍は革命に反対する国内の白軍と依然戦闘中だった。連合国軍は封鎖を継続し、ロシアでは飢餓が至る所に広がっていた。政府最高の会議である人民委員会議は一九一九年の元日に、米国と外交関係を樹立するにはどうすべきかについて熟議した。人民委員会議議長のレーニンと、この最初の時期のレーニンの忠実な影だったスターリン(1)は、米国をほかの敵対的な世界において同盟国になり得る国として、革命政権をヨーロッパの侵略から、少なくとも自分たちが自立できるまで、かばってくれる国として考えていた。それゆえ、人民委員会議は一九一九年一月一日に注目すべき文書を採択した――

われわれと米国との関係の問題について。ソヴィエト・ロシアは包囲されている鉄の輪の中から自己を解放すべきである。さもなければ、滅亡する……ソヴィエト政府を助けてくれる可能性があるのは米国だけである。なぜなら米国は、その内外政策の利益のために共和制ロシアとの友好を必要としているからである。米国が必要としているのは、第一に、国内工業製品のための市場である。第二に、その資本を有利に投資するための機会である。第三に、ヨーロッパにおける英国の影響力を弱めることである……米国と日本の関係は誠実ではない……両国間の戦争は不可避である……米国と関係を樹立することがまず必要である……それは国家として最重要課題であり、ソヴィエト・ロシアの命運はその首尾よい解決にかかっている(2)。

望みは、米国がソヴィエト市場を必要としており、ソヴィエトと同様に日本の拡張を恐れているから、米国によるソヴィエトの承認は実現可能だということだった。貿易は常に第一歩として、外交関係への道を開く。レーニンの見解は決して変わらなかった。米国は「世界の主勢力である。ぜひとも米国と合意に至るために、あらゆる手段が講じられねばならないだろう(3)」という声明がイズヴェスチヤ紙に現れたのは、二年後のことだった。

レーニンは一九二四年一月二十一日に死去した。スターリンはそれまでに党中央委員会書記長と政権の第一人者になっていた。彼もまた米国との対話関係の樹立を望んだ。とりわけこれは、ヨーロッパ諸国が次々とソ連を承認し、英国が最後にそれに倣ったので、なおさらだった。しかし、米国は圏外にあった。ハーディング、クーリッジ、そしてフーヴァーの歴代大統領はソ連と国交を持とうとしなかった。一九三〇年には、スターリンは米国による承認問題で進展を得られないことにうんざりして、ニューヨーク・タイムズ紙のモスクワ特派員ウォルター・デュランティに苛立ちをぶつけた——「米国はわれわれの立場を知っている……われわれはやれるだけのことをやった。しかし、米国の理解を得られないだろう。われわれは私が以前に言ったことを進んでやるつもりでいる。すなわち、われわれがほかの大国に対して行なっているのと同じように、クレジットあるいはローンに追加の利子を払って負債問題を解決するということだ(4)」。そしてスターリンは続けた。「米国との債務解決、これは十分に容易である。いずれにしろ、これは比較的小さな問題だ」。

スターリンは、両国間の貿易を復活させるかもしれない米国外交のあらゆる新しい動きに目を配っていた。一九三一年が訪れ、去って行った。スターリンはこう告げられた――「主要問題は来るべき年に対するわれわれの戦術の問題である。来年はこれまでの年に劣らず困難になりそうな気配だ……モルガン銀行……デュポン・グループは、いかなる交渉に入ることも拒否した……ソヴィエト問題の時機はまだ来ていない」[5]。

ローズヴェルトはまだニューヨーク州知事時代に、ソヴィエト・ロシアについて知っている数少ない米国人の一人、ウォルター・デュランティを呼んで、ソヴィエト経済について、とくに金の生産と、商品を輸入した場合の支払い能力について質問した。大統領就任から四ヵ月後、彼はソ連承認を進めることを決断した。それは彼がスターリンを高く評価したというのではなかった。

米国は大不況のどん底にあり、国内の農業経営者と工場のために市場を切実に必要としていた。加えて、日本が中国に力で進出していた。米国の中国駐在大使ジョセフ・C・グルーが目にしたのは、ソ連承認が二つの問題にかかわることをローズヴェルトが把握したその速さだった。「彼は満州については一言もいわなかったが、艦隊の建造を開始し、ソヴィエト・ロシアを承認した[6]」。ローズヴェルトはスターリンを独裁者として受け入れていた。そのことは、一九三〇年にザ・フォーラム誌の編集長ヘンリー・ゴダード・リーチに明言していた。当時リーチは、ローズヴェルトにニューヨーク州の各市に介入してそれらを管理するように望んでいた。ローズヴェルトはリーチに書いた。「何かがなされねばならないという考えでは、私はあなたに一〇〇パーセント賛成だ。しかし答えは、州の管理あるいは連邦の管理ではない。それは道徳的怯懦であり、ソ連とイタリアでいま採用されている種類の政府へと国をまっすぐ導くものである。ザ・フォーラム誌の編集長は、二〇三〇年には、ムッソリーニとスターリンが単なる遠い親戚ではなく、血を分けた兄弟だったことを認めるだろう[7]」。

一九三三年六月までに、ソ連承認の考えは主流になっていた。米国貿易会議所、ハーヴァード・ビジネススクール学部長、外交政策協会などは、ロシアとの外交関係回復を応援した。米国の重要な新聞の多くもこのような動きに好意的だった。スクリップス・ハワード新聞ニュース通信社の編集局長ロイ・ハワードは解説した――「私の考えでは、米国におけるボリシェヴィズムの脅威は、グリーンランドにおける日射病の脅威もしくはサハラ砂漠における霜焼けの脅威と大体同程度である[8]」。

国務省の外務官僚のほとんどはこのような動きに大反対だったので、ローズヴェルトはあっさり国務省を迂回し、一九三三年八月に自分の隣人で友人のヘンリー・モーゲンソー（財務長官に指名するつもりでいた）にその第一歩を、すなわち、貿易の感触を探ることを担当させた。モーゲンソーはローズヴェルトとのある日の昼食で、自分が陥りつつある問題について思いのたけを打ち明けた。これらの問題の原因は、一方ではモーゲンソーが交渉しているソ連側担当者に権限が不足していることであり、他方ではソ連側への融資役であるはずの復興金融会社（ＲＦＣ）が築いたバリケードであった。モーゲンソーは悩まし気に大統領に言った――もし何とか折り合いをつけることができれば、自分は英雄になる。しかし、失敗すれば、ワシントンを去らねばならなくなるだろう。ローズヴェルトは答えた。「もちろん、君が知っているように、私はこれらの交渉では君を応援している。もし君がワシントンを去ることになれば、私も一緒に去ろう[9]」。

それにもかかわらず大統領は、モーゲンソーの努力が功を奏していないことを悟り、そして間違いなくこの時までには国務省関係者に、交渉は予備的なものとはいえすでに始まっていることを知らせたうえで、彼らに支援を求めた。ローズヴェルトはハル国務長官とともに、ソ連の大統領〔当時はソ連中央執行委員会議長。一九三八年からソ連最高会議幹部会議長〕で名目上の国家元首ミハイル・カリーニンへ書簡を書き上げ、両国間の外交関係樹立のために代表をワシントンへ派遣するように求めた。この書簡がソ連に届くと、これは大ニュースとなり、信じられないほど歓迎された。各家庭に届く政府の政治的道具であるラジオがニュースを発表した。ソ連ではラジオ放送は巨大な影響力を持っていた。どんなあばら家であろうが、ラジオはすべての家庭にあった。このラジオには一つのチャンネル——政府チャンネルしかなかった。（そのため、ラジオの外観は西側のラジオと異なり、ダイヤルがなかった。ラジオは点いているか、消えているかのどちらかだった。ラジオは民衆教育用に理想的なメディアだった）。

ソ連全国で人々はローズヴェルトの手紙に興奮した。ウキウキするような高揚感があった。それはソヴィエト市民にとって、まるで本来のソ連がようやく到着したようなものだった。最下級の労働者たちでさえそれを感じていた。モスクワで駐在武官になる研修をしていたウェストポイント陸軍士官学校の卒業生チャールズ・セイヤーが回想している——「ある夜、ホテルの夜間フロント係に起こされた。彼は見ていられないほど興奮して私に語った——ラジオがたった今、発表しましたよ。ローズヴェルトがカリーニンに手紙を寄こして外交関係復活をほのめかしていると[10]」。

それから数週間のうちに、ソ連外務人民委員（外相）マクシム・リトヴィノフが米国に向かう船上にあった。ローズヴェルトは国務省に対して安全策をとり、交渉をみずから取り仕切ることに決め、個人的に討議するためにリトヴィノフをホワイトハウスへ連れてこさせた。数日間にわたって二人は数々の難問題を解決した——すなわち、ソ連が認めようとしなかった自国における米国人の宗教の自由、革命後ボリシェヴィキ政府が国内で差し押さえた米国人の不動産への支払いである。そして二人は、ボリシェヴィキの権力奪取以前の債務の返済額に関し、紳士協定に達した。両国の外交関係は一九三三年十一月十六日に回復された。

翌日の閣議でローズヴェルトは、リトヴィノフに対して、とりわけ宗教問題に関して自分にいかに説得力があったかということを誇らしげに物語った。リトヴィノフが、ソ連の国民はみな宗教の自由を持っており、教会に行くことで罰される者は誰もいない、教会に行くことは単に推奨されていないだけだと言った後、ローズヴェルトは次のように答えた――

「いいかね、マックス、君の善良なお父さん、お母さんは敬虔なユダヤ人で、いつも自分の宗教のお祈りを唱えていたでしょう。ご両親は君にお祈りを唱えるように教えたに違いないんだ……」。この時までにマックスは真っ赤になっていたが、私は言った。「今のところ君は自分が無神論者だと考えて構わない……でもね、言っておくけど、マックス、君は臨終の際には……お父さん、お母さんの教えについて考えることになるよ」。……マックスは怒鳴り、あえぎ、いろいろなことを言い立て、そして笑ったが、ひじょうに当惑していた。その表情と動作から彼が私の意味することを知り、私の正しいことを知っていると確信した。[11]

大統領の発言に対するリトヴィノフの反応は知られていない。それは同意だったのか、仰天だったのか、あるいはフランシス・パーキンスが推量したように、困惑だったのか。しかし、結果はローズヴェルトが自分の思い通りにしたということだった。

ローズヴェルトは案の定、ウィリアム・ブリットを大使としてソ連へ派遣し、助言を記した長く詳細な、異例の手紙で彼を武装させた。というのは、大統領は潜在的に強力な国家を米国についに承認させたことを喜んでいたとはいえ、その危険な異邦人たちについていかなる幻想も抱いていなかった

親愛なるビル〔ウィリアム〕

一九三四年一月七日

私にとっては明らかだが、モスクワに大使館と領事館を開設する問題によって生じる、ほかの国とは異なる困難は、それ相応の対応を必要とする。君は文明から切り離されて、事実上、バード隊長〔米国の極地探検家リチャード・E・バード〕の立場になるだろう。そして君は自分の探検旅行を、一年間どこにも寄港しない予定の船で出航するかのように組織すべきだと思う[12]。

次いでローズヴェルトは、大使として必要になることの詳細なリストに移った――自動車、物資補給部の設立（食品から事務機と補給品までのあらゆる必需品を供給するための）。医師を連れていくこと（小規模な手術室と感染症のための隔離所の設置も提案した）、レクリエーションのためのテニスコートを見つけることも勧めた。しかし、いちばん光彩を放っているのは外交官としての行動についての大統領の助言である――

上に列挙した項目に加えて、私にとって最も重要だと思われるのは、ソ連におけるわれわれの外交官、領事館員、陸海軍駐在武官たちは全員、いかなる種類のスパイ活動にふけることも禁じられるべきであり、ソヴィエト政府のメンバーとはすこぶる率直で単刀直入の関係を作り上げるよう指導されるべきだということである。君はもちろん、在ソ連の大使館と領事館双方のスタッフ全員に、彼らが常時監視されるだろうこと、そしていついかなる時であっても何らかの公的秘密を漏らさぬよう警告しなければならない。

ソ連では外交関係回復のニュースは大きな喜びをもって迎えられた。各新聞はローズヴェルトを英雄として称賛した。ローズヴェルトの大きな写真が全紙の一面に現われ、コラムというコラムがこの話題に捧げられ、今回の出来事は大統領の個人的な勝利として描き出された。そしてローズヴェルトは――共産主義者から贈られる最高の称賛だったが――労働者階級のチャンピオンとして言及された。「ソ連の勤労大衆は平和のためのこの新たな勝利を温かく迎えている」と、プラウダ紙は熱烈に書いた。「米国大統領によってとられたこの主導権に対して満腔の賛辞を贈るべきである。関係正常化の問題は大統領就任後、彼の予定に入れられた。ローズヴェルト氏は、この問題を上首尾の結果に持っていく前に、米国ブルジョアジーの抱く少なからぬ偏見を克服する必要があることを知った[13]」。

イズヴェスチヤ紙はこの出来事を階級闘争の観点から報じた。「世界最大の資本主義国である米国が、とうとう正常な関係樹立を〝余儀なくされた[14]〟」。論説は続けた――それは、「ソ連承認のために米国ブルジョアジーの進歩分子たちが進めていた長期にわたる闘争の終結」だった。ソ連ではスターリンが関知せず、その承認を受けずに発表されるものは一切なかったから、これら二紙の論説は、いわばスターリンから「世界最大の資本主義国」の大統領に贈られた称賛ということであった。

「外から見る限りでは決断力と勇気がある政治指導者[15]」――これはソ連承認から一ヵ月後にスターリンが語ったとして引用されたローズヴェルト評である。「彼は現実主義者であり、あるがままの事実を知っている」。

十二月にブリット大使がモスクワに着任すると、スターリンは彼のためにクレムリンで夕食会を催した。これはソヴィエト外交史上前代未聞のことだった。スターリンはローズヴェルトのための乾杯のあいさつで、自分がローズヴェルトの政治的浮き沈みと政敵、とりわけハミルトン・フィッシュについてよく知っていることを知らせて、こう述べた。「フィッシュ一派の歯ぎしりをものともせず、あえてソ連を承認したローズヴェルト大統領のために[16]」。一九三四年にスターリンはブリットに語った。「ローズヴェルト大統領は今日、資本主義国の指導者であるにもかかわらず、ソ連で最も人気がある人物の一人である[17]」。その年のもっと後になると、スターリンはこういう考えを受け入れているように見えた――ローズヴェルトは単に称賛に値するだけでなく、実際には社会主義的な目標を心に秘めているのかもしれないと。そして英国のジャーナリストで作家のH・G・ウェルズにこう言った――「疑いなくローズヴェルト大統領は現代資本主義世界のすべての船長たちの中で最有力人物の一人として傑出している[18]」。自分は「ローズヴェルト大統領の個人的能力、才能、勇気について」何か疑問を持っているというのではない。「しかし、環境が好ましくなければ、最も才能がある船長でも目標に到達することはできない」と。

スターリンがレーニン以外にこれほどほめちぎった人間はいまだかつていなかった。

スターリンが米国との新たな関係をこれほど嬉しく歓迎した理由の一端は、一九三三年に政権の座についたヒトラーが、スラヴ人、ユダヤ人、その他の非ヨーロッパ人種に対するプロパガンダを開始しつつあったことである。一九二〇年代半ばに出版された総統の半ば自伝的、半ば政治的宣伝の書『我が闘争』には、反スラヴ、反ソヴィエトの強烈な憎悪が充満していた。この中でヒトラーは、スラヴ人の土地に優秀なドイツ農民を植民させる自分の計画をまったく露骨に述べていた。(「もし今日われわれがヨーロッパにおける新たな土地と領土について語るとすれば、第一に思いつくのはロシアとその隷属辺境州だけである……ドイツの犂《すき》に必要なのは、剣によって土地を与えられることだけだ[19]」)。

スターリンは、ヒトラーが対ソ連の計画を隠そうとしていなかったので、戦争や緊急な場合には、米国がソ連にさまざまな必要物資を売って支援してくれることを期待していた。一九三六年にドイツは戦艦ビスマルクを起工した。これは長さ約二四四メートル、一五インチ砲八門搭載、乗組員二〇〇〇名以上で、重武装ながら三〇ノット〔時速約五五キロ〕の速度を出せる戦艦で、ドイツ最大の軍艦だった。スターリンは、ソ連にもこれより大きな戦艦が必要だと決断した。ソ連にはそのような大きな艦を建造する施設がなかったので、彼は米国でこれを作ってもらおうと試みた。スターリンは主要な交渉担当者としてサム・カープを任命し、彼の会社「カープ貿易商会」に二億ドルの資金（当時としては巨額である）と、造船会社と交渉するすべての権限を与えた。歴史通のスターリンが知っていたように、これには前例があった。[20] 九〇年前の英国とのクリミア戦争中、米国の民間会社がロシア政府のために汽船を建造したことがあったのである。スターリンがカープに発注するように指示したのは、一六インチ砲──ビスマルクの砲よりもさらに強力な砲を搭載するスーパー戦艦である。コネチカットに住んでいた米国市民のカープは、モロトフの妻ポリーナのきょうだいで、この案件のために熱心に働いた。しかし、すぐに問題にぶつかった。海軍作戦部長ウィリアム・リーヒと海軍長官クロード・A・スワンソンのためである。どちらも海軍上層部のほとんどと同じく強硬な反共主義者であり、二人は共同して案件の邪魔をした。提案された戦艦の商談を海軍が妨害しているという話がハル国務長官に伝わると、長官は問題を大統領に押し付けた。内務長官ハロルド・イッキスが記録しているところによると、一九三七年四月三日の閣議では、「大統領が米国の造船所の一つでこの船が建造されることに対して何の異議もないこと、ハルも同様だということがはっきりしていた。大統領はスワンソンに言った──どの造船会社にも伝えるように。これは民間の問題であり、契約である、この問題については造船会社は自由に行動できる、と」。[21]

しかしながら、さまざまな階級の海軍士官たち（彼らの全員はソ連を仮想敵国視していた）が、受注を考えている会社にこの先の契約を失うことになるぞと圧力をかけた。この戦艦の設計をしていたベスレヘム製鉄社は、ソ連の注文は「海軍省との手に負えない紛争につながるだけだ」[22]とひそかに認めた。カープはあきらめなかった。一九三八年二月、戦艦は再びローズヴェルトの関心を引いた。ローズヴェルトは、「戦艦が計画どおりこの国で建造できるようにとの希望を表明した」[23]。四月八日、ローズヴェルトは再び言った――自分は「案件に対して、あるいは設計をソ連側に開示することに対して何の異議もない」[24]。それでもなお、建造は始まらなかった。

スターリンにとってのこの案件の重要性は計り知れないほど大きいものだった。一九三八年六月五日、ジョセフ・E・デイヴィス大使は離任とベルギー大使への転任を前に、カリーニン大統領とモロトフ首相〔人民委員会議議長〕に別れを告げるために最後の公式訪問をした。その際にデイヴィスに与えられたのは、世界が儀礼的な名誉と受け取った待遇だった。クレムリンに到着後、デイヴィスは最初にカリーニンに表敬した。カリーニンはデイヴィスの離任を理解できると語った――というのは、「モスクワでの外交官の生活はまったく快適なものでないし、いろいろと制限があるからだ。ソ連の当局者と外交団の接触がほかの国で行なわれているような形で一般に定着していないという理由もある」[25]。それからデイヴィスは長い廊下を案内されて建物の別のセクションに行き、モロトフの執務室へ迎え入れられた。彼とモロトフが椅子に座るか座らないうちに、スターリンが部屋に入ってきた。

ほかの外交団もデイヴィス自身も、スターリンがデイヴィスと会ったのは、彼のことをひじょうに気に入っていたからだと考えた（デイヴィスは死ぬまでそう信じ続けた）。しかし、スターリンがデイヴィスと会った理由は、彼がローズヴェルトに通じるパイプであることを知っていて、戦艦の建造を推進させたいと考えたからである。（その後、スターリンはほかの国の大使たちと接見するようになったが、決してローズヴェルトの大使たちほど頻繁でなかった）。

スターリンはデイヴィスとの会見の冒頭から、なぜ戦艦の案件が進捗しないのか自分には理解できない、ソ連はキャッシュで支払う用意がある、これは米国の失業者に雇用を提供するだろうと語った。彼は先手をとって論評を加えた（デイヴィスと大統領が親友であること、そして戦艦問題の遅れが政府高官の反対のためだと知っていることを前提にして）――「もし米国大統領がそれを実施させたいと望むなら、陸海軍の専門家たちには阻止できないし、それを合法的に実施できることを大統領は確信しているはずだ」と。[26]

デイヴィスはスターリンの懸念を誠実にローズヴェルトに伝達した。三日後の六月八日、ローズヴェルトは案件に対して異議はない、「自分は案件が実施されることを希望する」と言って、海軍に命じた――設計者と造船会社、そしてソヴィエト軍将校に協力して、今では数隻の注文に増えた軍艦の建造を促進するように、と。さらにローズヴェルトは、非協力的な海軍スタッフを出し抜くために、将官を一人、案件の全面的監督のために任命するよう命じた。六月十七日、国務省はソ連大使アレクサンドル・トロヤノフスキーに「朗報を伝達した」[27]。しかし、そのあとに続いたのは遅々とした動きだった。一隻の船体は完成したが、官僚主義的な異議申し立てが続いた。船は一隻も完成しなかった。結局、ヒトラー＝スターリン協定〔一九三九年八月〕がこの計画に終止符を打つことになったが、スターリンはこのエピソードから学んだかもしれない――ローズヴェルトはヒトラーがもたらしたソ連の苦境と危険に同情的である、しかし大統領も常に思いどおりにできるわけではないのだ、と。

スターリンは米国からの好意を維持することと好印象を与えることに関心を持ち続けた。一九三七年のある時、一九三九年ニューヨーク万国博の会長グローヴァー・ホエーランから、ソヴィエト館への出資について電話がかかってきたとき、スターリンは電話に応じ、半時間の電話会談の最後に、目抜きの場所の大パビリオン建設に四〇〇万ドル支出することに同意した。これはホエーランの大規模外国契約の第一号だった。その結果として生まれた第一級のソヴィエト館には、モスクワ地下鉄マヤコフスキー駅のインテリアの実物大コピーも展示された。これはさまざまな入場者や公的関係者を感嘆させ、駅の設計者アレクセイ・ドゥーシキンには万国博のグランプリが授与されたのであった。

一九三八年には、ヒトラーの脅威が絶えずスターリンとモロトフの頭の中心を占めていた。スターリンは国防力を強化していた。四月、彼はソ連の飛行機生産目標を月間四〇〇機、年間四八〇〇機にまで引き上げた。一九三四年から一九三七年までにソヴィエト政府の歳入総額に占める軍事費の比率は、三・三パーセントから二二パーセントに上昇した。国内の工業力増強を続けるために第三次五ヵ年計画が発表され、実施された。

一九三八年は、ドイツ軍がヨーロッパ席巻を開始した年だった。ヒトラーはオーストリアとの合邦（アンシュルス）を発表し、三月十二日に無血侵攻でそれを実現した。九月には、それがヒトラーの領土欲を和らげるのではないかという間違った希望をもって、ネヴィル・チェンバレン英国首相、エドゥアルド・ダラディエ仏首相、そしてベニート・ムッソリーニ伊首相がミュンヘンに飛び、チェコスロヴァキアのドイツ語地域ズデーテンラントをドイツに割譲する協定に署名した。

一九三九年、ヒトラーとドイツ国防軍が再び行動を起こそうとしていることが明らかになったとき、国際社会をとらえた問題は、攻撃が起きるかどうかということよりも、むしろどこが次の攻撃目標になるかということだった。

まだ大部分の米国人は、ヨーロッパの問題を月と同じくらい遠い場所のことと考えていた。孤立主義者たちは大洋が米国を危害から守っている難攻不落の堀だと信じていた。ローズヴェルトは違った。彼は若年の頃にアルフレッド・マハン海軍少将〔一八四〇〜一九一四〕の著書『海上権力史論』〔*Influence of Sea Powers upon History* 一八九〇年出版〕に影響を受け（ローズヴェルトの母親によれば、彼はこの本に没頭し、「ついには丸々一冊を事実上暗記してしまった[28]」)、米国は世界から大西洋と太平洋のこちら側に引っ込んで安全にしていられるという孤立主義者の考えは変だと気づいた。彼がマハンから学んだのは、国がその海洋を守り、警戒しなければ、国の沿岸は常に侵害され得るということだった——一国の貿易、その経済的健全性は海洋の自由にかかっているのだと。

大統領は自国への増大する危険を、一九三九年一月四日の連邦議会に対する年次教書で論じることに決めた。スピーチライターのサム・ローゼンマンの回想によれば、大統領は的確な言葉を求めて数日間熟考した。人々に警報を出し、国民の圧倒的多数を占める平和主義者と孤立守護者を怒らせずに、自分のメッセージを広めるにはどう語るべきかを模索して、没頭していたのである。彼らはまだ、ヨーロッパで何が起ころうと、ヒトラーとムッソリーニがどれほど多くの国を侵略しようと、米国は無縁でいられると信じていた。

彼は米国をさまざまな方法で戦争に備えさせ始めていたが、用心深くそのことについては言及しなかった。大統領ははっきりと米国の諸制度防衛の観点から自分の言葉を表現し、至る所で宗教を強調した。神と宗教に九回触れた。「国外からの嵐は、いつものことながら、米国人にとって絶対不可欠の三つの制度に直接挑戦する[29]」と彼は言った。「第一は宗教である。これは他の二つ——民主主義と国際的誠実の源泉である……宗教は、人間に神との関係を教えることによって、自分自身が尊厳であるとの感覚を与える……自治の実践である民主主義は、他国民の権利と自由を尊重するための、自由な人々の間で結ばれた盟約である」。

他方ローズヴェルトは、挑発が極端になれば米国は戦うつもりだ、とヒトラーに警告したいと考えた。それゆえ、彼は最後にこう言った。「われわれは外交関係において何をすべきでないかを過去から学んだ。新たな戦争から学んだのは、何をしなければならないかということである。われわれは、効果的な防衛の適時選択と、攻撃の始点になり得る遠隔地が二〇年前のそれらとは完全に異なることを学んだ」。
ローズヴェルトは、教書草案の作成で一緒に作業していた三人のスピーチライター――トム・コーコラン、ベン・コーエン、サム・ローゼンマンに、チェンバレンとミュンヘン協定についてどう思っているかで誤解が生じないように言った。「われわれは彼［ヒトラー］と問題なく取引できよう。だがその過程で米国が大事にしているものをすべて失うだろう[30]」。

ヒトラーの脅威が増大するにつれ、ドイツ国防軍の行軍距離内にある諸国は同盟国をつくることを模索した。ソ連もその中に含まれていた。ヒトラーがチェコスロヴァキアとオーストリアを併合した後、ドイツとソ連の間にまだ残っている唯一の国だったポーランドは、再び好戦的になったドイツへの恐れと、古くから仇敵の隣国ロシアへの恐れに引き裂かれていた。ロシアとポーランドの反目は数世紀の歴史を持っていた。モスクワの赤の広場には、一六一二年にポーランド軍をクレムリンから追い出したロシアの二人の英雄――ドミトリー・ポジャルスキー公と肉屋クジマ・ミーニン――を記念する有名な銅像〔「ミーニンとポジャルスキー像」、一八一八年建立〕が立っている。赤の広場にあるこの唯一の銅像は、両国間の争いがいかに深く、長く続いてきたかを証言している。

たとえそうだとしても、ポーランド世論は――依然として軍人と地主貴族たちに支配される封建的社会では弱められていたとはいえ――反ドイツ感情が強かった。しかしながら権力を握っている軍人たち、中でも外交政策を支配していた有力なポーランド外相ユゼフ・ベック大佐は、きわめて親ドイツ的だった。ベックはベルヒテスガーデンでのヒトラーとの会見後、こう言って立ち去った。「もしソ連が軍事的に弱ければ、それとつながっていて何の役に立つ。もしソ連が強ければ、彼らは決して引かないだろう[31]」。ポーランド回廊〔第一次世界大戦での敗戦によるドイツの失地。ポーランドにバルト海への出口を与えていた〕の支配はもちろんこと、バルト海の港ダンツィヒ〔現在のグダニスク。当時はヴェルサイユ条約によって成立した「自由都市」〕を横取りしようとする根拠として、ドイツ人に対するポーランドの残虐行為を申し立てたヒトラーの、明らかに誤った執拗な主張に直面して、ベックがしがみついたのは、ヒトラーはポーランドを攻撃しないという信念だった。これは決定的な過ちだった。(ポーランドのまったく不可解な弱腰を説明する興味深い説としてずっと続いているのが、ベックはドイツのエージェントであり、ヒトラーはウクライナの領土の一部に対するポーランドの要求を容れる可能性をちらつかせることによって、彼をドイツとの同盟に同意させようとしたのではないかという疑惑である。この説にはどこか真実味がある。というのは、彼が米国の富裕層向け進学校［中学］に送り出した息子のアンジェイは、父の死後、取って置きの遺品の中から写真アルバムを見つけたが、それは彼の父親がナチの将軍やさまざまなナチ政府幹部と一緒に納まった写真で構成されていたからである)。

スターリンは同盟国を探していた。彼がチェンバレン、ダラディエとの同盟を希望したのは、ほかに選択肢がなかったからである。英国とフランスのほかに、スターリンがヒトラーからソ連を守るために頼れる国はなかった。

一九三九年三月十日、彼は第一八回党大会で演説し、これは国内と世界へ向けてラジオ中継された。一九三五年に完成した大会議場には各共和国からの代議員全員のために一三〇〇のデスクが用意されていた。スターリンは集まった代議員たちに語った――

しかし、戦争は不可避である。それはどのように見せかけても隠すことができない。というのは、いかなる〝枢軸〟も、〝トライアングル〟も、あるいは〝反コミンテルン条約〟も……ドイツがオーストリアとズデーテンを獲得し、ドイツとイタリアが共同でスペインを獲得したという事実――そしてこれはすべて非侵略的諸国の利益を無視して行われたという事実を隠すことができないからである。

彼ら［英国とフランス］はドイツにオーストリアを与えた――その独立を守るという約束にもかかわらず。彼らはドイツにズデーテン地方を与えた。彼らはチェコスロヴァキアを見殺しにしたのである。


スターリンは英仏両国を、「ソヴィエト軍の弱さ」、「ソヴィエト空軍の士気阻喪」を強調したとして非難した。

彼は反問した――なぜ、こういうことが起きているのか。一方的な戦争のように見える、と。非侵略的諸国は弱いのだろうか？「もちろん、そうではない。連合すれば、非侵略的な民主諸国のほうが間違いなく強い……英国とフランスは集団安全保障政策を拒否し、中立の立場をとった」。

国際社会にとって関心のある演説の核心は、英仏が集団行動をとるならば、両国のほうが強いというスターリンの発言だった。戦争は勝てるだろうと、今スターリンは両国に語りかけていた。そしてこれは、彼らがソ連を同盟国として利用可能だということだった。

五日後の三月十五日、ヒトラーは残りのチェコスロヴァキアを占拠した。

スターリンがその三月演説で連合国との同盟の可能性に触れたとき、それは要するに英仏への明確な呼びかけだった。「連合すれば、非侵略的な民主諸国のほうが間違いなく強い……英国とフランスは集団安全保障政策を拒否し、中立の立場をとった」――これはリトヴィノフ外相が同盟を交渉するための伏線だった。

リトヴィノフは熟練の外交官であり、長年ロンドンに大使として駐在して英国になじんでおり、妻は英国人だった。彼は英国に好意的なことで知られていた。彼はまた米国の友人でもあった。米国のソ連承認のためにローズヴェルトと交渉したのは彼である。リトヴィノフの外相在任中〔一九三〇〜三九年〕、ソヴィエト政府はチェコスロヴァキアのために戦う用意があることを示し、ドイツからは用心深く距離を保っていた。ソ連はリトヴィノフの下で一九三四年に国際連盟に加盟し、集団安全保障政策に従った。その当時、リトヴィノフは仏ソ相互援助条約の交渉の任に当たった。スターリンはこれを「平和の敵への障害」[32]と呼んだ。一九三六年にスターリンはドイツの侵略がどのように世界に襲いかかるかを予言していた――「歴史が示しているのは、どこかの国が他国に対して戦争をもくろむとき……その国は攻撃したいと思う国に到達可能な国境を探し始めるということである……私はドイツがその目標に向かってどの国境を選ぶのか正確には知らない。しかし、ドイツは自分に国境を進んで〝貸して〟くれる人々を見つけるだろうと思う[33]」。

まさに図星だった。

スターリンがこの発言をしたのはミュンヘンの前だった。一九三九年の世界が直面する問題は、英国は集団安全保障の原則から撤退するのか、ということだった。スターリンの演説から一週間が過ぎたが、英国からの反応はなかった。リトヴィノフはスターリンの指示を受けて三月十八日、先手をとり、ヒトラー阻止の条約を起草するためにフランス、英国、ポーランド、ソ連、ルーマニア、トルコが会議に参集することを提案した。チェンバレンは否定的な反応を示した。彼がある友人に書いたところによると、「私には根深い対ソ不信がある。仮にそうしたいと望んでも、ソ連に効果的な攻勢を維持する能力があるとは露にも思わない。そして私はソ連の動機に不信を抱いている[34]」。チェンバレンは若い頃に父のジョセフに心に植え付けられた、世界はチュートン人諸国によって運営されるべきだという観念をついに乗り越えることがなかった。チュートン人諸国とは、英国、ドイツ、米国のことだった。にもかかわらずチェンバレンは、一九三八年九月にミュンヘンで「われわれの時代の平和」を達成しなかったことを自覚し、一九三九年三月三十一日、彼に同調する英国下院で発表した。ヒトラーが攻撃した場合には、英仏はポーランドに保証する——「自分たちに可能なすべての支援をポーランド政府に与えるだろう」と。[35]

しかし、それはソ連にとって何の助けにもならなかった。

四月十四日、元インド総督で貴族の有力な英国外相ハリファックス卿（チャーチルは狩猟好きの彼に〝聖なる狐〟というニックネームを奉った）は、リトヴィノフの三月十八日の提案に対して英国の回答を与えた。彼は駐英ソ連大使のイワン・マイスキーに、英国政府はソ連が侵略されても、対ポーランドのように、支援の保証を貴国に拡大するつもりはないと語った。これはスターリンを「激怒」させたと伝えられている。

それにもかかわらず、モスクワではリトヴィノフがその後の六週間、駐ソ英国大使サー・ウィリアム・シーズ（彼はまた駐ソ・フランス大使ポール＝エミール・ナジャールの代弁もしていた）を軍事・外交同盟の討議に誘いこもうと試みた。しかしながら、大使たちは何も提案しなかった——同盟も、保証も。英国はソ連に独力で対処するように言い続けた。

四月十六日、スターリンは大きな一歩を踏み出した。リトヴィノフからシーズに公式提案させたのである——ソ連、フランス、英国は、三国もしくはバルト海と地中海の間にあるいずれかの国が攻撃されたならば、これら三国に対独宣戦布告の義務を負わせる条約を結ぶべきである、「これら諸国のいずれの一国に対しても、ヨーロッパで侵略があった場合には軍事援助を含むあらゆる種類の援助を与えるために」[36]。リトヴィノフは要求した。協定は二つの条約の形で固定されるべきである。すなわち、英国とソ連の条約、そしてフランスとソ連の条約である。それぞれの条約は、最近英国とポーランドの間で締結された条約のように、侵略の場合の即時軍事援助のための合意を含むべきである、と。

問題はポーランドだった。誰が誰と同盟しようが、ポーランドのベック外相（ヒトラーへの信頼は揺るぎなかった）以外の全員の意見が一致していたのは、ポーランド回廊とダンツィヒ支配の意図を定期的に猛然と呼号しているヒトラーが戦争を始めるのはポーランド侵略からだろうということだった。従軍記者で『第三帝国の興亡』〔邦訳――松浦伶訳、東京創元社、二〇〇八～二〇〇九、全五冊〕の著者ウィリアム・L・シャイラーは、四月の第一週をポーランドで過ごした。彼はポーランドが大難題であることを発見した。「彼らは軍事的、政治的に惨たんたる状態にあった。空軍は時代遅れで、陸軍は扱いにくく、戦略的位置は三方をドイツに囲まれていて――ほぼ絶望的だった……ドイツの〝西の壁〟〔ジークフリート線〕の強化は、ポーランドが攻撃された場合の英仏の対独攻勢をきわめて困難にした。そして最後に明らかになったのは、強情なポーランドの〝大佐〟たちは、ドイツ軍がワルシャワの門前に迫ったとしても決してソ連の支援に同意しないだろうということだった(37)」。

しかもなお彼らは、シャイラーには信じがたいことだったが、ドイツを頼りにしていた。

実のところ、もしドイツ軍がポーランドを侵攻しても、英国がそれを止める手段は何もなかった――条約が存在して何を言っていようが。ハリファックス卿はソ連との本格的交渉を先延ばしにする言い訳として、ユゼフ・ベックが、たとえドイツ軍を撃退するためであろうともソヴィエト軍の越境を拒否していることを利用した。シャイラーによれば、実際には誰の目に明白だったが、英国はもしその気があれば、ポーランドに対してソ連軍の国内行動に同意を強いることが可能だっただろう。

五月一日、ハリファックス卿はロンドンのソ連大使館を訪問した。革命後、英国外相がソ連大使館に足を踏み入れるのはこれが最初だった。しかし、これで明らかになったのは、ハリファックス卿の態度はどちらかと言えば硬化したということである。彼はマイスキー大使に、英国政府はソ連と条約を締結する用意がないと告げた。

米国ではローズヴェルト大統領とコーデル・ハル国務長官が、平和に対するヒトラーの脅威が増大するのを心配しながら見守っていた。大統領もハルも、もし英仏がソ連と条約を締結するならば、これはヒトラーを思いとどまらせるだろうという結論に達していた。二人はまた、三国の軍事力を合わせればドイツの軍事力に匹敵するだけでなく、見た目にはこれを上回るだろうと考えていた。彼らは、スターリンがもし英国と取引できなければ、ヒトラーと取引する可能性がある危険も目にしていた。スターリンにとってこれは筋の通った選択になるだろう。ソ連はこれによって防衛力強化の時間を稼げるからである。前駐ソ大使のジョセフ・E・デイヴィスは、とりわけ独自の判断をする外交官でローズヴェルトに信頼されていたが、目下駐ベルギー大使として勤務していたブリュッセルで情報を集め、欧州の同盟について報告した——「ヨーロッパのこの夏が平和か戦争かというヒトラーの決断の決定的要素になるのは、英仏がソ連と確かな条約を結ぶかどうかということになるだろう」[38]。彼や情勢に詳しい他の米国人たちはじっと見守っていた。彼らにはそれしかできなかったからである。

スターリンは駐米大使たちからローズヴェルトの物の見方について興味深い情報を得ていた。ソ連最初の駐米大使（一九三三年から一九三八年まで）アレクサンドル・トロヤノフスキーは小柄でずんぐりした、謹厳な、そして評判のよい人物だったが、ワシントン在任中にローズヴェルトと六回会見した。彼は一九三八年夏にソ連へ呼び戻され、数ヵ月間逮捕を恐れながら過ごした。そしてスターリンの旧友だったおかげで、命拾いをした。あまり定かでないある話によると、慈悲心を滅多に見せることのなかったスターリンが、処刑される予定者の名簿にあったトロヤノフスキーの名に目を留めると、それを線で消し、「手出し無用」と書き込んだという。[39]トロヤノフスキーはスターリンに報告していた――ローズヴェルトはソ連に好意的である。しかし、「及び腰であり、かなりの程度において国務省のスタッフにだまされている。それは彼らがさまざまなメモを中立主義の精神で加工しており、一般に侵略者をひいきにしているからである」。[40]トロヤノフスキーの後任のコンスタンチン・ウマンスキー大使は、スティムソンとハルにひどく嫌われた（ハルは、ウマンスキーは「マナーと話しぶりで無礼であり……横柄で……われわれの行動があたかも凶悪な犯罪行為であるかのように抗議した」[41]と書くことになる）。にもかかわらず、ウマンスキーは世論の動向に耳を傾け、大統領が「ナチと日本人を強く憎んでいること」[42]、そして彼に課せられた中立法〔一九三五年制定〕の制限に苛立っていることを報告した。大使はまた、「現在、ディーズ［下院非米活動］委員会……ローズヴェルト政権の進歩的な翼を毎日いじめている委員会に最も顕著な、反動主義者たちの活発化」を指摘した。

スターリンはローズヴェルトに関する別の興味深い事実も知った。NKVDは、ローズヴェルトが英国首相にかけている圧力がなかったなら、チェンバレンは恐らくソ連と交渉する気さえまったくなかっただろうと報告していた。この情報は大物ソ連スパイのドナルド・マクリーンからもたらされた。マクリーンはケンブリッジ大学在学中に共産主義に共鳴し、のちにソ連へ亡命することになるが、この当時はパリの英国大使館に三等書記官として勤務しており、英仏ソの間で行なわれるすべての話し合いに通じていた。そしてマクリーンによると、ローズヴェルトは英国政府にソ連と話し合いを開始するように事実上強制した。「ドナルド・マクリーンの報告では……ローズヴェルトはチェンバレンに、ヒトラー阻止のためにソ連を含むヨーロッパの連合国と交渉に入るように促した。われわれの情報源の報告によれば、英国政府はこの米国の主導権になかなか従おうとしなかった。そしてローズヴェルトに交渉開始を強制された」[43]。

ハリファックス卿は、彼の階級の例に漏れず、共産主義に対して根深い恐れを抱いていた。彼はヒトラーと会った後、総統についてこう言った。「彼は自国内の共産主義を壊滅させることによって、共産主義の西ヨーロッパへの道をふさいだ……それゆえドイツは間違いなく西側の反共の防塁と見なすことができよう」[44]。彼と他の世界指導者たちがソ連を恐れたのは、統治体制としての共産主義が西ヨーロッパの最悪の悪夢だったからだけではなく、一九三九年には共産主義モデルの具現化であるソ連がひじょうに活気のある機能的な経済制度のように見えたという理由もあった。実際、こう論争することも可能だったのである（そして多くのサークルで実際に論争された）――大不況を脱するために依然として奮闘している米国や、第一次世界大戦からの立ち直りに依然として努めている西ヨーロッパの民主主義諸国よりも、ソ連のほうが成功しているのだ、と。それゆえにハリファックス卿は許される限り交渉を遅らせ続けたのである。戦争を避けられないとしても、この戦術によって少なくとも戦争を遅らせることを期待しながら。そして、ソ連の申し出の真剣な考慮を妨げることが必至のように見えるにもかかわらず、である。

四月にはドイツの新たな超ド級戦艦ビスマルクが進水した。

五月一日、毎年恒例のメーデー大パレードで赤軍の部隊、砲、装甲車が赤の広場を行進したとき、リトヴィノフは観閲台のスターリンの隣に立っていた。ソ連の新聞はリトヴィノフを「主賓」として目立たせた。多分、スターリンはまだハリファックス卿の最新の拒絶について聞いていなかっただろう。しかし、その日の終わりまでにはロンドンで起きたことを知らされていたのは確実である。というのは二日後、彼はリトヴィノフを罷免し、すでに人民委員会議議長〔首相〕だったモロトフを新外務人民委員に任命したからである〔一九四一年五月まで議長と兼任。スターリンが議長に就任してからは〝外相〟に専任〕。ソ連各紙はこの人事異動を裏ページで報じた。これはまったく予想外の人事だった。モスクワのドイツ代理公使は報告した。「突然の人事異動は、リトヴィノフが英国代表団との交渉の真っ最中だったので、当地では最大の驚きを引き起こした……スターリンの恣意的な決定が原因のようだ(45)」。

個人的な関係で見れば、この異動はモロトフに、何十年ものあいだスターリンの耳の役をめぐってリトヴィノフと続いてきたライバル関係に、ついに優位を与えたということであった。政治的観点からは、これは英国にとって厄介なことだった。なぜならモロトフはリトヴィノフほど英国に好意的ではなく、ドイツへの信頼のほうが大きかったからである。モロトフは一九三三年にスターリンに告げ口の手紙を書いていた（それ以後も別の同様の手紙が書かれたことは間違いない）――「リトヴィノフはその無節操なサークルとともに、ドイツに対する〝敵対〟の道へ滑り落ちる傾向がある……彼を止めることが必要だと思う(46)」。

対照的なことに、リトヴィノフには早くから、「火と剣によって東方へ拡張の道を切り開き……ソ連諸民族を隷属化させる(47)」というヒトラーの意図がはっきり読めていた。スターリンは、モロトフにソヴィエト外交政策を担当させることで、ヒトラーとの交渉の扉を開いた。もしスターリンが連合国との条約を締結できなかったならば、彼はヒトラーに賭けることになるだろう。そしてユダヤ人のリトヴィノフが交渉を担当することになれば、ヒトラーとの交渉はより困難なものになるだろう。

モロトフは常にスターリン側近の友であり、「ボスに向かって仲間同士のように話せる(48)」唯一の人間だった。スターリンにとって、自国を戦争から守るこの緊急問題に取り組むにあたって、モロトフを最前線に置くことは、そこでのすべてのニュアンス、すべての変化、すべての可能性を残らず把握できるということを意味した。彼は十分な余裕をもってドイツ人たちと交渉できるだろう。

モロトフはナジャール、シーズとの交渉を継続した。しかし、二日後、チェンバレンが議会で英国はソ連と条約を結ばないだろうと宣言すると、スターリンはモロトフに、駐ソ・ドイツ大使フリードリヒ・フォン・デア・シューレンブルク伯爵に会い、独ソ両国間の貿易関係の討議を開始するように命じた。

ドイツはこの時点ではソ連を中立にすることを望んでいた。なぜならドイツ外相ヨアヒム・フォン・リッベントロップは戦争を熱望していて、ソ連との関係改善は（ポーランド侵略後）英国に対して致命的打撃を加える直接の好機を帝国に与えるだろう、とヒトラーを説得していたからだ。そして英国が征服された後で、ソ連を始末する時間はたっぷりあるだろうと。

モロトフは最初は対決的だった。彼はシューレンブルクとドイツ政府を二枚舌で交渉していると非難した。モロトフはシューレンブルクに、「スターリンは大きな関心をもって話し合いを見守っており、彼には話し合いのすべての細部が報告されている」[49]と断言した。

ベルリンのドイツ外務省は、ソ連を〝転向〟させることができるとはまったく信じていなかった。「われわれの意見では、英ソ連合を妨げるのが容易でないのは確かである……成功の可能性はまったく限定的だとここでは見られている」[50]と、ドイツ外務省はシューレンブルクに忠告した。

それから少し後の五月三十一日、スターリンはモロトフにラジオで外交政策の演説をさせた。ラジオは重要な外交政策変更を発表するための最適の報道機関だった。スターリンとモロトフはソ連全国だけでなく、関心のあるすべての国がこの演説を聴くだろうと考えたのである。

モロトフはそのラジオ演説でこう述べた――英国はソ連が攻撃された場合の軍事援助を保証せず、周辺諸国への援助も保証しなかった。「われわれは平和を支持し、戦争に反対している」。「しかしわれわれは、火中から他人の栗を取り出すために自分たちが使われてはならないというスターリンの忠告を思い出すべきである」。モロトフが明確にした論点は、ソ連が望むのは英仏との効果的な相互援助条約であり、この条約は戦闘の場合にソ連が期待できる援助の規模と性格を、そして同時に、周辺諸国に与えられる援助を計画するものでなければならないということだった。モロトフはソ連の聴衆のために（英仏、そしてドイツの聴取者に対してはもちろん）、ドイツとの関係改善の可能性は無条件に排除されるべきではないという警告を含めた。一九三八年にドイツはソ連と貿易関係を開くことを望んだ、とモロトフは説明した。その時の交渉は中断された。しかし、「話し合いは再開されるかもしれない」と。

　もちろん、話し合いはすでに再開されていた。

　この時点でのラジオの利用は、転機を示していた。もしスターリンが英仏に警告することを望んだだけだったならば、モロトフは単純に英仏の大使たちに会うことができただろう。必要だったのは、モロトフがラジオで放送してソヴィエト国民をこのような大きな政策変更に準備させることだった。

　モロトフがラジオ演説で名前を挙げて言及した世界指導者はただ一人、ローズヴェルトだけである――これはスターリンが、大統領がソ連のために行なっている努力を承知しているというはっきりしたシグナルだった。四月十四日、大統領はヒトラーにメッセージを送り、その中で彼は少なくとも一〇年間攻撃しないように求める三一ヵ国の名前を列挙した。メッセージの主効果は残念なことに否定的だった。というのはヒトラーは国会演説でこのメッセージをあざ笑ったからである。ウィリアム・シャイラーはヒトラーのこの演説を「彼の演説の中で最も見事なもの[51]」と書いている。しかしながら、ローズヴェルトのメッセージはソ連では感謝の気持ちをもって迎えられたのである。今、モロトフは述べていた――ドイツ国家による国際諸条約の破壊が、「米国大統領ローズヴェルトの平和愛好の精神で染められた提案に対するドイツの回答だった[52]」と。

しばらくの間、モロトフはシューレンブルクとの会談で先手をとり、両国間の経済問題はもちろんのこと、政治問題も討議のテーブルに載せた。

その次のソ連の交渉ステップはロンドンで行なわれ、ハリファックス卿への挑戦となった。真剣に交渉し、相違点を取り除くためにあなたがモスクワへ行く気はないか、とマイスキー大使は尋ねた。ハリファックス卿は答えた。「出かけるのは実際上不可能だ」。

かつて外相を務めたことのあるアンソニー・イーデンは、ハリファックス卿の不作法さに慄然とし、ハリファックス卿と交代することを申し出たが、チェンバレンは拒否した。マイスキーはもう一度ハリファックスにモスクワへ旅をするように求め、彼は再び断った。自分がロンドンを離れるのは不可能だ――「差し当たりは」と彼は言った。

チェンバレンがヒトラーと取引するためにミュンヘンへ旅したことを考えるならば、モスクワへの旅を外相が繰り返し拒否したことは、スターリンの顔への平手打ちであった。

ローズヴェルトはどうしてもスターリンと連絡をつけ、彼にヒトラーと取引するなと言っている人たちを応援したいと考えた。大統領は手近にいたメッセンジャーを見つけた。トロヤノフスキー大使が更迭され、離任のあいさつをするために六月六日にホワイトハウスを訪問することになっていた。彼はモスクワでいろいろと事情を訊かれるだろう。ローズヴェルトは大使に簡単なメッセージを与えた。「スターリンに伝えてくれたまえ。もし彼の政府がヒトラーと同盟したら、昼の後に夜が来るのと同じように確実だが、ヒトラーはフランスを征服したらすぐにソ連へ方向転換し、次はソ連の番になる、と[53]」。

『我が闘争』は一九二〇年代半ばまでにドイツで数百万部売れた。そして一九三三年には英語版が現れた。英国の支配者たちは、ロシア人とユダヤ人は人間のくずであるというヒトラーの言葉を読んでいた。これは、ドイツはスラヴの農地、とりわけウクライナを得る権利があるというヒトラーが絶えず公然とぶちあげている主張に結晶した言葉であった。支配者民族たるドイツ人は生活圏を必要とする、とヒトラーはわめいた。「ロシアの空間はわれわれのインドである。われわれは英国人のようにこの帝国を一握りの人間で支配するだろう[54]」。これらの言葉を鵜呑みにしたとすれば、ヒトラーがますます暴力的になり脅威を増す中で、英国人がこう考えたとしても恐らく許されるだろう――ソ連とドイツが条約を結ぶ危険はないのだから、われわれがソ連と条約を急いで締結する必要はない、と。実際、英国人は、自国に根付くことを恐れている統治形態を持つソ連とは条約を交渉するプロセスこそ、条約自体と同じように自分たちに役立つ、あるいは多分それよりもっと役立つと考えていたのかもしれない。なぜなら、交渉そのものがヒトラーを次の侵略を行なう前にためらわせ、もしかしたら停止させるかもしれないからである。ヒトラーとスターリンが手をつなぐなどと考えることは、彼らの想像力を超えていたようだ。交渉は自分たちに時を稼がせてくれるだろう。多分、それは春までヒトラーを阻止するのに十分な時間になろう。なぜなら、よく知られていたように、九月の第一週を過ぎれば大雨がポーランドの道路を通行不能にし、そのあとは冬になって雪と氷が開戦をさらに困難にするからであった[55]。

ソ連の報道機関は、英国との話し合いを開始するためにスターリンが用いた道具だった。彼はプラウダ紙に連合国の不誠実さに対して攻撃を開始させた。「英仏政府はソ連との平等条約を望まず」――六月二十九日付第一面の見出しにはこうあった。記事をよく読めば分かるように、スターリンは英仏への扉を閉めなかった。また、記事の筆者の「英仏の不誠実さに関する見解は、〝友人たち〟のそれとは同じではない」[56]ことも報じられていた。

チェンバレンがヒトラーと取引しようとして初めてミュンヘンへ旅をした一九三八年九月十五日、ローズヴェルトはある親友にこう書いていた。戦争は「不可避である……多分、戦争が始まれば、米国はヨーロッパ文明の破片を拾い上げ、破壊されずに残るものの確保を助ける立場になるだろう[57]」。

それからほぼ一年後の今、ローズヴェルトはソ連[58]がドイツの軌道へと漂流しつつあるのを見守りながら、本気で準備を開始した。一九三九年七月五日、彼は戦争に備える中で地平線上にはっきりと蜃気楼を確認し、ひそかに軍事命令を出した。これは新機構――大統領行政府（ＥＯＰ）を誕生させた。これ以降、陸海軍合同会議〔これに代わる統合参謀本部の設置は一九四二年七月〕――つまり、陸海の参謀長たちは大統領行政府に報告することになった。陸海軍合同会議はすべての戦略計画、航空委員会、陸海軍統合武器弾薬委員会（すべての軍需品調達計画を監督する）を調整した。これまで参謀長たちはそれぞれ陸軍長官と海軍長官に報告していたが、これからはすべての軍事計画（戦略、戦術、作戦のすべての問題）が大統領のもとに届くことになった。大統領はすべての手綱を自分で握ることにしたのである。

七月の暖かい日々が過ぎていく中で、フランス、英国、米国のベルリン駐在大使たちは、ドイツ国防軍参謀本部が八月に戦争を準備していることがますます明らかになっていると本国政府に打電していた。大使たちは指摘した――その時までには作物の収穫が終わり、築城が完成して、今のところベルリンへ三々五々到着している予備兵たちも大人数で野営地に集められるだろう、と。

デイヴィス大使はベルギーから「クイーン・メリー」で帰国し、船は七月十七日にマンハッタンに停泊した。翌日の午後一二時三〇分までには、デイヴィスはホワイトハウスでローズヴェルトと昼食をとりながら、ドイツの指導層とコネのあるベルギー人たちがヒトラーの計画について知ったことを報告していた。二人とも勃発を確実視していた戦争について議論しながら、デイヴィスは大統領に忠告した――自分がビジネスや外交の情報源から拾い集めた知識に基づけば、ヒトラーとリッベントロップがスターリンを英仏から切り離そうと思っているのは間違いない。デイヴィスは予言した――ヒトラーは九月のニュルンベルクでの党大会前にポーランドに戦争をしかけるだろう。

デイヴィスはまた、ブリュッセルでは「米国の中立法の修正を切望している。それによってもしかしたらヒトラーを阻止できるかもしれない、少なくとも戦争を遅らせることができるかもしれないと信じているのです」とローズヴェルトに語った。デイヴィスは日記に書いている。「これらの意見は彼に何の驚きも与えなかった。それはただ彼の深い悲観論を裏づけただけのように見えた[59]」。

いやそれどころか、デイヴィスの言葉は大統領を奮い立たせたのだった。中立法の変更が戦争を回避させるかもしれないというデイヴィスの情報で武装した大統領は、同じ日のそのあとで有力上院議員たちとの会合を招集した――米国が外国に武器を送ることによって援助できるように、直ちに法律を修正すべく彼らを説得できるかどうかを見るためである。ローズヴェルトが望んだのは、ドイツと連合国の間でぐらついているスターリン、そしてスターリンと条約を結ぶことを嫌っている連合国という、デイヴィスのもたらしたこの時点での追加の証拠が、上院を動かしてくれることだった。彼は二階の書斎で会合を開いた。出席したのはコーデル・ハル国務長官、ジョン・ナンス・ガーナー副大統領、そして重要人物――共和党上院議員で外交委員会少数派有力メンバー、すなわち反対勢力説得の鍵となるウィリアム・E・ボーラ、その他の上院議員たちである。ローズヴェルトは会合を、ノース・ダコタ州選出のジェラルド・ナイ共和党上院議員の力と影響力について語ることから始めた。ナイの極端な孤立主義的見解が法律修正の道を閉ざしていた。ボーラが大統領の発言を遮った。手で払いのけるような身振りで、彼は言った。「大統領、ほかにもいますよ[60]」。大統領は不意を突かれて、ボーラに発言をもう一度繰り返してくれるように頼んだ。ボーラは、力を入れて、それを繰り返した。それには、「少なくとも近い将来にはどんな戦争も起きないだろう……ドイツはその準備ができていない」という確信がこもっていた。すっかり動転したハルは、夏が終わるまでに戦争が起こると予言した。彼はボーラに自分が受け取っている電報を見てくれと言い、中立法廃止のために弁護をした。出席していた人たちによれば、ハルは目に涙を浮かべ、自制心をもう少しで失うところだった。ボーラの素っ気ない態度と、国務省よりも自分のほうがドイツを知っていると言わんばかりの傲慢さに、ハルはそれほどまでに激高したのである。会合は深夜まで続いたが、その段階でガーナー副大統領が言った。「キャプテン、われわれは現実を直視したほうがよさそうだ。あなたは票を得られなかった。ただそれだけのことです[61]」。上院はローズヴェルトが一九三九年夏に越せないハードルだった。

モロトフはナジャール、シーズと交渉することを諦めていなかった。いま彼は二人を説得した——ソ連は「直ちに」モスクワで軍事的討議に入ることを望んでおり、相互援助条約に調印するために軍事使節団が一刻も早くモスクワへ派遣されるべきだと。ようやくハリファックス卿はこれに同意した。

英国外務省への、とりわけハリファックス卿と彼の側近グループへの圧力、そして意味のある条約をソ連と締結することへの彼らの抵抗は、英国の上級外交官ウィリアム・ストレンジが話した次の感想に見ることができる——「[三カ国連合のための]交渉の歴史は、英国政府がソヴィエト側論拠の圧力、そして議会、報道機関、世論の締めつけのもとで、モスクワ駐在大使の忠告、そしてフランスからの説得を受けて、ソヴィエトの立場に向かって動くように一歩一歩、どのように追い詰められていったかの歴史である[62]」。

七月三十一日、恐らく軍事条約を締結する権限を与えられたと思われる英仏の交渉担当者、サー・レジナルド・ドラックス提督とヨゼフ・ドゥマン将軍、そして彼らのスタッフがモスクワへ向けて出発した。彼らの旅行方法は異常に効率の悪いものだった。英国海軍は依然として世界最大の海軍だった。しかし、外交官たちをまともな船に乗せる代わりに、あるいはもっと実際的に飛行機に乗せる代わりに（チェンバレンとダラディエは飛行機でミュンヘンへ行った）、ハリファックス卿は一行を船足の遅い貨物船「シティ・オヴ・エクセター」で送り出した。シティ・オヴ・エクセターはレニングラードに着くのに一〇日かかった。

シューレンブルクとモロトフの会談は、シティ・オヴ・エクセター号が東へ向かっている間も続けられた。シューレンブルクは今、スターリンへの餌として、ドイツは「ソヴィエト領バルト地域の重大利益を守るだろう[63]」とモロトフに請け合った。

モロトフは見事な対応をして、シューレンブルクの話にすぐには乗らなかった。シューレンブルクは、スターリンがヒトラーとの条約締結まで突き進むなどとは少しも信じていなかった。実際、彼は本国の外務省に、きわめて懐疑的だと伝えていた――「私の全体的印象では、現在、ソヴィエト政府は英仏がソヴィエトの希望をすべて満たすなら、彼らと調印することに決している」。

一方、ロンドンではチェンバレンが自分の計画にこだわり、スコットランドの渓流へ（八月五日に）マス釣り旅行に出かけることを決めた。ロンドン駐在の米国大使は、チェンバレンは「しかるべき期間、留守にすることを望んでいる[64]」と報告した。

ローズヴェルトは八月四日（金曜日）午後二時の閣議で、コーデル・ハルからソ連と英仏の交渉の状況について報告を受けた。大統領はシティ・オヴ・エクセター号がまだ航海中だということを知っていた。閣議の直後、ローズヴェルトは国務次官のサムナー・ウェルズと一緒に、ヒトラーとの条約締結を思いとどまらせようと最後の望みをかけてスターリンに親書を書いた。これをどのように届けるかというのは微妙な問題だった。大統領はどうしてもスターリンに親書を読んでもらいたかったので（しかし、親書を送ったことは外部に知られたくなかったので）、極秘の迂回ルートを使って送ることに決められた。だが、いつ終わるとも知れぬ交渉が続いたこの夏、親書はモロトフに届くまでに一一日かかり、そしてローズヴェルトがスターリンの反応を知るまでにはほぼ二週間を要したのである。その同じ八月四日にはまた、貿易を促進するソ連との通商協定がワシントンで期間延長された。

シティ・オヴ・エクセター号は八月十日にレニングラードに到着し、ドラックスとドゥマンは八月十二日にはソ連側代表と交渉を開始する用意が整っていた。交渉の議題は軍事条約であり、ソ連側は重要な交渉の妥結を期待していたので、代表団首席は国防人民委員クリメント・ヴォロシーロフだった。ヴォロシーロフは、助言者として赤軍参謀総長ボリス・シャーポシニコフ将軍をはじめ、赤色空軍司令官、赤色海軍司令官を含むソヴィエト軍最上級幹部を帯同していた。対照的なことに、これに対する英仏連合国代表団は寄せ集めメンバーで構成されていた。ジョセフ・ドゥマン将軍はフランス第一軍管区司令官だった。しかし、サー・レジナルド・ドラックス提督は国王ジョージ六世の海軍補佐官で、海軍幕僚を務めたことはなかった。ドラックスに随行する航空中将サー・チャールズ・バーネットは操縦士で、ロンドン駐在ドイツ大使によれば、戦略家ですらなかった。

会談はモスクワ、スピリドノフカ通りの外務人民委員部迎賓館で行なわれた。この建物には金箔張りの天井、錦張りの壁、最高のオリエンタルカーペットで内装された広々とした部屋が多数あり、外国使節を接遇するための外務当局の公式の場所になっていた〔これは一九世紀末に有名な富豪サッワ・モロゾフが妻のために建てた豪邸で、現在もロシア外務省迎賓館〕。その日は暖かかったので、出席者たちがテーブルを囲んで座り、発言し、たばこを吸っている間、窓は手入れの行き届いた庭に向かって開け放たれていた。

ドラックスは交渉の権限が与えられたことを証明する信任状を携えていなかった。（その信任状が届くまでにきわめて重要な一週間が過ぎた）。ソ連は有事の際に戦闘態勢が整う歩兵師団〔狙撃師団〕を一二〇個有していた。英国はどれだけの部隊が戦闘の準備ができているか、とヴォロシーロフは尋ねた。正規軍五個師団と機械化一個師団である、とドラックスは答えた。ヴォロシーロフはあっけにとられた。ソ連の諜報が得た英国軍兵力の数字は間違っていたのだ――英国は自分たちが信じていたよりもはるかに弱かった。フランスも同様だった。ヴォロシーロフは肝心かなめの質問をした、これは「他のすべての問題に優先される枢要点である」と付け加えながら――ポーランドは、ドイツに侵攻された場合に、戦闘のためのソヴィエト軍部隊越境に同意するのか？　英国がドラックスに与えた指示は、この問題をかわして、必ずやポーランド人とルーマニア人は赤軍を招じ入れるだろうと答えることだった。[65] 八月十七日、ヴォロシーロフはこの質問が回答されるまで交渉を中断することを提案した。三ヵ国代表団が再び会合したのは八月二十一日のことである。しかし、質問は未回答のままだったので、会談はこれを最後に打ち切られた。今になって見れば、英仏連合国は誠意をもって交渉していなかったことがよく分かる。会談が始まる前に、シーズは書いていた。「私は軍事交渉の成功に関して楽天的ではない……しかし、交渉をいま始めることは、交渉が十分に長引いて次の危険な数ヵ月を乗り切れる可能性がある間、枢軸諸国にかなりの打撃を与え、われわれの友人たちには元気を与えることになるだろう」[66]。操縦士のサー・チャールズ・バーネット中将はモスクワで四日を過ごした後、ロンドンへこう書き送った。「われわれが条約の承諾を得られなければ、私はできる限り交渉を長引かせるのが政府の政策であると理解している」[67]。

シティ・オヴ・エクセター号がソ連へ向けて出航後、ロンドン駐在の米国代理公使はワシントンに打電した。「モスクワへ向かったばかりの軍事使節団は、交渉を十月一日まで長引かせるために全力を尽くすように指示された」。

英国外務省の交渉の進め方には誠意がなかった。

ローズヴェルトは、駐スウェーデン公使、駐ペルー大使を歴任したローレンス・スタインハートを駐ソ連大使に任命したばかりだった。そのスタインハートがモスクワに着任し、モロトフに信任状を提出したのは八月十日、すなわちシティ・オヴ・エクセター号がレニングラードに到着した日である。

ローズヴェルトからスターリンへの秘密親書に関しては、万全の警戒策がとられた。ローズヴェルトがヨーロッパの政治に手出しをしている痕跡を見つけようと熱心な米国内の孤立主義者たちを憤激させないために、親書の宛名はスタインハートとされ、署名はローズヴェルトではなく、サムナー・ウェルズが行なった。送信には国務省がワシントンとパリの米国大使館との連絡に頼っていた安全な直通線が利用された。ヨーロッパではどこでも電話線、電信線は通常盗聴されていることが知られていたので、在仏大使館はパリからの伝達には伝書使に託すという、安全だが恐ろしく時間のかかる普通の方法を指示された。在仏大使館二等書記官が親書をスタインハートに手渡したのは九日後の八月十四日朝のことだった。計画では、スタインハートが自分で親書をモロトフに手渡すことになっていた——恐らくモロトフはその内容をスターリンに伝えるだろうと。スタインハートはすぐにモロトフとの面会を申し入れ、八月十五日に親書をみずから彼に手渡した。

八月四日の日付の手紙は次のように始まっていた——

親愛なる大使。大統領は私にこの緊急の手紙をあなたに送るように求めた……もし枢軸諸国が勝利を得ることがあったとしたら、米ソ双方の立場は直ちに、そして著しく影響を受けざるを得ないだろう。その場合には、ソ連は米国よりも迅速に影響を受けるだろう……大統領はこう思わざるを得なかった――他のヨーロッパ諸国の側で侵略に対抗する満足すべき条約が達成されるならば、それは世界平和のために明らかに安定的な効果を持つことになるだろうと。(68)

ローズヴェルトはスターリンに、ヒトラーと関わらないように求めていた。

モロトフは注意深くスタインハートに耳を傾けた。それから彼はソ連政府がどういう立場をとっているかを説明した。スタインハートはモロトフの同意を得てメモを取った。

モロトフは彼に語った――ソ連政府が関心を持っているのは「単に一般的な宣言」ではなく、「特殊な条件下あるいは環境下でとられるべき行動の決定である。そして、侵略に対抗する相互の義務がなければならない……これまでに行われた英仏とのすべての交渉をわれわれが評価するのは、それらの交渉が相互防衛援助のための条約につながる可能性を持っている限りにおいてである」(69)。スタインハートは、交渉の考えられる帰結についてモロトフの意見を尋ねた。彼は答えた。「われわれは交渉で多くの時間を過ごした――これはわれわれが交渉の成功を期待していることを示している――しかし、遅延の責めを負わねばならないのはわれわれではない」。

モロトフは言った――ローズヴェルトがヨーロッパの問題に「直接」参加できないことを自分はよく理解している、「しかし、ローズヴェルト大統領が世界平和維持への深い関心と切望を常に念頭に置いていること、そしてそれゆえに、いま表明したわれわれの見解に米国政府は最大の関心と最高の重要性を付与するだろうということを自分は承知している」。

不運なことに、大統領のメッセージは何かを変えるにはあまりにも短すぎ、あまりにも遅すぎた。その同じ日の夜八時にモロトフはシューレンブルクと会った。シューレンブルクは本国に報告した――モロトフは「まったく珍しいほど従順で率直だった……重要なのは、われわれと不可侵条約を結びたいという、彼がきわめて明白に表明した希望である」[70]。モロトフは、リッベントロップ外相が「独ソ関係における一定の改善のための基礎を築き」[71]、ソ連との不可侵条約に続いて経済協定を締結するためにモスクワを訪れることに同意した。

リッベントロップは電報を読んだとき、興奮のあまり我を忘れた。自分を抑えるのに苦労した。彼は「大至急」[72]と指示した電報をシューレンブルクに送り、モロトフを訪問し、帝国外務大臣は「八月十八日金曜日以降のいつでも」モスクワへ飛ぶことができると伝えるように命じた。

八月二十日、指図に従ってシューレンブルクは、レターヘッドのない一枚の紙の電文をスターリンに提出した。電文の宛名は「スターリン殿」(ヘル・スターリン)となっていた。ヒトラーからのものだった。電文はまったくもって融和的で丁重だった。

ソ連との不可侵条約の締結は、私にとって長期にわたるドイツ政策の確立を意味します……ソ連が望む付属議定書の内容は、責任あるドイツ政治家がモスクワへ行き、交渉できるならば、可及的短期間で明確にできると確信します……帝国外務大臣は不可侵条約および議定書を起草し、署名する全権を有しています。

早くにご返事を得られれば幸甚です。アドルフ・ヒトラー

スターリンは直ちに返電した――「独ソ不可侵条約が両国間の政治関係において改善への決定的転

換点になることを希望します」。そして、帝国外務大臣ヨアヒム・フォン・リッベントロップは八月二十三日に到着して差支えないと書いた。

リッベントロップは大喜びだったが、今度はこの旅行が実現しないのではないかと（スターリンが考えを変えるかもしれないと）心配になって、翌日シューレンブルクに電報を打った――「どうか最善を尽くして旅が実現するように気をつけてくれたまえ」[73]。

その一方で、ドイツ軍は戦争の準備をしていた。八〇〇メートルの長さの一個縦隊――戦闘準備を整えた兵士たち、一六インチ砲を含む兵器を運ぶ大型トラック、キャタピラ式トラックで編成されていた――が、ポーランド国境から約三キロの地点にあるグライヴィッツのドイツ軍兵舎へ向かっているのが目撃された。英国国防相のレスリー・ホア＝ベリシャは八月二十日、南仏カンヌのビーチに短パン姿でいるところを新聞記者たちに見られたが、電報を手渡された後、三〇分のうちに着替えてパリ行きの列車に乗ったことも目撃されていた[74]。スコットランドではネヴィル・チェンバレンが釣り道具を仕舞い、お気に入りの渓流を後にして、ロンドン行きの夜行列車をつかまえた。

リッベントロップはヒトラー専用の設備の整ったコンドル機で、八月二十三日にモスクワに到着した。彼にはドイツ国務次官、儀典部長、ドイツ外務省東方局長を含む九名の外交官が随行した。使命の重要性を強調しようと、スターリンは交渉団がクレムリンに着いたときにこれを歓迎した。

独ソ交渉団の会談は午後と夕刻をぶっ通しで行なわれ、深夜に及んだ。リッベントロップは午前一時にヒトラーに電話した。条約が調印されたことを伝えるためである。このニュースはすぐにドイツ国営ラジオで速報された。そしてこの条約は、ドイツがどのような行動をとろうともソ連の無条件中立を保証しているので、「ドイツ政界全体に最大の高揚感を生み出している」[75]とニューヨーク・タイムズ紙は報じた。スタインハートによると、スターリンはみずからリッベントロップとの交渉を指揮した。そして交渉が妥結すると、リッベントロップはヒトラーと、「伝統的なドイツ・ロシア友好の復活」のために祝杯を挙げた。同席したドイツ外交官たちの一部の日記によると、リッベントロップは、「スターリンはさらに反コミンテルン条約にも加わるだろう」という流行のベルリン・ジョークを口にすることまでした。[76]

条約に関する発表はその日が遅くなってからプラウダ紙とイズヴェスチヤ紙に掲載された。公開文書には含まれていなかったが、ソ連の中立の約束（第二条――「他国と戦争中のいかなる国に対しても、いかなる形であれ、援助を控える」[77]）に対するお返しとして、ヒトラーはしぶしぶ、ソ連がバルト三国と、ソ連に接続するポーランド領の一部を得ることに同意した。

スターリンはロシア皇帝たちが支配していた土地を取り戻した。

ベルヒテスガーデンにいたヒトラーは知らせを受けると、「一瞬、虚空をにらみ[78]、顔を真っ赤にして、テーブルをどんと叩いた。コップがカタカタ鳴るほどだった。それから興奮で変わってしまった声で叫んだ――『やったぞ！　やったぞ！』。『今や、ヨーロッパは我がものだ[79]』」。

翌日、ヴォロシーロフは英仏の代表たちとの交渉にこれ以上時間を使う理由がなかったので、他の政治局員二名[80]――ゲオルギー・マレンコフ、ニキータ・フルシチョフと一緒に自分の猟場へカモ猟に出かけた。（フルシチョフはこの日を日曜だったと間違って記憶しているが、そのほかの出来事の記憶は信ぴょう性が高い）。天候は最高だった。三人ともカモをたくさん射止めた。そのあと三人はスターリンの別荘へ行き、話したり、酒を飲んだりしてのんびり過ごした。夕食にはカモ料理を食べた。スターリンには、夕食のテーブルを囲んで何時間も座り、夜遅くまで話をし、取り巻きの人たちの話にも耳を傾けること以上の楽しみはなかった。切れ目なく出てくる酒と食べ物のおかげで彼らの会話は弾んだ。この日、スターリンは自国を攻撃から――少なくとも近い将来において――守るために大きな一歩を踏み出した。スターリンは自分がヒトラーを買収したと信じていた――ヒトラーに対抗する勢力と提携しないという約束によって。フルシチョフの回想によると、この日のスターリンは、ヒトラーとリッベントロップが起草した友好不可侵条約の案文についての情報ではちきれんばかりだった。草案はリッベントロップが携えてきた。そしてスターリンは若干の変更を加えて、たった今クレムリンで調印された、と彼らに伝えた。ほぼ一年間（ミュンヘン以来）スターリンを消耗させてきた緊張の弛緩が著しかった。彼は開けっぴろげで、嬉しそうだった。

スターリンは「ひじょうに上機嫌で、盛んに冗談を言った」[81]。彼は仲間たちに語った――「まだモスクワにいる英仏の代表たちが明日、条約のことを知ったら、直ちに本国に向けて出立するだろう……［彼らは］実際にはわれわれと手を組みたくなかったのだ……もちろん、誰が誰をだますか、だまし合いを見るのはまったく勝負のようなものだ。私はヒトラーが何を企んでいるか知っている。彼は私の裏をかいたと思っている。だが実際は彼をたぶらかしたのは私のほうだ」。

スターリンが信じていたのは、自分が時を稼いだということ、ソ連は今や中立を保ち、その力を蓄えておけるということだった。ヒトラーはソ連に向かってくる前に英仏を始末しようとするだろう。

ローズヴェルトもまたワシントンの夏の暑さを逃れて休暇に出かけることに決めた。ハドソン川の谷間のハイドパークにある自宅がワシントンよりも涼しいということはまず考えられなかった。大統領は八月十二日の朝、ニューヨーク・シティに向けて出発した。軍艦「タスカルーサ」に乗り込んでカナダ領海をクルーズするためである。（その日、モスクワ、スピリドノフカの外務人民委員部迎賓館で英仏とソ連の交渉が始まった）。ローズヴェルトはかつて家族と多くの時間を過ごした思い出の地――カナダのニューブランズウイック州カンポベッロ島を訪れる計画だった。彼は一九二一年八月にこの地でポリオにかかった。この病気にかかる前、彼はすらりとした長身（一八八センチ）の二枚目で、しゃれた服を着こなす人物だった。ウッドロウ・ウィルソンが「私がこれまでに会った最もハンサムな大入道[82]」と評したほどである。彼は懸命の闘病によって身体の障害に反撃し、これを克服して、真の自信に満ちあふれた人間に変身した。病気で体が不自由になってからのローズヴェルトには昔の面影はなかった。変わったのは外見だけではない。「まさしく彼の中では、人生の些末なものすべてが燃えつきたかのようである。彼の精神には鋼が入っている[83]」と、サムナー・ウェルズは観察している。当時、カンポベッロ島から運び出されたときのローズヴェルトは半死半生だった。以来、彼は島を見ていなかった。

タスカルーサは大統領にふさわしい実に堂々たる軍艦だった。一九三四年に就役したニューオーリンズ級の重巡洋艦で、幅一九メートル、長さはほぼ一八〇メートルあり、七〇〇名の水兵が乗り組んでいた。

大統領にはいつもの旅の道連れ〝パー〟・ワトソン提督とロス・マッキンタイア海軍軍医中将、それに海軍補佐官のダニエル・J・キャラハンが同行していた。しかしながら、重大な国際情勢を前提として、大量の立案作業がこの軍艦を指揮センターに変えていた。どのような政治危機が発生してもローズヴェルトが対処できるようにするためである。またタスカルーサにはその目的のために、口述筆記と演説作成、あるいはプレスリリース発行を手助けする三名の秘書（ドロシー・バーディ、ヘンリー・カニー、ビル・ハセット）、重要人物を電話で探し出せる（当時これはなかなかの芸当だった）ホワイトハウスの電話交換手ルイーズ・ハッシマイスター、そしてホワイトハウス輸送局長デューイ・ロングが乗っていた。

ローズヴェルトが執心していたのは、釣りと日向に座ってのんびりすること、そしてカンポベッロ島訪問だった。北東に針路をとりながら、まずノヴァスコシア州ハリファックス・ハーバーに寄港し、巡洋艦がカンポベッロ島に着いたのは八月十四日午後一時のことだった。ローズヴェルトはすぐに軍艦を後にし、恐らくそのホエールボートの一隻に乗って旧宅を訪ねた。ここで彼は自分に悲劇が襲った現場に立つというつらい経験をしたに違いない。というのは、三時間後にはタスカルーサに戻っていたからだ。タスカルーサはさらに東のケープブレトン島シドニー・ハーバーを目指した。

　ワトソン、マッキンタイア、キャラハン、ローズヴェルトはニューファンドランド州アイランズ湾に着くまでタスカルーサの船尾で釣りをした。そのあと午後遅くになってからローズヴェルトとほかの人たちはホエールボートに乗ってハンバー川で数時間サーモン釣りをした。翌日の午前七時四四分、タスカルーサはプチパポイントに着いた。ローズヴェルトはハンバー川で場所を変えて釣ってみたかったのである。釣果の記録は残っていないが、この釣りは最高だったに違いない。なぜならローズヴェルトと友人たちは五時間も釣りをしてから、タスカルーサに戻ってきたからである。彼らの計画では北へ針路を続けてベルアイル海峡を通過し、浅瀬に突っ込んだ大きな氷山を見物し、それからニューファンドランド島を周回することになっていた。しかし、濃霧がこの計画をだめにした。ノヴァスコシア州ハリファックスに引き返すことが決定された。途中、タスカルーサはセントローレンス湾のバードロック島沖で停泊したので、大統領と同行者たちはホエールボートでサーモン釣りをする最後の機会に恵まれた。しかし、一時間半後には艦に戻り、タスカルーサは二〇ノット〔時速三七キロ〕でハリファックスに向けて航行中だった。月曜〔八月二十一日〕の午後三時〇〇分、船はハリファックス・ハーバーに停泊した。ワシントンからの伝書使である米国郵便検査官レオ・デヴォードが大統領用特別郵袋を持って乗船してきた。ローズヴェルトは八月二十五日（金曜日）の朝、ワシントンに戻る予定だった。

月曜の朝、ドイツのラジオ放送は音楽番組を中断して第一報を伝え、ドイツとソ連が不可侵条約に調印することを決定したと発表した。翌八月二十二日（ローズヴェルトの周航一〇日目）、このニュースはドイツの新聞の大見出しになっていた。

ローズヴェルトとハル、デイヴィスは夏のほとんどの期間、そのような結果について議論し、それを防ごうと努めていただけではなかった。彼らは次のステップに対しても目配りを怠らなかった。すなわち、彼らはこの問題の対処にあたっては、ソ連をヒトラーの腕の中にさらに追い込むようなことは一切しないと決めていたのである。ニューヨーク・タイムズ紙は記者が国務省から説明を受けていたので、ローズヴェルト政権の反応を最もよく伝えた。同紙によると、不可侵条約の発表は「国務省内にほとんど驚きを呼び起こさなかった。ソ連へ軍需資材を売ろうというアドルフ・ヒトラー首相の意欲は……ドイツがもはやソ連への直接攻撃を計画していないことを、ヒトラー氏がヨシフ・スターリンに具体的に示すものとして受け取られた。そして、ヨシフ・スターリンは、できることならヨーロッパにおいて消極的な役割を演じることを望んでいると考えられている」[84]。

それはローズヴェルトのひじょうに正確で同情的な見解を反映していた。

ローズヴェルトはハルとウェルズに、ワシントンに急いで戻るべきかどうかを諮問した。二人はそうする必要はないと進言した。ローズヴェルトは彼らの助言を無視して、艦長に翌朝（八月二十二日）六時〇〇分の出航準備を命じ、タスカルーサの針路をアナポリスに決定した。その日の午後、ハリー・ホプキンスがローズヴェルトに最新ニュースを伝えるために、予定外の隠密行動で乗船してきた。恐らくホプキンスは、二日後にローズヴェルトの名前で発表される、ヒトラーとイグナツィ・モシチツキ・ポーランド大統領宛ての平和的解決を促すメッセージの草案を持参したのだろう。

八月二十三日の深夜に送信されたローズヴェルトの電報は、ヒトラーに対して世界平和の重要性を強調し、「妥当な規定された期間、いかなる積極的敵対行動も差し控える」こと、そして「これらの紛争を両者が信頼を置くことのできる公平な仲裁」に付すことに同意するように求めた。モシチッキ・ポーランド大統領に対しては、「ポーランド政府とドイツ帝国政府との紛争は両国政府間の直接討議の主題にできるかもしれない」、あるいはそれは「利害関係のない第三者を介した調停になるかもしれない」とローズヴェルトは示唆した。

タスカルーサは時間を節約するために全速力で南へ向かい、アナポリスの代わりにニュージャージー州サンディー・フックを目指した。艦は八月二十四日（木曜日）午前八時〇〇分に同地に停泊した。たっぷり休養をとったローズヴェルトは、午後の早い時間までにはホワイトハウスに戻り、ウェルズ、ハルと話をし、彼にとって最悪の悪夢——ドイツとソ連の同盟への対策を練っていた。ドイツ、ポーランド首脳への大統領のメッセージが公表された。

モシチツキは翌日、丁重だが失望させる返事を送ってきた。彼はローズヴェルトに「重要で高潔なメッセージ」を感謝した。彼は書いていた——政府間の直接交渉は「国家間に生じ得る難問の最も適切な解決法」である。しかしまた、「閣下のような利害関係のない公平な第三者を介した調停の方法」も「紛争解決における公正で公平な方法」である。

ローズヴェルトはモシチツキの対応を直ちにヒトラーに送り、次のように指摘した——「ポーランド政府は、私のメッセージで提案された基礎に立って……直接交渉によって、または調停のプロセスをつうじて、生じた紛争の解決に同意する意志がある」。「全世界がドイツもこれを受け入れることを願っている」と。ヒトラーからは梨のつぶてだった。独ソ条約が発表されてから数日のうちに、フランス政府はルーヴル美術館のグランド・ギャラリーと各展示室のすべての絵画を梱包してロワール渓谷のシャンボール城に移すように手配した。残ったのは重くて輸送困難な彫刻だけだった。英国の駐ポーランド大使館は、「ドイツ・ポーランド関係決裂のかなりの危険に鑑みて」、自国民にできるだけ早くポーランドから出国することを勧告した。[85]

英国では独ソ条約締結のニュースに度肝を抜かれた。英国の新聞は自国政府の責任をそれほど大目に見てはくれなかった。例えば、デイリー・ヘラルド紙は「対ソ関係における英仏両国政府側の犯罪的躊躇」について論評し、「しかし、だからと言って、平和とヨーロッパの自由に対するミュンヘンよりもさらに大きな裏切り行為であることの言い訳にはならない」と付け加えた。

翌年にチャーチルの軍事首席補佐官になるイスメイ卿は、「われわれの遅れをとった低馬力の代表団が、何らかの成果を上げるとはまったく期待していなかった[86]」と認めたが、ほかの多くの人たち同様、ヒトラーとスターリンの交渉の速度には仰天した。条約は一晩で成立したように見えた。

ソ連にとってヒトラーとの条約は、政治局員たちにとってさえ、きわめて異様だった。何しろヒトラーはそれまで頻繁に、我が支配者民族はスラヴ人を粉砕するだろう、ソヴィエトの指導者たちは人間のくずだと公言していたし、ドイツとの条約が共産党の集会で言及されたり、公の場の話で触れられたりしたことが皆無だったからである。ニキータ・フルシチョフは説明している――「われわれがヒトラーと平和共存に関する条約に達したことを即座に認められなかった。共存はドイツ人一般とは可能だったろう。だが、ヒトラー主義のファシストたちとは不可能だった[87]」。彼らがみな内密に表明した望みは、ヒトラーは自分たちに向かってくる前に、この条約のせいで英仏を攻撃するだろうということだった。

条約調印から九日後の九月一日、ドイツ国防軍がポーランドを侵略した。一八日間の戦闘後、ポーランドの師団は一個も残っていなかった。四五万名の軍人が捕虜になり、航空機八〇〇機が破壊されるか、鹵獲された。九月十七日、赤軍が東ポーランドに入った。ポーランドは存在しなくなった。

ハルが回想録に書いているところによると、米国はソ連の侵略を、「ヒトラーの軍勢がソ連にあまり近づきすぎないようにするため」のスターリンの方途として見ることを選んだ。[88]「われわれ［ローズヴェルトとハル］はソ連をドイツと同じ好戦的な国と名指すことはしたくなかった。そうすれば、ソ連をもっとヒトラーの腕の中に追い込むことになるかもしれなかったからだ……ヒトラーはソ連に対してその野望を捨てていなかった」。

内心ではローズヴェルトは激怒していた。彼は米国の駐英大使ジョセフ・ケネディ〔一九三八〜四〇年在任〕へのメッセージの中で、共産主義のことを「残忍性がロシアで独特の形態をとったもの」[89]だとし、次のようなジョークを書き加えた――「君が牝牛を二頭持っているとしよう。社会主義者は一頭を取り上げて、一頭は君に飼い続けさせるだろう。ナチは二頭とも君に飼い続けさせる。けれども、牛乳は全部取り上げるだろう。共産主義者は二頭とも取り上げる」。

ローズヴェルトは数週間のうちに連邦議会の特別会期を招集した。外国（英仏）が兵器を購入できるように中立法を廃止するためである。直ちにドイツ外務省はローズヴェルトを「中立でない」と非難した。ウィリアム・L・シャイラーによれば、ヒトラーはローズヴェルトに対して恐れの入り混じった健全な敬意を抱いていた。一年のうちに、ヒトラーはそのローズヴェルトをみずからの世界制覇への道に立ちふさがる最強の敵と見なすようになるのである。

スターリンがヒトラーと条約を締結したことに対して、ローズヴェルトが見せた抑制のきいた反応は、一九四〇年の秋になって実を結ぶことになる。ヒトラーはスターリンに、英国を生贄《いけにえ》とする世界制覇の今後の計画を審議するために、モロトフのベルリン派遣を要請した。スターリンはヒトラーの圧力に抵抗しながら、モロトフのベルリン訪問は十一月五日まで行なわれないと言い張った。これはすなわち、ローズヴェルトが大統領に三選されるはずの日付である。

不可侵条約締結の少し後、スターリンはトルコ外相に注目すべき告白をしていた――「英仏、とりわけ英国はソ連なしで何とかできると考えて、われわれとの条約を望まなかった。もしわれわれに何か責任があるとしたら、それはこれらのすべてを予見しなかったことの責任だ[90]」。三五年後、フルシチョフは条約締結の論理的根拠をなおも擁護することになる――「もしわれわれがあの手を打たなかったら、戦争はもっと早く始まり、われわれに大きな不利益となっただろう。実際には、われわれはつかの間の休息を与えられたのだ[91]」。

興味深いことだが、一九三九年のその夏、スターリンはヒトラーとローズヴェルトからメッセージを受け取った。だが、チェンバレンあるいはダラディエのどちらからもメッセージは届かなかった。

占領したポーランドのドイツ総督ハンス・フランクは十月三十一日に声明した――「ポーランド人には大学あるいは中等学校は必要ない。ポーランドの地は知的荒野に変えられる予定だからである……享受できる唯一の教育機会は、みずからの絶望状態もしくは民族的運命を彼らに立証するための教育のみである[92]」。そして実際に、ドイツ人たちはその約束を守った。赤軍がポーランドを解放したとき、学校として利用できる建物、設備、研究器材、実験室は一つも見つからなかった。ドイツ人たちが破壊できなかったものは、ドイツ本国へ送り出された。

第8章 バルバロッサ作戦

スターリンはたとえ認めようとしなくても、それが近づいていることを感じていた。ある証言者によると、彼は六月上旬までにやつれはて、主治医から黒海沿岸ソチの別荘で休養するように指示されたほどだった。顔色は黄色く、目は血走り、手が震えていた。

スターリンはこの数年間、ヒトラーがソ連へ向かってくるのは時間の問題にすぎないという認識で生きてきた。彼がリッベントロップと条約を結んだのは、時間稼ぎのためだった。早くも一九四一年一月から、世界中の秘密情報収集拠点に駐在するソ連の外交官たち、そして大がかりなソヴィエト情報網が、六月のヒトラーのソ連侵攻計画をクレムリンに報告してきた。スターリンはそれを信じようとしなかった。彼はヒトラーが一九四一年の夏の間中は条約を守るだろうと判断していた。スターリンの将軍たちは侵攻が切迫していることを彼に伝えようと努力した。だが、スターリンは他人の意見を容認することがまれだったし、それに動かされることはそれ以上にまれだった。側近たちのほとんどは自分の考えをスターリンに合わせた。スターリンと意見を異にする者たちの多くは口を閉ざすことを余儀なくされた。ヴォロシーロフのように、スターリンは偉大ですべてお見通しだから、彼が正しいのだと信じる者たちさえ一部にいたのである。ドイツの戦争準備の紛れもない兆候を報告していたソ連の駐独大使で、現地ベルリンにいたウラジーミル・デカノゾフのような人たちに対して、ヴォロシーロフはこう言うのが常だった――「一体どうして君はスターリン同志と論争をやらかそうという気になれるのだ！　彼はわれわれの誰よりも多くのことを知っているし、誰よりも遠くまで見通せるのだ！」[1]。

一九四一年一月、ベルリン駐在の米国の商務官サム・ウッズは、バルバロッサ作戦のためのヒトラーの十二月指令を入手し、国務省へ送った[2]。これは映画館の暗闇の中で反ナチのあるドイツ人からウッズに手渡されたものだった。ウッズはヒトラーが計画している三方面からの軍事攻撃の概要を伝え、大量の偽ルーブル紙幣が印刷されたこと、占領したソ連領を統治するスタッフが準備完了していることを報告した。サムナー・ウェルズ国務次官はこの情報をウマンスキー駐米ソ連大使に渡した。

数ヵ月後、大島浩駐独大使から東京の上司に送られた電報の一本が、ヘルマン・ゲーリングから大使に与えられた情報を米国にもたらした[3]――すなわち、ソ連侵攻に動員される航空機の数量、師団の数と種類、そして侵攻時期は初夏という情報である。（日本が新たな打鍵方式を導入したため、米国の信号情報部は問題にぶつかり、しばらくの間メッセージを解読できなかった。暗号を破り、このメッセージを解読した信号情報部の暗号解読手は、「ひじょうに興奮してその夜は眠れなかった」と認めている）。

ローズヴェルトはこのことを知らされると、ウマンスキー大使に再度警告するようウェルズに命じ、ウェルズは三月下旬に指示を実行した。「本国政府はあなたの信頼に大いに感謝するだろう。われわれの会話を本国政府に即刻通報する」[4]と、ウマンスキーは答えた。

英国の諜報機関もまた、差し迫ったドイツ軍侵攻の兆候を読み取った。これはチャーチルにもスターリンに警告する行動をとらせた。スターリンはチャーチルの警告に否定的に反応した。彼はチャーチルを信頼していなかったのである。スターリンはチャーチルの警告を要約したあと、ジューコフに文句を言った。「われわれはドイツで脅かされている。そしてドイツはソ連で脅かされている。彼らはわれわれを互いにけしかけているのだ」。(数年後、モロトフはこう言うことになる。「この問題でチャーチルを信じることができただろうか？　彼が関心を持っていたのは、できるだけ早くわれわれをドイツとの紛争に追い込むことだった。どうしてそれ以外のことがあり得るだろう？[5]」)。

中国共産党のリーダー、周恩来は重慶からスターリンに、ドイツの侵攻は六月二十一日に起こると警告した。

東京では、ドイツの新聞記者の身分を隠れ蓑にしてスパイ網を動かし、駐日ドイツ大使オイゲン・オットと親交を結んだリヒャルト・ゾルゲが、五月十五日に、戦争は六月二十日から二十二日までの間に起きるとソ連の上部機関に報告した。五月十九日にゾルゲは、ドイツの九個軍、一五〇個師団がソ連国境付近に集結しているというきわめて正確な情報を送った。しかしながら、ゾルゲは二重スパイを疑われていた。この疑惑は、一九三七年の粛清時にドイツと通じているとして処刑されたソヴィエト軍将校たちから、恐らく信頼できない人物としてゾルゲの名前が挙げられていた事実に基づいていた。にもかかわらず、スターリンは常にすべての情報に目を通すことにこだわったので、ゾルゲの報告はほかの同様の報告とともに、六月九日、セミョーン・チモシェンコ将軍とジューコフ将軍によってスターリンに提出された。スターリンはこの報告を冷笑し、腹立たしそうに却下して、こう言った――「この出来そこないは日本で町工場や淫売宿をつくったくせに、そのうえドイツの攻撃日を六月二十二日だと報告することまでやりくさって。君たちは私が彼を信じるとでも考えているのかね？[6]」。

粛清時にあれほど多くの将軍たちを処刑させることになった、スターリンの被害妄想的な裏切り恐怖症が、皮肉なことに、今度はきわめて詳細で正確なゾルゲ情報に聞く耳を持たせなかったのである。しかし、「どれほどの量の警告メッセージも――ロンドンからだろうが東京からだろうが――彼の固定観念を変えることはできなかった」[7]――後にグロムイコはこう書いた。

指摘しておくべきことだが、ヒトラーは武力集結を見事に秘匿した。偽情報を流す作戦がドイツ軍参謀本部の諜報機関によって開始された。その核心は、ドイツは対ソ攻撃の前に英国を始末する予定だという情報と、対ソ攻撃を暗示するあからさまな行動のすべてが、英国民の中に誤った安心感をつくり出すためだとされていたことである――手遅れになるまで英国の防衛準備が整わないようにするために。偽情報キャンペーンは完璧だったので、バルバロッサ作戦はソ連国民だけでなく、ドイツ国民まで「ほぼ完全に」不意打ちした。[8] ドイツ駐ソ大使のシューレンブルク伯爵にさえ秘密にされ、ヒトラーは宣戦しないだろうと信じ込まされた大使は、そのことをスターリンに納得させようと試みた。

だが、計画はすでに六ヵ月前から進行していた。一九四〇年十二月十八日、ドイツ国防軍は「たとえ対英戦争の終結前でも、迅速な軍事作戦でソヴィエト・ロシアを壊滅させせよ」という命令を受けていた。[9]

五月二十日、ソヴィエト軍の諜報責任者フィリップ・ゴリコフ将軍はスターリンに、ドイツ空軍司令部に潜入している「スタルシナー」〔曹長〕の名で知られるソヴィエト・スパイが何度もドイツの戦争準備について警告してきていると告げた。スターリンはスタルシナーを譴責するように命じた。それから、苛々して付け加えた。「多分、君はこの〝情報源〟をドイツ空軍参謀部から放逐してお仕置きすべきではないか。これは〝情報源〟ではなくて、偽情報屋だ」。[10]

一九四一年五月三十一日、ゴリコフ将軍はスターリンに二度と逆らわないことに決めて、ドイツの準備は英国に対して向けられていると、次のように報告した。「ドイツ軍は……イギリス諸島への主作戦遂行をもくろみつつ、同時にノルウェーへの部隊移動を継続している」（後にゴリコフはある人に認めた――「確かに、自分はスターリンが怖かったので、彼を喜ばすために諜報を歪曲した[11]」）。

ある程度の準備は行なわれていた。チモシェンコとジューコフは四月末にスターリンを説得して、予備役兵士八〇万名の召集に同意させた。五月一日、ウラジオストクから出るすべての道路が閉鎖された。五月四日、スターリンはモロトフから首相の職を引き継ぎ、みずからの手に権力を集中させた。ヒトラーを安心させておくために徹底的な配慮が続けられた。五月八日、ソ連はノルウェーとベルギーの亡命政権の承認を取り消し、ナチが設立したそれぞれの国のかいらい政府を承認した。五月十日、スタインハート大使は報告した――「ドイツへ鉄道輸送するためにウラジオストクへ到着する貨物の量が激増した[12]」。

バルバロッサ作戦は軍事史上、最も予測可能な作戦の一つだった。ローマ駐在の米国大使ウィリアム・フィリップスはドイツ軍侵攻の日の日記にこう書いた。「今日の早朝の放送は、われわれが毎日待っていたニュースをもたらした[13]」。モスクワの米国大使館につながるケーブルは、侵攻の日付の推測で文字どおり〝熱く〟なった[14]。四つの日付がとりわけ頻繁に繰り返されていたので、フィリップスの頭の中ではそれらが本命候補として別格になっていた。すなわち、五月一日、五月十五日、五月二十三日、そして六月十五日である。

スターリンはすべての報告を黙殺していたので、常にその顔色をうかがっているNKVD長官〔内務人民委員〕で同郷のグルジア人ラヴレンチー・ベリヤは、この問題については沈黙を守った。友人で、やはりグルジア人のデカノゾフ駐独大使が、ドイツは攻撃を準備しているとベリヤに伝えてきたとき、冷酷にも彼はデカノゾフを召還するだけでなく、処罰することもスターリンに入れ知恵した。スターリンは他国の情報源から受け取った警告の多くを独善的だと考えた。

スターリンは、それらの警告がもっと具体的になり、ドイツ軍の国境集結がもっと明白になってからでさえ、ヒトラーは攻撃しないだろうという自分の願望にしがみついていた。スターリンは戦闘開始の口実をヒトラーに与えないためなら何でもした。五月には、ドイツ人のグループが第一次世界大戦中にロシアの地で死んだ兵士たちの墓を探すのを許してもらいたい、というシューレンブルク大使の要請を聞き入れた。スターリンがチモシェンコとジューコフとの会議でそれを認めたとき、両将軍はあっけにとられた。なぜなら、これはドイツ人たちがソヴィエト軍部隊の守備位置を探るためのまったく見えすいた口実だったからである。チモシェンコが「ソヴィエト領空の侵犯が増えている」[15]と言うと、スターリンは「ヒトラーがこれらの飛行について承知しているとは思えない」と二人に答えた。それからスターリンは、ヒトラーがデカノゾフ駐独大使に、部隊がソ連国境に移されたのは、英国侵攻が切迫していることをロンドンに悟られないための策略だと語ったことを話した。スターリンは、協定したソヴィエト製品のドイツ輸出を納期どおり続けることを確認した。ソ連は第三帝国が必要とするリン酸肥料、石綿、マンガンの半分、ニッケルと石油の三分の一を輸出していた。四月にモスクワを訪問した松岡洋右・日本外相は、スターリンの対ドイツ信頼を強めるうえで新たな根拠を与えた。松岡はスターリンとの会談でこう〝主張〟した――ドイツが攻撃のうわさを意図的に流しているのは、ソ連がドイツへの必要物資提供に応じ続けるのを確実にするための方策だと思う[16]。

恒例のメーデーのパレードでは、スターリンはレーニン廟上の貴賓席で隣にデカノゾフを立たせた。これはドイツとの友好を公に示すジェスチャーだった。六月十四日、スターリンとモロトフの指示によることが確実だが、プラウダ紙はタス通信のコミュニケを掲載した。これはただ、ヒトラーをターゲットにした情報としてしか印刷できないような代物だった。コミュニケは、英国が独ソ開戦近しという情報を流布していることを非難し、こう述べていた――「ドイツがソ連との関係を断絶しようとしているとのうわさは、実際には何ら根拠がない。バルカン半島での作戦から手の空いたドイツ軍部隊の東部および北東ドイツへの最近の移動は、ソ独関係とは無関係の別の理由によるものである。ソ連が対独戦のために準備しているとのうわさは虚偽であり、挑発的である。赤軍の夏季大演習をドイツに敵対的なものとして描こうとする試みは、ばかげている」[17]。

スターリンは六月十五日にこう語った――「私は、ヒトラーがソ連を攻撃することにより第二戦線を開く危険を冒さないだろうと確信している。ヒトラーはそれほどの愚か者ではないし、ソ連がポーランドでも、フランスでもなく、さらには英国でもないことを承知している」[18]。

駐英ソ連大使イワン・マイスキーは、ドイツの怪しげな行動をロンドンからモスクワへ報告したものの、彼もまた、侵攻が起きるとは信じられなかった。「ヒトラーには自殺をするつもりはあるまい。そして対ソ攻撃は事実上の自殺である」[19]――マイスキーは六月十八日の日記に書いた。

スターリン側近の全員がだまされていたわけではない。一九四一年一月にスターリンから赤軍参謀総長に任じられたゲオルギー・ジューコフと、国防人民委員のセミョーン・チモシェンコ〔一九四〇年五月～四一年七月在任〕の二人は、部隊を動員させようとスターリンの説得を試みた。とくに、ジューコフは四十代半ばの壮年にあり、ものに動じない、用心深い人間で、一九三九年にモンゴルのハルヒン・ゴル〔ノモンハン〕で日本軍を打ち破った名将であった。大物政治局員でソ連第二の都市レニングラード市の党組織責任者アンドレイ・ジダーノフもスターリンを説得しようとした。スターリンはある夜、クンツェヴォの別荘の夕食の席で、ジューコフから西部国境防衛の増強を求められたあと、自分の考えを将軍に説明した。「これは内緒で君に教えるが、われわれの大使がヒトラー本人と真剣な会談をした。ヒトラーは大使に言った。『ポーランドにおけるわが軍の集結についてはどうか心配しないでほしい。わが軍は再教育中なのだ』と」。[20]ジューコフはなおも粘ったが、それはスターリンを激高させただけだった。彼は言った。「君は持っている勲章が足りないので戦争を望むのか？　もし君がわれわれの許可なしに軍隊を移動させて国境地帯でドイツ軍を挑発しようとしたら、その時は首が飛ぶぞ」。[21]それからスターリンはドアをばたんと閉めて、部屋を出て行った。

モスクワの米国大使館では攻撃が近づいていることを全員が知っていた。大使館のスタッフは大量の食料と飲料を地下室に貯蔵するために手配を怠らなかった。侵攻の前日、大使館勤務の女性たちは全員、飛行機でスウェーデンまたはイランに送り出された。残った男性職員たちは避けられぬその時を待った。

六月二十一日の土曜日は夏至で、昼が一年で一番長く、夏の始まりだった。長く寒い冬とは対照的に、太陽が明るく輝き始め、公園は大勢の人たちでにぎわった。この日はソ連では休息とくつろぎの日だった。駐ソ英国大使のサー・スタフォード・クリップスは、ヒトラーは日曜日を選択するだろうと予言していた。「日曜はわずかだが彼の得になる。相手の警戒心のレベルがふだんの日よりも低くなるからだ」。[22]夏至の後の日曜日はソヴィエト人たちがさらに油断する日になるはずだった。

六月二十一日の夜、政治局員たちはクレムリン内のスターリンの住居に集められて、ドイツとの戦争が現実になった場合に取るべき方策を討議していた。アナスタス・ミコヤンによると、スターリンはなおも現実から目をそらしていた。彼は季節が六月であり、ナポレオンが攻撃したのは六月だったことを認識していた。だが、一九四〇年の六月は何事もなく過ぎた。そして一九四一年の五月が過ぎたが、戦争は起きなかった。この六月の残りの期間も多分何事もなく過ぎることだろう。彼らはみな、これまで実に長い間、厳戒態勢にあった。だが、この日、赤軍西部方面軍司令官ドミトリー・パヴロフ将軍は劇場にいた（一ヵ月後に彼は簡易軍事法廷で裁かれ、銃殺されることになる）。レニングラードの責任者アンドレイ・ジダーノフは黒海沿岸の保養地ソチにいた。スターリンは夕食のためにクンツェヴォの別荘に戻った。午後九時少し過ぎ[23]、彼はジューコフ将軍から電話を受けた。将軍は参謀本部へ行って、状況を監視していたのである。ジューコフはスターリンに伝えた――少し前、脱走兵が一人、非常な危険を冒してポーランド側からわが方へ越境してきたが、それはドイツ軍が本日夜、筏、ボート、ポンツーンでブーグ川を渡ろうとしていることを通報するためだった、と。スターリンは、脱走兵は戦闘行為を挑発するためにドイツ軍によって送り込まれた可能性がある、ドイツ軍の将軍たちはヒトラーに開戦を余儀なくさせるために、自分の責任で行動している可能性があると示唆した。それでもスターリンは、チモシェンコとジューコフにクレムリンへ来るように命じ、自分もクレムリンに戻った。三人は自分たちに開かれているさまざまな選択肢を討議したあと、踏ん切りのつきかねているスターリンの心理状態をはっきりと示す、混乱し、矛盾した次のような命令が緊急実施要項として、全部隊へ送達された――

指令第1号

(1)　一九四一年六月二十二－二十三日に、……の各軍管区前線でドイツ軍による奇襲が発生する可能性がある……。

(2)　わが軍の任務は、重大な複雑化をもたらし得るいかなる挑発行動にも乗らないことである。同時に、レニングラード、沿バルト、西部、キエフ、オデッサ各軍管区部隊は、ドイツ軍もしくはその同盟軍の可能性のある奇襲に対応すべく万全の戦闘態勢に入らねばならない。

(3)　以下のとおり命令する――

a. 一九四一年六月二十二日未明までの間に、国境沿い築城地域の火点にひそかに入ること。
b. 一九四一年六月二十二日の黎明前に、全航空機（部隊所属機を含む）を予備飛行場へ分散し、入念にこれを偽装すること。
c. 全部隊は戦闘態勢に入ること。部隊は分散し、偽装されねばならない。
d. 防空は登録要員を追加呼集することなく戦闘態勢につかせること。都市および施設の灯火管制のためのあらゆる手段を準備すること。
e. 特別の指図あるまで他のいかなる措置も実施してはならない。[24]

赤軍の各部隊がこの指令を受け取ったのは六月二十二日の早朝の時刻である。スターリンはこれでは不十分であるかのように、チモシェンコ元帥に言った。「スターリン同志がドイツ軍に砲火を開くのを禁じたと、パヴロフ（将軍）に伝えてくれたまえ」[25]。スターリンはクンツェヴォに戻った。夜明けごろ、ジューコフはスターリンに侵攻が始まったことを伝えるために電話した。スターリンは再びクレムリンに戻った。ジューコフとチモシェンコがそこで見たスターリンは、「紙のように蒼白で……煙草を詰めたものの、そのまま火をつけていないパイプを両手で握りしめながらデスクに座り……途方に暮れていた」[26]。彼は言った。「これはドイツ軍将校たちの挑発だ……ヒトラーはきっとこのことを知らないはずだ」。

六月二十二日の朝三時一五分[27]、兵員三〇〇万のドイツ軍とさらに五〇万のルーマニア、フィンランド、ハンガリー、イタリア、クロアチア軍の部隊が、フィンランド国境から黒海までの地域で攻撃を調整しながらソ連西部国境へ襲いかかった。彼らは野砲七〇万門、戦車三六〇〇両、自動車六〇万両、軍馬六〇万頭を装備していた。爆撃機五〇〇機、急降下爆撃機二七〇機、戦闘機四八〇機が彼らの頭上を東へ通過していった。

それまでドイツ軍はさまざまな口実を使ってソ連国境上空を偵察飛行することを許されており、半年以上にわたってソヴィエト軍の飛行場、軍事基地、指揮所を調べ上げていたので、ドイツ空軍は易々とすぐに目標を発見した。ソヴィエト側の直後の損害は甚大だった。初日に航空機一二〇〇機が失われた。西部方面軍空軍司令官は衝撃を受けて、その日のうちに自殺した。

スターリンはなおも、ヒトラーが侵攻を許可したと信じることを拒否した。ドイツ大使フリードリヒ・フォン・シューレンブルク伯爵がモロトフに宣戦布告を手渡すまで、スターリンは納得しなかった。「彼らは何の要求もすることなく、何の交渉も要求せずに、われわれに襲いかかってきた。彼らは匪賊のように恥ずべき攻撃をした(28)」と、スターリンはようやく現実を直視して言った。

六月二十二日の正午にソヴィエト国民に向けて演説したのはスターリンではなく、モロトフだった。彼は演説を次のような断言で結んだ。「正義はわれわれにある。敵は撃破されるだろう。勝利はわれわれのものとなろう！」。スターリンが事実上同じ文言を使って国民に演説することになるのは、七月三日になってからである。

三日間でドイツ国防軍は約二四〇キロ前進した。一週間のうちにドイツ軍はソヴィエト軍人四〇万名を捕虜にし、四〇〇〇機を超える航空機に修理不能の損害を与え、ソ連国内を四八〇キロ進出し、ミンスクを占領した。第二週にはさらに二〇万名のソヴィエト軍人が捕虜になった。

最初の数日が過ぎると、スターリンは自分の過ちの大きさについに直面し、侵攻の兆候を正しく読めなかった完全な失策を無言で認めて、茫然自失しているように見えたが、クレムリンを離れてクンツェヴォの別荘へ引きこもった。明らかに神経衰弱にかかっていた。数日間、彼は電話に出ようとしなかったし、どこにも電話をかけなかった。スターリンはこのとき深酒を飲んでいたと言われている。六月二十九日、彼は集まったモロトフ、ヴォロシーロフ、ジダーノフ、ベリヤに向かって感情をあらわにした。「レーニンはわれわれに偉大な遺産を残した。そして彼の継承者たるわれわれはそれをぜんぶ台無しにしてしまったのだ！」。

翌日、モロトフ、ベリヤ、ヴォロシーロフが訪ねると、スターリンは一瞬、三人が自分を逮捕しに来たのではないかと恐れた。だが、そうではなかった。スターリンにとって最も危ういこの時に自分がなおも責任を負っており、自分がその地位にとどまることを補佐役たちが望んでいることを彼は悟った。スターリンが指導力を取り戻したのはその時である。

スターリンは新たな目的意識で武装して引きこもりから出てきた。彼は支援を得ようと手を伸ばした。ソ連が生き残るとしたら、同盟国が必要だと認識したのである。七月三日、スターリンは指導者として民衆を安心させるために演説を行なった。しかし、この演説は自国民だけでなく、ローズヴェルトとチャーチルにも向けられていた。米英との同盟のための土台造りを狙ったのである。マイスキーの回想によれば、スターリンは冴えない、生気のない声で話し、「しばしば中断し、重苦しく息をした[29]」。だが、彼の言葉は効果的だった。スターリンはこの戦争をロシア史に残る名称で呼んだ——人民の「大祖国戦争」だと〔ロシア帝国では一八一二年の対ナポレオン軍戦争を「祖国戦争」と呼んだ〕。そしてローズヴェルトと同じように、彼は戦争がソ連と他の世界との新しい関係をもたらすということを認識していた。彼は言った——ソ連の闘いは「独立、民主的自由のための欧米諸国民の闘争と融合するだろう。それは自由を目指し、隷属化に反対して立ち上がる諸国民の統一戦線になるだろう[30]」。

スターリンは指導者として復帰すると、防衛のすべての側面を再組織し、さらに大きな権力を手にした[31]。国家防衛委員会（GKO）と呼ばれる戦争内閣が組織された。そのメンバーは当初、モロトフ、ベリヤ、政治局員のゲオルギー・マレンコフ、ヴォロシーロフだった。数週間のうちにスターリンがGKO議長、国防人民委員〔国防相〕を兼任し、八月八日には最高総司令官も兼ねた。将軍たちは彼を「大元帥」と呼びはじめた。二日後、GKOはロシア人、ウクライナ人、ベラルーシ人の部隊で構成される新たな「シベリア師団」〔複数〕などの編成を命令した。九月十五日から十一月十五日までの期間の戦闘に投入できるようにするためである。

スターリンはこれまでも常に、仕事をせずには居られないような働き者だったが、今では一日一八時間働き、時には地雷の埋設や兵器の配分のような他人に任せたほうがいい些細な問題まで背負いこんでいた。

歴史家のドミトリー・ヴォルコゴーノフはその著書『勝利と悲劇――スターリンの政治的肖像』〔生田真司訳、朝日新聞社、一九九二年〕に書いている――軍事鉄道輸送を担当する将軍が一時ある列車の所在を見失い、実際には停まっていない駅の名を報告したとき、スターリンは言った。「『将軍、列車を見つけられなければ、君には一兵卒として前線に行ってもらう』。顔面蒼白で部屋を出てくると、ポスクリョービシェフが言った。『へまをしないように気を付けなさいよ。ボスの堪忍袋は爆発寸前なのだ』」。これが不気味だったのは、辣腕のポスクリョービシェフは自分のボスをよく知っていたからである。アレクサンドル・ポスクリョービシェフはスターリンの個人的なお目付兼秘書役で、いつも彼の傍らにいるか、執務室の外で命令を待機していた。スターリンが彼を気に入って登用したのは、本人が認めるとおり彼が醜かったからである。「ある日、スターリンは私を呼び出して言った。『ポスクリョービシェフ、君は恐ろしげな風貌をしている。君なら人を怖がらせるだろう』。そして私を採用した」[32]。なで肩、大きな頭という風貌から、ポスクリョービシェフには絞首刑執行人を思わせるという人たちもいた。ずんぐりした頑丈な体格、前かがみの姿勢、高い鉤鼻のポスクリョービシェフの目は、英国の通訳官A・H・バースに猛禽を連想させた。彼がデスクに向かっていると、頭しか見えなかった。彼はなくてはならない存在になった。

開戦直後には大きな混乱が生じたが、それはドイツ軍とは無関係だった。ソヴィエト軍士官たちの経験不足が原因である。一九三七年の粛清で五人の元帥のうちの三人、一六人の軍司令官の一五人、六七人の軍団長の六〇人、一九九人の師団長の一三六人が処刑されていた。今や将軍たちは、キャリアから見てとても適任とは言えないポストに押し込まれて、大きな損害を引き起こしていた。西部方面軍司令官パヴロフを含む四人の将軍が、反ソ陰謀と西部方面軍統帥の意図的崩壊に関与したかどで裁判にかけられた。スターリンはこの嫌疑に線を引いて消し、太い筆跡で書き込んだ――「こんな無意味なものでは決してない……（彼らは）臆病風に吹かれ、権威と能率を欠き、統帥の崩壊を許したのだ」。彼らは罪を否定しなかったが、戦闘でその償いをすると述べた。だが、その機会は与えられなかった。有罪の判決後、銃殺されたのである。

九月半ばまでにキエフが陥落した。そしてさらに四五万三〇〇〇名のソヴィエト軍人が捕虜になった。

スラヴ人の人口を大幅に減らすというのがドイツの公式政策だったので、最初のうちは捕虜になったソヴィエト軍人は囲いをした野原に集められた。餓死する者もいたし、銃殺される者もいた。「われわれは今ではごく少数の捕虜しか取らない[33]」と、あるドイツ人兵士が一九四一年六月二十七日の手紙で妻に書いている。「それがどういう意味か、分かるだろう」。十二月のあるドイツの公式報告は、ソヴィエト軍捕虜の二五パーセントから七〇パーセントは捕虜収容所への途中で死亡すると書いていた。第二次世界大戦の歴史家でナチ・ドイツに関する権威ガーハード・ワインバーグによると[34]、戦争の最初の七ヵ月間、毎日、一万名の捕虜が銃殺されるか、飢餓または病気で死亡したことをドイツ軍の記録は示している。合計二〇〇万名に達するこの数字には、やはりこの時期に死亡した一〇〇万名を超すソヴィエト一般市民を加えねばならない。

ソヴィエト軍捕虜の待遇は、彼らの一部に最小限の衣食住を与えれば、必要な労働力にできることをドイツ軍が認識するにつれ、わずかに改善した。しかし、スラヴ人はみな劣等民族と公式に見なされていたので、ドイツの軍人たちは捕虜をそのように扱った。ジュネーヴ条約に則って捕虜を扱うという考えは、考慮すらされなかった。

六月二十二日の夕刻、ローズヴェルトはメリーランド州ベセスダへ自動車で向かった。ノルウェーの華やかなマッタ皇太子妃の邸宅で会食するためである。ドイツ軍のソ連侵攻を知った朝、大統領はサムナー・ウェルズ国務長官代行に数回電話した（ハル国務長官は病気だった）。それから彼を自分の書斎に呼んだ。大統領は米国の意向について声明を出さねばならなかった。

ローズヴェルトは知っていた――もしヒトラーがソ連との戦争に勝ち、コーカサスの石油、ウクライナの穀物、ソ連の人的資源を手中にしたら、同盟者のヒロヒト〔裕仁天皇〕とムッソリーニとともに、彼は西欧だけではなく、世界を支配することになるだろうと。それゆえに、ソ連には支援が必要だった。だが、米国では共産主義国家の支援に対して強い反対があった。一部の米国人は、ソ連は崩壊の運命にあり、支援は米国の資源の無駄だと信じていたので、対ソ援助に反対した。別の一部は、スターリンはヒトラーと同じように危険であり、二人を互いに戦わせて共倒れにさせたいと考えていたので、対ソ援助に反対した。さらにはまた、米国は大洋で守られていて難攻不落だと思っていたので、援助に反対の人たちもいた。モンタナ州選出の民主党上院議員で、孤立主義者の国内最有力グループ「アメリカ第一委員会」の代弁者バートン・K・ウィーラーは、一切の支援に反対で、すでに二月にこう声明していた――ローズヴェルトにレンドリース運営の権限を与えたりすれば、米国の若者の四人に一人を死なせることになるだろう[35]。

大統領はまず国民の不安を和らげ、世論を自分の側に引きつけなければ、ソ連への援助は考えることすらできないのである。彼には有権者を置き去りにして先走ることもできなかった。もし彼があまりにも強腰の演説をしたら、孤立主義者たちが襲いかかってくるだろう。四年前の一九三七年に、ローズヴェルトが初めてヒトラーについて国民に警告しようと試みたときが、そうだった。彼がその時に話したのは、拡大する世界の無法状態についてであり、病気の拡大に対してコミュニティーの健康を守る防疫の重要性についてであったが、戦争を挑発しているとして、厳しく、広く非難されたのである。ローズヴェルトは若干の孤立主義的な攻撃を受けることは気にかけていなかった。それは有権者の他の部分を目覚めさせるための代償だと考えていたからだ。しかし、彼は早過ぎた。その最終的結果は、彼が結局何もできなかったということである。後にローズヴェルトは、自分のスピーチライターで友人のサム・ローゼンマンにこう言った。「先導しようとやっているときに、振り返ると誰もついて来ていなかったというのは、とんでもないことだよ[36]」。三月にレンドリース法案が通過した後、彼は戦争についての警告を内閣が気をもむほどにまで抑制した。実際、彼は一〇日間、あいまいな何かの病気で床についていた。侍医のマッキンタイア博士は病状を詳しく話すことを拒否し、報道陣には大統領は体力が落ちていて仕事ができないのだとだけ話した。ローズヴェルトは別の理由のために隔離されていた。彼は米国が何かの準備をしていると言わされたくなかったのである。予定されていた演説を取り消したとき、「私には先に発砲する気はないよ[37]」と内輪の人たちに説明した。

バルバロッサ作戦の前月、ドイツの潜水艦が南太平洋で米国船「ロビン・ムーア」号を沈めた。乗客と乗組員は数週間、小さな救命艇数隻でばらばらに漂流したすえに友好国の船に発見され、救助された。その時になって初めて同船が沈められたことが分かったのだった。この事件は、ヒトラーのソ連侵攻二日前の六月二十日に、ローズヴェルトに強硬な反ナチの議会演説をする機会を与えた。ローズヴェルトはお気に入りの表現方式の一つ、当てこすりを使ってこう述べた。「われわれはロビン・ムーアの沈没をナチの世界征服の動きに抵抗するなという米国への警告として受け取らねばならない。それは、米国はナチの同意を得た場合にのみ、世界の公海を使用していいという警告である[38]」。

ローズヴェルトはドイツのソ連侵攻後の数日間、沈黙を守った。彼は問題を抱えていた。すなわち、「ソ連はわれわれとは異質の国なので、戦争に勝つためにソ連を味方にしなければいけないのだと自分が言うわけにはいかないし、自分が共産主義の同調者だと見られるわけにはいかない。しかし、現実には、英国がソ連を必要としているように、われわれも難敵を破る助けとしてソ連を必要としている[39]」のである。彼はウェルズに自分の代弁をさせた——瀬踏みをさせたのだ。ウェルズはニューヨーク・タイムズ紙に意見を述べた。その中で彼は用心深く、米国がソ連を支援するとは言わなかった。だが、こう述べた。「ヒトラーとその軍隊は今日、南北アメリカ大陸にとって主要な危険である……現在のドイツ政府は〝名誉〟という単語の真の意味を知らない[40]」。

ウェルズは意味ありげに、信仰に対するローズヴェルトの懸念を——彼がソヴィエト社会における信仰の自由の欠如を認識していることを指摘した。

前年の一九四〇年九月十六日、米国連邦議会は米国史上初の平時召集令を通過させていた。しかしながら、徴集兵の兵役はわずか一年間だった。彼らの兵役期間はほぼ終わろうとしていた。義務兵役延長が数週間後の八月に連邦議会の議案になろうとしていた。そしてこれはひじょうに不人気だった。法案通過に必要な票数を得られない可能性が現実にあった。下院多数派のリーダー、ジョン・マコーマックは、民主党議員四五名が法案反対、三五名が態度未決定と勘定して、自分にはもう自派議員をまとめられないと、心配そうにスティムソン陸軍長官に告げた。そのことがローズヴェルトをさらに用心させた。ソ連への支援は必須だった。しかし、もし義務兵役法案が通過しなければ、米国には取り立てて言うほどの軍隊、すなわち力がなくなるのである。ローズヴェルトには連邦議会を敵に回す余裕がなかった。彼は世論を味方につける必要があった。

七月半ばまでにソ連はひどい苦境に陥っていた。すでに兵員二〇〇万名、戦車三五〇〇両、そして航空機六〇〇〇機超を失っていた。七月十七日にはモスクワへの途上にあるスモレンスクが落ちた。ドイツ国防軍は前進しながら、短期間のうちにさらに赤軍の兵士三〇万名を捕虜にし、戦車三〇〇〇両を鹵獲した。

オランダは侵攻四日後に降伏し、ベルギーは侵攻一八日後に降伏した。ノルウェーは侵攻後五週間で降伏した。フランスは最も長く抗戦し、六週間後に降伏した。

ソ連はどれだけの期間、もつことができるのだろうか?

ウェルズの六月二十四日の意見はほぼそっくりそのままニューヨーク・タイムズ紙に掲載された。ウェルズはこう語ったとして引用された――米国の国民に関する限り、共産主義独裁かナチ独裁かという選択肢はない。米国は信仰の自由の原則を厳然たるものとして維持している。ところが、この権利はソヴィエトとドイツの政府により自国民に否定されている。「しかし、ヒトラー主義と、その世界征服の威嚇は……世界が直面する主要な問題である。ヒトラーの軍隊は今日、南北アメリカ大陸の主要な危険である」。

ローズヴェルトは、言い逃れをするのに十分な余地を確保しつつ、反対派の力を試すために、米国が次に取り得る行動は「はっきりさせないこと」だとウェルズに言わせた。すなわち、ことによるとレンドリースは拡大されるだろうが、ことによると拡大されないかもしれない、と。

対ソ支援の考えそのものへの上院の反対は有無を言わせぬ雄弁なもので、大々的に報道された。ミズーリ州選出の上院議員たちが最悪だった。「これは共食いのケースだ」とベネット・クラーク上院議員は主張した。もう一人のミズーリ州選出上院議員ハリー・トルーマンも同じ考えだった――「もしドイツが勝っていることが分かれば、われわれはソ連を支援すべきだ。そしてもしソ連が勝っていれば、ドイツを支援すべきだ。そうすることで双方にはできるだけ多く殺し合いをさせよう(41)」。

ソヴィエト人はトルーマンの発言を決して忘れることがなかった。

火曜日、ローズヴェルトは記者会見で質問に答えた。この席で彼は、米国は「ソヴィエト・ロシアにあらゆる可能な援助を与えるだろう(42)」と約束した。しかし、大統領は用心深くこれらの言葉の重要性を鈍らせるために、記者たちにこう語った。「米国政府がソ連の必需品リストを受け取るまでは……ソ連の不足品補給に向けていかなる動きも行なわれない」。大統領が圧力を受けることはないだろう。彼は冗談を言った。「靴や靴下ならともかく……飛行機と戦車の注文となると応じるのに時間がかかった。ここですぐに一人の記者が質問する――『ソ連の防衛は、米国の防衛ですか?』と。『ローズヴェルト氏は示唆する。記者は、お宅のアンナは何歳ですか? というような見当違いの質問をしたのだと』」。

レンドリース法はローズヴェルトに、大統領が米国の防衛にとって重要だとみなすいずれの国にも武器弾薬を供給する権限を与えた。とはいえ、彼は国内とよい関係を保たねばならなかった。ローズヴェルトは、ソ連へ現実に物資を送ることへの反対が激化することを知っていた。

フーヴァー前大統領〔第三一代、一九二九～三三年在任〕が声明した――「われわれは知らないうちに今、スターリンと彼の好戦的陰謀に対して援助を約束しようとしているのだ(43)」。シカゴ・トリビューン紙は疑問を呈した――「なぜわれわれはアジア的殺りく者と神を信じない彼の仲間を援助しなければならないのか……われわれは不浄の病弊に抵抗できるのだ」。リベラルなニューヨーク・タイムズ紙まで、ソ連を援助することが得策なのかどうか確信していなかった――「スターリンは今日はわれわれの側にいる。明日はどちら側にいるのだろうか？」[44]。

ソ連の敗北は必至だから、援助を送るのは無駄だという信念に基づいた、もっと実際的な別の反対もあった。この信念を表明したのは、米国の初代駐ソ大使だったウィリアム・ブリットである。真夏に彼は米国在郷軍人会で演説した。「ワシントンではソヴィエト軍がドイツ軍に勝てると信じている者は一人もいない。恐らく、深刻な損害を与えた後にヒトラーがソ連の巨大な資源を獲得し、しかる後に英国を、次いで南北アメリカ征服のために圧倒的な戦力を準備するだろう」[45]。ローマ駐在の米国大使ウィリアム・フィリップスも同じように考えていた。「ドイツがウクライナとコーカサスの石油を支配しようと決定しているのは明白である。そして間もなくドイツはそれに成功するだろう」[46]と、彼は日記に書いている。英国の諜報機関は、ドイツ国防軍は「三週間以内に」モスクワに到達するだろうと予言していた[47]。

それゆえ、ローズヴェルトは自分の計画をできる限り目立たず、あいまいなものにしておくことを続けた。六月三十日、海軍長官のフランク・ノックスが演説し、大西洋からドイツの脅威を一掃するために海軍の出番が来たと語った。記者たちはノックスに殺到し、海軍長官が大統領と考えをすり合わせたのかどうか知ろうとした。ローズヴェルトはハイドパークの自邸で記者会見を開いた。ノックスの演説に意見があるか、と記者たちは質問した。大統領はコメントしようとしなかった。大統領は開襟シャツとサッカー地のズボンというラフな格好（当時としてはひどくカジュアルな服装）[48]で記者たちに、自分は「ただぶらぶらしていて、午後は毎日水泳している」と語った。彼は積極的な海戦をするような〝そぶり〟をまったく見せなかった。ローズヴェルトの天敵で、ローズヴェルトの地元選挙区（ハイドパーク）からの下院議員ハミルトン・フィッシュは、開戦の可否について世論調査を実施していた。記者たちは大統領に、これについてどう思うかと尋ねた。ローズヴェルトは答える代わりに、クーリッジ大統領〔第三〇代、一九二三年～二九年在任〕についての話をした。「それで牧師さんは何とおっしゃったの？」とクーリッジ夫人に、牧師が罪を戒める説教をしたと話した。「それで牧師さんは何とおっしゃったの？」とクーリッジ夫人は尋ねた。「彼は罪に反対だそうだ」とクーリッジは答えた。ローズヴェルトは続けた。「これはフィッシュ氏の世論調査に非常によく似ている。誰だって、あなたは戦争に反対ですか？という質問には、一つしか答えようのないことは明白だ。もちろん、われわれはみな戦争に反対である」。

五日後、ローズヴェルトは西半球を守るために最初の米軍旅団のアイスランド派遣を命令した。七月九日、大統領は陸軍長官と海軍長官に同一内容の書簡を送り、「われわれの仮想敵国を打破するのに必要な包括的要求生産量」の準備を要請した。(49) 彼は両長官に、「あらゆるタイプの弾薬と機械設備を研究」するように求めた。「それらはわれわれの潜在的同盟国が利用できる適切な量だけ増産することが必要になるだろう」と。

七月十一日、ローズヴェルトは政府の情報機構に変更を加え、情報が既存のチャンネル経由ではなく、自分に直接届くようにした。彼はウィリアム・J・ドノヴァンを新設情報機関の長である「情報調査官」に任命した。この機関は国家安全情報を分析し、照合するのが任務で、大統領にのみ説明義務を負うことになる。ドノヴァンは第一次世界大戦の英雄で勲章をたくさん持っており、ローズヴェルトはコロンビア大学法科大学院から彼を知っていて、一九三九年には閣僚にしたいと考えたことがあった。「情報調査官」ドノヴァンの業務はやがて戦略諜報局（OSS）となり、敵の前線の背後で活動し、ローズヴェルトに直接報告した。しかしながら、ローズヴェルトは自分の情報源に功名争いをさせておくことを常に好んだので、米国の暗号解読者たちがすでに敵のコードを破っていることをドノヴァンに伝えなかった。

ソ連の希望物資リストが大統領に届いた。七月二十三日、彼は自分のスケジュール管理役のワトソン将軍に、二日間で「事務処理を済ませる」ように指示した。[50]

七月二十五日、日本の仏領インドシナ侵攻に応えて、ローズヴェルトはマーシャル将軍、海軍作戦部長ハロルド・スターク提督の助言に逆らって日本への石油禁輸を発表した。

三月にローズヴェルトが最初にレンドリースを持ち出したとき、この制度はハリー・ホプキンスを実施責任者として、財務長官、陸軍長官、海軍長官、国務長官で構成される四名の諮問委員会によって運営されることになっていた。ホプキンスは制度をより効率的にするために、USスチール社を立て直した友人のエドワード・ステティニアスを引っ張り込んだ。ステティニアスは、ローズヴェルトがいちいち署名しなければならない命令の手続きに九〇日かかっていたのを、三日に圧縮した。レンドリースには至る所に障害があった。好きでもないロシア人を助けるのに気が進まない陸海軍の将校たちが、すぐに腰を上げなかったからである。ローズヴェルトは全員にもどかしさを感じていた。ローズヴェルトはマーシャル将軍その他に電話して、鉄道の専門家を探すように命じた。これはウラジオストクからのシベリア鉄道を常時利用可能にすべくソ連側を支援するためだった。八月一日の閣議では、大統領が腹を立てているのが見てとれた。スティムソン陸軍長官が書いている。「今日午後の閣議で、大統領はソ連への弾薬に関してひともんちゃく起こした。彼は躍り上がって［半身不随の人間の描写としてはきわめて奇妙だが、スティムソンは猛烈に怒っていたに違いない］、こう言った——ソヴィエト人たちはすでに六週間戦闘を続けている。ソヴィエト人たちは武器を必要としており、六週間前から武器を約束されているのだ。そして彼らはここワシントンではぐらかされていて、彼らのために何も行なわれていない、と」[51]。ローズヴェルトはこうも言った――自分は「ソヴィエト人たちはこれを受け取ることになっているとか、あれを受け取ることになっているとか聞くのにうんざりしている……われわれが彼らに何を与えるにせよ、それは十月一日までに済まさねばならない。私の聞きたいのは、それは輸送中だという答えだけだ」。次いでローズヴェルトは、マーシャル将軍を動揺させるほどの非常に多数の航空機を米国からソ連へ直ちに回すように命じた。マーシャルは翌日の参謀部会議で独り言を漏らした。「もしわれわれがこの秋、飛行機なしで作戦行動をしたら、必ず出てくる政治攻撃を、大統領は乗り切られるだろうか？」[52]。

ローズヴェルトは動じなかった。そして自分の意図をソヴィエト政府が知っていることを確認させた。彼はサムナー・ウェルズにウマンスキー・ソ連大使へ書簡を出させて通知した――「米国政府は実施可能なあらゆる経済援助を行なうことを決定し……多岐にわたる品目の対ソ輸出を許可する無制限のライセンスを発給する」[53]。

八月五日に行なわれた世論調査では、米国民の三八パーセントがソ連へのレンドリース提供に賛成だった。この数字はローズヴェルトが予期したものより恐らく高かった。次に大統領は、スティムソン陸軍長官を大いに落胆させることになったが、ソ連への船積みを促進し、煩雑な手続きを省略するための特別行政官としてウェイン・コイを任命した。彼は米国中西部のＷＰＡ（公共事業促進局）計画でホプキンスと働いていたことがあり、優秀な組織者として名声を持っていた。レンドリースの緊急問題の多くは、すでに英国に割り当てられ、英国が当てにしている航空機を彼らに諦めさせることに関係していた。しかしスティムソンには、これは自分が直面することになる問題のほんの始まりに過ぎないと分かっていた。彼は米国軍人のための武器の確保に苦労することになるのである。

ハリー・ホプキンスは、ロンドンでチャーチルとレンドリース問題の解決に当たっていたが、七月二十五日にローズヴェルトに、自分がモスクワへ飛ぶのが名案だと思うと電報で言ってきた。「航空輸送は正常であり、二四時間で現地に着ける。開戦直後の戦闘で敗れたとはいえ、ソヴィエト人たちが永続的戦線を維持することを確認するためなら、可能なあらゆる手が尽くされるべきだと思う。もしスターリンが苦境の今、何らかの形で影響を受ける可能性があるならば、あなたからの個人的な使者による、直接の連絡の形でやってみる価値があるだろう(54)」。

ローズヴェルトは二日後、彼にモスクワへ行くように返電した。駐英ソ連大使のイワン・マイスキーが、ホプキンスに対する自分の非常に肯定的な評価を前もってスターリンに打電したことは間違いない。マイスキーの評価では、ホプキンスは「リンカーン大統領の民主主義的伝統への忠誠を持ち続けている人物(55)」であった。

ホプキンスの空の旅は身の毛のよだつものだった。ひどい悪天候の中、ＰＢＹ双発飛行艇でアルハンゲリスクへ飛んだ。そこからはソヴィエトの操縦士が米国製ダグラス輸送機で彼をモスクワへ運んだ。到着すると、事実上すぐにスターリンと会うために連れて行かれた——

> 彼は私を早口の数語のロシア語で迎えた。私の手を短く、丁重に握った。彼は温かい笑みを浮かべていた。無駄な言葉や身振りはまったくなく、個人的な癖のようなものもなかった。まるで、完全に調整された機械、知能のある機械に向かって話す感があった。ヨシフ・スターリンは自分が望むものを知り、ソ連が望むものを知っていた。そして彼は私もそれを知っていると考えていた……彼は私に自分の煙草を一本すすめ、私の〔米国製〕煙草を一本とった。彼はチェーンスモーカーで、非常に注意深く抑えた声が耳障りなのは恐らくそのためだろう。彼はけっこう頻繁

に笑う。だが、それは短い笑いだ。多分、少し冷笑気味の。彼には雑談というものがない。彼のユーモアは鋭く、胸に食い込んでくる。彼は英語を話さない。しかし、私に向かって早口のロシア語を連発するとき、彼は通訳を無視し、私の目をまっすぐのぞき込んだ。あたかも私が彼の発するすべての単語を理解しているかのように。[56]

会談は二時間続いた。ホプキンスは自分が、ソ連の対独戦闘を援助したいと希望するローズヴェルトの個人的使者として来たことをはっきりさせた。

スターリンの最初の話は、自分がヒトラーの背信行為によっていかに打ちのめされたかという事実上の告白だった——「ドイツ人は、何のためらいもなく今日一つの条約に調印し、明日にはそれを破り、その翌日にはまた別の条約に調印するような国民だった。諸国民はその条約義務を遂行しなければならない。そうでなければ国際社会は存在できないだろう[57]」。

スターリンが述べた必要品は膨大だった。彼は対空砲二万門、ライフル銃一〇〇万挺を望んだ——「対空砲とアルミニウムを与えてくれれば、われわれは三年あるいは四年間戦うことができる」。自分は米ソの戦車、銃砲、航空機の性能と設計に関してすべての情報を交換できるような会議を持ちたい、とホプキンスに語った。ホプキンスは明細についてスターリンに尋ねた。ホプキンスは感銘を受けて、後に英国駐ソ大使のサー・スタフォード・クリップスに語った——スターリンは自分が求めたすべての数字と統計をほとんどの場合そらで答えた、と。

スターリンは米国の支援を渇望するあまり、「米軍部隊がソヴィエト戦線のいかなる部分へも米国軍の完全な指揮のもとに来援することを歓迎すると大統領に伝えるよう私に望んだ[58]」ほどだった。ホプキンスは「われわれの政府が参戦の場合、米国軍をソ連に派遣することを望むかどうかは疑問である。しかし、あなたのメッセージは大統領に伝える」とスターリンに答えたと言っている。

ホプキンスの写真と彼が米国の援助を申し入れたと報じる記事が翌日のソ連の全新聞の一面を飾った。

ホプキンスはモロトフとの別個の会談で、日本に関するソ連の警戒に気づいた。モロトフは、「日本の侵略的な動きを抑制すると自分が考えている一つの方法は、大統領が何か適切な手段を見つけて、モロトフ氏の言う〝警告〟を日本にすることだろう、と述べた」。

スターリンはホプキンスに、征服された諸国の国民、「そしてまだ征服されていない諸国の他のおびただしい数の人々は、ヒトラーに抵抗するために、彼らがまさに必要とする種類の激励と精神力を一つの源泉から受け取ることができるだろう。そしてそれは米国である」[59]と語った。「そして彼は、大統領と米国政府の世界における影響力は巨大であると述べた……最後に彼は私に、……来年春までの補給が重大問題になるだろうということ、そして自分があなた方の支援を必要としていることを大統領へ伝えるように求めた」。

ホプキンスはスターリンと二度会い――二回の長い、満足すべき会談とホプキンスはローズヴェルトに表現した――そしてソヴィエト国民の士気に感銘を受けた。「勝つという決意にあふれている」[60]と彼は報告した。

米国の報道機関はホプキンスの旅行を喜ばなかった。典型的に悪意のあるコメントがノックスヴィル・ジャーナル紙に載っている――「ハリーがずっとそうだったように、無益なプロジェクトに感染しやすい人間は、得たものより多くを失いがちである」[61]。

八月二日、ローズヴェルトはウェイン・コイに対ソ支援物資の船積みを急かせるようにと厳しく指示した――「ソ連での戦争が始まってからほぼ六週間が過ぎた。そしてわれわれは、彼らが要請した物資を送り出すために事実上何もしていない……リスト［物資の］を取り出して、どうか私の全権威を傘にして剛腕をふるってくれたまえ——鞭のように行動して、事態を動かすのだ[62]」。ローズヴェルトは物資には二つのカテゴリーがあるとコイに助言した。第一は十月の戦闘に間に合うように送り届けなければならない物資、第二は十月一日まで物理的に現地に到着できない物資だと。

八月十二日、米国下院は——一票差で——選択徴兵法の延長を通過させた。

ローズヴェルトはニューファンドランド島プラセンティア湾のアーゲンティア・ハーバーで、ウィンストン・チャーチルと会談する手はずを調えていた〔「大西洋会談」（一九四一年八月九～十二日）〕。直前に米国海軍はこの地に新基地を開設したばかりだった。ローズヴェルトの関心の一部には、この夏がひじょうに暑く、涼しい北西沿岸がこの水域のクルーズを絶好の時期にしていることも含まれていた。もっとも、気候とは関係なく彼はクルーズが大好きだった。八月三日、ローズヴェルトはコネチカット州ニューロンドンで「ポトマック」に乗船し、翌日マサチューセッツ州ニューベッドフォードまで進んだ。ここで大統領は見物人と記者たちが見ている中で釣りをし、訪問者たちと会見した。そのあと、夜陰にまぎれて、ポトマックはカッティフンク島の南端を回り、マーサズ・ヴィニヤード島まで進んだ。ここでひそかに彼は、メネムシャ沖で七隻の軍艦の真ん中で待っていた重巡洋艦「アウグスタ」に乗り移った。この小艦隊は沿岸にそって北上した。ローズヴェルトは八月八日にチャーチルと落ち合った。この旅行の当初の目的は、チャーチルと対ドイツ勝利のための諸問題を話し合うことだった。だが、会談は「大西洋憲章」として有名になる一般的原則の声明を生み出した。

ローズヴェルトに関するチャーチルの意見は広く転載されてよく知られている。チャーチルに関するローズヴェルトの第一印象がどういうものだったか知ったなら、首相は恐らく傷ついただろう。「彼はものすごく元気な人物で、さしずめ英国版のラガーディア市長と言ったところである[63]」とローズヴェルトは書いた。背の低い、頑健で口達者な当時のニューヨーク市長〔フィオレロ・ラガーディア。一九三四年〜四五年在任〕を引き合いに出したのである。

両首脳は、米英両国はいかなる領土拡大も追及せず、すべての国の国民がその下で生活する政治体制を選択する権利を尊重し、すべての国の国民に自国国境内で安全に居住できる平和の確立を希望すると宣言した。

ローズヴェルトは大西洋憲章の中で戦後の世界安全保障機構について、漠然とした「全般的安全保障のより広範で恒久的な制度の設立」[64]という文言のほかに一切言及しなかったが、これはそのために細心の注意が払われた結果だった。この用心深さは、大統領が「アメリカ第一委員会」や他の孤立主義者たちの反対を恐れていたことが理由である。ローズヴェルトは、それについて言及すれば、世界平和機関の創設への「疑惑と反対」を時期尚早に生み出すだろうと考えた。

しかし、もっと興味深いのは、チャーチルが大西洋憲章の基本概念に決して乗り気ではなく、しぶしぶ賛成しただけだったということである。「これを太平洋に適用することについては若干の問題があった。ウィンストンはそれを望まなかった……ローズヴェルトは憲章の意味が普遍的に適用されることを明確にするように迫った[65]」――カナダ首相マッケンジー・キングは大統領との私的な会話の後で日記にこう漏らしている。

実際には、憲章は植民地帝国諸国に弔鐘を鳴らした。だが、ヒトラーに牛耳られているヨーロッパと、ヨーロッパ支援に乗り出した米国が憲章から耳にしたのは、諸国は彼ら自身の国境内で安全であるべきだということだけだった。しかしこの憲章は、第三世界がすばやく聞きつけたナショナリズムへの呼びかけだった。それが世界中に広まるにはさらに何年もかかるだろう。だが、植民地の人たちの間に火が点されたのである。インドが最初にそれを聞きつけた。チャーチルが憲章に賛成したのは、そうせざるを得なかったからである。英国の存亡がかかっていた。英国を救えるのは米国だけだった。それは、チャーチルはローズヴェルトにとても逆らえないということを意味した。「彼は神様と会うために天国へ運びこまれている途中という感じだった」[66]と、ハリー・ホプキンスはチャーチルのことを評している。ホプキンスは「プリンス・オヴ・ウェールズ」号が英国からアーゲンティア・ハーバーへ航海する間、ずっとチャーチルと同行していた。

重要な文言は、「両国はすべての国の国民がその下で生活する政治体制を選択する権利を尊重する。そして両国は主権と自治を強制的に奪われた人々にそれらが回復されることを希望する」であった。

チャーチルはこの後、英国下院に呼ばれて、自治は大英帝国には当てはまらないと説明した——「われわれが念頭に置いたのは、第一に、ナチのくびきの下にある欧州の諸国と諸国民の主権、自治、国民生活の回復である[67]」。ローズヴェルトの息子のエリオットによれば、父親はチャーチルが拒否できないことを知っていたので、英国の植民地支配を緩めることを彼に言明させようと用心深く迫った。エリオットはその著書『父はこう考えた』〔*As He Saw It*〕にローズヴェルトの的を射た発言をいくつか収録している。たとえば、ローズヴェルトはチャーチルの到着を待っているときに言った——「私は米国大統領としてこう言おうと考えている。単に英国が植民地人民の意思を無視し続けられるようにするためというならば、米国はこの戦争で英国を支援しないだろう、と[68]」。

ローズヴェルトはまた、チャーチルがソ連を嫌い、信頼せず、過小評価しているのに気づいていた。(ヒトラーのソ連侵攻の翌日でさえ、チャーチルの秘書官ジョン・コルヴィルは日記に書いた——「首相は……共産主義を酷評し、ロシア人は未開人だと言った。ついには、共産主義者たちには最底の人間性すらみじんもないと断言した[69]」)。

チャーチルが到着する前夜、ローズヴェルトはエリオットに言った。「『ソ連が戦争にとどまる能力に首相がどれだけの信を置いているか、私にはすでに分かっている』。彼は指でゼロをつくって見せた[70]」。ホプキンスは最近のモスクワ訪問からソヴィエト人たちが勝つと信じて帰ってきた。「彼には私を説得する力がある[71]」。

ローズヴェルトはチャーチルとの会談後、首相がこう発言したと引き合いに出した――「モスクワが落ちたら……ソヴィエト軍の抵抗が止まったら、ソヴィエトへの軍需物資はまさにナチの鹵獲する軍需物資になる運命にある[72]」。

練達の政治家だったローズヴェルトは、アーゲンティアからのメッセージを世界へ発信し、そして同時にチャーチルに魔法をかけることまでやってのけた。アーゲンティア宣言は、ローズヴェルトが意図したように、ヒトラーに征服された数千万の人々に希望の光を与えただけでなく、世界中の植民地人民の夢にも点火したのである。とりわけインドでは、チャーチルにとって大変悔しいことに、民族主義的感情を発生させた。

首相についていえば、彼はクリメント・アトリーに電文を送った――「私はわれわれの友人と温かく、かつ深い個人的関係を確立したと確信する[73]」。

数日後、報道陣がメイン州ロックランド・ハーバーでポトマック船上のローズヴェルトに追いついたとき、チャーチルとの会談について語った大統領の話の出だしは、巧妙なものだった。それはその前の日曜日に船上で行なわれた「素晴らしい礼拝」の一〇分間にわたる描写だったのである。

ローズヴェルト＝チャーチル共同声明はソ連の補給必需品を支援するための会議開催もうたっていたので、ソヴィエト人たちはとりわけ勇気づけられた。

スターリンは、具体的援助と予定をまとめるためにモスクワですぐに会議が開催されると聞かされていたが、一週間たってもなお具体的な調整は彼のもとに届かなかった。彼は待ちきれなくなって、スタインハート米国大使とクリップス英国大使に、ソ連は「できる限り早い時期に」協議する用意があると通知した[74]。

ドイツ軍の爆撃機がモスクワを攻撃し、スターリン、モロトフ、そしてポスクリョービシェフを含むスタッフたちは地下鉄のキーロフ駅に避難することを余儀なくされた。モスクワの地下鉄は数百メートルの深さに建設され一九三五年五月に開通していたが〔第一期工事分〕、まさにこのような不測の事態を予想してのことだった。

日ごとにドイツ軍の攻撃はソ連の奥へと進んだ。八月二十日にはレニングラードの封鎖が始まった。ヒトラーの悪辣さは驚くべきものだった。彼はレニングラードを目指すドイツ軍に次のような命令を発した――「市に接近し、弾幕射撃によってこれを破壊すべし……［目標］第九……エルミタージュ美術館……第一九二――ピオネール少年団宮殿……第七〇八――母子医療研究所」[75]。ドイツ海軍は埠頭と停泊所を砲撃しないで残しておくように求めたが、この要請は軍の上級司令部に拒否された[76]。なぜなら「司令部は市を包囲し、しかる後にこれを徹底的に破壊することを意図している」からである。ヒトラーは二二〇万のレニングラード市民を飢えさせて降伏に追い込むつもりだった。「降伏が許されるべきだという要請は拒否されるだろう……われわれはこの大都市の人口のいかなる部分の維持にも関心を有さない」とヒトラーは宣言した[77]。

九月九日にクリップス英国大使がスターリンに会った後で書いているところによると、援助に関する会議の見通しはスターリンに強壮剤のように作用した――「スターリンは私が前回会ったときよりもずっと自信にあふれ、精神的落ち込みは少なかった。これは会議がいま、実際に間もなく開かれようとしているからだと思う[78]」。

クリップスにこの印象を与えるために、スターリンとしては大変な努力が必要だったに違いない。九月八日、ドイツ軍部隊のレニングラード攻撃が甚大な被害を与えたため、司令官のヴォロシーロフは絶望寸前になり、市を明け渡すことまで考えていたのである。市は完全に孤立した。九月十一日、スターリンはヴォロシーロフから指揮を引き継がせるためにジューコフ将軍を派遣した。レニングラードに入るのは困難で危険だった。フィンランド軍が北から前進していた。そしてドイツ軍が南から前進していた。これは、ジューコフが市に入るためにはラドガ湖か前線の上空を飛行機で飛び越さねばならないということを意味した。それゆえ、スターリンはジューコフが途中で死ぬことを恐れて、新司令官に任命する辞令は「君がレニングラードに着いてから」しか出せないと彼に言った[79]。

ジューコフは無事にレニングラードに到着し、市の防衛態勢を一新した。(後にアイゼンハワーがジューコフについて語ることになる――「ヨーロッパでの戦争は勝利に終わった。連合国はジューコフ元帥に大きな恩義がある。元帥より大きな恩義がある人はほかにいない[80]」)。ヴォロシーロフは、レニングラードの降伏によりバルト艦隊の艦船がドイツ軍の手に渡ることになるのを恐れて、艦船を自沈させよという命令を出していた。ジューコフは命令を撤回し、艦載砲を陸に移して市を防衛する追加の火力とするように指示した。これは住民に新たな希望を与えた。ジューコフはまた、許可なく持ち場を放棄した軍人は階級を問わずすべて銃殺に処すると通告した。九月十九日、ドイツ軍はレニングラード市内を一八時間連続で砲撃した。

ローズヴェルトはスタッフを督励して、自分が当てにできるような生産スケジュールを立てさせた。スターリンに対して「実体のある包括的な約束」ができるようにするためである。モスクワへ行く米国使節団の団長アヴェレル・ハリマンは、英国使節団の団長になる軍需大臣ビーヴァーブルック卿と協議するためにまずロンドンへ飛んだ。ソ連からのニュースに対処して、ローズヴェルトはハリマンの予定を急かして、彼とビーヴァーブルックを十月一日よりも九月二十五日に近い日付でモスクワに到着させようとした。一方、ウマンスキー・ソ連大使はローズヴェルトに「モスクワ［スターリン］は財政状況が厳しい」ことを伝えた。[81] つまり、ソ連にはローズヴェルトが国内で生産の発破をかけている物資の支払いをする資金がないということである。

九月十五日までにはハリマンはロンドンにいて、ビーヴァーブルックと折衝していたが、厄介な問題に出くわした。それは、ビーヴァーブルックがソ連への使節団の主導権を米国ではなく英国に取らせようと企てたからである。ビーヴァーブルックはチャーチルから、「君の役目は対ソ援助計画の作成を助けることだけではなくて、われわれがいつの間にか血を抜かれたりしないように気をつけることでもあるのだ[82]」と言われていたので、ハリマンにこう宣告した――米国が以前に英国に提供することに同意した物資のうちのどれだけをソ連に回すかについては、自分が決めることになる、と。ハリマンは、そうなれば自分がモスクワへ行く理由はないと切り返した。ビーヴァーブルックが引き下がったので、チャーチルのたくらみは葬り去られた。

ローズヴェルトは状況を監視していた。彼は個人的にハリマンに電信を送り、ぎりぎり直近の、「財源とはかかわりなく米国から輸出可能な戦車の型式と月別の総数[83]」を君に連絡するつもりだと伝えた――「重要なのは君の使節団が……われわれの輸出可能な戦車の配分を決定することだ。私が戦車について述べたすべてのことは、同じく航空機にも当てはまる」。ローズヴェルトはスティムソンに手紙を書き、ハリマンが十月一日から来年七月一日までの月ごとにスターリンに提供できる航空機の数を自分に知らせるように命じた――「財源とは関係なく、この数字が欲しい……大ざっぱに言って、とりわけ四発重爆撃機に関しては、われわれの生産量の五〇パーセントでどうか[84]」。

九月二十六日、モーゲンソーはハリマンに電信で助言した――「大統領は、ソヴィエト政府に当座の必要に充てるためのドルがあるかどうか、知りたがっている[85]」。

ハリマンとビーヴァーブルックが九月二十八日にモスクワに到着すると、この都市はすでに攻撃を受けていた。「われわれは夜、ソヴィエト軍の対空砲の閃光を目にした[86]」とハリマンは回想している。ローズヴェルトはスターリンへ渡す楽観的な書簡をハリマンに持たせていた。この書簡はこう結ばれていた――「私はとくにこの機会を利用して、あなたの軍隊が究極的にはヒトラーを圧倒するとの確信を表明し、あらゆる可能な支援を惜しまぬといぅわれわれの大いなる決意を保証するものです[87]」。

ハリマンとビーヴァーブルックは、スターリンとモロトフとクレムリンで三夜続けて会談した。面会は夜のほうがスターリンには望ましかったからである。午後七時に始まった最初の会談では、ソ連の必要品リストが手渡され、討議された。スターリンは、空ではドイツ軍がソヴィエト軍よりも五〇パーセント強い、戦車の状況はもっと悪く、ソヴィエト軍一両に対してドイツ軍は三ないし四両持っている、戦車のほうがより重要だ――「空よりもむしろ戦車が決定的要因である」と述べた。具体的な必要を討議するために、航空、陸軍、海軍、輸送、原材料（食料を含む）、設備の六つの委員会が設立された。ハリマンが書き留めている（意見を加えずに）ところによれば、スターリンは大量の有刺鉄線（月に四〇〇〇トン）の入手にとりわけ関心を示した。翌日夜の第二回会談で、スターリンは野砲と迫撃砲提供の申し出を断り、自分たちが必要とするのは大量の対空砲と対戦車砲だと強調した。彼はまた、米国に膨大なリストの原材料を送るように求めた。ハリマンはこれを妥当な要請であると考え、実施を勧告することになるのである。（彼は後にローズヴェルトにこう語る。「要請された量は、ソ連の努力とソ連の損害の程度を考慮すれば、穏当なものと考えられる」[88]）。討議の継続中、スターリンはドイツ国防軍の前進について悪い知らせを受け取っていたに違いない、とビーヴァーブルックは書いている――「彼はひじょうにそわそわしていた。歩き回り、たばこを絶えず吸い続けていた。そしてわれわれ二人には彼が強い緊張下にあるように見えた……彼は三回電話したが、いつも自分で番号をダイヤルした」[89]。スターリンはあらかじめ二人に、自分は九時に退出しなければならないと告げていた。ほぼ間違いないだろうが、彼は翌日に発表されることを耳にしていた。ヒトラーがモスクワに対する決定的攻勢の開始を命令していたのである。

次の夜の第三回会談では、スターリンはもっと落ち着いていた。そしてハリマンが、すでに手渡されていた必要品の要請七〇件に対して回答をすると、スターリンは新しい要請が一つある、それはトラックだと言った。ソ連には月に八〇〇〇台から一万台のトラックがどうしても必要だったのだ。その前日、ハリマンはローズヴェルトに電信して、「スターリンはドイツ軍には現在ソヴィエト軍より少なくとも三倍の数の戦車があると信じている」と伝えた。ローズヴェルトは直ちに返電してきて、月間供給量を三倍にすることを許可すれば、スターリンは戦車を利用できるようになるだろうと請け合った。ビーヴァーブルックとハリマンがリストの吟味の際にこの新情報を披露すると、スターリンの「満足がみるみる高まる」のが分かった[90]。「満足しましたか？」とビーヴァーブルックが尋ねた。スターリンはにっこりして、うなずいた。通訳をしていたリトヴィノフが椅子から跳び上がって叫んだ。「これでわれわれは戦争に勝てる」。

ハリマンもまた、船積み物資のリストに関する協定を仕上げると、気持ちが高揚した。今、私は人生で最も重要なことを成し遂げたところだ、と彼は自分の秘書に語った。その秘書は書きとめている

――「彼はネズミを呑み込んだ猫のように見えた」[91]。

最後の夜は、一八世紀にエカテリーナ女帝が建造したクレムリン宮殿の大広間での宴会だった。大広間の入口は壮麗な階段の上にあった。室内は革命前の枝付き燭台八台で照らし出され、荘厳な輝きを放つ椅子は金箔張りだった。スターリンがホスト役で、大広間に長く伸びている大テーブルのハリマンとビーヴァーブルックの間に座った。スターリンは質素だが仕立てのよい紫がかった灰色のジャケットを着ていた。彼は全員と握手し、彼らのほとんどにあいさつの言葉をかけた。

ハリマンは書きとめている――

「食べ物の量と質は印象的だった。だが、もっと注目すべきことは雰囲気だった……史上最大の戦闘の一つがここから約一六〇キロも離れていないところで激しく行なわれていた。夕食会とその夜をつうじて、人は彼らの大きな自信に感銘を受けた……安全と自信の空気――静かな決意と揺るぎない勇気の空気があった[92]」。

この感じは、夕食会の最中に突然、空襲警報のサイレンが鳴り出したときにさらに強まった。その時、クレムリンの内庭で対空砲の発射音がとどろいた。それが静まると、スターリンが立ち上がって、乾杯の音頭をとった――「皆さん、砲手たちのために」。

国のひどい苦境とは著しく対照的に、宴会は豪華だった。料理は切れ目なく続々と供された。それはキャビアから始まり、さまざまな魚料理、子豚の丸焼き、温かいスープ、サーモン、チキン、ダック、山鳥、野菜、サワークリームをかけたマッシュルーム、アイスクリーム、ケーキへと続き、最後はクリミアから飛行機で運び込まれたフルーツの盛り合わせで終わった。

一人一人の前にはペッパーウォトカ、赤白のワイン、国産ブランデー、そしてデザート用シャンパンの入った沢山のボトルが並べられていた。

スターリンはひじょうに小さなグラス（ポニー・グラスのサイズほどの）で飲んでいた。彼はペッパーウォトカで最初の乾杯をしたが、少量を飲んだだけだった。そして残りを自分のもっと大きなグラスの一つに流し込んだ。それから小グラスに赤ワインを注ぎ、しばしば注ぎ足した。彼は同じグラスでシャンパンも飲んだ。「泡を逃がさないように」ほかのグラスを自分の前のシャンパンのボトルにかぶせた。彼はキャビアをフォークで食べ、しかもたっぷり食べた。くつろいだ様子で、部屋の中に目を配り続けていた。

乾杯の時、スターリンは立ち上がったが、グラスはテーブルに置いたままだった。そして乾杯の言葉が気に入ると（たいていの場合、そうだったが）拍手をし、それから自分の杯を飲んだ。スターリンがローズヴェルトのために乾杯したとき、そのあいさつを「彼に神のご加護があらんことを」と結んだ。これはハリマンをびっくりさせ、自分の聞き違いでないことを確かめるために後で言葉を確認させたほどだった。

その同じ日、ローズヴェルトは記者会見を開き、その席でソ連に「可能な限り最大の支援」を与えることについて話した。彼はまた、宗教がソヴィエト憲法下で許されていることを指摘した。

ハリマンはスターリンについて後にこう書くことになる――「彼はソ連の軍需物資補給の全問題を知り、ほとんど事実を確認する必要がない人間である……彼は身体的な動作がゆっくりしているが、そのぶん頭の動きが速い。そして彼はヒトラーを憎んでいる――計り知れぬ憎悪をもって憎んでいる」。約束された援助は、ソヴィエト国民にとって軍事的に重要であるのと同じ程度に、心理的にもきわめて重要だったので、ハリマンとビーヴァーブルックは、「今回決定されたのは、ソヴィエトの軍および民政当局が求めた必需品の事実上すべてを、ソヴィエト政府に自由に使用させること」なのだと、ソヴィエト国民に周知させようと努力した。(93) この事実はソ連の報道で大々的に取り上げられた。

後にモスクワ議定書と呼ばれるこの協定は、ソ連を救うことになる。ローズヴェルトがソ連に送ることを約束した物資のリストは度肝を抜くものだった。これには毎月四〇〇機の航空機、五〇〇両の戦車、五〇〇〇台の自動車、一万台のトラック、大量の対戦車砲、対空砲、ディーゼル発電機、野外電話機、無線機、オートバイ、小麦、粉、砂糖、二〇万足の靴、約九〇万メートルの外套用生地、そして五〇万双の手術用手袋、一万五〇〇〇挺の手術用切断鋸の輸送が含まれていた。船積みは事実上直ちに開始された。十月末までには爆撃機一〇〇機、戦闘機一〇〇機、戦車一六六両（すべてに予備部品と弾薬が付けられていた）、さらにトラック五〇〇台を輸送する船が航海中だった。米国大使館と大使館付武官アイヴァン・イートン少佐を含む駐在軍事スタッフは、そもそもソ連が生き延びることに断固反対だった。彼らの大部分――キャリア外交官と職業軍人――はソヴィエト指導者たちに深い不信を抱いており、ローズヴェルトの全面的支援の努力を覆そうと試みた。このことは、ローズヴェルトが個人的に抜擢して対ソ援助の監督のためにモスクワへ派遣したジェームズ・H・バーンズ将軍の知るところとなった。バーンズはしばらくの間、不毛な状況を観察していたが、大使館付武官フィリップ・フェイモンヴィル中佐の仕事ぶりだけを認めて、八月にホプキンスへメモを送った。これにはモスクワ駐在の米国人たちの、公務員としての否定的な態度が指摘されていた――「フェイモンヴィルを例外として、大統領の対ソ最大限レンドリース政策に対する共感がここにはほとんどない。この政策は善隣と真の友人の精神によって行なわれ、ソ連を助けることは米国を助けることだという原則に立脚しているのに。在ソ連機関は、この重要な仕事に必須のチームワーク、威信、尊厳、能力、責任を欠いており、米国への評価を高めるものではない[94]」。彼はホプキンスに、フェイモンヴィルを直ちにモスクワ駐在のレンドリース責任者にするよう勧告した。

フェイモンヴィル中佐は、ウェストポイント陸軍士官学校の卒業生で、一九三四年から断続的に大使館付武官としてモスクワに駐在していたが、大使館の同僚や上司たちから嫌われ、仲間外れにされていた。これは彼らが共産主義を恐れるあまり、ロシア語を話し、ロシア文化に好意的なフェイモンヴィルを祖国への反逆者だと信じていたからである。一九三九年に軍はフェイモンヴィルを本国に召還し、彼に関する名誉失墜情報を掘り出すようFBIに依頼した——フェイモンヴィルに同性愛者の疑いがあるとして。FBIは彼の人生を学校時代から調査したが、当時は証拠を何も発見できなかった。逆に、見つかったのは彼の仕事ぶりに対する尊敬と称賛だけだった。ホプキンスが、フェイモンヴィルはモスクワのレンドリース責任者になるだけでなく、准将に昇進すると発表すると、マーシャル将軍を含む高級将校たちは唖然として、この任命を阻止しようとした。フェイモンヴィルは指示を守らないというのがその論拠だった。だが、その努力は挫折した。マーシャルが認めているように、「ホプキンスはソヴィエト人の代弁ができる力を持っていた。大統領と親密だったから、彼の力はいつも私の力をしのぐことができた[95]」。フェイモンヴィルはほかにも有力者の友人がいた——たとえば、ジョセフ・E・デイヴィスである。デイヴィスは一九三九年にローズヴェルトに書いた——「モロトフとスターリンの双方が、われわれの大使館付武官フィリップ・R・フェイモンヴィルの判断、能力、公平さに信頼を表明した」と[96]。

米国の駐ソ大使ローレンス・スタインハートは浮き足立っていて、ほとんど役に立っていなかった。ドイツ軍のソ連侵攻の三日後、彼は二三個のケースと七個のトランクを梱包して国外へ送り出したが、慌てすぎたためにこれらの荷物にはタグも名札もまったく付けられていなかった。八月末には夫人のダルシーと十四歳の娘をストックホルムに避難させた。彼は許可を求めることなく、大使館一等書記官チャールス・E・ディッカーソンを他の職員とともに、ヴォルガ沿岸のカザン市へ所有物を満載した貨車で疎開させた。スタインハートはソ連が持ちこたえるだろうとは思っていた。「歴史は繰り返す確率のほうが、繰り返さない確率よりも高い[97]」と、彼はモスクワで会った自国の作家アースキン・コールドウェルに語った。

スタインハート大使は、スターリンが耳にして、不快に思ったことを沢山やらかした。米英両国との連絡の問題が話題になると、スターリンがスタインハートを買っていないことがビーヴァーブルックとハリマンにはすぐに分かった。スターリンはビーヴァーブルックに、米国大使が他人の言った「笑止千万な」モスクワ陥落の話を真に受けたとこぼした。スターリンは大使が館員たちをカザンに疎開させたこと、そして戦争の最初の六週間に二度、モスクワは絶望的だと考えてパニックに陥ったことを知っていた。ビーヴァーブルックによると、「スターリンの非難は厳しかった[98]」。

スターリンはビーヴァーブルックに、ウマンスキー駐米ソ連大使についてどう思うかと尋ねた。ビーヴァーブルックは如才なくこう答えた――ウマンスキーはその「熱心さ」のゆえに、あまりにも多くの人に要請をして回っているので、彼らにうるさがられている、と。ウマンスキーはまたワシントンでひじょうに不人気だった。マーシャルは彼が嫌いだった。スティムソンは彼を毛嫌いしていて、日記に書いている――「彼は悪党以外の何者でもない……フーヴァーとFBIは彼に関する記録を持っており、それによると一時彼はドイツ政府に雇われていた……口先のうまい、ずる賢い小型肉食獣で、彼のそばにいる二人の誠実で率直なロシア農民とはきわめて異なる[99]」。

スタインハートとウマンスキーは更迭されることになる。

ビーヴァーブルックは話しながら、気づいた——スターリンはオオカミの絵を次から次へと沢山描き、赤鉛筆で背景を塗りつぶしていた。

スターリンがスタインハートについて不満を漏らしたのは正しかった。大使の健康は緊張のために不調をきたしていた。明らかにスタインハートは周期的にパニックに陥っていた。彼は十月七日にワシントンへ電信を送り、ワシントンへ戻ると伝えた。その後で考えを変え、十月十三日には出発延期の電信をワシントンへ送った。

フェードア・フォン・ボック元帥が指揮を執るドイツ軍のモスクワ攻略作戦（コード名「タイフーン」）は、兵員二〇〇万名を擁する三個軍によって九月に開始された。参加人員数とソ連に与えた緊張の度合いでこれは独ソ戦最大の戦闘だった。歴史家で『モスクワ攻防1941——戦時下の都市と市民』〔川上洸訳、白水社、二〇〇八年〕の著者ロドリク・ブレースウェートは、この作戦による戦闘の期間中に九二万六〇〇〇名のソヴィエト人が命を落としたと主張している。

最初のうち、ドイツ国防軍の前進は速かった。十月三日、ヒトラーはベルリンで演説し、赤軍はすでに粉砕されており、二度と再起できないだろうと述べた。十月五日までには、ドイツ軍の三つの前線がモスクワを包囲しかかっていた。ジューコフは、スターリンからモスクワへ戻るように命令されて十月八日に到着した。その日、六〇万のモスクワ市民が動員された——主要な橋とトンネルに地雷を仕掛け、バリケードを築き、障害物を設置し、塹壕を掘り、残っているすべての工場を破壊するためである。総計で四九八の会社と二一万人の従業員が引っ越しの準備をし、鉄道で東部へ輸送された。（多くはすでに疎開済みだった。十一月までには七〇〇を超す工場がウラルへ、三〇〇超の工場がシベリアへ、そして四〇〇超の工場がヴォルガ川の東へと鉄道で疎開させられていた[100]）。

十月九日、ヒトラーのスポークスマン、オットー・ディートリヒは、チモシェンコ元帥の軍とセミョン・ブジョンヌィ元帥の軍が総崩れになったと発表した――「あらゆる軍事目的にとって、ソヴィエト・ロシアはもう終わった。二正面戦争を望んだ英国の夢は死んだ」[101]。

十月十日、イートン少佐はソヴィエト軍の抵抗の終わりが間近だとワシントンに打電した。（七月にモスクワでイートンと話していたホプキンスは、スティムソン陸軍長官にこの情報を無視するように伝える手紙を書いた――「私には考えられない、どうして大使館付武官の誰も、通勤者あるいは一般庶民から価値のある理性的な意見表明を何も得られなかったのか」）。それにもかかわらず、スティムソンは大いに心配した。「ロシアからの知らせはひじょうに悪い」[102]と彼は日記に書いた。「ドイツ軍は大きな前進をしている。彼らが計画を遂行できず、冬の前に軍事作戦を終了するかどうかは半々である」。

チャーチルの軍事首席補佐官、サー・ヘイスティングス・イスメイ少将は、モスクワは三週間以内に降参すると考えた。ニューヨーク・タイムズ紙は、「われわれはまだ、ソヴィエト軍が救われ、新たな戦線が形成されるかもしれないという希望の放棄を迫られていない」と書いた。同紙はローズヴェルトの声明を引用した――「この国がヒトラーの術中にはまるのを止め、みずから対応する時が来た」。

英国では、ソ連を救うために直接の軍事行動を求める声が高まっていた。大衆は英国軍部隊による英仏海峡越えの大陸上陸作戦を求めていた。ヒトラーは全兵力を対ソ戦に投入しており、北ノルウェーからスペインまで全沿岸の防備を手薄にしているはずだというのが、その理由である。しかし、それはチャーチルの念頭に全然ないことだった。彼は北アフリカの戦闘に自国部隊を集中していたのである。

数日後、ローズヴェルトは記者会見を開き、大量の支援物資が過去数日間にソ連へ送り出されたことを発表した。(103) さらに大統領は、モスクワ会談で十月分として約束された戦車、飛行機、トラックを含むすべての軍需品は、月末までにソ連へ発送されるが、その大部分は二日以内に米国の港を出ると述べた。また、支援物資を各港へ大急ぎで運ぶために関係者が前の週末を休まずに働いたことにも触れた。

リヒャルト・ゾルゲは東京から戦争情報を送り続けていた。彼の立場はドイツ侵攻の正確な日付を知らせてから高まった。今や信頼できる情報源として、極東の満州国境における日本のソ連攻撃計画を探るように求められた。九月十四日、ゾルゲは日本がソ連を攻撃しないことを決定したという情報を送信した。彼のその後の電信と最後の十月四日の電信はこの情報を実証しつづけた。スターリンは選択の余地がないと決断した――満州との国境を警備している極東ソヴィエト軍部隊の大半を呼ぶか、それともモスクワを失うか。しかし、部隊が移動しなければならない距離は数千キロもあり、彼らが前線に到着するのに数週間かかるだろう。だが、国境の防備が著しく手薄になったと考えたら日本軍が襲いかかる可能性が大きかったので、国境からの部隊の移動は可能な限り関東軍に秘匿された。ソヴィエトの歴史家ロイ・メドヴェージェフによると、スターリンは極東軍司令官のヨシフ・アパナセンコ将軍を他の幹部たちとともに十月十二日にクレムリンに呼び寄せた。共産党のハバロフスク地方委員会第一書記ゲンナジー・アンドレーエヴィチ・ボルコフは、直ちにモスクワへ飛んで来るようにというスターリンからの緊急電話を受けたときのことを回想している――

スターリンは極秘の通信線で私に電話してきた……極東での私の数年間の仕事をつうじて、そしてほかのどこであれ、それまでスターリンが私に電話してきたことは一度もなかった。だから、彼の声を受話器で耳にしたときは本当にびっくりした……「ヒトラーがモスクワ攻撃を準備している。われわれには首都を救うために十分な部隊がない」……最後にもう一度、彼は繰り返した。「最速の軍用機で直ちに飛んでくれたまえ」。

「到着すると、スターリンはわれわれを」ブロードクロスで覆った長いテーブルに座るように招いた。最初、彼は椅子に座らず、部屋の中を黙って歩いた。「それから」われわれの前で立ち止まって、話し始めた。「西部戦線のわが軍は非常に困難な防御戦をしている。ウクライナでは完全な壊滅的敗北をこうむった。ウクライナ人たちは一般に芳しくない行動をしている。多くの者が投降し、住民はドイツ軍を歓迎している」。

短い中断があった。彼は部屋の中を前後に数歩あるいた。スターリンは再びわれわれの前で止まって、続けた。「ヒトラーは大規模なモスクワ攻撃を開始した。私は極東から部隊を撤収しなければならない。諸君にわれわれの状況を理解してくれるようにお願いする」。

私は背中に悪寒が走り、額に冷たい汗が出るのを感じた……「問題はモスクワの喪失だけでなく、恐らく国の命運にも関わっている……」。

彼はテーブルの上に自分の資料を広げ、指でわれわれの戦線の兵力の詳細を示しながら、アパナセンコに向かって、戦車師団、自動車化師団、砲兵連隊、その他の主要部隊の数に耳を傾けはじめた。アパナセンコはこれらを直ちにモスクワへ派遣することになっていた。(104)

ボルコフの回想によると、スターリンはそれからアパナセンコに対戦車砲をどれだけ持っているかと尋ねた。そしてアパナセンコが数字を出すと、「スターリンは『それらの砲も急送のために積み込め……』と言った。アパナセンコはテーブルから跳び上がり、絶叫した……『あなたは何をしようとしているんだ……万が一、日本軍が攻撃したら、私は何をもって極東を防衛するんだ？……私を降格しなさい、銃殺しなさい。だが、砲は渡さない』。ここでスターリンが言った。『同志、落ち着きたまえ。なぜ、これらの砲のことでそんなに興奮する必要がある？　それなら自分のところに残せばいい』」。

その場にいた別の将軍は、スターリンがこう言ったと回想している――「日本が参戦し、われわれにとって第二戦線になるものを開くどんな理由も日本に与えないように、君は全力を尽くせ。もし君が極東で戦争を引き起こしたら、われわれは君を即決軍事法廷で裁く。以上[105]」。

十月十四日、ドイツ軍はモスクワの西約一二〇キロに位置するモジャイスクのソヴィエト軍防御線を突破した。これはモスクワがドイツ軍にほとんど捉まえられたことを意味した。十月十六日はモスクワにおける恐怖の一日だった[106]。モスクワの民警〔警察官〕たちは前線へ派遣された。首都は閉鎖された。バスとトロリーは一台もなかった。地下鉄は運転を止めた。街路はパニックに陥った人たち――家族、家財道具、手荷物――でごった返した。事務職員たちが書類の綴じ込みを燃やしているので、頭上に舞い落ちる煤の中を全員が市外へ逃れようとしていた。

十月八日には、米国陸軍用の戦闘機カーチスP-40の最初の四八機がソ連で組み立てられ、出撃準備ができていた。十月十三日、ローズヴェルトはスターリンに電信を送り、戦車一六六両が二日のうちに、飛行機二〇〇機は一〇日のうちに、トラック五五〇〇台はこの月のうちに米国から送り出されると伝えた。この時点のモスクワに広がっていた混乱を暗示するかのように、この電信はソ連側の綴じ込みから抜けている。そして十月二十五日にローズヴェルトがスターリンに送った、ソ連が最終的に、間違いなくレンドリース対象国に含められたことを伝えるその次のメッセージは、翌年の春まで行方不明になった。

スターリンは先行きの不確実性とドイツ軍が迫っていることを考慮して、十月十五日、首都に避難命令を出した。

政府の首班代理となるモロトフを含む政府の全職員が、サマーラ川とヴォルガ川の合流点にある約九六五キロ南東のクイビシェフ市〔現サマーラ市〕へ移るように命じられた。各研究機関、教育機関、劇場などはほかの場所へ移転させられた。モスクワの重要建築物のすべてに爆薬と導線が仕掛けられた。重要記録はすべてクイビシェフに運ばれた。

スターリンの蔵書と私文書は梱包され、クイビシェフに送られた。専用の鉄道車とDC－3機がスターリンの出発を待っていた。外交官たちはモロトフとスターリンが同乗すると言われて、クイビシェフ行き特別列車に乗るように命じられた。ほかの重要なモスクワ住民と一緒に、外交官たちは真夜中の少し後、暗闇の中で列車に乗り込んだ。明かりと言えば、近くの対空砲からの閃光だけだった。重いみぞれが降っていた。この旅は五日間かかった。混乱がひどかったので、車中の食料と水は乗客が携行してきたものだけだった。ドイツ軍の兵士たちはこの列車を捕獲する寸前までいったが、土壇場で反撃に移ったソヴィエト軍騎兵軍団一個により撃退された。しかし、砲撃が線路に損害を与えたので、これを修復し、ゆっくりと進む必要があった。同じ列車にはボリショイ劇場とボリショイ・バレエの関係者全員、作曲家アラム・ハチャトゥリアンとドミトリー・ショスタコーヴィチを含む一部の芸術家たちも乗っていた。列車が途中の農村駅や集団農場に停まったときに食料を探し回ることで、全員が辛うじてこの旅を生き延びた。

シベリアからの最初の部隊――ベロボロードフ指揮の第七八狙撃師団はその同じ恐ろしい日に到着し、モスクワへ通じる主要道路に直ちに陣地を布いた。彼らにはさらに他の陸軍師団はもちろん、海軍部隊も加わった。これらの兵力が来援すると、スターリンはモスクワを離れるという考えを改め、人民委員〔大臣〕たち全員に（クイビシェフへ行ったモロトフを除いて）自分とともに残ることを命じた。

第七八狙撃師団長のアファナシー・ベロボロードフ将軍は、モスクワに遅れずに到着するために極東から大急ぎで向かったこの時の旅のことを後に回想録に書いた――「鉄道員たちがわれわれに青信号を出した。われわれは重要分岐駅でも五〜七分以上停まっていることはなかった。鉄道員たちは機関車を引き離し、水と石炭を満載した別の機関車を連結した――そしてわれわれは再び先へ進んだ！　正確な予定表、厳しい管理。その結果として、師団を乗せた軍用列車三六本のすべてが国の東から西まで急行列車の速度で横断した。最後の軍用列車がウラジオストクを出発したのは十月十七日のことである」(107)。

十月三十日、ローズヴェルトはスターリンに電信を送り、目下自分は利用可能な最も直接的かつ効果的な方法でソ連を支援していると伝えた――

> 私は軍装備品と弾薬の全項目を承認し、原材料を可能な限り供給するために最高の輸送船隊が利用されるように指示した。私は引き渡しが直ちに開始され、可能な限り最大量で維持されるように命令した。
>
> いかなる財政的障害も取り除くために、私はまた、価額一〇億ドルまでの船積みにはレンドリース法を適用できるとの合意を、直ちに発効させるように命じた。
>
> 私はソ連政府の承認を条件として、次のことを提案する――これらの船積みの結果としてソ連が負うことになる債務に対してはいかなる利息も課されないこと、そしてそのような債務に対するソ連政府の支払いは戦争終結から五年後に始まり、その後一〇年間に完了されること(108)。

海軍省の暗号コードを危険にさらすのではないかという懸念から別の言葉で意訳されたこの電信は、クイビシェフのスタインハート大使に送られ、大使はこれをやはりクイビシェフにいたヴィシンスキー外務人民委員代理に十一月二日に手渡した。ヴィシンスキーは電信の意訳版（オリジナルの電信の内容と本質的に同じもの）を翌日、スターリンに送った。スターリンがローズヴェルトに見解と感謝を返電するのにさらに一日かかった。スターリンのメッセージは次のように終わっていた――「……個人的な直接の接触があなたと私の間に直ちに確立されるべきだとの……ご提案に敬意をもって……私は満足をもってあなたの要望に賛成する。そしてこれを可能にするために必要なすべてをする用意がある」[109]。

この時期、モスクワは窮地に追い詰められていたので、スターリンはこの朗報を（写真と一緒に）ソ連各紙の第一面に掲載しようと考えた。しかし、スタインハートはスターリンを止めねばならなかった。「それは危険かもしれない。ローズヴェルトは議会に知らせずにソ連に一〇億ドルの援助を与える決定をしたのです」[110]と、彼はヴィシンスキーに語った。

スタインハートはもう倒れる寸前だった。十一月三日、彼はハル国務長官に「精神的、肉体的緊張」[111]について書き送った。「……それは途方もなく不快な生活条件……戦況によってさらに追い打ちをかけられている……臼歯が一本割れた」。モスクワ陥落は時間の問題だと確信する、と彼は書いている。モロトフはモスクワへ戻って行った。「それほど時間がかからないだろうが、モスクワが落ちるまで、彼ら［モロトフとスターリン］はクイビシェフに来そうにもない」。さらに彼は書いている――交代が無理ならば、自分は最後まで頑張るだろう。二日後、彼は嘆願への回答を受け取った。それは彼をなだめるローズヴェルトからの電信で、「米国の生産と供給の詳細な問題を熟知している誰か」[112]とスタインハートを交代させることを伝えていた。

十一月六日と七日はソ連では厳粛な記念日だった。一九四一年のこの日はロシア革命の二四周年に当たった。ドイツ軍はモスクワから約五〇キロ足らずにまで迫っていた。スターリンは宣伝を目的として、政治活動家と代議員たちのための恒例の記念パーティーを十一月六日に開催することに決めた。しかし、その会場は人目につかない場所で、美しいアルミの天井アーチで有名な地下鉄のマヤコフスキー駅だった。プラットホームの一方の端に党政治局のためのひな壇が設けられた。線路の一本にはドアを開け放した列車が停まり、中からサンドイッチとソフトドリンクが配られた。

スターリンはドイツの誤算について出席者を鼓舞する演説をした――「彼らが本気で当てにしていたのは反ソ連の世界的な同盟をつくり上げることであり、英国と米国の支配層を革命の亡霊で震え上がらせてから両国をこの同盟に加入させることであった……ソ連は孤立させられるどころか、英国、米国という形で、そしてドイツ軍に占領された諸国という形で新たな同盟国を得たのである」[113]。弱体化するどころか、「赤軍の苦戦は労働者と農民双方の同盟をさらに強化するのに役立っただけである」。それからスターリンは、赤軍がなぜ苦戦をしているのかという問題に立ち入った。ここで彼が強く要求したのが第二戦線だった。「ヨーロッパ大陸には英国あるいは米国の軍がまったく存在しない……現在の状況は、わが国が解放戦争を単独で戦っているということである……しかし、一点の疑問もありえないことだが、ヨーロッパ大陸における第二戦線の出現は――そしてこれは間違いなく近い将来に出現しなければならないが［場内から大きな拍手］、わが軍の立場を著しく楽にするだろう」。彼はまた開戦以来のソヴィエト軍の戦死者三五万名、行方不明者三七万八〇〇〇名という数字を挙げたが、それが事実からほど遠い数字であることを知っていた。

スターリンは、あまりにも危険すぎるというほとんどのスタッフの忠告を無視して（ドミトリー・

ヴォルコゴーノフの著書〔『勝利と悲劇―スターリンの政治的肖像』〕によると、スターリンがその考えを持ち出したとき、モロトフとベリヤは聞き違いだと思ったほどである）、翌日に赤の広場で恒例の祝賀パレードと記念式典を開催することを決定した――あたかもモスクワが包囲されていないかのように祝うためである。彼は市の上空に戦闘機の「傘」を開くように命じた。もしパレード中に空襲があった場合には、死者と負傷者は「速やかに搬出し、パレードは続行されねばならない」(114)とスターリンは言った。彼はカメラが行進する部隊に向けられるように命じた――赤軍はもう終わりだというヒトラーの断言の虚偽を証明する無傷の赤軍部隊の写真を示すためであったことは間違いない。幸い、当日は雪だった。そのためドイツ軍爆撃機はパレードの妨害に出撃することを断念した。

この行事はソヴィエトの抵抗と勇気の宣言になった。スターリンは政治局員たちとともにレーニン廟の壇上に立ち、白馬にまたがった将軍たち、ソ連製戦車T－34の列、部隊の縦隊が通過するのを観閲した。彼は三〇分間演説し、その確信で全員を奮い立たせた。演説はソ連全国に中継された。彼は低い声で話し始めた。それまでよくあったように、ゆっくりと、そのまま中断してしまいそうな調子で話した。

当時二十歳で、後にソ連の原子爆弾開発への貢献で有名になるアンドレイ・サハロフは、自分にはそれが慎重に演出された演説だということが分かっていたが、聴いていたほかの人たち全員と同じように強力な感銘を受けたと語っている(115)。米国の「外国特派員クラブ」〔「オーヴァーシーズ・プレスクラブ」〕のある記者は、その衝撃を決して忘れることがなかった。「この戦争は勝った」と、赤軍のある大佐が彼に言った(116)。そのとき二人はモスクワの東の鉄道駅に立っていた。

「どうしてそれが分かるのか？」とその記者、ラルフ・パーカーは尋ねた。

「あの顔を見ればわかるさ」と、大佐は拡声器で流れるスターリンの声を聞いて立ち止まった一人の中年の労働者を指した。「私は彼の幅広の顔がゆっくりと笑顔になるのを見た。ごつい両手を頭に上げて、帽子をとった。それから帽子を素早く頬に押し当てた。涙が頬を伝いはじめていたのだ」。パーカーは書いている——周囲の至るところで、「人々は指導者の声に釘付けになって立ち止まり、その声が来るモスクワの方向にうっとりした顔を向けた」。

スターリンは演説を、戦争遂行に女性たちが示している並外れた貢献を認める異例の言葉から始めた（農場の作業は九割が、工場の稼働は六割が女性の手に頼っていた）——

赤軍および赤色海軍の兵士たちよ、勤労男性および勤労女性たちよ、コルホーズ農民の男女たちよ、知的職業の勤労者たちよ、一時的にドイツの匪賊どもの支配下に陥った兄弟姉妹たちよ、ドイツ侵略者の後方を破壊しているわが勇敢な男女パルチザンたちよ……

われわれは一時的に一連の地域を失った。敵はレニングラードとモスクワの門前に迫っている。敵は、最初の一撃でわが軍が散り散りになり、わが国が彼らの前に跪くだろうと当てにしていた。だが、敵は重大な誤算をした。

ドイツ侵略者の支配下に陥ったヨーロッパの隷属諸国民は、自己の解放者としてあなた方を見ている……あなた方が戦っている戦争は、解放戦争、正義の戦争なのだ。(117)

赤の広場を行進した軍人たちは自分の部署に戻り、配置につき、戦争に帰った。

十一月十六日までには、ドイツ軍部隊はモスクワ運河の始点にあるラマ川を越えた。モスクワの北西約八五キロにあるクリンは十一月二十三日に落ちた。十一月二十八日には南へ前進する別のドイツ軍部隊がクレムリンから約三〇キロの地点に到達した。南からはハインツ・グデーリアン将軍の機甲部隊が前進していた。

十一月の初めまでにドイツ軍兵士たちは双眼鏡でモスクワの高台を見ることができた。

十一月二十三日、ヴィシンスキーはクリップス大使に、英国からコーカサスへ専門家を派遣してもらう時が来たと通告した[118]――油井の破壊準備を手伝ってもらうためである。その時、二つのことが起きた。気温が摂氏マイナス二〇度まで下がった。これは冬の服装をしていた赤軍兵士の妨げにはならなかったが、軽装のドイツ軍部隊には悲惨だった。彼らは冬が始まる前に勝つだろうと言われていたのである。次いでその数日後、ソヴィエト軍のスキー部隊がドイツ軍後方の攻撃を開始した。十二月五日、ジューコフはシベリア師団の先頭に立って攻撃に出た。ソヴィエト軍の反攻が始まったのである。ドイツ軍の強襲は急停止した。

十二月六日までには、ドイツ軍はクリン、ヤースナヤ・ポリャーナ（モスクワの南約二〇〇キロ）、その他の要衝から撃退された。十二月十八日のプラウダ紙は、「敵は負傷したが、まだ仕留められていない」と書いた。十二月十八日までには、スターリンはクリップス英国大使と、前線のドイツ軍の深刻な士気低下と、ドイツ軍の予備は残っていないとの自分の確信を討議していた[119]。

十二月七日はワシントンでは珍しく暖かい日だった。ローズヴェルトも、彼の閣僚のほとんども、統合参謀本部も、日本のパールハーバー（真珠湾）攻撃にまったく備えていなかった[120]。数週間前から日本軍がどこかを攻撃しようとしている兆候はあった。前夜、ローズヴェルトは、マレー半島に接近しつつある日本軍の艦船を鉛筆で示したインドシナの地図を見せられて、大統領と高級将校たちは攻撃が行なわれるのはその地域だろうという考えに傾いていたのである。ローズヴェルトは真珠湾攻撃の知らせを午後一時四七分に訪ねてきた海軍長官フランク・ノックスから聞いた。ローズヴェルトはこの知らせを伝えるために直ちにハルとスティムソンに電話した。その少し後に大統領はジョセフ・デイヴィスに電話した。彼の反応は「それはありがたい！」〔"Thank God!"〕[121]だった。この簡明な反応は、マクシム・リトヴィノフによって記録された。リトヴィノフは不人気なコンスタンチン・ウマンスキーの後任の新大使としてワシントンに赴任してきたばかりで、夫人とともにデイヴィスと昼食をとっているところだった。後にリトヴィノフは、ローズヴェルトは彼の側近の誰とも同じように、戦争に引きずり込まれたことを喜んでいた、と語ることになる。デイヴィスは自分が大統領に言ったことを回想している――「これは恐ろしいことだ。しかし、これは天の配剤だ[122]」と。

デイヴィスが記録しているところによれば、リトヴィノフは当初、米国の参戦を歓迎しなかった。そのために米国の物資と武器の対ソ供給が妨げられることを心配したのである。

その夜、ローズヴェルトは閣僚たちをオーヴァルオフィス〔執務室〕に招集した。スティムソンは書いている――「彼はその素晴らしい歴史感覚を示すことから始めた。これは一八六一年〔南北戦争勃発〕以後に開かれた最も重要な閣議である、と宣言したのである[123]」。パーキンスは閣議後にこう書いた。「戦争が現実になったのだという恐怖にもかかわらず、彼はいつもよりずっと穏やかな様子をしていた。彼の恐ろしい道徳問題〔参戦是非の問題〕はこの事件によって解決されたのである[124]」。

数週間前、有名なジャーナリストのエドワード・R・マローと夫人のジャネットは、十二月七日にホワイトハウスでの夕食に招かれていた。当日、二人が到着してみると、日本の攻撃の結果、ローズヴェルトは絶えず会議に出ていて夕食の時間をとれないことが分かった。そして二人には、エレノア・ローズヴェルトが日曜の夜にいつも出す、スクランブル・エッグとプディングの簡単な夕食が出されることになっていた。夫妻はそれを食べた。ジャネット夫人は家に帰ったが、マローは大統領に会えるかもしれないと期待してそのまま粘っていた。真夜中近くになって、ようやくマローは報われた。彼が目にしたのは、オーヴァルオフィスから疲れ果て、怒りながら出てくるローズヴェルトだった。大統領は叫んでいた。「われわれの飛行機は地上で破壊されたんだ」[125]。ローズヴェルトはビールとサンドイッチを注文した。二人でそれを飲み食いしている間、大統領はテーブルを叩きながらマローに言い続けた。「地上でなんだ。いいかね、地上でなんだよ!」。

米国は一般に知られていたよりも準備を進めていた[126]。ローズヴェルトは米国海軍に造艦ブームを持ち込んだ。戦艦は就役艦が一七隻しかなかったが、発注済みの艦が一五隻あった。そのうちの四隻は一九四二年末までに竣工予定だった。重巡洋艦は一八隻あり、八隻が発注済みだった。そのうちの四隻は一九四四年に予定されていた。空母は七隻保有し、一一隻が発注済みだったが、竣工は一九四三年に竣工予定だった。軽巡洋艦は一九隻あり、さらに四〇隻が発注済みだった。その最初の一隻は今年の年末までに竣工予定だった。駆逐艦は一七二隻保有していたが、一九二隻が発注済みだった。潜水艦は一一三隻保有していたが、七三隻が発注済みだった。そのうちの一隻はほぼ完成していたが、二七隻は一九四二年に、二四隻は一九四三年に、残りはそれ以降に竣工予定だった。

日本の真珠湾攻撃はローズヴェルトを、中ソ英米が出席する戦争計画会議をできる限り早く開催するための努力へと駆り立てた。日本の攻撃後にローズヴェルトがスターリンに送った最初のメッセージは、その文脈で読まれねばならない。このメッセージは、蔣介石をスターリンと同等に扱っているように見える点で興味深い。ローズヴェルトはスティムソンに語った――自分は連合国政府の重要メンバーとともに十二月末までにワシントンで会談を持ちたい、そしてこのゴールに向かって蔣、チャーチル、スターリンに同じ電信を送るつもりだ、と。

蔣介石は十二月八日に日独伊に対して宣戦布告した。次いで彼は中国駐在のソ連大使アレクサンドル・パニューシキンに、中国とともにソ連が日本に宣戦布告することを求めた。蔣介石にはそれがすぐに実現すると期待する理由があった。蒋介石がワシントンにいる自国の外相〔外交部長〕宋子文に電信したように、「ソヴィエト首席軍事顧問〔ワシリー・チュイコフ中将。後の元帥〕は個人的意見として、対日宣戦布告はまさに時間と手続きの問題であると表明している」からである。[127]宋はこの情報をサムナー・ウェルズに伝えた。マクシム・リトヴィノフは真珠湾の四日後の十二月十一日にハルと会い、これは実現しないと彼に語った。彼はハルに「さらに話しつづけた」――「自分は今日、本国政府の最終的決定を受け取った。本国政府は現在、日本の極東地域で米国と協力できる立場にない。本国政府はすさまじい規模でドイツと戦っている。そして極東で米国に加担することは日本による即座の攻撃を意味するだろう」[128]と。

この会談の際、ハルはリトヴィノフに最初の、しかし決して最後ではなかった誤情報を与えた――日本はソ連を侵略しようとしている。「私は情報を持っている……日本は日ソ中立条約の条項にもかかわらず今はドイツに対して、ドイツと交戦中のソ連その他の国を攻撃する義務を負っているという」。ハルによると、リトヴィノフはこれに意見を述べようとしなかった。次いでハルはそれとなくリトヴィノフを脅迫して、こう言った。「われわれがソ連を援助しているのに、もしソ連が東でわれわれへの協力を差し控えるなら、なぜわれわれはソ連を援助しているのかという批判が絶えず出てくるだろう」。

ローズヴェルトからスターリンへのメッセージは、十二月十四日の日付になっている――

第一。私は蒋介石総統に直接、中ソ英蘭米の代表たちで構成される会議を重慶で招集するように提案している。このグループは十二月十七日までに会合し、十二月二十日土曜日までにそれぞれ自国政府に極秘に報告することになる。これは共同問題に関する重慶の観点からの予備的な考えをわれわれに与えてくれるだろう。

第二。私は英国にシンガポールで海軍の会議を開催するように求めている。

第三。もしあなたがモスクワで米英中の代表と個人的に会談し、二十日土曜日までに全体的な考えを示唆して下されば、幸甚である。

第四。私は今週中に当地で英国使節団と同じ問題に取り組み、こちら側からの全般的な考えをあなたにお送りする。[129]

リトヴィノフはこれをスターリンに電信で送る際に、注釈を書いた――

ローズヴェルトはたった今、私を呼び出し、直接送信するために私にメッセージを手渡した……大統領は会話の冒頭から、蒋介石は重慶を連合国の行動センターにしようとしている、そしてローズヴェルトは、蒋を何かの方法で満足させたいのでこの現在の提案を行なっているのだと語った。しかしながら、その後［会話の中で］彼は、自分が提案したこれらの会議を非常に重視していると語った。どうやらローズヴェルトは世論をある程度満足させたいと考えているようだ。米国の世論は連合国の統一した行動を要求しており、太平洋問題での会議にソ連をもっと早く参加させなかったことで大統領を批判している……会議は多分、対日戦争の問題を討議することになるのではという私の留保に対して……ローズヴェルトは答えた――それは理解している、重慶のソ連の代表はもちろん会議には公式に出席できないだろう、と……ローズヴェルトがわれわれを、どれほど間接的かつ名目的ではあっても、反日行動に参加させたいと考えていること、そしてそれこそが彼の提案の唯一の目的だということは、可能性がある。[130]（強調は著者）

十二月十四日の日付になっていたが、ローズヴェルトのメッセージが送信されたのは翌日の午後四時二〇分だった。

スターリンは丁重な、しかし困惑したメッセージを返電し、自分は十二月十六日になってからローズヴェルトの電信を受け取ったと釈明したうえで、次のように述べた――「提案された重慶とモスクワでの会議の目的について何も言及がなく、そしてその開催までわずか一日しかないので、私はモスクワに到着したばかりのイーデン氏との話し合いで、会議の目的の問題を明確にできるのではないかと考えた……しかしながら、結局、イーデン氏もこの点について何の情報も持ち合わせていないことが分かった[131]」。

ローズヴェルトは会議開催をあきらめた。チャーチルへの電信は送られなかった。スターリンを対日戦へ巻き込もうとする試みは、差し当たり停止した。いずれにせよ、チャーチルはその週のうちにホワイトハウスを訪問する予定になっていた。

スターリンは数日前に蔣介石に友好的な電信を送り、ソ連が対日戦に参加しないことを詫び、次のように釈明した――「ソ連は今日、対独戦という主要な重荷を背負っている……このような状況下でソ連は今日、その兵力を極東へ分散すべきではない……それゆえに私はあなたに、ソヴィエト・ロシアは直ちに日本に宣戦布告すべきだと主張しないようにお願いする[132]」。

しかし、その時に彼は付け加えた。「ソヴィエト・ロシアは日本と戦うことになるはずだ。というのは日本が中立条約を破るのは絶対に確実だからである」。

国務省はこの電信の写しを十二月十六日に受け取った。ウェルズはこれを読み、すっかり興奮してすぐにローズヴェルトに電話し、彼に読んで聞かせた。このさりげないやり方でスターリンはローズヴェルトに、今ではないにせよ、ある時点でソ連が対日戦に参加することを期待できると、ほのめかしたのである。

米国の参戦は、少なくともしばらくの間スターリンに元気を回復する効果をもたらした。最初の反応は、米国は数ヵ月でドイツと日本の両方を圧倒するだろうという観測だった。アルハンゲリスク港が結氷期に入りつつあるという悪材料も、スターリンのにわかの楽観を抑えることができなかった。

スターリンは、パールハーバーから一〇日後の夜に行なわれた、イーデン、クリップスとの会談ではご機嫌だった。米国が参戦しただけではなく、ドイツ国防軍の前進にも急ブレーキがかかっていた。彼の考えは将来におけるソ連防衛に向いていた。スターリンは自分の考えを戦後の境界を設定する文書に署名することにまで推進しようと試みた。将来の侵略からソ連を防衛するための彼の計画が初めて提示されたのである。それは、もう一度、新たなドイツの侵略があった場合、そのための準備基地となることに抵抗できる力を十分に持つポーランドが必要だということを意味した。しかし、双方が合意に達せず、何も署名されなかったとはいえ、彼らは全員で（モロトフとマイスキーも出席していた）テーブルを囲み、シャンパン、数多くの種類の冷菜、キャビアで打ち上げをした。クリップスによると、スターリンはキャビアの鉢を手放さず、「それをたっぷり食した……われわれは主要な会談が終わったあと長いよもやま話をし、大いに笑い、からかい合った」。会談では、スターリンは「自軍の前線に関しても、日本の状況の評価に関してもきわめて楽観的だった。彼は日本が六ヵ月以上は持たないだろうと考えていた」[133]。（傍点は著者）

第9章 ローズヴェルト、スターリンと第二戦線

第二戦線の開設は、ソ連支援のために米国が打てる唯一最重要の指し手であり、戦争の最初の数年間におけるローズヴェルトとスターリンの唯一最大の対立問題であった。それはスターリンには強迫観念に近かった。彼がチャーチルとローズヴェルトにいの一番に求めたのはそのことだった。なぜなら、戦争初期の数ヵ月間にドイツ軍がモスクワ近郊にまで迫ったとき、スターリンが切望したのは、ヒトラーにソ連から撤収することを余儀なくさせるような計画だったからである。

米国の軍関係者はこの計画を強力に応援した。第二戦線は最初からアイゼンハワーの構想だった。軍隊が直接ドイツへ攻め込むことが唯一最大効果を上げる方法だったからである。一九四二年一月、参謀本部戦争計画局の一介の大佐として、アイゼンハワーは覚書をメモした――「われわれはヨーロッパへ行って戦わねばならない」[1]。マーシャルがこれに賛成し、計画策定が始まった。そのあと少しして、マーシャルはアイゼンハワーを准将に昇進させ、戦争計画局長にした。二月二十八日までにアイゼンハワーは海峡越え上陸作戦計画を完成し、マーシャルに提出した。この計画は、対ドイツ進撃のために四八個師団を集結し、一九四三年秋に海峡が最も狭い北フランスのカレーからルアーブルまでの間に上陸するというものだった。作戦は五八〇〇機の飛行機によって援護されることになって

いた。計画はまた、一九四二年後期のできるだけ小規模なフランス上陸作戦（コードネーム「スレッジハンマー」）、全面的上陸作戦が実施される一九四三年秋の橋頭保確立、一九四四年春の橋頭保からの戦果拡張も要求していた。その特定目的は、ソ連からドイツ軍の「相当に大きな部分をそらすこと」[2]だった。作戦は、「支援のもたらす重要性をソ連側が認めるように企画され、提示される」必要があったのである。計画はまったく道理にかなっていたので採択された。

スティムソンは陸軍長官として枢要の立場にいたので、この計画をソ連侵攻中のドイツ軍を一九四二年中に揺さぶる最も確実な方法であり、ヒトラーの究極的敗北をもたらす最も確実な方法だと呼んだ。スティムソンはローズヴェルトと海峡越え上陸作戦の効果と重要性について延々と話し合った。それは「空からの攻撃が先行する英国経由のフランスへの強力な攻撃によって」ソ連を救うだろう、と彼は三月上旬の日記に書いた。しかしそれは、米国軍の英国での集結と駐留、そして英国軍の兵員と航空機を上陸作戦自体に参加させることを意味する。英国がこの計画をしっかり応援してくれてこそ、計画は機能するのである。成功は英国の協力にかかっていた。

一九四二年三月三十一日、パールハーバーから四ヵ月たって、ローズヴェルトは計画を実施すべき時が来たと判断した。彼はモロトフをワシントンに招くためにスターリンへの電文を起草した。用件は、「貴国の危機的な西部戦線を救う形でのわが国の軍隊の利用」[3]を含む問題の討議だった。「この目的は私にとって非常に重要である……時機が肝心である」。しかし、まだ英国の約束を取り付けていなかったことが恐らく理由だろうが、ローズヴェルトは自分が第二戦線のことを言っているのだということを明確にしなかった。それどころか、彼はこのメッセージを送らなかった。その代わり、それを手許に持ち続けた。ローズヴェルトは今一度、戦争計画会議のために、スティムソン、ノックス両長官、マーシャル、アーノルド両将軍、キング提督、ハリー・ホプキンスを召集した。結果は満足のいくものだった。出席者たちは海峡越え上陸作戦が最も賢明な方法であり、英国が上陸作戦計画に不可欠であるという確信で一致していたからである。

ローズヴェルトは相談相手たちの力強さと全員一致に励まされて、スターリンに電信を送った――「貴国民とわが国の国民はソヴィエト軍への圧力を減らす戦線の開設を要求している。そして両国民は賢明にも、ソヴィエト軍がより多くのドイツ軍兵士を殺し、あなたと私が集めるよりも多くの機材を破壊するものと考えている[4]」。

同時にローズヴェルトは、マーシャル将軍とハリー・ホプキンスをロンドンに派遣することを決断した――上陸作戦の緊急性をチャーチル、イーデン、英国参謀本部に直接ぶつけるためである。彼らがためらっていることを大統領は知っていた。優柔不断な自国指導者たちとは対照的に、英国国民は海峡越え上陸作戦を支持していた。三月末には二万人がトラファルガー広場で第二戦線開設支持のデモをした。サンデー・エクスプレス紙の見出しには、「ヨーロッパで攻撃するのは今だ！[5]」とあった。

マーシャルとホプキンスは四月八日にロンドンに到着し、直ちにチャーチルおよび英国戦時内閣と討議に入った。翌日、ホプキンスはローズヴェルトに、自分がチャーチルと一度ならず二度の会談を持ち、彼の反応が「好意的で、合意の見通しは完全に有望のように見える[6]」と打電した。

さらに一日が過ぎ、ホプキンスからもう一本電信が届いた。「元海軍大臣〔チャーチル〕、英国参謀本部との討議は非常に順調に進展している」。心強かったが、まだ約束からは程遠かった。にもかかわらず、四月十一日の朝、ローズヴェルトはモロトフをワシントンに招く例の電信を解禁した。それは正午にマクシム・リトヴィノフへ届けられた。時刻が分かるのは、ローズヴェルトがきわめて異例なことに、そのことを電信の表に用心深く書いているからである。

ローズヴェルトの電信は彼の頭の中にあることをきちんと示していなかったので、スターリンはもっと情報を求めた。四月十四日、リトヴィノフ大使はそれを探るためにホワイトハウスを訪ねた。

ロンドンでは同じ日の午後一〇時〇〇分、マーシャルとホプキンスが、海峡越え上陸作戦をさらに討議するためにダウニング街一〇番地で、チャーチル、英国国防委員会と会った。二人の米国人は、自分たちがついに英国側を説き伏せたつもりでいた。考えられる上陸地点としてルアーブルとブーローニュ間の浜が選ばれた。考えられる最も早い上陸作戦の日付として一九四三年四月一日が合意された。英国戦時内閣は上陸作戦計画をしっかり支持しているように見えた。チャーチルは検討中の「重大な提案」[7]についてこう書いた。「私は計画を謹んで受け入れることに躊躇しなかった……枠組みに関しては完全な全員一致があった」。

翌日、ホプキンスはそのことを電信でローズヴェルトに知らせた――「昨夜の国防委員会、参謀本部、元海軍大臣、マーシャル、私の長い会議で、英国政府はわれわれの主提案に賛成した[8]」。マーシャルは自分の上司であるスティムソン陸軍長官に電信を送った――「今や英国政府は主作戦のあらゆる必要な準備を直ちに、精力的に開始するつもりである[9]」。ホプキンスとマーシャルは二人とも大喜びしていた。

カナダ首相マッケンジー・キングはその時、ホワイトハウスを訪問中だった。エレノア・ローズヴェルトは夫について、「彼には秘密を打ち明けられるような真の親友が一人もいなかった[10]」と書いている。だが、キングは実際にローズヴェルトのそういう親友だった。ローズヴェルトは古くからの友人キングに自分の考えを話し、自分がとったさまざまな行動の理由を柄にもなく開けっぴろげに説明していた。ローズヴェルトより七歳年長のキングは、ローズヴェルトが学部生だったときにハーヴァードの哲学博士課程に在籍していた。妙なことに、ローズヴェルトには一緒にいて楽しく感じる人たちが二組あった――海軍関係者と社会活動家である。事実上、彼の個人的なスタッフは全員、海軍出身者だった。ホプキンス、パーキンス、そしてエレノア・ローズヴェルト自身も社会活動の経歴があり、キングもそうだった。キングはシカゴのスラム街のセツルメント「ハルハウス」で創立者のジェーン・アダムズ女史〔一九三一年度のノーベル平和賞受賞者〕と働いていたことがあった。ローズヴェルトはキングに明敏な観察者と思いやりのある耳を見出していた。キングは太平洋戦争会議のメンバーとしてワシントンに来ており、会議はその日の午後開催されていた。会議のメンバーたちとの夕食会のあと、ローズヴェルトは私的な会話ができるようにキングを二階のオーヴァルスタディに誘った。ローズヴェルトは自分の書斎に招いた人たちに対してしばしばしたように、すでに大きな革製ソファに座っていて、キングに隣に座るように求めた。それから彼は、キングが日記に書いているところによると、「極秘」のため先刻出すわけにはいかなかった問題を話し始めた。ローズヴェルトはその日の先ほどの太平洋戦争会議で、別の戦線を開くことによってソヴィエト軍への圧力を減らす攻撃行動を促すために、自分はホプキンスとマーシャルをロンドンに派遣したと語っていた。

キングの日記によると、今、「片手を二人の間のソファの上に下ろしながら、彼は言った――『今夜、好ましい決定に到達したとの知らせを受けた。好ましい決定というのは、英米間で、もうすぐドイツ軍に攻勢を開始するとの合意に達したということだ……もしソ連がドイツ軍に敗れるとしたら、その前に攻勢を実施するほうがいいだろう[11]』」。

キングの観察によると、ローズヴェルトは、合意の知らせがその夜に彼のもとに届いたことで「とても安堵しているように見えた」。しかし、キングはまた、ローズヴェルトが英国軍の数量について非現実的に高い評価をしていることも日記に書いていた。ローズヴェルトは約一〇〇個師団あると思っていた。だがキングが書いているところによれば、それは最新情報に基づくローズヴェルトの最も希望的な推測であり、実際ははるかに少なく、一六個から二〇個師団の間だったのである。

スターリンの回答は五日後の四月二十日に届いた――「先日、モスクワで受け取ったメッセージに感謝する。ソヴィエト政府は、近い将来のヨーロッパにおける第二戦線の組織に関する意見交換のため、V・M・モロトフとあなた自身の会談設定の提案に同意する……言うまでもなく、モロトフはロンドンにも立ち寄るだろう」[12]。

スターリンは、将来もドイツのソ連侵略は避けられないと信じていたので、ソ連とドイツの間に、独立した強いポーランドが存在することは第一の戦後目的だった。一九四一年の秋以来、スターリンはチャーチルとイーデンに、ソ連の国境をバルト三国を含むものとして認め、ポーランドの東部国境をカーゾン・ラインに定め、西部でドイツ領土をポーランドに与えることによってその埋め合わせをする条約の締結に向けて圧力をかけていた。これより先、一九四一年十二月の困難な時期に、スターリンは二日連続で駐ソ英国大使のサー・スタフォード・クリップス（モスクワにいた）に、バルト三国と対フィンランド新国境を含む一九四一年の国境を、ソ連の国境として認める秘密協定を締結するよう説得を試みた。クリップスがスターリンに、英国はこの時期にそのようないかなる協定を結ぶことも不可能だと答えたとき、彼はスターリンがこの考えを「結局は事実上断念した」と考えた[13]。しかし、そうではなかった。三月になると、チャーチルはスターリンの要求に圧倒されて、スターリンに次のように釈明せざるを得なくなった――自分はローズヴェルトに手紙を書いて、「あなたとわれわれが国境に関する協定に署名するのを認めるよう彼に促した」と[14]。

ローズヴェルトは拒否した。彼はそれが恐ろしい過ちだと考えた――大西洋憲章の放棄、これほど多くの、踏みにじられたさまざまな民族を結合する接着剤である自決原則の放棄であると。ローズヴェルトは、チャーチルが実際にはスターリンを喜ばすことに汲々としており、ソ連の要求に反論しないことを知っていた。また、チャーチルがロンドンに本拠のある各国の亡命政府と取り決めや戦後処理を話し始めていることも知っていた。前年の七月、ローズヴェルトはチャーチルに「全般的な声明……」を促し、そして「領土、人口、経済に関してはいかなる戦後講和の言質も与えられていないことを明確にする」ように求めていた。[15] チャーチルは要請を無視した。ローズヴェルトは、それは原則の放棄であることに加えて、悪い政策だと信じた。ウィルソン大統領は、自国が当事者でない問題に言質を与えることによって、ヴェルサイユで深刻なハンディキャップを負ったのであった。ローズヴェルトは自分が行動できることをはっきりさせておきたかった。

ローズヴェルトはこの問題でチャーチルにもう一度、念押しをするよりはむしろ、外交的な遠回しの手を用いた。彼は礼儀正しく優雅なサムナー・ウェルズ国務次官に命じて、駐米英国大使エドワード・ウッドに対して強い声明を出させた。ウッドはいつもはハリファックス卿と呼ばれている人物で、長身でやせており、世知に長けていたが、それ以上に優雅な、前インド総督だった。ハリファックスは王妃のよき友人ではあったが、かつてゲーリングを「魅力がある」、ゲッベルスを「感じがいい」と自分から言ったことがあった。[16] また、ローズヴェルトがぞっとしたような、別の考えも公言していた。戦後の対ソ勢力均衡をドイツに担わせる必要性についても語っていたのである。ローズヴェルトはウェルズに、ハリファックスに伝える内容を指示した。ウェルズはデュポンサークル公園近くの大邸宅に住んでいたが、週末はメリーランド州のポトマック川を見下ろす高い丘の上に建つ新ジョージ王朝風の別の豪邸（部屋が四八もある）で過ごしていた。つまり、英国大使を威圧するのに必要なものを十分に備えていたのである。二月、ウェルズはハリファックスに対して、大統領からの特別の指示に従ってあなたに次のことを伝えると告げた――ローズヴェルトはあなたの文書をすべて読んだ、そして「大統領の頭に浮かんだのは一つの単語だけだった。それは〝田舎者〟という単語である」と。[17] 洗練された貴族的外交官に対するこの啞然とさせる侮辱を理解するのに、ハリファックスは一瞬時間をとられた。ウェルズは、ハリファックスに立ち直る間を置いてから、さらに続けた――ローズヴェルトは、一九四一年の国境をソ連に保証する秘密協定はこの時期に討議できる問題ではないと述べた、と。それからウェルズは、さらに深くナイフを突き刺すようなことをハリファックスに言った――ローズヴェルトの考えでは、ソ連に適正に与えられるべき安全保障の本質は、「自分自身が……直接スターリンと討議することになる問題である」。

チャーチルが国境協定に署名することを望んだのは、彼が決してスターリンを信頼していなかったからである。スターリンが――寝返って――その同盟諸国に向かってくるかもしれない、そして再びヒトラーと組むかもしれないという不安が、チャーチルの頭の片隅から消えることはなかった。(スターリンもチャーチルについて、彼はヒトラーと妥協するのではないかという同じ不安を持っていた)。そうであれば、国境を定めようというスターリンの要求に対するチャーチルの弱腰は、彼がスターリンを味方に引き留めておくために必要だと考えた賄賂として見なければなるまい。

他方、ローズヴェルトは、ソ連におけるドイツ軍のきわめて悪らつな行動や、ヒトラーが以前からスラヴ民族用の計画について口にしていた途方もない声明を前提にすれば、スターリンがヒトラーと手を結ぶという考えは実現性の乏しい結末だと判断していた。そしてローズヴェルトは、スターリンには自分を頼る理由があると信じていた。何しろローズヴェルトは、ソヴィエト・ロシアを承認する判断力を示した米国大統領なのである。その承認は、レーニンが権力を握った最初の日から手に入れようと望んだものだった。しかもローズヴェルトは、それに伴うあらゆる問題にもかかわらずソ連を承認したのである。ローズヴェルトに対するスターリンの態度を具体的に示していたのが、スターリンの統制するソ連の報道がこれまでずっとローズヴェルトに好意的だったことである。この年の一月三十日、ローズヴェルトの六十歳の誕生日にあたり、イズヴェスチヤ紙はべた褒めの記事を掲載した。それには、スターリンが一九三四年のH・G・ウェルズとのインタビューでローズヴェルトについて述べた、正真正銘の賛辞が含まれていた。スターリンはその時、大統領の創意、勇気、決断という卓越した個人的資質に言及していた。ローズヴェルトのことを資本主義世界の傑出した指導者とも呼んでいたのである。

ローズヴェルトはスターリンに関する自分の戦略をチャーチルに説明するために、ホプキンスとマーシャルをロンドンに派遣する少し前に彼に狡猾な手紙を書いた――「私が身も蓋もない本音を言ってもあなたが気にしないことを知っているので、言わせていただくが、私個人のほうがお宅の外務省やうちの国務省のどちらよりも上手にスターリンに対処できると思う。スターリンはお宅の最高幹部たちみんなをひどく嫌っている。彼は私のほうが好ましいと思っている。そして私は彼にそうし続けてもらいたいと願っている[18]」。

ローズヴェルトは、スターリンが自国の苦境を救うために、米国と自分を頼りにし続けるだろうと確信していた。いわんや、スターリンが降伏するなどという考えは馬鹿げていた。ドイツ軍はソ連の領土数百万ヘクタールを占領していた。ドイツ空軍と海軍は武器、食料、衣類の緊急支援物資を輸送する連合国艦船を沈めていた。ドイツ軍は辟易する数のソヴィエト軍兵士を殺していた。しかし、スターリンは降伏できなかった。ヒトラーはソヴィエト文化を抹殺し、国家を破壊している最中だった。ドイツ軍が捕虜にした数百万の赤軍兵士を野原に集め、彼らの体調を悪化させ、飢えで死ぬのに任せていたことはよく知られている。ドイツ軍は都市や村を制圧すると、貴重な文化財を徹底的に傷つけ、破壊していた。破壊がいかに周到であるかをスターリンが察知していたことは確実である。

スターリンはすでに一度、ヒトラーと取引をした。ローズヴェルトは、彼はその過ちを繰り返さないだろうと確信していた。

他方、ローズヴェルトも知っていたように、スターリンにはチャーチルを当てにしない正当な理由があった。ローズヴェルトは、スターリンの要求に屈するという悪い先例をつくることが、チャーチルに対するスターリンの敬意を改善することはないと信じていた。三月にローズヴェルトが財務長官ヘンリー・モーゲンソーに語ったように、「英国がソ連にした約束はどれも守られなかった……われわれがソヴィエトとこれほどうまくやっている唯一の理由は、これまでわれわれが自分の約束を守ってきたということだけだ[19]」。

もちろん、それだけではなかった。チャーチルは凝り固まった雄弁な反ボリシェヴィキだった。ソ連だけでなく、スターリン個人についてもひどいことを言ったことが知られていた。「ボリシェヴィキが都市の廃虚とその犠牲者の死体の中を凶暴なヒヒの軍隊のように跳梁している間に、文明は広大な地域で完全に絶滅させられつつある[20]」――これはチャーチルの辛辣な見解の一つだった。彼はまた、これとの関連で、ソ連の指導者たちのことを「東ヨーロッパのどぶ〔ガッター〕」とゲットーから出てきた野次馬[21]」だと決めつけたとして引用されていた。彼はスターリンを「酷薄な、ずるがしこい、世間知らずの巨人[22]」と評していた。チャーチルは今ではもう人前で自分の反ボリシェヴィキ的見解をぶちまけることはなかった。だが、自分の意見を変えたわけではなかった。チャーチルがヒトラーのソ連侵攻を知ったときに、秘書のジョン・コルヴィルに語った最初の感想はこうだった――「もしもヒトラーが地獄を攻めたのであれば、私は下院で悪魔のことを少なくとも好意的に取り上げるだろう[23]」。

スターリンはそのような国境条約をまとめるために、モロトフをワシントンの前にロンドンへ派遣した――ローズヴェルトがこの条約を既成事実として認めざるを得なくなるだろうと期待してのことだった。それゆえ、スターリンはローズヴェルトに電信を送った二日後、モロトフがワシントンの前にロンドンに立ち寄るとチャーチルに打電した。ローズヴェルトとハルはモロトフの旅行計画を知らされて、ソ連外相がそのような条約に署名するのを阻止する行動方針を決めた。ローズヴェルトは英国外務省に妥協案を持ちかけた――ソヴィエト人になりたくないリトアニア人、ラトヴィア人、エストニア人、そしてフィンランド人たちはその財産とともに自国を去る権利を持つことにしよう、と。モロトフがロンドンに到着すると、アンソニー・イーデンがその考えを彼に提示した。モロトフはこれを拒否した。

次いでローズヴェルトとハルは、ロンドンの米国大使ジョン・ワイナントに電信を送った。彼はリンカーンに似た顔の印象的な容貌をした人物で、国際労働機構（ＩＬＯ）の事務局長を務めていたことがあり、そのことでソ連ではよく知られていた。電信は伝えていた――もし国境条約が署名されるならば、「われわれは、米国がその原則と条項を承認しなかったことをはっきりと述べる独自の声明を出す可能性がある……われわれが論理的に追求できる道はほかにはない」。ワイナントは五月二十四日夜のソ連大使館での会談でこの情報をモロトフに伝えた。モロトフは「注意深く耳を傾け、この問題に関する大統領の見解は真剣な関心に値すると語った[24]」。

その結果は、モロトフがソ連と英国間の未署名の同盟条約を持ってロンドンを離れたことだった。この条約草案には国境に関する言及は含まれていなかった。

モロトフは五月二十九日の金曜日にワシントンに到着した。彼のロンドンからの飛行は悪天候のためアイスランドで一日半遅れた。米国上空では、ソヴィエト人飛行士たちは乗機の国籍証明をする必要に気づかなかったのか、あるいはそうすることの重要性を認識していなかったのか、ソヴィエト軍爆撃機で飛行しているにもかかわらず、首都のすぐ近くに来るまで無線連絡を一切しなかった。大統領警護の責任者ライリーが後に書いているところによれば、その国籍不明機は、「ワシントンへ向けて南へ飛行していることが分かると、われわれを極度の不安に陥らせた……ソヴィエト人たちはフィラデルフィア上空に入っても誰にも何も連絡しなかった[25]」。

モロトフがワシントンのボリング空軍飛行場へ着陸するまでには飛行機の国籍が確認されていた。そしてハルとリトヴィノフが出迎えのために飛行場で待っていた。モロトフはすぐにリムジンに乗せられてホワイトハウスへ向かい、午後四時に大統領の書斎へ案内された。そこには大統領、ホプキンス、リトヴィノフ、ハルが待ち構えていた。お茶が出された。モロトフは後にスターリンに、ハルが同席していた大統領との会談はその時だけだったと語ることになる。

モロトフは着替えをしたり、顔を洗ったりする機会が与えられなかったので、まだ不安だらけの旅行者のままで、お茶の時には態勢を立て直していなかった。「飛行場から車で直接、ローズヴェルトに会いに連れて行かれた[26]」と彼はスターリンにこぼした。そうやってホワイトハウスに着いたので「少し服装が乱れ、顔も汚れていた」。ホワイトハウスの執事アロンゾ・フィールズは後にこう書いた――モロトフの「目はそわそわ動いていて、餌食にとびかかろうと待ち構えているキツネの目のような光を放っていた[27]」。ローズヴェルトと自分の最初の会談にリトヴィノフが同席していたことも、モロトフが落ち着かなかったもう一つの理由だった。二人の仲はよくなかった。ホプキンスは二人の間の緊張を感じ取った。リトヴィノフは「明らかに、モロトフが大立者であることが気に入らない」、そしてそのことが今度はモロトフを気づまりにさせている、とホプキンスは書いた。モロトフはソ連国外へ旅行することに不慣れなようだった。彼のカバンの中には、職務としてそれを開けることになったある世話係の話によると、大きな黒パンの塊とソーセージ一本、そしてピストルが一丁入っていた[28]。

後にローズヴェルトがデイジー・スックリーに語ったところでは、モロトフから何を期待していいのか分からなかったという。「彼はあまり感じがよくない、そして決して笑わない[29]」と聞いていたので、苦戦になるかもしれないと考えていたのである。

モロトフとの最初の会談が始まると、大統領は発言の一つ一つが翻訳されるのを待つ会話の堅苦しさに困惑した。それは、通訳たちが意味の微妙な差を互いに検討するために時折立ち止まることでさらに深まった。「氷を割るのはとても困難だった。けれどもそれはモロトフ氏の側に誠実さや感じのよさが欠けているためではないように見えた」[30]と、ホプキンスは観察している。ローズヴェルトが通訳を介するのは珍しかった。彼はフランス語もドイツ語も見事だった。そして彼とリトヴィノフ大使との関係が非常に良好だった理由の一つは、リトヴィノフが英語を話せたことである。しかし、もともと堅物で謹厳なモロトフは、ずんぐりした多弁のリトヴィノフとは大違いだということもあった。[31]

ソ連側の通訳はモロトフが連れてきたウラジーミル・パヴロフで、この後、彼は米国人たちにおなじみの存在となる。パヴロフはまだ二十七歳だったが、天賦の語学者で、すでにモロトフのスタッフを三年間務めていた。彼はモスクワで、そしてテヘラン、ヤルタ両会談でスターリンの通訳を務めることになる。米国側の通訳はハーヴァード大学ロシア語科主任のサミエル・H・クロスだった。クロスはこの後、二度とお呼びがかからなかった。[32]モロトフが帰国してから数週間後、クロスはある夕食会で酒を飲み過ぎ、この時の会談のレポートをして地元ケンブリッジの知人たちを大いに楽しませたからである。

ローズヴェルトは翌日デイジーに電話して、モロトフは「シャングリ・ラの訪問消防士で、モンゴル語以外何語も話さない」と語った。

皆でお茶を飲んでいるとき、モロトフはローズヴェルトが対日戦争をしながらヨーロパの戦争にどれだけ肩入れしているのかを瀬踏みしようと、ヒトラーが主敵であるという意見を言ってみた。ローズヴェルトは賛成し、米国はヒトラーが敗北するまで太平洋では守勢にとどまるだろうという彼がこれまでに「繰り返した」声明に言及した。「この考えをうまく伝えるのは難しかった。だが、今は受け止められている」[33]と、彼は説明した。

大統領はソヴィエト軍捕虜に対するナチの扱いについて質問し、ソ連とドイツはジュネーヴ条約を厳守できるという見解を述べた〔ソ連はこの「捕虜の待遇に関する条約」（一九二九年）に加盟していなかった〕。ホプキンスが書いているところによれば、ローズヴェルトはさらにこう語った――「ソ連またはドイツがそれぞれの捕虜収容所の査察を国際赤十字に許可する見込みがほとんどないことを知るために、ソヴィエトについて、さらに言うならドイツについても、非常に多くを知る必要はないだろう」。モロトフは言った――それは宣伝の見地からは誤りになるだろう。ソヴィエトの捕虜は非常にひどい扱いを受けている。最近、二六名の捕虜がノルウェーの捕虜収容所を脱走して帰り〔ノルウェーは北部でロシアと国境と接している〕、収容所での餓死と殴打について報告している、と[34]。（事実、戦争の全期間をつうじて捕虜になった赤軍軍人の死亡率は五〇パーセントを超えた。戦争の最初の数ヵ月間のこの死亡率は著しく高かった）。

短い休憩とマクシム・リトヴィノフとの散歩の後（彼はこれ以降の会談からハルと同じく、外れることになっていた）、モロトフ、ホプキンス、大統領、そして通訳たちが午後七時四〇分に再び書斎に集まった。大統領がつくったカクテルを賞味し、夕食をとり、会談をするためだった（会談は夜遅くまで続いた）。

ローズヴェルトはカクテルを出しながら、自分のお気に入りの主題を解説しはじめた――平和を維持するための戦後機構に関する構想についてである。彼はモロトフに、四人の警察官（米国、ソ連、英国、中国）で構成される実施機関が設立されると説明した。これら四ヵ国は武力を許される唯一の国になると。他の国は、経験で信頼性が証明されたのちに最初の四ヵ国に加わることができるだろう。機構は査察の特権を持つことになる。そして、「もしいずれかの国が平和を脅かしたならば、その国は封鎖され、しかる後になおも抵抗するならば、爆撃されることになるだろう」[35]。ローズヴェルトは、自分の構想は予備的なものであり、スターリンのアドバイスを望んでいると語った。

モロトフは答えた――当初に軍隊を持つことが許されないとしたら、それはフランスはもとより、ポーランドとトルコにとって、「痛打」になるだろう。彼らは無防備になることに尻込みしないだろうか？

ローズヴェルトはそれ以上、各国の武装解除の議論には踏み込まなかった。実のところ、誰が武器を持ち、誰が武器を持たないことになるかに関して、ローズヴェルトがそれほど具体的だった理由の一つは、その計画はまたソ連の軍備も削減することになるということだった。戦後の軍備制限のための彼の計画は、四人の警察官を含んでいた。「悪魔に勝てなければ、悪魔と組め[36]」と、モロトフの訪問から六週間後、ローズヴェルトはスターリンについてマッケンジー・キングに語った。「ソ連は非常に強大になろうとしている。やるべきことは、計画をはっきりと軍備縮小のためのものにすることだ」。

モロトフは述べた――国境に関する取り決めがロンドンで行なわれなかったことをローズヴェルトが承知していることを確認したい。ローズヴェルトは答えた――承知している。「自分は国境問題について言及されなかったことを喜んでいる……現在はまだその時期ではない」。

ローズヴェルトは、スターリンとチャーチルが二人とも自分の意志に従ったことを当然の結果として受けとっている様子だった。

夕食の席に座るとすぐ、モロトフは第二戦線のための自分の論拠を巧みに展開しはじめた。彼は状況をこう描いた――ソ連がまだ強い間にヒトラー軍を撤退させるのが連合国の最大の利益になる。なぜならば、もし連合国がドイツ軍四〇個師団を引き揚げさせることができれば、赤軍は決定的打撃を与え、戦争を短縮できるからだ、と。モロトフは連合国のすべてがどれほど得をするかということを示した。

ローズヴェルトは、それは兵員と物資の問題ではなく、輸送の――上陸用舟艇の問題だと言った。モロトフはソ連に対する米国世論の状態について尋ねた。ローズヴェルトは、国民の大部分は議会「よりも友好的だ」と答えた。

夕食後、ローズヴェルトは出席者たちを二階の書斎に移動させ、主賓にはいつもそうするように、モロトフに長椅子の自分の隣に座るように求めた。もしローズヴェルトが、長椅子に座りながらの夕食後の会話についてモロトフがスターリンに送った評価を読んだら、癪にさわったことだろう――あるいは恐らく笑ったことだろう。モロトフはこの会話を楽しんでいなかったようだ。「夕食後、かなり長い、しかしまったく退屈な会話があった」と、彼はスターリンに電信した。そして、大統領は自分がチャーチルよりもよいホストであることを認めさせようとした、とモロトフは述べた――「ローズヴェルトは、チャーチルの気取らない、遠慮のないもてなしのスタイルを暗に指して、彼が私を自分と同じようにもてなしたかと尋ねた。私はローズヴェルトの歓待ぶりにチャーチルのそれと同じように満足していると答えた。チャーチルは二晩、朝の二時ごろまで私と同席したと」。

ローズヴェルトは会話のさい、一九四三年に実施される主要な海峡越え上陸作戦に備えるよう自分の将軍たちを督促しているとモロトフに請け合った。将軍たちは賛成していないと言いながら、大統領はまた、一九四二年にフランスへ六個から一〇個の師団を犠牲を払って上陸させることについても語った。「一九四二年中にソ連を助けるには犠牲を払う必要がある。われわれが今一度ダンケルクを乗り越えるために一〇万ないし一二万の兵を失うということもあり得る」[37]。

モロトフは六個から一〇個の師団の上陸では十分ではないと答えた。彼は夏の間に想定されている赤軍の厳しい戦闘について語った。

それからローズヴェルトは自分の戦後世界構想に戻り、私は戦後の軍縮プロセスを平和が少なくとも二五年間確立できるような形で開始したいのだと言った。

戦後世界のことは、もちろんスターリンの頭の中にもあった。それはスターリンが戦後のソ連国境を定める英国との条約を急いだことでも裏づけられる。今やスターリンはモロトフをつうじて、ローズヴェルトの心が恒久平和を保障できる国家間機構の初期計画に傾注されていることを知るのである。そしてそのことは、ローズヴェルトがスターリンに自分の平和な戦後世界の構想にただ協力するだけでなく、それを計画するための支援も望んでいるかのように聞こえた。ローズヴェルトがスターリンに本質的に提案していたのは、戦後のパートナーシップであった。「ねえ、私は君に世界の運営を手伝ってもらいたいんだよ」——ほとんどそう言っているようなものだった。

毎晩、モロトフはその日の会話についてスターリンにレポートを送った。そのために彼はモスクワからわざわざ少人数の秘書スタッフを連れてきていた。彼はローズヴェルトのこれらの考えをスターリンに電信した。

スターリンは大統領に賛成するようにモロトフに返電した——

戦後の平和保全に関するローズヴェルトの意見は、絶対的に妥当である。英国、米国、ソ連によって侵略防止の統合軍事力を創造せずに、将来における平和の維持が不可能なことには疑問の余地がない。中国をこれに含めてもいいだろう。ポーランド、トルコ、その他の国に関しては、われわれは彼らなしで巧くやることができるだろう。なぜなら、三ないし四ヵ国の軍事力でまったく十分だからである。ローズヴェルトに対して、君がモスクワと連絡をとり、この問題を熟考し、ローズヴェルトが絶対的に正しいとの結論に達したこと、そして彼の立場が全面的にソヴィエト政府によって支持されることを伝えたまえ。(38)［スターリン］

モロトフの部屋は広間をはさんでホプキンスの部屋と向かい合っていた。ローズヴェルトの書斎での会談が終わったのはほとんど午前零時だったが、ホプキンスはモロトフを訪ねた。彼はモロトフが、大統領、マーシャル将軍、キング提督との第二戦線開設の必要性に関する翌日の会談で、可能な限りの最高の提案説明をするかどうかを確かめたかったのである。ホプキンスはモロトフに、ソヴィエトの立場をできるだけ最悪のシナリオに脚色するように勧めた。なぜなら、軍人たちは「第二戦線を開設する切実な必要性を見ていないからだ……状況の重大性を米国の将軍たちに理解させるために、ソヴィエトの立場のお先真っ暗の絵を描いてほしい」(39)。彼はモロトフに、ヒトラー軍を撤退させるために近いうちに第二戦線など開設しなくてもソ連は持ちこたえられる、という統合参謀本部内にある意見を一掃してもらいたかった。ホプキンスはまた、明日の会談が始まる三〇分前にモロトフが大統領に会って、ソ連が直面している状況の深刻さを話したらどうかと持ちかけた。（情報のこの後半部分もまた、大統領はこの計画に期待されるほど張り切ってはいないという考えを、モロトフの頭の片隅に残したに違いない）。

ソヴィエトの状況は実際のところ悪化しつつあった。敵軍の二一七個師団と二〇個旅団が独ソ戦線で攻撃していた。ハリコフとケルチ半島が陥落した。七ヵ月間包囲下にあったセヴァストーポリは陥落寸前で、七月七日に降伏することになる。ドイツ国防軍は北西戦線でレニングラード救援に向かうソヴィエト第二突撃軍の包囲の輪を締め付けていた〔第二突撃軍の司令官アンドレイ・ウラーソフ中将は七月十二日に捕虜になり、やがてドイツ軍に協力することになる〕。スターリングラードは包囲されていた。（八月、ヒトラーはスターリングラードが間もなく陥落することを確信して、占領後の市内の軍事問題を処理するために会議を開催した。「その占領は一週間で終わると考えられていた」[40])。

レニングラードの包囲下の苦悶は八ヵ月目に入っていた。クリミア戦線では二七万八〇〇〇のソヴィエト軍人が戦死し、負傷し、あるいは捕虜になった。総計では、開戦以来一一ヵ月間のソヴィエト軍の損耗は二〇〇万名を上回っていた。モロトフは誇張する必要がなかった。あるがままに絵を描けばよかったのである。

翌朝(土曜日)、エレノア・ローズヴェルトとの会見を要請していたモロトフは、彼女の居間に連れていかれた。二人はパヴロフの通訳で「彼の国とわが国での社会改革について」[41]話し合った、とエレノア・ローズヴェルトは書いている(彼女はモロトフがしばしば、通訳が終わる前に話し始めたと記している)。

次いで、ホプキンスの助言に従って、モロトフは一人で大統領と会見した。午前一一時、ホプキンス、マーシャル元帥、キング提督が到着し、第二戦線の討議が本格的に始まった。モロトフは、ホプキンスから手がかりを得て、英米からの迅速な介入の重要性について詳細に話し、警告した――もし赤軍が持ちこたえられなかったら、「ヒトラーの力はそれに相応して大きくなるだろう。なぜなら彼はより多くの兵力だけでなく、ウクライナの食料と原材料、コーカサスの油井をも自由に使えるようになるからである」[42]と。モロトフは強調した。もし英国と米国が第二戦線を開設し、ドイツ軍四〇個師団を引き揚げさせるならば、「戦争は一九四二年中に決着がつくだろう」[43]。もし一九四三年になれば、戦争は一九四二年よりも、勝つのに手こずるだろう。

モロトフは第二戦線に関する米国の立場について率直な返答を要求した。

「われわれは第二戦線を準備中だとスターリン氏に言うことができるだろうか?」[44]と、ローズヴェルトがマーシャル将軍に尋ねた。

「できます」と将軍は答えた。

そこでローズヴェルトは、モロトフがスターリンに伝えることを許した――「われわれは第二戦線の形成を今年中に期待している」。

ローズヴェルトはそのきわめて重要な声明をすると、すぐに戦後問題について、とくに、弱い国から取り上げられることになる旧植民地を管理する国際信託統治会議の構想を詳しく説明した。彼はスターリンの協力を望んでいることを示した。またローズヴェルトはモロトフに、第二戦線のための軍隊を英国に集結するのでレンドリースを節減する必要があるという悪い知らせも伝えた。スターリンは前に合意した輸送量の削減に同意しなければならないだろう――「船は同時に二つの場所には行けない」(45)。

この会談に続いてモロトフのために昼食会が催された。議会を外交政策に巻き込み、味方に付けておこうというローズヴェルトの継続的な戦略を反映して、出席者の中には上院対外関係委員長のトム・コナリー上院議員と下院外交委員長のソル・ブルーム下院議員も含まれていた。

一度、ローズヴェルトがモロトフにヒトラーのことをどう思うかと尋ねた。それはモロトフがほかの誰よりも最近に彼と会談していたからである。

一九四〇年十一月半ばのモロトフのヒトラー訪問は、センセーションを呼び起こした。しかし、ローズヴェルトとハルには、モロトフが自分の立場を堅持し、ヒトラーの大英帝国解体計画を拒否したことが分かっていた。また、ヒトラーとリッベントロップがモロトフの訪問をもっと早く――米国大統領選挙後よりもむしろ前に――実現させようと十二分に圧力をかけたことも分かっていた(46)。なぜなら彼らは、ヒトラー＝モロトフ会談の亡霊が米国人を怖気づかせ、ローズヴェルトの敗北をもたらすかもしれないと考えたからである。スターリンはそのことを理解して、モロトフの訪問を引き延ばしたのだった。

今、モロトフは答えた――「ヒトラーは明らかに私によい印象を与えようと努めていた。しかし私は、ヒトラーとリッベントロップほど付き合いにくい人物にはいまだかつて会ったことがないと思っている[47]」。ローズヴェルトは、リッベントロップがシャンパンの商売に携わっていたという知識の一端を披露した。モロトフは言った――「リッベントロップが外交よりもそちらの方面に向いていることは間違いない」。

昼食会後、ローズヴェルトとモロトフは大統領の書斎へ行った。その席でローズヴェルトはモロトフの爆撃機の将校と乗員たち、秘書スタッフを歓迎した。彼はモロトフに見事な額入りの自分の大きな肖像写真を贈った。写真には紫のインクで「フランクリン・ローズヴェルトからわが友ヴャチェスラフ・モロトフへ、一九四二年五月三十日」と署名されていた。大統領はまたモロトフにソ連向けに生産されるレンドリース物資八〇〇万トンの目録も手渡した。ただし、海峡越え上陸作戦のために兵員と武器を英国に集積するので、船積みできるのは四〇〇万トンだけだ、と言いながら。

五月三十一日（日曜日）の午後、ローズヴェルトがマーシャル、キング、ホプキンスと会ってから、ホプキンスはローズヴェルトからチャーチルへの電文を起草した。肝心かなめの文章がこれだった――「それゆえ私は、ボレロ［上陸作戦部隊と補給品の英国での集積］が八月に始まり、天候の許す限り続くことをなにより強く切望している[48]」。

スターリンはモロトフに、米国からの補給品問題について「大統領から以下のことを得るように試みよ[49]」と電信した――

(1) 米国海軍によって護衛され、米国の港から直接アルハンゲリスクへ向かう輸送船団を毎月一個組織すること。

(2) アフリカ経由で空輸され、バスラまたはテヘランで引き渡されるB-25爆撃機を毎月五〇機供給すること。

(3) ペルシア湾の港に配送され、同地で組み立てられるボストン-3爆撃機を毎月一五〇機供給すること。

(4) ペルシア湾の港に配送され、同地で組み立てられるトラックを毎月三〇〇〇台供給すること。

モロトフはこの文書(スターリンの名前を抜いて)を月曜の午前にローズヴェルトに手渡した。この会談でローズヴェルトはここぞとばかり、もう一度戦後世界の主題に立ち戻った。彼はモロトフに、自分が新しい考えを持っていると「スターリン氏に伝える」ように求めた——「すべての連合国は、戦時の前借金に利息を求める代わりに、元金のみの長期返済を扱う計画を策定すべきだ」と。これはスターリンにとって大きな安堵以外の何物でもなかったはずである。

ローズヴェルトはこれに続けてモロトフに言った——自分はすでにドイツと日本を非武装化する構想を発展させており、究極的平和の保証者としての四ヵ国の役割を討議してきたが、これに含めなかった要点が一つある。[50] それは、「弱い諸国からその自らの安全のために取り上げられるべき」多くの島と植民地をどうすべきか、ということである。「……スターリン氏は、これらの島と植民地領に対する何らかの国際信託統治の制定を適切に考慮しているかもしれない」。

モロトフは、スターリンは大統領の構想に完全に賛同していると答えた。ローズヴェルトは次いで、日本とドイツを含めてさまざまな国に小さな島々が与えられてきた委任統治制度の撤廃を論じた。しかし大統領は、英国とフランスを「同じく島々を持つべきでない」国として挙げた。[51] ローズヴェルトは言った——長期間にわたり、これらの島々は三ヵ国ないし五ヵ国のメンバーからなる国際委員会のもとに置かれるべきである、と。それからローズヴェルトは植民地領の、とくにインドシナ(ヴェトナム)、シャム(タイ)、マレー連邦〔英領マレー〕、オランダ領東インド[52]の討議に入った。それらの植民地領は自治の準備が必要だろう、なぜなら「独立を目指す明白な高まりがそこにあるからであり……そしてこの状況下で、白人諸国はこれらの地域を植民地として長期的に保持することを望めないからだ」と、ローズヴェルトは語った。モロトフは、「大統領の提案は効果的に実現できるだろうとの確信」を表明した。ローズヴェルトは自分の人柄の複雑さを証明するかのように、もうすぐ会談を打ち切らねばならないのだとモロトフに告げた——ウィンザー公夫妻を昼食のため正午に招いているのでね、と。当時、公爵はバハマ総督だった。彼をちやほやするヨーロッパのファシスト指導者たちから引き離すために、公爵は一九四一年にバハマへ締め出されたのであった。黒人のバハマ人の支配者であるウィンザー公は、絵に描いたような古典的な白人植民地統治者だったが、何と言っても、米国の一定層にはひじょうに人気があった。ローズヴェルトがこの奇妙な社交的約束をモロトフに話したというのは興味をそそられる。米国人の多くと同じく、その哲学的信念とはかかわりなく、ローズヴェルトは王族と交際するのが好きだった。

　ローズヴェルトは席を立つ前に、第二戦線の計画を概括し、ソ連が期待できる兵器と装備の修正リストをおさらいした。今やそれは英国に集積する必要から半減されていた。またしても彼は言った。「われわれは第二戦線を一九四二年中に立ち上げたい[53]」。そして、やる気を示すためにこう付け加えた。「われわれが英国コースへ振り向けられる船の一隻一隻は、第二戦線が実現にそれだけ近づくということを意味する」。

モロトフが無事帰国してからワシントンとモスクワで共同発表されるプレスリリースについては、若干の議論があった。肝心かなめの文章はこうなっていた――「一九四二年にヨーロッパに第二戦線を開設する緊急課題に関して、会談の過程で完全な理解が達成された」。マーシャル将軍はホプキンスに、自分はこの文章があまりにも強すぎると感じて、それが一九四二年に実施されることへ言及しないように要請したと語った。「私はこのことで特別に大統領の注意を喚起した」とホプキンスは説明した。「だが、彼はそれにもかかわらずこれを含めるように望んだのだ」。

スターリンは、モロトフがワシントンでの会談で達成したことを聞こうと首を長くして待っていた。用心深く几帳面なモロトフは自分が最も重要だと思うことを送信していた。しかしスターリンは、レンドリースと第二戦線について明文化したどういう協定が署名される予定なのか知りたかった。彼は六月三日にモロトフに辛辣な電信を送った(54)――

(1) 機関[スターリン]はあなたの通信すべての素っ気なさと寡黙に不満である。あなたがローズヴェルト、チャーチルとの会談から伝えているのは、あなた自身が重要と見なすことだけであり、残りは省いている。一方、機関が知りたいのはすべてのこと、すなわち、あなたにとって重要なことと重要でないことの両方である。
(2) このことは、コミュニケの草案についても当てはまる。あなたはそれが誰の草案なのか知らせなかった……あなたの寡黙のためにわれわれは推量を余儀なくされている。
(3) われわれは二つのコミュニケ草案を持つことが妥当だと考える――一つは英国での交渉に関するもの、もう一つは米国での会談に関するものである。

(4) さらにわれわれは、二つのコミュニケともヨーロッパにおける第二戦線開設の主題にとくに言及し、この問題で完全な理解が達成されたと言及することが絶対に必要だと考える。

六月四日、モロトフは前日にローズヴェルトと作成したコミュニケのテキストをスターリンに送信した――

会談の過程で、一九四二年にヨーロッパに第二戦線を開設する緊急課題に関して完全な理解が達成された。これに加えて、米国からソ連への飛行機、戦車、その他の種類の軍需物資の供給を増やし、加速する方策が討議された。さらに、戦後の自由愛好諸国民の平和と安全を守ることにおけるソ米の協力の基本問題が討議された。双方はこれらのすべての問題に関して見解が一致していることを満足の意をもって表明する。(55)

スターリンの次の電信は、彼がようやくモロトフの報告に満足したこと、そしてさらに重要なことに、米国軍が年内にソ連支援にやってくると信じたことを示している。スターリンはモロトフに電信した――

われわれは、船腹に対する当方の要請を削減するとのローズヴェルトの提案を受け入れ、主として武器と産業機器の供与に甘んじなければならないだろう……九分九厘、これ［削減］は、米英が第二戦線開設のため西ヨーロッパへ軍隊を送る用途に船腹を回すべく、必要としていることである。(56)

モロトフの出立後にリトヴィノフに送ったスターリンの電信は、これに加えて、英国がこの企てにそれほど乗り気でないことに、彼が気づいていたことを示している。

　船腹に対するわれわれの要請の削減にソヴィエト政府が同意することを、君はローズヴェルトに通告し……その上に、念を押さねばならない――ソヴィエト政府がこれをするのは、モロトフとローズヴェルトの間で合意されたコミュニケに述べられていることに従って、第二戦線開設のため米国の軍隊輸送を容易にするためであると。われわれの意見では、これは英国に本年中の第二戦線開設に同意することを急がせるかもしれない[57]。

　モロトフ訪問に対するローズヴェルトの反応には、手加減が加えられた。大統領はチャーチルにこう書いた――それは「真の成功だった。われわれは率直な個人的関係を築いた……彼〔モロトフ〕は期待したよりもはるかに打ち解けた」[58]。デイジー・スックリーにはこう語った――モロトフは「氷に覆われた」ような人物だと事前に警告されていたが、「私は彼を笑わせ、まったく人間らしく振る舞わせた」[59]。しかしながら、六ヵ月後、マッケンジー・キングにモロトフのことを思い出しながら、彼は「帝国主義者」だと評した。ローズヴェルトのものの考え方を前提にすれば、これは間違いなく軽蔑的な特徴づけである。

　ホプキンスはこの訪問を成功だと考えた。モロトフがワシントンを去った直後、ホプキンスはジョン・ワイナント駐英大使に、自分だけでなくローズヴェルトの見解でもあると受け取れることを書いた――「われわれは少なくとも米ソ間にあるもう一つの割れ目に橋を架けたと確信している……世界に何らかの真の平和が生まれるべきだとしたら、それはなされねばならない。ソ連を対等のパートナーとして参加させることなく、われわれが英米間で世界を組織することは絶対にできない。私なら必ず中国を含めるだろう。〝白人の責務〟政策の時代は終わった。巨大な人民大衆がそれを容認することは絶対にないだろう。そしてどう考えても私には彼らがなぜ容認しなければならないのか分からない[60]」。〔〝白人の責務〟は英国の作家で一九〇七年度ノーベル文学賞受賞者のラドヤード・キップリングが一八九九年に書いた詩の題。白人帝国主義を肯定するこの詩は米国がフィリピン、プエルトリコなどのスペイン植民地を獲得した後の極東情勢に触発されて書かれたという〕。

モロトフはロンドン経由でモスクワに戻った。彼がロンドンにいる間に、ソ連と英国間の同盟条約がようやく署名された――国境についてはまったく触れることなく。チャーチルは警戒しながら、一九四二年中の第二戦線に関する覚書をモロトフの手に渡した。それにはこうあった――「英国は〝いかなる約束もできない。しかし、それが理にかない、目的にふさわしいものならば〟、八月または九月に計画されている大陸への上陸は実現するだろう[61]」。覚書は、英国は一九四三年の上陸作戦に向けて最大限の努力をしつつあると結んでいた。

モロトフの旅行と彼が英米との間で確保した合意をめぐるソ連の報道は、ソヴィエトの基準では〝豪華ショー〟の観があった。プラウダ紙は論説で書いた――「全国で無数の集会。労働者、コルホーズ農民、知識人、赤軍の兵士、士官、政治活動員たちは、これらの〔三大国間の〕絆の強化が最後の勝利を早め……一九四二年が敵の最終的敗走の年になるに違いないとの最大の確信を表明している。わがソヴィエト人民は、一九四二年中の第二戦線開設の緊急課題に関して達成された完全な理解に、大きな満足感を示している」。

少し後でソ連最高会議の会合があった。開戦以来最初の会期だった。一二〇〇名の代議員たちが、多くは民族衣装姿で最高会議の議場に集まった。各代議員はスピーカー付きの机に座った。国家防衛委員会のメンバーたち（全員が政府の要職者）も出席した。モロトフが「敵陣営に……混乱と怒りのうなり声を呼び起こした」英国との協定について、そして第二戦線に関する合意について演説した──それは「まったく瓜二つの英ソおよび米ソの共同コミュニケから分かる……二つのコミュニケとも、交渉において、『一九四二年中のヨーロッパにおける第二戦線開設の緊急課題に関して完全な理解が達成された』と宣言している」。

別の政治家たちがモロトフに続いて演説した。スターリンの友人でレニングラードを代表する党政治局員のジダーノフが、「一九四二年中のヨーロパにおける第二戦線開設の緊急課題……」について話し、「ヒトラーとその血まみれの徒党は一九四二年中に粉砕されるだろう」と強調した。

最高会議の議事はソ連全国に国営放送局で中継された。

翌日のプラウダ紙には、有名なソヴィエト作家イリヤ・エレンブルグの書いた短信も載っていた──「すでにフランスの子供たちは、霧のかかった海を見透かしながらささやいている──『あそこに船が一隻見える』。そしてその船の名は〝第二戦線〟である」。

プラウダは、ソ連全国で労働者たちが強力な新同盟国についてどのように情報を与えられているかを報道した。

モロトフはローズヴェルトとの会談で何度か、第二戦線は軍事問題であるよりもむしろ政治問題であると語っていた。一度はこうとまで言ったことがある──「第二戦線の問題は軍事的であると同時に政治的であるが、政治的な面が優越している」[62]。そして付け加えた。「もしあなたが自分の決定を先延ばしすれば、結局はあなたが戦争の重荷を背負わなければならなくなるだろう」。

しかしながらモロトフは、モスクワに帰着するとすぐ、ローズヴェルトにきわめて率直な手紙を書き、「ヒトラー主義ドイツの敗北を早めるために一九四二年中にヨーロッパに第二戦線を開設する緊急課題に関して、そしてすべての平和愛好諸国民のための戦後のわれわれ両国の協力に関して、完全な理解に到達したことへの大きな満足[63]」を表明した。

モロトフはかなり後になってから言うことになる――実のところ、自分は第二戦線が実現するとは信じていなかった。「私は慌てることなく冷静に、これは彼らにとって完全に不可能な作戦だと悟った。しかし、われわれの要求は政治的に必要だった……スターリンも彼らがそれを実施しないだろうと信じていたことは間違いない[64]」。

スターリンはこの時までに多くの情報源から、ローズヴェルトは第二戦線に肩入れしているが、チャーチルはそうではないことを知っていた。ローズヴェルトはモロトフにそれに見合ったことを話していた。マイスキーははっきりとスターリンに通報していた――大統領は「可能な限り早急に第二戦線を開設することに賛成しているが、チャーチルは強情に抵抗している」と[65]。一九四二年の夏の間中、計画は到着する多くの部隊を英国に宿泊させ、管理するところまで前進したように見えた。ソ連が同盟国を持っているという考えは、苦境にあるソヴィエト人たちにとって確かに心理的な支援だった。そして誰にとっても、ドイツが第二戦線を予期しなければならないことは、ヒトラーがより多くの兵士をソ連へ送るのを控えねばならないということを意味していた。

実際のところ四月には、チャーチル首相とそのスタッフは、計画は実行不能と判定していた。彼らはそのことを同盟国に伝えていなかっただけである。権力の座にある一部の英国人は、自分たちが正直でないことに落ち着かなかった。首相の軍事首席補佐官ヘイスティングス・イスメイ少将は、マーシャルとホプキンスをある意味でだましているのは大きな誤りだと考えていた一人だった。「米国の友人たちは、われわれが〝ラウンドアップ〟作戦〔北フランスへの本格的上陸作戦〕と〝スレッジハンマー〟作戦〔コタンタン半島などへの限定的上陸作戦〕の両方に取り組んでいるという間違った印象を持って安心して国へ帰って行った……スレッジハンマー作戦をさらに徹底的に検討した後で、われわれはこれに絶対反対だと言わなければならなかったとき、彼らはわれわれが約束を破ったと感じた……われわれはもっと正直に白状すべきだったのだ。そして言うべきだった──『率直に言ってわれわれは怖いのだ、これまでに味わった苦難のために』と」[66]。

ローズヴェルトの一九四二年の最優先の望みは、米国の軍人たちをヒトラーとの戦闘に投入することだった。彼はついに仏領北アフリカへの上陸作戦を決めた。コードネームは「トーチ」である。トーチ作戦は大統領にとって大きな魅力を一つ持っていた。それは米国軍を一九四二年中にヒトラーとの戦争へ参加させたのである。それは彼が実行しなければならないと感じていた政治的必要事だった──米国国民とスターリンに対して。ローズヴェルトは、「もしスレッジハンマー作戦が最終的かつ無条件に問題外なら、その時点の世界情勢を考慮して、私は君たちに一九四二年中に米国軍が戦うべき別の場所を決めてもらいたい」[67]と、ホプキンスとマーシャルに書いていた。

ローズヴェルトは押し続けていた。

彼は七月にホプキンス、マーシャル、キング提督を再びロンドンへ派遣し、もう一度、第二戦線上陸作戦計画の推進を試みた。大統領は三人から英国は依然反対していると報告を受けると、返信した

──

ホプキンス、マーシャル、キングへ。

七月二十二日付の君たちの二つのメッセージは、全体として私には不意打ちではない。そしてわれわれの友人たちの側に足りないのは黙従だけだという点に同意見だ。

それゆえ私は、一九四二年に何か別の攻勢が米国軍のために策定されるべきだとの指令を繰り

返す。[68]

大統領が一つの決定をめぐって熟慮しているのを見守っていた政府内外の人たちは、しばしば彼を優柔不断だと言って批判した。より適切な説明は、彼が物事を熟慮しながら一つの政策のあらゆる側面に目を配り、時間をかけたということである——時には過度に長い時間をかけることもあったが。今やローズヴェルトは統合参謀本部と国防長官の進言を却下することに踏み出した。米国軍人は一九四二年中にドイツと戦うことになる——もしフランス本土でなければ、その時は北アフリカで。彼はまたキング提督と他の人たちの進言も却下した。彼らは日本を打破することを望んで、ソ連を独力で戦わせ、はるかに多くの部隊と兵器を太平洋に投入することを求めた——米国軍を対日戦に集中させるために。

ヘンリー・スティムソン陸軍長官は、当初は反対だったが、最終的には譲歩し、トーチ作戦を支持した。ローズヴェルトが的を射ていることに気づいたのである。士気の観点からは米国軍がヒトラーと戦闘に入ることが重要だったのだ。しかし日記でスティムソンは、選ばれた場所に対する自分の怒りと懸念を吐き出している——「それは直接の惨事にまでは至らないかもしれない……それはおおよそガリポリの英国軍のそれに似た拠点になるだろう[69]」〔第一次世界大戦中の一九一五年四月、ダーダネルス海峡を制圧するため連合軍は海峡西側のガリポリ半島に上陸作戦を敢行したが、オスマン・トルコ軍の強力な抵抗を受けて前進を阻まれ、結局、同年十二月から翌年一月にかけて橋頭堡を放棄して撤退した〕。

トーチ作戦の決定は七月に行なわれた。八月十三日、注文は減らされて、英国第八軍の西への前進、次いでエル・アラメインの線での再編成と連動して、アイゼンハワーが派遣軍事作戦を開始することになった。

アイゼンハワーはかんかんだった。彼はこの決定が行なわれた日を「史上最悪の日[70]」と呼んだ。彼の考えでは、戦略的価値のまったくない大陸のへりに上陸するのは時間の無駄であり、そのうえ危険でもあった。マーシャルもこれを無謀だと思った。太平洋のほうが「はるかに安全」であることを主張して、マーシャルは提案した――もし英国が海峡越え上陸作戦を推進しないのであれば、「われわれは太平洋で真の猛攻撃を実施する」[71]と。これは「大統領がにべもなく拒否した」とスティムソンが書いた論拠である。もっと後になっても、ローズヴェルトのこの決定はマーシャルを苛立たせた。彼はこう書くことになる――「われわれは、民主主義国の指導者は国民を楽しませ続けねばならないということを見逃していた。これは非難のように聞こえるかもしれない。だが、これは思いを伝えるものだ[72]」。

英国人たちが勝った――第二戦線は延期された。仏領北アフリカへの上陸作戦はもちろん、米英の共同作戦だった。しかしながら、ローズヴェルトは小さな一点にこだわった。ドイツ軍と戦う米国軍人を米国に見せたかったので、彼は上陸攻撃の第一波には米国軍人のみを参加させるように命じた。彼はチャーチルのために見事な論拠を提示した――「フランス人の抵抗は英国人よりもわれわれに対するほうが少ないだろう……最初の攻撃は米国陸軍部隊だけでやるべきだというのが私の非常に強い希望である[73]」。総計六万五〇〇〇名の軍人（大まかに言って、英米半々）が作戦に参加した。ローズヴェルトは米国の国民に関して正しかった。ドイツ軍と接触した最初の米軍部隊は拍手喝采され、何年もの間もてはやされた。

スティムソンは、作戦の成功は大統領が幸運だったからだと考えた。彼とマックジョージ・バンディとの共著『スティムソン回顧録』〔*On Active Service in Peace and War* 中沢志保、藤田怜司訳〈上・下〉、国書刊行会、二〇一七年〕の中には、次のような個所が出てくる――「スティムソンはずっとトーチ作戦を戦争中の最も幸運な共同作戦と見なしていた。しかし彼は、作戦を提唱した人たちが決してそうは思っていないことを認める用意があった。大統領は賭けに勝ったのである」[74]。

ローズヴェルトは、米国軍人がヒトラー軍に対して実戦を経験していないことに、国内から苛立ちの声が上がっているのを知っていた。十一月三日の議会選挙が近づいていた。長年政治家をしてきて、民衆が仏領北アフリカに強行上陸する米国軍人たちを目にすれば、それが政府支持の票を獲得することを知っていた。ほぼ一年前には戦争に反対していた有権者たちが、今では米国軍人が残忍なヒトラーと戦うソ連を助けることを熱心に支持していた。ローズヴェルトはマーシャル将軍に言った。「どうか、選挙日の前にそれをやってくれたまえ」[75]。だが、米軍部隊が海岸を攻撃開始したのは十一月八日の日曜日だった。結果として、民主党は議会で手ひどい後退に対処しなければならなかった。共和党は上院で一〇議席、下院で四七議席増やしたのである。

スターリンは第二戦線の中止に心底失望し、感情の手綱を解き放った。十月三日、彼は質問状を提出した三十二歳のAP通信社モスクワ特派員ヘンリー・キャシディーに怒りをぶちまけることを選んだ――「ソ連に対する連合国の支援は今までのところほとんど効果がなかった。この支援の強化と改善に求められるのは一つのことだけだ。それは連合国が彼らの義務を完全に、そして予定どおりに遂行することである」。スターリンの声明は世界中を駆け巡った。「連合国からの支援は今までのところ〝ほとんど効果なし〟――スターリン語る：**連合国はほとんど援助していないとスターリン語る**」――これは二日後のニューヨーク・タイムズ紙に載った見出しである。

しかしながら、ひと月のうちにスターリンはトーチ作戦を通知され、これがソ連を助けるものであることを理解した。十一月七日の革命記念日に行なわれたこの年の大演説では、スターリンは政治家としてふさわしかっただけでなく、英米との協力を感謝もした。「石油とモスクワを手に入れようとする試みで、ドイツの戦略家たちは窮地に陥った」[76]と、彼は喝采を受けながら言った。「彼らの夏の計画は失敗した……英ソ米連合は勝利のためのあらゆる可能性を持っている……そして連合国は勝利するだろう」。

スターリンは、第二戦線は開設されるだろうかと質問された。「そうだ、開設されるだろう、遅かれ早かれ」と彼は答えた。「なぜなら、それはわが国に劣らずわれわれの連合国にとって同じように不可欠だからである」。

米国大使館代理公使ロイ・ヘンダーソンは、通常ならソ連の協力または米国に対する感謝のサインに注目する気にならなかっただろうが、モスクワから報告した――演説は「ソ連とその連合諸国とのより密接な協力の方向へのさらなる一歩前進を示している。ソヴィエトの役人たちは米英へのより大きな親近感を示すための指令として演説を解釈していると私は信じているし、すでにその兆候を受け取っている[77]」。

それは間違いなく、スターリンが頭の中で考えていたことだった。彼は連合国とその敵たちに、いかに自分が満足しているかを確実に知らせたいと望んだのだ。数日後、彼はAP通信社特派員キャシディーからの別の質問状に詳細に答えた――

親愛なるキャシディー殿

十一月十二日に私に届いたあなたの質問にお答えする。

(1) アフリカにおける連合国の作戦についてのソ連の見解はどうか？

回答――この作戦についてのソ連の見解はこうである。それは連合国の軍隊の増大しつつある力を見せつけ、最も近い将来におけるイタリア・ドイツ同盟の解体の展望を開く、大きな重要性を持つ顕著な事実を示しているということである。

この作戦は、英米の指導者は本格的な軍事作戦を組織する能力がないと断言している懐疑論者たちを改めて論破している。第一級の組織者以外に、海洋を越えて北アフリカに成功裏に上陸するような本格的軍事作戦を実施できる者が皆無であることは、疑問の余地がない。[78]

第10章 戦後構想

ローズヴェルトは、一九一九年に国際連盟加盟法案が米国上院で否決されたときには精神的にひどく落ち込んだ。平和な世界の第一条件は、世界のすべての国がメンバーになる機構の創設であると痛感していたのである。ローズヴェルトは、オハイオ州知事を三期務めたジェームズ・M・コックス大統領候補と組んだ民主党副大統領候補として、一九二〇年に八〇〇回を超す演説をしたが、いつも国際連盟問題を強調した。それは「選挙運動の有力な争点[1]」であり、「実際的な必要事」であった。彼はウィルソン大統領がどんどん無力になり、米国が孤立に戻るのを、欲求不満を高めながら見守っていた。世界平和は諸国家の共同作業にかかっているという彼の信念が揺らぐことは決してなかった。後に彼は国際連盟を「平和維持のための最初の偉大な機構[2]」と評価することになる。しかし、連盟の規定を研究するにつれてしだいに、連盟は大幅に改変されねばならないことを悟った。一九二三年にはこのテーマに関する自分の世界計画を、米国平和賞のコンテストを組織したレディース・ホーム・ジャーナル誌編集長エドワード・ボックへ送った。ローズヴェルトは自分の構想する組織を「国際協会」（ソサイエティ・オヴ・ネーションズ）と呼んだ。協会は米国、英国、フランス、イタリア、日本を常任メンバーとする執行委員会によって運営され、国際司法裁判所が創設されることになっていた。しかし、この計画が注目を浴びることはまったくなかった。なぜなら、エレノア・ローズヴェルト夫人が審査員の一人になり、彼は自分の応募を取り下げねばならなかったからである。

一九三九年に世界が分裂したとき、ローズヴェルトの考えは世界政府創設の重要性に戻った。彼はハル長官と国務省にそのような国際機構の青写真を作成する仕事を与えた。

ローズヴェルトはサムナー・ウェルズ国務次官にこのプロジェクトを任せた。ウェルズは反ソヴィエト感情の強かった国務省東欧局を改造した人物である。ローズヴェルトの指導の下、ウェルズは戦後機構の輪郭を描くために、国務省職員と国際問題の外部の専門家からなる少数精鋭のグループを立ち上げた。ウェルズによると、「ローズヴェルトはそのような準備を遅滞なく開始するために熱心に支援してくれた」[3]。数ヵ月間、このグループは毎週土曜日にウェルズの国務次官オフィスで、もう一人の国務省幹部レオ・パスヴォルスキーを交えて会合を開いた。パスヴォルスキーは特別調査局長で国務長官特別顧問だった。ウェルズはグループの作業進捗について「頻繁に」大統領に報告した。その時には大統領が戦後機構の輪郭を「固める」手助けをした。

一九四二年、ホワイトハウスに「マップルーム」〔「地図の間」〕をつくる時までには、ローズヴェルトは戦後世界に関する四つの基本問題を心の中で決めていた。すなわち、第一に、その構造は自分がコントロールすること、第二に、それはすべての国が所属するような機構の創設を含むこと、第三に、この機構内では、四つの強力な連合国が世界の残りを監督すること、第四に、これらの強力な国家には戦争に深くかかわった英国、ソ連、米国だけでなく、自分の世代の白人至上主義と手を切って中国をも含めることである。彼は自分の究極的世界計画の概略を決定すると、その保護にとりかかった。それが議論あるいは憶測のテーマにならないことを確実にするためである（そのどちらも注目と反対者たちを引き付けるだろう）。ローズヴェルトは未知の目がこのもくろみを察知する可能性を制限するために、興味深い簡単な解決策を考案した。「マップルーム」の設置である。ここは世界の三首脳との電信がやりとりされる部屋で、ホワイトハウスでも最も警備の厳しい極秘の部屋だった。ここは、特別に招かれなければ、閣僚、各参謀長、上院議員も立ち入り禁止だった。マップルームの内容、機能、その他マップルームにかかわる一切のことはこれを反映していた。入室許可は入手困難だった。詮索好きな目をシャットアウトし、四六時中、私服のホワイトハウス警務官一名によって警備された。[4]マップルームはホワイトハウスの一階にあり、家族用エレベーターと廊下を挟んで向かい合い、侍医室と隣り合っていた。入口のドアの内側にはキャプションの付いた三匹のサルの漫画が描かれていた。プリントされたそれぞれのキャプションの下には鉛筆書きのキャプションがあり、これはローズヴェルトの仕業だった。マップルーム付の士官の話によると、[5]ある夜、ローズヴェルトはヘンリー・スティムソン陸軍長官に口述を書き取らせた。目を大きく開けた第一のサルのキャプションは「すべてを見る」になっていたが、その下に鉛筆で「何かを」と書き込んであった。耳に手を当てている第二のサルのキャプションは「すべてを聞く」になっていたが、その下の鉛筆書きのキャプションは「少し」になっていた。手を口に当てている第三のサルのキャプションは「何も言わない」だったが、下の鉛筆書きのキャプションは「あまり言わない」となっていた。

しかし、それは氷山の一角に過ぎなかった。ローズヴェルトは誰にも――ということは、どれほど階級が高かろうと米国軍人の誰にも――自分とチャーチル、スターリン、蔣介石の関係がどういうものか、自分が彼らと何を計画しているかを極秘にしたいと考えた。世界の三首脳との電信のやりとりはすべてマップルームで符号（コード）化されることを前提とし、その上これらの電信は陸軍か海軍のどちらかによって送信されねばならなかった。陸海軍どちらのトップも米国外交政策の全貌をつかめないように、ローズヴェルトは新手の解決策を案出した。三首脳の一人に彼が送るすべての電信は海軍省の通信・符号化施設をつうじて送信されねばならなかった。そして三首脳が彼に送るすべての電信は陸軍省の回線をつうじて送信されねばならなかった。これが意味したのは、通常、陸軍長官スティムソンと海軍長官ノックスはこれらのメッセージの半分しか見ておらず、国務長官ハルに至っては全然見ていないということだった。恐らくハルは、大統領あるいは彼の側近スタッフ――ホプキンスとリーヒ提督が国務長官に見せるべきだと考えたメッセージには目を通していただろう（リーヒは大使として赴任していたヴィシー政権フランスから一九四二年晩春に帰国後、大統領［米国陸海軍最高司令官］付参謀長になった）。

ファイルキャビネットは、実在するこれらのメッセージの完全なファイルが収納されている点で貴重だった。

地図と図表がマップルームの四方の壁面を覆っていた。その上に重ね合わされた透明のビニールには油性鉛筆で注釈が書き込まれており、陸軍省と海軍省から伝書使が最新の戦況ニュースをもたらし、連合軍と敵の部隊の位置をしるすのに合わせて絶えず更新されていた。船のタイプによってさまざまなサイズと形の色付きのピンが、外洋海図の上に艦船の位置を示していた。青のピンは米国艦船、オレンジ色は日本艦船、赤は英国艦船、灰色はイタリア艦船、黒はドイツ艦船である。この情報を近づいて見られるように、机、椅子、テーブル、そしてファイルキャビネットは部屋の中央に集められていた。ダイニングテーブルとして二倍に伸ばせる小さな丸テーブルも部屋の中央にあったが、ローズヴェルトは時折ここで客人をもてなした。

マップルームへの無制限入室は滅多にない、厳重に守られている名誉だったが、ホプキンスとリーヒの二人だけにはそれが許されていた(6)。ノックス海軍長官はある日、入室を断られて、ローズヴェルトのところへ文句を言いに行った。大統領は、君には海軍軍人を統率する力が不足しているようだと言ってからかったが、無制限入室者リストには入れてくれなかった。符号化担当士官たち、陸軍当直士官三名、海軍当直士官三名が二四時間体制でここに詰めていた。閣僚たちも各参謀長も、会議のような特別の管理環境下の場合を除いて、マップルームには入れなかった。ローズヴェルトが旅行中の間は、彼との通信のすべてはマップルーム経由で行なわれた。ローズヴェルトの秘密への執念は、自分の政策に生じるかもしれない反対に対処することが目的だった――知らなければ、反対しようがないからである。政府内の誰も、通信の一面だけしか知らなければ、大統領の遠大な世界計画に反対できないだろう。ローズヴェルトはマップルームのスタッフたちをなだめるようにこの奇妙な仕組みをこう説明した――「もし〝政治屋〟たちが嗅ぎ回ることを許されたら、陸軍と海軍は極秘情報をマップルームに安心して提供するのを渋るようになる」[7]。この説明はスタッフたちに自分が特別に重要な存在だと誇らしく感じさせた。

通常は午後に、ローズヴェルトは最新の戦況とメッセージを見るために車椅子を押されてマップルームを訪れた。ローズヴェルトがどれだけの周期で何の治療を必要としているか、その治療プログラムに気づいている者は誰もいなかったが、大抵の日の午後はマップルーム訪問に続いて隣の部屋の歯科治療椅子に座った（これは彼が侍医室に据え付けさせたものである）。そして、副鼻腔炎〔蓄膿症〕の治療を受け、下肢のマッサージを受けた。

一九四三年に、ローズヴェルトは自分の戦後ビジョンを世界に知らせる媒体として国内で最も人気のある雑誌サタデー・イヴニング・ポストに目を付けた。ローズヴェルトは一九四一年一月六日の一般教書演説で世界のすべての人が「四つの自由」〔言論の自由、信教の自由、貧困からの自由、恐怖からの自由〕を享受すべきだと述べたが、その「四つの自由」のそれぞれをテーマにして描いたノーマン・ロックウェルの四枚の絵が、一九四三年の同誌の表紙を続けて飾った。そしてこの表紙は広く人気を博し、部数を数百万部単位で押し上げた。その後間もなくしてローズヴェルトは、サタデー・イヴニング・ポスト誌が国際連合を紹介し宣伝するための完全な媒体になると判断した。彼はフォレスト・デイヴィスにインタビューの機会を与えた。デイヴィスは弁護士クラレンス・ダロウの友人としてジョン・スコープスに対する進化論裁判〔一九二五年〕を報道し、また、リンドバーグ愛児誘拐事件〔一九三二年〕で一番の腕利きリポーターとして活躍した世界的に有名なジャーナリストだった。デイヴィスの記事「ローズヴェルトの世界構想」は一九四三年四月十日に発表された。

デイヴィスは、これから創設される予定の機関が例えばドイツのような将来の無法国家をいかに制御するのか、ローズヴェルトの考えをこう紹介した――第一ステップとして、もしその国が戦争準備を止めない場合には、鉄道、空路、河川、運河、道路によって接近可能な国境の封鎖と、無線、電話、電報、郵便によるすべての通信の遮断が行なわれるだろう。食料、ニュース、原材料の輸入停止と、対外決済停止に伴い、国は麻痺状態に陥るだろう。流通・交換は終わり、国は動かなくなるだろう。第二ステップとして、戦争準備がそれでも止まらない場合には、国際連合はその国の戦略的中心地が「爆撃により破壊される」ことを発表するだろう。

ローズヴェルトは自分の実践的な側面を見せようとして強硬な構想を公にしていた。デイヴィスの説明によれば、「彼は力を目指している。すなわち、評論家が厚生政治（ウェルフェア・ポリティクス）として描くものとは対照的に権力政治（パワー・ポリティクス）の問題に取り組んでいるのである」。大統領はまた、「人類は一世代の間にヴェルサイユ級の二度目の災禍にさらされるべきではないと心底感じている」。

デイヴィスはまた、ローズヴェルトは共産主義の台頭を恐れていないと書いているが、騒ぎを起こさないように、これはきわめて用心深く述べられている。「彼には信じたい気がある。一九一七年の革命的傾向がこの戦争で使いつくされてしまうかもしれないと、そして未来は――ポスト・ナポレオン時代のように――長期間にわたり、復興と国際的平和、および社会的平和のために捧げられるかもしれないと」。

そして最後にデイヴィスは、どう出るか分からない相手について書いた――「現在の情勢では、戦後世界の形はローズヴェルトあるいは英国の指導者たちよりも、スターリンにかかっているところが大きい。彼は自分の思うがままの世界を持つことができると言っても過言ではない」。

ローズヴェルトがこのインタビューをしたのは、まさにこのメッセージをスターリンに送るためだったという可能性は大いにある。

ローズヴェルトの強硬な構想全体にとって、英国、ソ連、米国、中国が取り締まりを担当する世界機構の計画が彼に意味していたのは、(この計画は彼の頭の中では平和な世界と結びついていたので)、戦後、米国が維持しなければならないのは最小限の軍隊だけだろうということだった。これは彼の陸軍省本庁舎であるペンタゴン設計計画に影響した。ペンタゴンは一九四一年の設計段階では巨大な軍事本部だった。建築家としての目を持ち、実際に一連の建物を設計したことのあるローズヴェルトは(ハイドパークの自分の屋敷内の二棟のコッテージ、ニューヨーク州ラインベックの郵便局、メリーランド州ベセスダの海軍病院などを設計した)、ある金曜日の閣議で、ペンタゴン庁舎のアイデアを突然持ち出した。それはペンタゴンを、窓がまったくないか、あるいはごく少数にした立方体のブロック状の建物で、人工照明にし、スティムソンがその日記で心配そうに描写しているように「人工的に」換気される庁舎にしようというものだった。(「そんなタイプの建物に住むことは絶対に拒否する」と、彼は日記でぶちまけている)。[8]

この革新的なイメージの背後にあるローズヴェルトの論理は、勝利と国連平和維持軍創設に引き続き、米国軍は統合参謀本部とその支援スタッフが新しい巨大な建物の中にぽつんと暮らすようになるくらいまで根本的に縮小するだろう、その時、この窓無しで、空調のよいペンタゴンは軍隊全体の人事記録の保管庫になるだろう、ということだった。注目すべきなのは、これが一九四一年のローズヴェルトのアイデアだったことである。彼は反対の声を期待していた。「陸軍省がペンタゴンの建物の明け渡しに反対するのは間違いない。だが、われわれがまともな平和を手にすれば、この建物は彼らにあまりにも大きすぎる」(9)。大統領はこのアイデアにこだわった。「戦争終結後、軍の全人事記録はペンタゴンの建物に保管されるべきだ」と、彼はヤルタ会談の直前、大統領行政府予算局長ハロルド・スミスに語った。

中国を加えるというローズヴェルトの構想は、しっかりした個人的な論理に立脚していた。将来を見据えながら彼が信じていたのは、国際連合において対等の協力者としてアジアが代表されることは、国連を十分に世界を代表する機構にするだけではなく、まさにその存続を確実にするためにも必要だということだった。それゆえ彼は、中国が目下日本の侵略と戦っており、内戦で分裂しているにもかかわらず、中国を警察官に含めることを要求したのである。彼の世代の指導者たちの中では珍しいこの考えは、白人種は世界を支配すべきではなく、本質的に他の人種に優越していないということだった。ローズヴェルトは中国を他のどこの白人国家とも同じように、一時的に脇に追いやられた優秀な国として見ていたので、中国を地理と人口の面で対ソ拮抗勢力として見ることができた。両国は世界最長の国境で隣接していた。ローズヴェルト時代のソ連の人口は一億六五〇〇万人だった。米国は人口一億三〇〇〇万の国に過ぎなかった。中国の人口はソ連と米国のそれを矮小化するほど多かった。

ローズヴェルトはハリファックス卿宛てに、彼の態度は「田舎者」だとするメッセージをウェルズに届けさせた。なぜならハリファックスは、チャーチルも同じだが、ドイツを対ソ拮抗勢力として思い描くとき、ヨーロッパのことしか考えていないからである。ローズヴェルトが考えていたのは、中国が米国と同じようにソ連の力を抑止できる戦後世界だった。ただ、それを口にしていなかっただけである。結局、彼はこのことを聡明で口の堅いカナダ首相マッケンジー・キングに明かした。キングが秘密を自分の日記以外に漏らすことはなかった。一九四二年のある夜の夕食後、ローズヴェルトはキングを二階の書斎に連れて行き、思いの丈を打ち明けた。「大統領は今夜、軍縮と、スターリンをその絵の中に入れる問題を論じたいと言った。これは重要なことだと彼は言った[10]」。次いで、キングは書いている――ローズヴェルトは「ワトソン上院議員の言葉を覚えているかと私に尋ねた。『悪魔に勝てなければ、悪魔と組め』。ソ連は非常に強力になろうとしている、と彼は言った。今やるべきことは、軍縮のために計画をしっかりつくることだ」。その夜遅く、キングは日記に書いている――ローズヴェルトはワトソンの「悪魔に勝てなければ、悪魔と組め」を繰り返した。そしてこうまで言った。「米国、英国、中国がソ連に勝てないことははっきりしている。やるべきことは、彼ら全員を同じ戦列で働かせることだ。それから彼は気がついて、自分が話したことは秘密だと言った。そして付け加えた――後生だから、このことは人に洩らさないでくれたまえ、と」。

ローズヴェルトの構想は、四人の警察官が平和を守るだけでなく、それぞれの警察官は共に働きながら、行きがかり上、他の三名によって監視されることにもなるということだった。必ずや共に働くという状況は、いわばソ連に対する抑止になるだろう。そして中国の参加はソ連が面倒を起こさないようにするのに役立つだろう、と。

無条件降伏の原則は、ローズヴェルトの世界構想のもう一つの側面だった。これもまた一連の問題を解決した。きわめて重要なのは、無条件降伏が講和会議を片づけたことである。そういうものは必要なかったからだ。これはヴェルサイユの悪夢に常につきまとわれていたローズヴェルトにとって大きなプラスだった。交渉による講和は一切なくなるのである。講和会議がなければ、彼はコントロールする立場にとどまれるだろう。条件は各枢軸国が降伏した時点のその場その場の基盤にもとづいて決定することができるだろう。

これはワシントンでは人気のある構想だった。一九四二年五月下旬、ハルとローズヴェルト両名の友人であるノーマン・デイヴィスが主宰する国務省の有力な小委員会が大統領に次のように勧告した。「連合国の勝利が決定的であるとの前提に立ち、敵国からは（恐らくイタリアを除いて）停戦よりもむしろ無条件降伏が追求されるべきである[11]」。

十二月末、統合参謀本部は意見を一本化し、大統領にすべての枢軸国にそれを適用するように勧告した――「統合参謀本部の代表たちは、ドイツ、日本、イタリアと衛星諸国に対して、彼らが自国軍隊の〝無条件降伏〟を申し出るまでいかなる停戦も与えないことを勧告する[12]」と。一月上旬、ローズヴェルトは統合参謀本部に対し、無条件降伏はこれ以後、連合国の基本政策になるだろうと語った。ローズヴェルトは方針を採用したものの、この政策の説明、定義、あるいは緩和を拒否した。彼がハルにメモで助言したところでは、定義は無駄になるだろう。なぜなら「われわれが合意してまとめたどんな言葉も、どこかの国が降伏を申し出たら、恐らくその途端に修正あるいは変更しなければならなくなる[13]」からだ。一九四二年十二月上旬にマッケンジー・キングから、チャーチルは講和会議を期待していると知って、ローズヴェルトは両手で顔を覆い、頭を少し振ってから「言った……何か講和会議があるなんて自分は知らない。自分が知っている限りでは、あるのは無条件降伏だ、と[14]」。彼は付け加えた。「諸問題を処理する一連の小さな会議は適宜開かれるかもしれないが、それはヴェルサイユ会議のような性質を帯びたものを避けるためだ」。

無条件降伏はまた、ローズヴェルトの別の意図とも一致していた。それは、この戦後、第一次世界大戦の場合とは反対に、ドイツ国民にドイツ軍の敗北を確実に思い知らせたいということである。そして、ローレンス・リース著『ナチス――歴史からの警告』〔The Nazis: A Warning from History〕に引用されているドイツ軍兵士ヘルベルト・リヒターのごとき言辞を、確実にドイツの誰もが言えないようにすることである。リヒターは言っている――「われわれは負けたとは全然感じなかった。前線部隊は自分たちが打ち破られたとは感じていなかった。そしてわれわれはなぜこんなにすぐに停戦となるのか、われわれはまだ敵の領内にいるのに、なぜこんなに慌てて陣地をすべて明け渡さねばならないのか疑問に思っていた」[15]。

ローズヴェルトが無条件降伏政策を発表したのは、一九四三年一月二十四日、カサブランカで行なわれたチャーチル同席の記者会見でのことだった。チャーチルによれば、政策にはすでに実質上同意していたとはいえ、この発表は彼にとって不意打ちだった。その時点では、ドイツ国防軍の猛攻を受けているスターリンに、米英が戦争をとことん戦い抜こうとしていることをローズヴェルトが再保証したかったのだろうと考えられた。無条件降伏は米国で人気があった。世論調査では八一パーセントがこれを支持した。ほとんどの人がドイツはもう一度戦争を起こすかもしれないと考えていたのである。

ローズヴェルトは常に自分のヒーロー、ユリシーズ・S・グラント将軍をこの政策を鼓舞する源泉として引き合いに出した――この政策、すなわち寛大ではあるが、敵に無条件降伏を強制する政策である。ヴェルサイユはないだろう。決定を下すのは勝利者だけなのだ。一八六二年二月十六日のドネルソン砦の占拠後、南軍司令官サイモン・バックナー将軍に対するグラントの言葉は、「無条件および即時降伏以外の条件は一切受け入れられない」だった。そしてグラントは戦争中この政策にこだわり、リー将軍にこれが適用されることを確実にした。ローズヴェルトは物語をもっと都合よくするためにこれを潤色することもいとわなかった。そして時間の経過とともにグラントに熱狂的になった。以下は、ローズヴェルトがハルに行なった、グラントの無条件降伏政策の説明ぶりである――「グラントに降伏したリーの話は、最良の実例だ。リーはあらゆる種類の条件について話し合いたいと考えていた。グラントはリーに、自分の公平さを信頼しなければならないと言った。そこで、リーは降伏した。直ちにリーは南軍士官たちの馬の問題を持ち出した。これらの馬は大抵の場合、士官たち個人の所有物だった。そしてグラントは、春の耕作のために士官たちは馬を自分の家に連れて帰るべきだとリーに言うことで、この問題を解決した[16]」。

多くの人は、ローズヴェルトが求めているのは報復的な講和であるという不安を抱いていた。それに対処する必要から、ローズヴェルトは自分の考えをより十分に説明するため、二月十二日にラジオに出演した。「自己の犯罪の結果から逃れようとするこれらのパニック的な試みに対して、われわれは言う（すべての連合国は言う）――枢軸国政府および枢軸党派とわれわれが取り上げる唯一の条件はカサブランカで宣言された条件、すなわち〝無条件降伏〟である。われわれの非妥協的な政策が意図するのは枢軸諸国の一般人に対する仕打ちではない。しかし彼らの犯罪的な、野蛮な指導者たちに対しては、処罰と報復を十分に与えるつもりである」。

一九四三年三月、大統領の書斎で行なわれたイーデン、ハル、ホプキンスと昼食をとりながらの会議で、ローズヴェルトはこの政策を繰り返した。ホプキンスのノートによると、「彼が望んだのは敵の崩壊後の交渉による停戦ではない。われわれは敵の降伏後に何であれ、敵にいかなる言質も与えることなく全面的降伏を要求すべきだということだった[17]」。

戦争が進行するにつれ、ローズヴェルトはハルやその他の人たちから無条件降伏に関する姿勢を和らげるべきだという圧力を受けた。その論拠は、声明の過酷な本質が敵の衛星諸国を戦い続けさせるというものだった。スターリンがモロトフをつうじて伝えたのもそういう意見だった。そしてスターリンはハリマン大使に無条件降伏の明確な定義を求めた——説明不足は人々の不安を刺激し、衛星諸国の降伏を妨げるということを前提にして。ローズヴェルトは用語の定義を拒否した。ハルが説得を試みたとき、ローズヴェルトは一九四四年一月十七日に返信の手紙でこう書いた——

私は率直に言って、〝無条件降伏〟の用語を話し合いで定義するという考えを好まない。ソ連、英国、米国は、互いに協議することなくいかなる講和も結ばないことで合意している。そういう意味で、それぞれのケースはそれ自身の利点に依拠すべきだと思う。
ドイツ国民は私がクリスマスイヴ談話で話したことを耳にしているはずだ——つまり、われわれにはドイツ国民を粉砕する考えはないということだ……もちろん、彼らが現在の征服哲学と絶縁することを条件にしてだが……たとえどのような言葉でわれわれが同意していようが、どこかの国が降伏を望んだ途端に、多分それらは修正あるいは変更されるだろう[18]。

スターリンはローズヴェルトの決定を理解した。そして一九四四年六月十日、ハリマン大使に対し外交的に自分から次のように伝えた——「ドイツの降伏に関する限り、不一致はない[19]」。
ローズヴェルトは一九四四年六月に、衛星諸国に適用する場合にはこの政策を手直しすることに同意した。スターリンとモロトフが、衛星諸国の降伏を促す上での無条件降伏の宣伝的側面を過小評価したので、ローズヴェルトは〝無条件降伏〟の用語を衛星諸国に関係する宣伝情報から省いてもいいと同意した。一般的に言って、衛星諸国の降伏条件となるのは、ドイツと手を切り、赤軍を含む連合国軍と共に戦い、ソ連に損害賠償を支払い、ソヴィエトと連合国の捕虜を送還することだったのである。

ローズヴェルトの無条件降伏政策は、ドイツ人の間に大きな不安を引き起こし、戦争を長引かせるのではないか、と考える人たちもいた。多分、これは実際に戦争を長引かせた。ローズヴェルトはその可能性があることに気づいていた。彼がそれを堅持すべき原則と考えたのは、それが将来の戦争を抑止するからだった。

「一部の立派な、高潔な人たちの間には無条件降伏についてかなりの不満があった。もしわれわれが無条件降伏の用語を変えたなら、ドイツはもっと早く降伏するかもしれないのに、とか……それはあまりにも強硬で過酷すぎる、とか[20]」と、ローズヴェルトは一九四四年にホノルルである記者に語った。

「無条件降伏はまだ生きているのか？」と記者が尋ねた。

「そうだ。事実上すべてのドイツ人は前の大戦で降伏したことを否定する。だが今回はそのことを思い知ることになる」とローズヴェルトは答えた。

一方、スターリンは戦後世界に向かって異なる取り組みをしていた。ローズヴェルトほど高尚な考えにとらわれていなかったので、彼が関心を持っていたのは世界におけるソ連の立場だけだった。彼の基本的な信念はこうだった――共産主義は優れた経済体制だから、そして資本主義体制は没落するだろうから、いずれヨーロッパ諸国は共産主義の道を行くことになるだろうが、それには長い時間――二〇年ないし三〇年――を要するだろう。それゆえに、そのプロセスが進行する間は平和でなければならない。宣伝がこの（必然的）プロセスを促進するための唯一のツールになるだろう。武力は彼の方程式に含まれていなかった。スターリンが新聞発行人ロイ・ハワードに語ったように、「われわれマルクス主義者は、革命はほかの国でも起きると信じている。しかし、革命が起きるのは、それらの国の革命家たちによってそれが可能である、あるいは必要であるとみなされた時だけである。革命の輸出は無意味である。それぞれの国は、もしそれを望むなら、それ自身の革命を起こすだろう。そしてそのような要求が存在しないなら、どんな革命も起きないだろう[21]」。(例えば彼は、ドイツは共産主義にまったく不向きだと信じていた。スターリンが言ったと記録されている)。共産主義は「ドイツには向いていない、それは牝牛に鞍をつけるようなものだ[22]」と、スターリンが言ったと記録されている)。

スターリンはソ連を西側に勝る社会に変えられると確信していた。マルクス、エンゲルによれば、資本主義社会では銀行家と実業家が競争者を排除し、技術的イノベーションを阻害し、それゆえに彼らは非効率的だった。社会主義はもっと効率的で、もっとうまくやるだろう。彼の信念は、自分がソ連で失業を根絶し、食料、住宅、教育を、そして以前には医療が行き届かなかった地にそれを提供したという事実に立脚していた。彼はソヴィエト社会の上から下まで徹底した改造の指揮をとった。彼の五ヵ年計画は、当時はほとんど把握されていなかった大きな代償を払ったものの、目覚ましい成果を生み出した。これらの計画の実施には、ジョセフ・E・デイヴィスによれば大きな勇気と徹底的な非情を必要とした[23]。スターリンは後進社会を一目置かれるような工業国へと変えた。農業集団化(数百万の農業勤労者の殺害と強制移住――事実上の富農《クラーク》消滅を含んでいた)は、結局はロシアを永遠に変えるのに有効だった。一九二八年にソ連は四三〇万トンの粗鋼を生産したが、一九三八年にはこの数字は一八〇〇万トン超にまで伸びた[24]。同じ期間にトラックの年間生産量は七〇〇台から一八万二〇〇〇台へと伸びた。一〇年間で農業社会のソヴィエト・ロシアは工業社会へと変貌した。

だからスターリンには、彼の経済モデルがマルクス、エンゲルスの考えたものに事実上劣らないと考える理由があったのである。

だが、戦争が彼の国を破壊した。国は再建されねばならなかった。それを実現するために、スターリンには長期の平和が必要だった。それは彼にはパートナーが必要だということを意味した。

ロシアの歴史は侵略の歴史だった。二〇世紀には一九一七年の十月革命後、内戦が全国で猛威を振るったときには、スターリンはドイツ、英国、ポーランド、その他の侵略者たちとの戦いに参加しなければならなかった。ドイツは今、二〇年間で二度目の攻撃をロシアに加えていた。

一九〇五年、史上最大の海戦――日本海のツシマ会戦でロシアが屈辱的敗北を喫したとき、スターリンは二十五歳だった。それ以来、日本はロシアに脅威を与えていた。

スターリンはロシア史にこだわった歴史研究家だった。これは彼の膨大な蔵書（二万冊超）に反映されていた。その大部分は歴史と政治理論関係の書籍だったが、そのすべてに彼が関心を示した痕跡が残っている。重要な個所への下線と注はマルクスとレーニンへの彼の畏敬の念を物語っている。ナポレオン戦争に関する書物、ローベルト・ヴィッペル〔ロシアの歴史家。一八五九～一九五四〕の『古代ギリシア史』、フォン・モルトケの『一八七〇－七一年の普仏戦争』、そしてドイツと英国、ロシア間のこれまでの戦争の歴史に関する本のすべてには、ロシアの皇帝たちに関する本と同じように、びっしりと注が書き込まれていた。

スターリンの目的は、ロシア、ソ連を侵略される恐れがないようにすることだった。それは数世代のあいだ経験のないことだった。

一九四一年十月、スターリンは近郊まで迫ったドイツ軍の砲撃の閃光がモスクワの空を照らし出す中で、ハリマン、ビーヴァーブルックと会談しながら、二年前に模索したことを提案した――戦後の条約へ発展するような英国との永続的な軍事同盟である。それに加えて、彼は戦後の国境について論議することを望んだ。ビーヴァーブルックが今は戦争に勝つだけで十分だろうと言って相手にしなかったとき、疑いなくスターリンの頭の中によみがえったのは、ヒトラーを阻止するために英国と条約を結ぼうとして、とりわけハリファックス卿が外相としてまだチェンバレン政府内にいたために失敗した一九三九年の記憶だったろう。スターリンは、ハリマン、ビーヴァーブルックとの会談結果を記録に残すことを希望した。合意文書を求めたのである。これはビーヴァーブルックとハリマンが予想も用意もしていなかったものだった。ハリマンは本国へ報告した――自分は「面食らって」、平和のためのプログラムを構成するものとして「大西洋憲章」について話しはじめた、と。この時の意見交換は、少なくとも一つのことは確実だと証明した――スターリンはヒトラーが負けると信じていたことである。

その時もその後も理解されなかったのは、戦後世界で英国、米国、ソ連が味方同士のままでいることへのスターリンの願いの深さである。スターリンが望んだのは、戦後、ソ連があっさりと棄てられないことを確認することだった。後に連合国救済復興機関（UNRRA）と呼ばれることになるものの創立を提案したのは、ソ連だった（一九四二年一月にロンドンで）。つまり、スターリンだった。なぜなら、彼がこれに同意しなかったならば、このスケールで何も生まれなかっただろうからである。ソヴィエトの考えは（彼らはドイツ国防軍から後退しつつあった）、国際的に管理され、職員を擁し、運営される救済機関を「ヒトラーの侵略でとりわけ深刻な苦しみを経験した」諸国のために設立することだった。ソ連の提案には、すべての国が「同等の原理」に立脚すること、機関を運営する四ないし五ヵ国――英国、ソ連、その他の二ないし三ヵ国――からなる事務局を設置すること、すべての決定は全会一致でなければならないこと、などの条項を含んでいた。一九四三年までには、戦後世界における強力な包括的権限としてのローズヴェルトの四人の警察官構想は、適切な統治グループ

として ソ連によって受け入れられた。そしてUNRRAの創立はワシントンでの四ヵ国代表の会議で進められた――四ヵ国代表とはマクシム・リトヴィノフ（ソ連）、ハリファックス卿（英国）、魏道明《ぎどうめい》（中国）、そしてディーン・アチソン（米国）である。アチソンの執務室は旧国務省ビルの南西の角にあるハルの執務室に隣接していた。彼はローズヴェルト政権二度目の出仕で、国務次官補の地位にあった。UNRRA構想の芽がソ連で生まれたことは、今ではほとんど忘れ去られている。

UNRRAの四ヵ国代表が管理と政策の問題を調整するために初めて顔を合わせたのは、一九四三年一月十一日である。ソ連の狭い解釈では、援助を受ける国はヒトラーの侵略を受けた国だけだったが、大西洋憲章に応じるために範囲が拡大された。しかしアチソンによると、UNRRAのすべての決定は全会一致とするソ連の立場が最大の争点になった。リトヴィノフは頑強に闘った。そしてリトヴィノフが帰国したとき、この問題は依然として未決定で、それが九月まで続いた末に、最終的に多数決ルールが採用された。これは米国の政策にソ連が屈服した初期の例の一つであった。「全体として、われわれ三ヵ国はソ連との交渉で、その後われわれの後継者の多くがやったよりもかなり上手にやった。しかし、急いで付け加えておくが、それはわれわれの手腕のせいではなく、救済援助に対するソ連の切望のせいだった(25)」と、アチソンは満足げに書いている。ハリファックス卿とアチソンは同僚たちの圧力を受けて、事務局長は米国人であるとしても、ソヴィエト人と中国人が事務局次長になることに同意した。

UNRRAは、ローズヴェルトがテヘラン会談へ出発する直前に発表したように、ニューヨーク州前知事のハーバート・レーマンの監督の下で活動を開始することになる。五月半ばまでに大小の問題の大部分が決定され、四ヵ国のどの国にも受け入れられるUNRRA設立協定案が起草された。

スターリンはそのほかにもローズヴェルトの希望に応えていた。彼は宗教で一八〇度の転換をした。今では教会通いを大目に見、府主教たちを復権させていた。これはロシア国民にとって巨大な変化だった。一九四三年のクリスマス〔正教会では翌年の一月七日〕には久しぶりに教会が開かれ、モスクワの五〇の教会は参拝者でぎゅうぎゅう詰めになった。セルギイ総主教がクリスマス礼拝を取り仕切ったボゴヤヴレンスキー聖堂には信徒たちが押しかけて立錐の余地もなかったので、腕を上げて十字を切るのもままならぬほどだった。キャスリーン・ハリマン〔米国大使の娘〕が一九四四年の復活祭〔この年は四月十六日だった〕にモスクワのロシア正教古儀式派教会を訪れると、信徒が一杯で、「手を動かすこともできなかった[26]」と姉への手紙に書いている。スターリンはこれまでめったに会うことがなかったのに、今では次々とやってくるローズヴェルトの使者たち――ジョセフ・E・デイヴィス特使、コーデル・ハル、ウェンデル・ウィルキー〔一九四〇年米国大統領選の共和党候補〕、パトリック・ハーリー特使、ハリマン大使と会っていた。スターリンは西側の記者たちから提出された質問に回答した。チャーチルがモスクワを訪れたときには、彼と会見した。

事実、スターリンはソ連の将来を定めるという目標に導かれて、新しい連合諸国に対してソ連の基準では驚くほど率直になった。彼はローズヴェルトと同じようにずっと先を考えていた。一九四三年の晩春、彼は米国と英国の内情に詳しい外交官たちをモスクワへ呼び戻した。戦後世界を計画する手助けをさせるためである。リトヴィノフは五月末に米国を出発することになった。駐英大使のマイスキーは八月中旬に外務副人民委員に任命されたとの通知を受け取った。彼は賠償に関する国家特別委員会の議長として、終戦後のドイツへの要求を策定するために呼び戻されたのである。大使召還のニュースは三ヵ国の首都すべてに、突然の変化は連合国に対するスターリンの不満の表明であるという趣旨のうわさを飛び交わせた（モスクワ駐在の外国特派員と外交官たちはすぐに大使召還を三巨頭の関係悪化に結びつけた。グロムイコでさえ大使召還がソヴィエト外交政策における〝明白な急旋回〟の論拠だとする憶測があると報告していた)。有害なうわさを中和するために、スターリンは異例の措置をとり、うわさはどれも真実ではない、人事異動はまったく問題のない理由のために行なわれたのだとローズヴェルトに伝えて安心させた。スタインハートの後任のウィリアム・スタンドレイ大使はローズヴェルトに報告した――「スターリンは私にじかに、ロンドンとワシントンの状況に精通しているこれらの人物を緊急時の協議のために身近に置いておきたいのだという考えを述べた」[27]。モロトフも、大使召還はソヴィエト指導部に知識不足があるため彼らの助言を必要とするからだと語ったと、スタンドレイは報告した。

大使更迭は状況を改善した。モロトフは新たな連合国についてスターリンよりも打算的ではなく、もっと斜めに構えていた。一九三〇年から三九年まで外務人民委員の地位にあったリトヴィノフは、これまでずっと強硬な反ヒトラーだった。彼のもとでソ連は一九三四年にフランスと条約を結び、国際連盟に加盟した。リトヴィノフの足場を崩し、外務人民委員の座につくのにモロトフは一九三九年までかかった。そしてそれが実現したのは、ただ一つの理由のためだった――スターリンがソ連の外交政策を変更し、ヒトラーと運命を共にする決断をしたからである。スターリンは二人の世界像の違いを知っていた。リトヴィノフが専門の地位を回復し、新駐米大使になるのは、一九四一年のドイツ軍のバルバロッサ作戦開始後、ローズヴェルトがレンドリースの形でソ連に対し気前のよい支援の供与を決めてからである。

モロトフは外務人民委員になると、大使たちからスターリンに届く情報を全体的に制限した。スターリンがモロトフに情報を求めるようにしたかったからである。リトヴィノフの情報伝達にはとりわけ制限を強めた。リトヴィノフはより親米的で、米国人とはるかに打ち解けており、仕事以外でも交際のあるジョセフ・E・デイヴィスやディーン・アチソンなどと良好な関係を持っていた。(リトヴィノフが十二月七日の米国到着直後、ジョセフ・E・デイヴィスと朝食をしていると、[28]ローズヴェルトがデイヴィスに、日本軍がパールハーバーを攻撃したと電話してきた。リトヴィノフはその日の朝、駐米大使に着任するために米国に到着したばかりだった）。

一九四三年五月、リトヴィノフは離任を前にサムナー・ウェルズを表敬訪問したが、二人の会話を記録に残さないように求めた。（ウェルズは頼みを無視し、詳細なメモを作成した。以下はそれによる）。スターリンが戦後世界の計画を手伝わせるために彼を召還しようとしていた事実に照らすと、リトヴィノフの半面の真理、うそ、嫉妬のたわごとを読むのは、この外交官の心の内を垣間見せてくれていて、興味深い。駐米大使の地位にある外交官なら誰しも同じだろうが、権力と快適な生活の中心であるワシントンDCを、戦争で疲弊したモスクワのためにあきらめねばならないことは、当然楽しくなかっただろう。リトヴィノフとアチソンは友人になった。アイヴィー・ロウ・リトヴィノフ夫人（イギリス人）とアチソン夫人アリス・スタンリー・アチソンは絵描き仲間だった。実際、二組のカップルは多くの夕食会に共に出席し、アチソンはアイヴィー・リトヴィノフの隣に座った。リトヴィノフ夫人はディナーシューズをテーブルの下で蹴とばすくせがあったので、しょっちゅうアチソンに長い脚を使って自分の靴を見つけてくれるように頼んだ。

さて、リトヴィノフはウェルズへのお別れ訪問でこう語った――「自分の外務人民委員の後継者［モロトフ］は、外部世界との何らかの経験、米国あるいは西欧民主主義国について何らかの直接的知識を持つ重要な役人をすべて、外務人民委員部から取り除いてしまった」[29]。彼は説明した――自分が帰国を決めたのは、スターリンが自分の言うことに耳を傾けてくれるように説得したいからだ。自分の勧告は今では決して採用されることがない。スターリンはそれを見てすらいないのではないかと疑っている。スターリンは「自分の政府の政策と計画に関して一切の情報を完全に奪われている……

公の席に出席したり、人前でスピーチをするのを自分の政府によって一切禁じられてすらいる」。リトヴィノフはモスクワに帰ったら、民主主義国で世論が演じる役割をスターリンに説明するつもりだと語った。彼は、米国では世論が政府の政策作成の決定的要因であることをスターリンに印象づけたいという希望を述べた。

（テヘランでスターリンは、ポーランドとバルト三国の将来についてローズヴェルトと話し合ったとき、ローズヴェルト本人の口から世論がいかに重要であるかを知った。）

リトヴィノフはウェルズに語った――自分は世界平和が「ソ連と米国間の理解と協力に非常に大きくかかっている」と信じている。「……これの達成なくしては、自分はいかなる国際機構も成立可能だとは、あるいは世界平和が維持可能だとは信じない」。

リトヴィノフは次いで自国の精神についての見解を披瀝し、ウェルズにいい知らせをいくつか与えた。「国際連合の全加盟国はその国民に自由な言論、自由な集会、信仰の自由、情報の自由の権利を与える幸運に浴さねばならない」というウェルズの発言に答えて、リトヴィノフは言った――「自分は自国政府がこの種の一般原則の制定に全面的に従うだろうと信ずる」。

新駐米大使に任命されたのはアンドレイ・グロムイコである。彼は有能で、若く（三十三歳）、立派な英語を話し、このポストに適任だった。グロムイコは陰では〝オールド・ストーン・フェイス〟と呼ばれていた。表情をまったくうかがわせない顔つきをしていたからである。だが、アチソンによれば、グロムイコには、「その気になれば」[30]ポーカーフェイスで皮肉を言うユーモア感覚があった。

リトヴィノフは西欧の外交政策をモロトフ、スターリンとは違うふうに理解していた。モロトフとスターリンが信じていたところによれば（グロムイコはこれを党の方針だったと書いている）、英国とフランスはあの運命的な一九三九年の夏、ソ連との交渉をただ装っていただけであり、彼らの真の狙いはヒトラーをソ連との戦争に追いやることだった。[31] 他方、リトヴィノフは英仏がそのような非道な計画を持っているとは信じなかった。そして彼は自分の見解を率直に表明し、モロトフとスターリンから疑いの目で見られるようになるのである。英国は信頼できないというモロトフの確信が、彼の政策とスターリンへの助言の基礎になった。

リトヴィノフはソ連帰国後の最悪の事態を予想していたかもしれない。しかし、すぐに自分の地位が安泰であることを知った。実際、彼は帰国後、より大きな権限を得た。グロムイコが七月にローズヴェルトに会ったとき、大統領から「リトヴィノフはどうしている?」と訊かれ、グロムイコは「リトヴィノフは元気です」と応じた。[32] そのことをグロムイコがスターリンに報告した事実が、リトヴィノフに幸いしたことは間違いない。

リトヴィノフがモスクワに帰った後に書いた外交政策に関する意見(六月二日の日付がある)は、スターリンとモロトフによって読まれた記録があり、モロトフがアンダーラインを随所に残している。そういう意味で、これは興味深く読める。

「私が到達した結論では、彼[ローズヴェルト]は第二戦線の可及的速やかな開設の必要性を完全に確信している……しかしながら、彼は恐らく、軍事顧問たちによって、とりわけチャーチルによってこの確信から徐々に離脱させられている」と、リトヴィノフは書いていた。[33]

リトヴィノフは同じ覚書で、ソ連の行動方針の設計もしていた。「もしわれわれが、存在する誤解を取り除き、相互協力のための条件を準備しようと望むならば、以下の措置と調整が提案される——

(1) 大統領および陸軍省との持続的な軍事・政治的接触のための機関を、ワシントンに設置すること。

(2) 報道機関および公開討論での戦後問題の討議を開始すること。
(3) わが国の大使を米国公衆の面前で自由に話せるような立場に置くこと……
(4) ロンドンおよびワシントンと同時に、生起する政治問題を討議すること。[34]

リトヴィノフの召還から一ヵ月後、マイスキー駐英大使はモロトフから、君もモスクワへ異動になるという通知を受け取った。外務副人民委員に任命されることになったのである。

スターリンは、ローズヴェルトの関心がどこにあるのか用心深かった。大体同じ時期に開催された第三回ワシントン会談（トライデント会談）〔一九四三年五月十二日〜二十七日〕で、ローズヴェルトとチャーチルは第二戦線開設を再度延期する決定を行なった。この結果を受けてスターリンは、怒りの抗議メッセージをローズヴェルトに送った。しかし、六月十一日にローズヴェルトが受け取ったこのメッセージは、当初の怒りをそのまま伝えたものではなかった。スターリンはメッセージに手を加え、調子を和らげたのである。原案はこうだった——「今回、あなたとチャーチル氏は、一切の協議もしくは助言なしに、西ヨーロッパへの英米上陸作戦を延期する決定を下した[35]」。スターリンはこれから「一切の協議……なしに」を削り、日付を加えたので、メッセージは次のようになった——「今回、一九四三年五月に、あなたとチャーチル氏は、西ヨーロッパへの米英上陸作戦を延期する決定を下した」。

八月、スターリンは再びローズヴェルトへのメッセージに手を加え、もう一度表現を和らげた。メッセージは最初こう始まっていた——「本年中の第二戦線開設が英米両国政府により再び延期されたので、わが軍はその兵力を限度まで酷使しなければならない[36]」。スターリンはこの文章を削って、メッセージがまったく別の調子で始まるようにした——「前線から戻ってきたばかりで、今ようやく私は、あなたの七月十六日付のメッセージに答えることができる」。メッセージはそれからドイツ軍の強力な夏季攻勢の説明へと進み、こう述べている。「現在、私は他の問題と自分の他の仕事を見合わせねばならない」――前線の戦闘を指導するためである。スターリンは次いで、自分も米国に主要な問題を解決してもらう必要があると考えていることを示唆し、こう書いている。「両国の責任ある代表者の会合がまったく妥当であろうと考える」。

これらのさまざまな出来事――最初にリトヴィノフ、次いでマイスキーの召還、ローズヴェルトへのメッセージの表現緩和（第二戦線が実現しないことに関する見解の削除を含む）、スターリン自身による頻繁な手直し、そして「責任ある代表者たち」（これは三ヵ国外相を意味すると受け取られた）が会うべきだという示唆――は、連合国に対する、そしてとりわけローズヴェルトに対するスターリンの気配りを示している。スターリンは明らかにリトヴィノフの覚書を読んでいた。スターリンは気づいたのである――自分がローズヴェルトだけでなく、多年自分を鼻であしらってきた英国首相からも重要視されているのだと。

その後明らかになるように、スターリンが望んだのは米英と委員会を設けて活動することだった。スターリンはローズヴェルトに書いた――三ヵ国は、「ドイツと関係を絶とうとしている各国政府との交渉問題を検討するために（37）」軍事・政治委員会を設置すべきである、と。

スターリンはこれまでずっと米国を称賛してきた。それはひそやかな恋情とさえ言っていいものだった。有名なドイツの作家エーミール・ルートヴィヒは、一九三一年にスターリンにインタビューしたとき、そのことに気づいた――

ルートヴィヒ――「ソ連では米国のものは何であれすべてが非常に高い評価を受けているのを目にする。米国のものすべてに対する崇拝と言っていいかもしれない」。

スターリン――「あなたは誇張している。われわれは米国のものすべてを特別に高く評価しているわけではない。しかし確かにわれわれは、米国人が産業、技術、文芸、生活の万事において示している効率を尊敬している。われわれは米国が資本主義国であることを決して忘れていない。しかし、米国人の中には精神的、身体的に健全で、労働や当面の仕事への取り組み全般において健全な人が沢山いる。あの効率、あの単純明快さはわれわれの心の琴線に触れる。米国は高度に発展した資本主義国であるという事実にもかかわらず、その産業に普及している習慣、生産工程に見られる慣行は、民主主義の要素を持っている。これは封建的貴族の傲慢な精神がなおも生き続けている旧ヨーロッパ諸国については言えないことだ[38]」。

ルートヴィヒがドイツに対する前向きの評価を求めると（これはまだヒトラーが政権につく前のことだった）、スターリンはドイツへの高評価を思いつくのに困ったような様子を見せ、こう答えた。「ドイツはマルクスとエンゲルスのような人物を世界に与えてくれた。その事実を述べれば十分だろう」。

今だから分かることだが、一九四三年夏までにスターリンは、将来と世界の大国としてのソ連の地位を見通していた。彼は自国を世界の舞台に向けて準備し始めた。彼は本格的な変化を導入した。世界が目にするソヴィエト人――軍人と外交官――たちを文字どおり盛装させ、宗教が国の社会構造において正当な場所を占めるのを許し（不承不承ながら）、次世代の赤軍士官を養成する軍幹部学校を設立した。そして有力な友人を持つことの効用を認め、ローズヴェルトに対して実際に両国はさまざまな委員会で共に働くべきだと書き送った。

リトヴィノフは外務省（人民委員部）の戦後秩序および講和条約準備に関する委員会議長の肩書と

優秀なスタッフを与えられた。マイスキーはドイツを対象とする賠償プログラムを担当する政府特別委員会の議長になった。アンドレイ・グロムイコは国際連合の条文と基礎的構成を策定するダンバートン・オークス会議のソ連代表団の事実上の団長になった。〔ダンバートン・オークスはワシントンDCにある歴史的な屋敷名〕。リトヴィノフの委員会での部下にはソロモン・ロゾフスキー外務副人民委員、ドミトリー・マヌイリスキーら四名の外交政策専門家がいた（その一人エヴゲニー・タルレは有名な歴史家だった）。

同じ時期にチャーチルもまた将来について、そこでの英国の場所について考えていた。チャーチルが頭を悩ましていたのは、よく知られているように、バルカン半島のことであり、大英帝国の維持のことである。ロンドンでレンドリースを調整していたハリマンがチャーチルに、ローズヴェルトがスターリンと特別の会談を持つことを決めたと告げたのは、この時点のことだった。チャーチルはこの計画にきわめて否定的だった。自分とローズヴェルトの特別の関係が失われることを恐れたのである。ハリマンは何時間も費やしてチャーチルを説得しようとした——スターリンの胸襟を開かせ、彼の視野を広げ、彼をより協力的にしようとするローズヴェルトの努力はわれわれのすべてにとって利益をもたらすだろう、と。

六月二十六〜二十七日の週末に英国首相別邸チェッカーズでチャーチルがハリマンに認めたところでは、次のように考えていた——スターリンの「一九四三年中の第二戦線開設に対するしつこい圧力は、バルカン半島に関する彼のたくらみが原因である。西欧連合軍にバルカン半島への上陸を避けさせるには、長く、犠牲の大きい西ヨーロッパ攻略戦に西欧連合軍を縛りつける以上によい方法があるだろうか？」(39)。彼は自分抜きのこの会談を恐れるあまり、こうとまで言った。「私は敵の宣伝がソヴィエト・ロシアと米国の指導者間の会談を利用する効用を見くびっていない……それによって多くの人が当惑し、不安を感じるだろう」(40)。

ローズヴェルトと二人だけの会談について断固反対したのは、実はスターリンだった。彼はそういう会談がチャーチルの不安を呼び起こし、何の得にもならないことを感じたに違いない。彼は二人だけの会談を断った。

（下巻へつづく）

白水社の本

第二次世界大戦1939-45（上中下）

アントニー・ビーヴァー　平賀秀明 訳

未曾有の大戦の全容を網羅し、明瞭かつ精彩に描いた通史。英国の戦史ノンフィクション作家による全三巻の超大作。世界 24 カ国で刊行、ベストセラーを記録する決定版！

ノルマンディー上陸作戦 1944（上下）

アントニー・ビーヴァー　平賀秀明 訳

国家元首や将軍から、一兵卒や市民まで、最新史料を縦横に駆使して、「大西洋の壁」を突破し、「パリ解放」に至るまで、連合軍と独軍の攻防を活写した戦史決定版！

ヤルタからヒロシマへ

終戦と冷戦の覇権争い

マイケル・ドブズ　三浦元博　訳

第二次世界大戦の終戦に至る「6ヶ月間」は、「冷戦」の開始だった。指導者たちの素顔と国際政治の舞台裏、原爆投下の経緯を、迫真の筆致と最新資料で明かす、傑作ノンフィクション！

スターリン　赤い皇帝と廷臣たち（上下）

サイモン・セバーグ・モンテフィオーリ　染谷 徹 訳

「人間スターリン」を最新史料から描いた画期的な伝記。権力掌握から独ソ戦まで、親族、女性、同志、敵の群像を通して、その実像に迫る労作。亀山郁夫氏推薦！《英国文学賞》（歴史部門）受賞作品。

訳者略歴
一九三九年生
東京外国語大学ロシア語科卒
旧ソ連大使館広報部勤務を経て、現在、翻訳業（ロシア語と英語）
主要訳書
G・ヤブリンスキー『ロシアCIS経済の真実』（東洋経済新報社）、D・ホロウェイ『スターリンと原爆』［共訳］（大月書店）、S・S・モンテフィオーリ『スターリン　青春と革命の時代』、E・ルジェフスカヤ『ヒトラーの最期　ソ連軍女性通訳の回想』、M・ジョーンズ『レニングラード封鎖　飢餓と非情の都市1941―44』、D・ショウォルター『クルスクの戦い1943　独ソ「史上最大の戦車戦」の実相』（以上、白水社）

ローズヴェルトとスターリン
テヘラン・ヤルタ会談と戦後構想　上

二〇一七年九月二〇日　印刷
二〇一七年一〇月一〇日　発行

著者　スーザン・バトラー
訳者　©松《まつ》本《もと》幸《ゆき》重《しげ》
装幀者　日下充典
発行者　及川直志
印刷所　株式会社理想社
発行所　株式会社白水社
東京都千代田区神田小川町三の二四
電話　営業部〇三（三二九一）七八一一
編集部〇三（三二九一）七八二一
振替　〇〇一九〇‐五‐三三二二八
郵便番号　一〇一‐〇〇五二
http://www.hakusuisha.co.jp
乱丁・落丁本は、送料小社負担にてお取り替えいたします。

株式会社 松岳社

ISBN978-4-560-09575-1

Printed in Japan

原注(出典)

略記

APP: American Presidency Project, by Gerhard Peters and John T. Woolley, online〔米国大統領に関する電子データ集. American Presidency Project のプロジェクト名でネット検索できる〕

AVP RF: Archive of the Foreign Policy of the Russian Federation〔ロシア連邦外交政策公文書館〕

CC: Closest Companion, ed. Geoffrey C. Ward〔ジェフリー・ウォード編『一番親密な間柄』〈ローズヴェルトと親しかったデイジー・スックリーの回想録〉〕

FDR: Franklin Delano Roosevelt〔フランクリン・デラノ・ローズヴェルト〕

FDRL: Franklin Delano Roosevelt Presidential Library〔フランクリン・デラノ・ローズヴェルト大統領図書館〕〈ネットで資料を閲覧できる〉

LOC: Library of Congress〔米国議会図書館〕

FRUS: U.S. State Department, Foreign Relations of the United States〔米国国務省広報局刊行シリーズ『米国の対外関係』〕〈ネットで資料を閲覧できる〉

MDMS: My Dear Mr. Stalin, ed. Susan Butler〔スーザン・バトラー編著『親愛なるスターリン殿』―ローズヴェルトとスターリンの通信文集〕

NARA: National Archives and Records Administration〔米国国立公文書館〕

NYT: New York Times〔ニューヨーク・タイムズ紙〕

第1章◆戦時下の大西洋を渡る

(1) アイオワはローズヴェルト向けに特別仕様になっていた―Rigdon, *White House Sailor*, 60.

(2) 「われわれはスターリンを引っ張り出そうとやっているところだ」―Reilly, *Reilly of the White House*, 136.

(3) 「自分がそれまで会った中でいちばん話しやすい人」―Strong, *The Soviets Expected It*, 47.

(4) 「世界の他のどこの独裁にも劣らず専制的」―Sherwood, *Roosevelt and Hopkins*, 138.

(5) 「私は彼の現実主義に賭けている…」―McIntire, *White House Physician*, 170.

(6) 「米国はこれに加盟しなければならない…」―Freidel, *Rendezvous with Destiny*, 31.

(7) 「ウィルソンの悲劇はいつもどこか、彼の意識の端にひっかかっていた…」—Sherwood, *Roosevelt and Hopkins*, 227.

(8) 「一語も聞き漏らすまいと真剣に耳を傾けているようだった…」—Wehle, *Hidden Threads of History*, 134.

(9) UNRRA設立の背後には、ソ連がいた—Acheson, *Present at the Creation*, 69.

(10) 「身に一糸もまとわずに」—King Diary, Dec. 5, 1942.

(11) 「ウィンストン、見つけたよ。“ユナイテッド・ネーションズ”だ」—CC, 385.

(12) 「蒋介石の軍隊はさっぱり戦っていない…」—Elliott Roosevelt, *As He Saw It*, 142.

(13) 「ヨーロッパでの戦争終結後ただちに…」—Stalin to FDR, Oct. 30, 1943. in *MDMS*, 180.

(14) 「卓越した組織者」として—Montefiore, *Stalin*, 439.

(15) 一九四三年秋までに…—Harriman and Abel, *Special Envoy*, 253.

(16) 「ベーリング海峡のあなたの側か、それとも私の側のどちらかでわれわれは会うことができると思うが、いかがか」—FDR to Stalin, May 5, 1943, in *MDMS*, 129.

(17) 「万一この提案があなた個人にとって不都合ならば…」—Stalin to FDR, Aug. 8, 1943, in *MDMS*, 151; fond 558, op. 11, files 366 , note 22, Stalin Papers.

(18) 「会談の正確な日付は…」—Stalin to FDR, Sept. 8, 1943, in *MDMS*, 162.

(19) 「私には、テヘラン…へ飛行機で往復するのにかかる遅延の時間は取れない」—FDR to Stalin, Oct. 21, 1943, in ibid., 178.

(20) 「世界中がわれわれ三人のこの会談に注目している」—FDR to Stalin, Nov. 8, 1943, in ibid., 182.

(21) 「われわれは彼らと一切関係を持つべきではない…」—Isaacson and Thomas, *Wise Men*, 154; Kennan, *Memoirs, 1925–1950*, 57.

(22) 「君はキャリア外交官たちの思考、政策、行動のいかなる変化をも見逃さないように努力する経験を積むべきだ…」—Dallek, *Franklin D. Roosevelt and American Foreign Policy*, 532.

(23) 「国務省をつうじて連絡をとるのは…」—Robert Skidelsky, on C-SPAN〔ケーブルチャンネル〕, May 29, 2006.

(24) ヘンリー・モーゲンソー財務長官が国務省職員たちを非難してもどうにもならなかった—Talk with Harry Hopkins, June 5, 1945, Robert Meiklejohn Diary. 「彼〔ホプキンス〕が話してくれたところによると、ニューディール政権の初期に表向きは住宅建設を研究するためにヨーロッパに派遣されたが、実際

の目的は外交官たちの調査だったそうである」—Robert Meiklejohn Papers, Manuscript Division, LOC〔米国議会図書館手稿部　ロバート・ミクルジョン文書〕.

(25)「総ぐるみのさぼり」—Morgenthau, personal report to the president, Jan. 15, 1944, Morgenthau Diaries, book 694, FDRL.

(26)「この目的に関して最大限の全般的合意を達成する」こと—Rosenman, *Working with Roosevelt*, 402.

(27)「嘆かわしいほどだらしない…」—Ismay, *Memoirs*, 214.

(28)「人間になったシュレッデッド・ウィート〔シリアル〕のすかすかビスケット」—*New Yorker*, Aug. 7, 1943.

(29)「彼がうちにいることが絶対に必要なのだ」—Eleanor Roosevelt, *This I Remember*, 257.

(30)「私に…この面倒な問題についてはハリー・ホプキンスに会うようにと助言したものだった…」—Gromyko, *Memories*, 54.

(31)「自分が本来持ち合わせていない政治力をいくらか私にもたらしてくれる唯一の閣僚…」—Doenecke and Stoler, *Debating Franklin D. Roosevelt's Foreign Policies*, 11.

(32)「ウィルソンがどのようにして国際連盟を失ったか忘れないでくれ」—Perkins, *The Roosevelt I Knew*, 340.

(33)「プレーをしながら、自分でルールを作った…」—Loy Henderson, Columbia Center for Oral History, 92, Columbia University.

(34)「私は大統領以外の情報源から、カサブランカ、カイロ、そしてテヘラン会談で何が起きたかを知っていた」—Hull, *Memoirs*, 2:1110.

(35) 彼は「水を得た魚」だった—Wehle, *Hidden Threads of History*, 223.

(36)「どうぞ私に呼びかけるときには、大統領ではなく、最高司令官と呼ぶようにしてくれたまえ」—Hull, *Memoirs*, 2:1111.

(37)「もし私があなたを正確に理解しているとすれば…」—Stalin to FDR, Oct. 6, 1943, in *MDMS*, 171.

(38)「ソヴィエト政府は四ヵ国宣言に中国を加えることを歓迎する」—William Phillips Diary, based on the account of Cavendish Cannon, of the State Department, Nov. 12, 1943, Phillips Papers.

(39)「OM（オールド・マン〔親父さん〕の略）は母をくそみそにやっつけ、母の気分を害してしまった」—Goodwin, *No Ordinary Time*, 471.

(40) ニューヨーカー誌の人物描写によれば—E. J. Kahn, *New Yorker*, May 3, 1952.

(41) 「護衛の駆逐艦がアイオワを演習用目標として魚雷発射訓練をしていた…」—Dictated by Roosevelt, June 1, 1944, FDRL.

(42) 「大統領はエビ茶色のポロシャツ、グレーのフランネルズボン、白のフィッシャーマンズハット、サングラスという服装で左舷のプロムナードデッキ〔遊歩甲板〕に座っていた…」—Sherwood, *Roosevelt and Hopkins*, 978.

(43) 「右舷の手すりのところへ連れて行け」とローズヴェルトは叫んでいた—Rigdon, *White House Sailor*, 64.

(44) 「これまでのところ、すべて順調に進んでおり、とても快適な旅だ」—*F.D.R.: His Personal Letters*, 4:1469.

(45) 「これは別のオデュッセイアになるだろう…」—FDR, note in longhand, FDR Papers, FDRL.

(46) 「ベルリンを目指す先陣争いが起きるのは必定だ…」—*FRUS, Conferences at Cairo and Tehran, 1943*, 254–55.

(47) 「われわれはまず"オーヴァーロード"の問題を取り上げた…」—Stimson Diary, Nov. 9, 1943.

(48) 「この指揮権は一人の指揮官に与えられるべきであり…」—*FRUS, Conferences at Cairo and Tehran, 1943*, 204.

第2章◆テヘランへ向けて

(1) 警備の内側で三人がくつろぎ、サンドイッチを食べているあいだ…—Summersby, *Past Forgetting*, 173.

(2) 「記憶されたいという人間の欲望は、とてつもないね」—Reilly, *Reilly of the White House*, 170.

(3) 「恐ろしい光景だった…」—Ward, *Before the Trumpet*, 118.

(4) 「朝鮮の自由と独立を保証する宣言を別にすれば…」—Sherwood, *Roosevelt and Hopkins*, 771.

(5) 「…軍事行動でわれわれが組んでいると考えたら、とんでもない誤解になるから」—Kimball, *Churchill and Roosevelt*, vol. 2, 597.

(6) 「われわれの観点からは、カイロ会談が蔣介石の出席のせいで対日戦の討議から始まったのは不運だった」—Dec. 15, 1943, U.K. National Archives.

(7) ローズヴェルトは彼に「そうなるだろう」と約束した—Elliott Roosevelt, *As He Saw It*, 165.

(8) 「長ったらしく、ややこしく、たいしたことのない…」中国問題が、「カイロではビリになるはずが先頭になった」—Dallek, *Franklin D. Roosevelt and American Foreign Policy*, 426.

(9)「米国参謀本部は、中国代表団の時期尚早の到着に驚くどころか、付き添いが来てくれて確実に喜んでいるようだった」―Ismay, *Memoirs*, 334.

(10)「自分の思っていることを言う権利を希望します…」―Pogue, *Ordeal and Hope*, 330.

(11)「欧州の第二戦線について、ソ連側との間で引かれるべきラインに関しては合意に達する時間が残っていなかった」―Ismay, *Memoirs*, 337.

(12)「ウィンストンはオーヴァーロード作戦に一〇〇パーセント賛成だと言った…」―Moran, *Churchill at War*, 159.

(13)「イタリアでの攻勢を継続し、バルカン半島のパルチザンへの援助物資供給を増やし…」―Major General Sir John Kennedy Diary, in Pogue, *Organizer of Victory*, 300–301.

(14)「会談はかなり順調に進んでいる…」―Tully, *F.D.R.: My Boss*, 270.

(15)「あなたが自分の負うべき責任から離れられると判断する期間に合わせて、二日間から四日間滞在するだろう」―FDR to Stalin, Nov. 22, 1943, in *MDMS*, 186.

(16)「私が大統領に言っても、彼は多分受け付けないでしょう…」―Sherwood, *Roosevelt and Hopkins*, 969.

(17)「われわれは大統領の滞在場所についてはまったく関与していない」と、ライリーは語った―*FRUS, Conferences at Cairo and Tehran, 1943*, 397.

(18)「インド公共事業省によって建てられた今にも倒壊しそうな家」―Ismay, *Memoirs*, 337.

(19)「ソヴィエト政府はあなたの当地滞在中、その大使館の賓客として心からお招きする」―*FRUS, Conferences at Cairo and Tehran, 1943*, 439.

(20)「私は常にスターリン元帥と同意見です」―Salisbury, *Russia on the Way*, 256.

(21)「われわれはいつものように非常に非啓発的な会談をした…」―Gorodetsky, *Stafford Cripps in Moscow*, 150.

(22)「彼は、変転極まりない陰謀が個人的破滅の絶えざる脅威を伴っている社会に暮らし、成功していた……」―Rachel Polonsky, *Molotov's Magic Lantern*, 64.

(23) 通訳のウラジーミル・パヴロフは、モロトフよりもスターリンの通訳をするほうを好んだ。「そちらのほうが楽だった…」―Svetlana Chervonnaya, e-mail to author, Aug. 9, 2010.

(24)「クラークは最もけがわらしく、粗野で野蛮な搾取者である。他の国の歴史では、一度ならず彼らは地主、ツァーリ、腐敗僧侶たちの権力を回復し

た」—Axell, *Marshal Zhukov*, 34.

(25) 「集団農場政策は恐ろしい闘争だった…」—Winston S. Churchill, *Hinge of Fate*, 498.

(26) 「いい男だが、決して軍事的な人間ではない」—Dimitrov, Diary, 145.

(27) 「ヴォロシーロフ同志を後方軍務に回す」—Volkogonov, *Stalin*, 455.

(28) ベリヤは…「幾分太り気味…」—Bohlen, *Witness to History*, 355.

(29) 「小男で太っており…」—Kathleen Harriman, Harriman and Abel, *Special Envoy*, 416.

(30) 「将軍はそれほど頻繁に飛行機を操縦しない…」—S. M. Shtemenko, *The General Staff in the War Years*（Moscow: Voenizdat, 1989）, http://militera.lib.ru/memo/russian/shtemenko/index.html; *Komsomolskaya Pravda*, May 7, 2007; *Lipetsk News*, April 11, 2007.

(31) 飛行機は定期的にエアポケットへ降下した。そしてその時には、彼は「完全な恐怖の表情を見せて、肘掛けにしがみついた」—Volkogonov, *Stalin*, 498.

第3章◆テヘラン

(1) ローズヴェルトは「固定観念を持ってチャーチルと一緒に来たわけではなく…」—Harriman, memo of conversations at Tehran, Nov. 27, 1943, Harriman Papers.

(2) 「ボスは例によって、替え玉パレードの行進を大いに面白がっていた」—Reilly, *Reilly of the White House*, 178–79.

(3) 「もちろん君は、在ソ大使館と領事館双方の全職員に、彼らが常時見張られていることを警告しなければならない」—Bullitt, *For the President*, 75.

(4) 「大統領を自分の目の届くところに置けば、彼（スターリン）にとって都合がよいことは一目瞭然だ…」—Moran, *Churchill at War*, 162.

(5) 「どこに行っても使用人の白のコートを着た獣のような男が忙しく一点の曇りもないガラスを磨き…」—Reilly, *Reilly of the White House*, 179.

(6) 「その全員が実際に大男で、一九〇センチ以下の者は一人もいない」—Elliott Roosevelt, As He Saw It, 171.

(7) 「彼らを満足させるのは取るに足らないことだった…もしわれわれがこの方法で彼らに求愛できるならば、多分それは最も安上がりな方法だった…」—Costigliola, *Roosevelt's Lost Alliances*, 196.

(8) 「私の勘では、スターリンはわれわれ二人がそろって会うのを望んでいないようだ…」—King Diary, May 21, 1943.

(9) 「われわれだけで会おうという提案を自分はU・J〔アンクル・ジョー〕にしなかった」―Kimball, *Churchill and Roosevelt*, 2:283.

(10) 「親愛なるスターリン殿。私の旧友の手を借りてこの親書をあなたにお届けする…」―FDR to Stalin, May 5, 1943, in *MDMS*, 129.

(11) やがてスターリンは「みんなで一杯呑もう」と言ったと…―Werth, *Russia at War*, 617.

(12) 「そのような会談が必要であり、それは引き延ばされるべきではないということに関して大統領に賛成である」―Stalin to FDR, May 26, 1943, in *MDMS*, 134.

(13) 「われわれの新議定書に追加して、私は一九四三年度中に追加の戦闘機六〇〇機が貴国へ送られるように命じた…」―FDR to Stalin, June 16, 1943, in ibid., 141.

(14) 「あなたは私の失望を十分に理解すると書いておられる。しかし…」―Stalin to FDR, June 24, 1943, in ibid., 144–45.

(15) ローズヴェルトはそのメッセージで、「背信行為」、「ソヴィエト連邦の軍隊の歴史に残る偉業」…などに言及していた―FDR to Stalin, June 22, 1943, in ibid., 144.

(16) 異例なことに、わざわざ彼はドイツ軍を指す最初の「敵」という単語に線を引いて消し、代わりに「賊」という単語を使った―Stalin Papers, fond 558, op. 11, file 365.

(17) 「ドイツの賊どもに対する闘争でのソヴィエト人民およびその軍隊の決意と勇気を高く評価してくださったことに感謝する」―Stalin to FDR, June 26, 1943, in *MDMS*, 147–48.

(18) 「戦闘は今たけなわである…ソヴィエト軍は七月攻勢を撃退し…」―Stalin to FDR, Aug. 8, 1943, in *MDMS*, 150–51.

(19) 「残念ながら、あなたが会談のためにテヘランの代わりに提案したどの場所も、私には不適切である」―Stalin to FDR, Oct. 19, 1943, in ibid., 174.

(20) 「もしも私が一五〇年以上の歴史がある憲法制政府を運営しなければならないという事実がなかったならば、あなたに会うために私は喜んでその十倍の距離でも行くだろう… 」―FDR to Stalin, Oct. 21, 1943, in ibid., 178–79.

(21) 「たとえ一日でもバスラまで」―Hull, *Memoirs*, 2:1303.

(22) 「あなたは、平和維持においてわれわれと協力しようというソ連の意欲に今では自信をもっているわけですね？」―APP,.Excerpts from the Press Conference, Oct. 29, 1943, http://www.presidency.ucsb.edu/ws/index.php?pid=16334.

(23) 「なにもかも“めちゃめちゃ”なんだよ」―CC, 250.

(24) 「…常にマーサ（デイジー）のような女性がいた」Lash, *Love, Eleanor*, 399.

(25) 「彼のスコットッランド魂は憤怒に燃えている…」—*Roosevelt and Frankfurter*, 737.

(26) 「彼は長旅の準備をしている…」—CC, 250.

(27) 「私はまだ、われわれが“アンクル・ジョー”に会えることを期待している…」—*F.D.R.: His Personal Letters*, 3:1462.

(28) 「テヘラン以遠に旅をする可能性は除外されている…」—Stalin to FDR, Nov. 5, 1943, MDMS, 180–81.

(29) 「われわれはいかなる強力な国際機関も持てないだろう。もしも…」—Welles, *Where Are We Heading?*, 29–30.

(30) 彼はソヴィエト軍の総司令官だから、「一定の時間を超えてモスクワから離れることができないのだ、と…」—*CC*, 253.

(31) 「ドイツが今にも崩壊するかもしれないというのはまったくあり得る」—King Diary, Dec. 5, 1942.

(32) 「彼の膝がむくんでいるのが少し心配…」—*CC*, 252.

(33) 「私は一つ方法を案出した…」—FDR to Stalin, Nov. 8, 1943, in *MDMS*, 181–82.

(34) しかし大統領は「この会談に高い優先権を与えている」—*Sovetsko-amerikanskie otnosheniia, 1939–1945*〔『1939–1945年のソ米関係』〕.

(35) 「南ヨーロッパで戦うのは、第二戦線ではない…」—Werth, *Russia at War*, 687.

(36) 「ここはかつてイワン雷帝が歩いていたところですよ」—Zubok and Pleshakov, *Inside the Kremlin's Cold War*, 16.

(37) 「“人民の父”はロシア史を修正した…」—Bullock, *Hitler and Stalin*, 633.

(38) 「コミンテルンに加入していることは…」—Dallin and Firsov, eds., *Dimitrov and Stalin*, 227.

(39) 「われわれがコミンテルンを創立し、すべての国における運動を指導できると考えたとき…」—Ibid., 238.

(40) 「われわれは発表を急ぐべきだ」—Ibid. 253.

(41) 「自分がモスクワ駐在大使だったころ…」—Werth, *Russia at War*, 617.

(42) 「…などという趣旨のヒトラー主義者どものうそを暴露する」—Stalin, “The Dissolution of the Communist International,” https://www.marxists.org/reference/archive/stalin/works/1943/05/28.htm.

(43) 「ソヴィエト軍にはいい将軍たちがいる…」—Birse, *Memoirs of an Interpreter*,

209.

(44)　「立派な軍服は退却時にはまったく様にならないだろう」—Werth, *Russia at War*, 676.

(45)　「彼の信仰は彼の中にある最も強く、最も神秘的なものだった」—Arthur M. Schlesinger Jr., *Coming of the New Deal*, 586.

(46)　「良心が命ずるままに神を信仰する自由は…」—*FRUS, 1941, General, The Soviet Union*, 1, 767.

(47)　「ソ連は…自国における宗教の自由を認めるかもしれない、と私は信じている」—*F.D.R.: His Personal Letters*, Sept. 3, 1941, 4:1204.

(48)　「もしモスクワが…この数日中に、宗教の自由について米国に何か広報宣伝できるなら…」—*FRUS, 1941, General, The Soviet Union*, 1:832.

(49)　スターリンを「ホワイトハウスのプールで洗礼を受けられるように」招待すべきだ—Dallek, *Franklin D. Roosevelt and American Foreign Policy*, 297.

(50)　「大統領が望んだのは…」—Harriman, *America and Russia in a Changing World*, 16.

(51)　もしソ連が「信仰の自由を建前だけでなく、実際に許す意向を見せるならば」—Sherwood, *Roosevelt and Hopkins*, 391.

(52)　「死体泥棒の古狸」—Perkins, *Roosevelt I Knew*, 146.

(53)　「ソヴィエト世論は…」—Harriman Papers.

(54)　「いかなる宗教の自由も…」—Harriman and Abel, *Special Envoy*, 103.

(55)　「私はリトヴィノフには同意させられると信じている」—Hull, *Memoirs*, 2:1120.

(56)　一九四二年十一月 —*FRUS, 1942*, 3:142.

(57)　翌日—Volkogonov, Stalin, 470.

(58)　新国歌は「果てしない波のように空と天をかき分けていく」—Montefiore, *Stalin*, 461.

(59)　「われわれが必要としているもので間に合って到着したのはたったの二パーセントだけ、二パーセントなのだ…」—Kahan, *Wolf of the Kremlin*, 214–15.

第4章◆第一印象

(1)　「どうしたらそういう閣議をやれるのか、分かってるんでしょうね…」—Stimson Diary, May 1, 1942.

(2)　「最初にまず自分が食べることにした…」—Hull, *Memoirs*, 1:205.

(3)　閣議は「大統領の独演会で…」—Stimson Diary, May 1, 1942.

(4) 「私には大統領に話すことが沢山あった…」—Phillips Diary, April 29, 1943.

(5) 「会話は彼のゴルフであり、テニスであり、バドミントンであった」—Gunther, *Roosevelt in Retrospect*, 60.

(6) 「とても人なつっこい笑みを顔に浮かべて…」—Reilly, *Reilly of the White House*, 179.

(7) そのとき「彼が私の脚と足首を物珍しげに見ているのに気づいた」—CC, 299.

(8) 「彼は不意の来客に…」—Jackson, *That Man*, 111.

(9) 「彼ほど愛されている人間と会ったことは一度もなかった」—Ickes, *First Thousand Days*, 127.

(10) 「およそ一七〇センチ…彼の体つきは…」—Sherwood, *Roosevelt and Hopkins*, 344.

(11) 「何よりも強い印象を受けたのは、深いしわを刻んだ血色の悪い顔に浮かんだ親切な表情だった」—Deane, *Strange Alliance*, 24.

(12) 「スターリンほどの個性と取り組み方を持っていれば…」—Hull, *Memoirs*, 2:1311.

(13) スターリンは「見るからに邪悪」—Leahy Diary, Nov. 30, 1943.

(14) 「党内におけるスターリンの権力基盤は恐怖ではなかった…」—Montefiore, *Stalin*, 48.

(15) 「スターリンの机の上には…」—Berezhkov, *History in the Making*, 211.

(16) 夕食の客が帰ると、彼は独りになった—Montefiore, *Stalin*, 116.

(17) 「複雑な問題の諸事実を彼ほど素早く、かつ完璧に把握する人にはそれまで一度も会ったことがなかった…」—Rosenman, *Working with Roosevelt*, 22.

(18) ローズヴェルトの「基本的な一般問題に対する本能…」—Arthur M. Schlesinger, *Coming of the New Deal*, 551.

(19) スターリンは「取り巻きを彼の機密情報で牛耳っている」—Montefiore, *Stalin*, 49.

(20) 「ものすごく聡明な、しかし純真な…老名優の率直な、澄んだ凝視」—Arthur M. Schlesinger, *Coming of the New Deal*, 575–76.

(21) 「ねえオーソン、君と私はアメリカの二大名優だよね」—Meacham, *Franklin and Winston*, 27.

(22) 「あれはグレタ・ガルボが私に乗り移ったんだ」—Gunther, *Roosevelt in Retrospect*, 62.

(23) 「一九四二年八月のアヴェレルとのモスクワ旅行は…」—Harriman and Abel, *Special Envoy*, 218.

(24) 「ソヴィエト連邦に関するローズヴェルトの無知の驚くべき実例…」— Bohlen, *Witness to History*, 141.

(25) 「スターリン元帥は答えた。インド問題は複雑な問題であり…」— *FRUS, Conferences at Cairo and Tehran, 1943*, 482–86.

(26) チャーチルはアンソニー・イーデン外相に対し…—Ibid.

(27) 「君が与えた五月のオーヴァーロード作戦についての言質は…」— Foreign Office to Moscow, outward telegram, Oct. 26, 1943, U.K. National Archives.

(28) 「参謀たちに明日の午前中に南フランス攻撃作戦の計画を策定してもらおう」—*FRUS, Conferences at Cairo and Tehran, 1943*, 496.

(29) 「彼がとても意気消沈しているように見えたので…」—Moran, *Churchill at War*, 164.

(30) 大統領の冒頭の発言を「貧弱であまり役に立たないスピーチ」と呼んだ—Alldritt, *Greatest of Friends*, 169.

(31) 「英米の計画が合意されていなかったので、われわれはロシア人たちの面前で…」—CAB/65/40/15, Minute 2, Dec. 15, 1943, U.K. National Archives.

(32) 「それでは不真面目な感じを生み出しかねないと彼は感じたのだと思うね」—Dictated by FDR, June 1, 1944, OF 200, box 64, FDRL.

(33) 「大統領に伝えてほしい…」—*CC*, 299.

(34) 彼は、アフリカ大陸最西端にあり、「米国への直接の脅威」であるフランス植民地セネガルのダカールに触れ…—*FRUS, Conferences at Cairo and Tehran, 1943*, 508–9.

(35) 「そのライヒ自体を、二度と世界を戦争に追い込むことができないように変えなければならない…」—Ibid., 510–14.

(36) 「いや、私はうれしいです。家に帰る時間を知っている人がここにいたとは」—McIntire, *White House Physician*, 173.

(37) 「ウィンストンはかっとなり、とても大きな声で怒って話したので…」—Reilly, *Reilly of the White House*, 180–81.

(38) チャーチルは「明らかに気分を害した」ように見え、「これは彼らしくない」とぶつぶつ言っていた—Moran, *Churchill at War*, 165.

第5章◆心の通い合い

(1) 「日本軍の打倒に関してあなたの約束が聞ければ、自分はどれほどうれしいことか」—*FRUS, Conferences at Cairo and Tehran, 1943*, 529.

(2) 「大統領閣下」と彼は言った—Leahy, *I Was There*, 209.

(3) 「チャーチル氏はこの提案が気に入らなかった。大英帝国が二票しか持っ

ていないという理由で」—*FRUS, Conferences at Cairo and Tehran, 1943*, 530.

(4)　「この機関は平和へのあらゆる脅威と、抑止行動を必要とするあらゆる緊急事態に対処できる武力を持つことになるだろう」—Ibid.

(5)　「ヨーロッパの国は多分、中国がヨーロッパに対して一定の機能を適用する権利を持つのを不快に思うだろう」—Ibid., 531.

(6)　「米国がもっぱらヨーロッパだけの委員会に参加し、その委員会がヨーロッパへの米軍部隊派遣を強制できるなどということに、米国議会が同意するとは思えない」—Ibid.

(7)　自分が心に思い描いてきたのは、飛行機と艦船をヨーロッパに送ることだけで、英国とソ連が地上軍を動かさねばならなくなるだろうと—Ibid.

(8)　「防疫方法を、すなわち問題になっている国々の国境を閉鎖し、輸出入禁止を課すなどの方法を適用することが可能かもしれない」—Ibid., 531-32.

(9)　六ヵ月前、スターリンはニューヨーク・タイムズ紙の記者に書面で答えていた—*NYT*, Sept. 17, 1948.

(10)　「私はドイツ人を憎んでいる」—Roberts, *Stalin's Wars*, 12.

(11)　「われわれは大統領が提案するタイプの機関よりももっと本格的なものを持たねばならない…」—*FRUS, Conferences at Cairo and Tehran, 1943*, 532.

(12)　「われわれはドイツに対して厳しくしなければならない…」—Blum, *Years of War*, 342.

(13)　和平の第一の必須事項は、いかなるドイツ人も二度と軍服を着ることは許されないということだ—Gunther, *Roosevelt in Retrospect*, 116.

(14)　「私は四億二五〇〇万の中国人を連合国側に付けることは勝利だと実感している…」—Jean Edward Smith, *FDR*, 587.

(15)　「とどのつまり、中国は四億人の国家なのだ…」—*FRUS, Conferences at Cairo and Tehran, 1943*, 532.

(16)　「四大国の強力で効果的な機関は…」—bid., 532-33. Blum, *Years of War.* ボーレンのメモでは、ドイツの工場が容易に転換可能であることについてスターリンがいつ意見を述べたのかあいまいである。しかし、ローズヴェルトの発言から、スターリンのこの意見がまだローズヴェルトが部屋にいたときに述べられたものであることがはっきりする。

(17)　スターリンがはっきりと示したのは…—*FRUS, Conferences at Cairo and Tehran, 1943*, 533.

(18)　それゆえに「自分は同様に、大小を問わず、他国の主権を間違いなく尊重するだろう」—Elliott Roosevelt, *As He Saw It*, 180.

(19)　スターリンの立場は「米軍参謀本部のそれと合致していた。そして彼の

発するすべての言葉は、彼らが最終決定においてローズヴェルト大統領から期待できる支援を強めた」—Deane, *Strange Alliance*, 42.

(20) チャーチルが、恰幅がよく猫背だったが…—Montefiore, *Stalin*, 468.

(21) 目には光るものがあった—Alldritt, *Greatest of Friends*, 173.

(22) 「彼はこの序論に続いて、地中海北岸を系統的に縦走することに移った」—Moran, *Churchill at War*, 167.

(23) チャーチルは後に、自分は「約一〇分間しか」話さなかったと書いたが…—Winston S. Churchill, *Closing the Ring*, 368.

(24) 「私は彼がひじょうに高度なレベルの軍事的知力を持っている事実をすぐに理解するようになった…」—Alldritt, *Greatest of Friends*, 169.

(25) 「われわれ全員がオーヴァーロード作戦に同意しているのなら、次の問題は適時選択になるだろう」—*FRUS, Conferences at Cairo and Tehran, 1943*, 546.

(26) 自分には「南フランスへの上陸作戦以外のいかなる作戦にも関心がない」—Ibid., 546–48.

(27) 「言葉に対するあの感覚がなければ、彼はあれほどの活躍ができなかったかもしれない…」—Moran, *Churchill at War*, 149.

(28) この会話の途中で「チャーチル氏はかんかんになり、立ち上がってスターリンにこう言った…」—Alldritt, *Greatest of Friends*, 171.

(29) 「彼はスターリンに実際にひどい扱いを受けていたからだ」—Bohlen, *Witness to History*, 146.

(30) 「解決する必要があるのはただ、オーヴァーロード作戦のための司令官の選任、オーヴァーロード作戦のための日付、そして支援作戦の問題だけだ」—*FRUS, Conferences at Cairo and Tehran, 1943*, 550.

(31) ローズヴェルトは再び妥協点を見出そうと試みた—Ibid., 550–52.

(32) 「万一オーヴァーロード作戦に関してモスクワで規定された条件があるとしても…」—Ibid., 552.

(33) 後にエリオットが父親の感想を回想しているところによると…—Elliott Roosevelt, *As He Saw It*, 184–86.

(34) 「だが、エリオット、弱いやつを頼むよ…これからまた、あの乾杯が控えているからね！」—Ibid., 186.

(35) 彼は「チャーチル氏に当てこすりを言う機会を一つも逃さなかった…」—*FRUS, Conferences at Cairo and Tehran, 1943*, 553.

(36) 「ロシアの白い雪とドーヴァーの白い断崖との間にわれわれは何を持つことになるのか？」—Gunther, *Roosevelt in Retrospect*, 18.

(37) 「私は祝杯を提案する、ドイツのすべての戦争犯罪人に可能な限り迅速

な当然の報いが下されることに対して…」—Elliott Roosevelt, *As He Saw It*, 188.

(38) 「半ばおどけた調子」で…—Bohlen, *Witness to History*, 147.

(39) 「この紛争は、西部での紛争と非常に違ったものになるだろう」—Evans, *Third Reich at War*, 175.

(40) 「一〇〇年たてば、われわれの言葉がヨーロッパ語になる」—Ibid., 171.

(41) 一九四一年十二月、ドイツのある公式報告は、ソヴィエト軍捕虜の二五パーセントから七〇パーセントは収容所へ向かう途中で死んだと述べていた—Ibid., 186. 捕虜たちの窮状についての Evans の描写には十分な裏付け資料があり、戦慄的である。

(42) 「もし私に方法があれば、ヒトラー、ムッソリーニ、東條と彼らの主立った共犯者たちを捕らえ、臨時軍法会議の前に立たせるだろう。そして翌日の日の出には歴史的な出来事が起きるだろう」—Hull, *Memoirs*, 2:1289.

(43) 「大統領が話すと、スターリンは敬意をもってじっと耳を傾けていた。一方、チャーチルに対しては…」—Harriman and Abel, *Special Envoy*, 178.

(44) 「そのようないかなる態度も、われわれ英国の正義感にはまったく反している…」—Elliott Roosevelt, *As He Saw It*, 188.

(45) 「英国議会と国民は集団処刑を決して容認しないだろう…」—Winston S. Churchill, *Closing the Ring*, 374.

(46) 「いつものように」と、ローズヴェルトは言った。「この論争の仲裁をするのが私の役割のようだ…」—Elliott Roosevelt, *As He Saw It*, 188.

(47) ヘンリー・モーゲンソー財務長官は…—Stimson and Bundy, *On Active Service*, 584.

(48) ふだんは驚くほど酒に強いことで知られるチャーチルは、この夜はずっと間断なくブランデーを飲んでいた…—本書のこの部分の描写は次の原典からの合成である：Montefiore, *Stalin*, 470, 554; Harriman and Abel, *Special Envoy*, 274; Winston S. Churchill, *Closing the Ring*, 373–74.

(49) 「ソ連、米国、そして英国の軍人たちは、戦闘において、ほとんどこの五万人で問題を解決するでしょう…」—Elliott Roosevelt, *As He Saw It*, 190.

(50) 「私はそこに一分もいなかったが、背後から肩を両手でポンと叩かれた…」—Winston S. Churchill, *Closing the Ring*, 373–74.

(51) スターリンは彼に満足のいく答えを与えようとせず、こう述べるにとどめた。「その時が来たら、話しましょう」—*FRUS, Conferences at Cairo and Tehran, 1943*, 555.

(52) 「お前が言ったことは完全に問題がない。あれは上出来だった…」—Elliott Roosevelt, *As He Saw It*, 191.

(53)　エリオットは回想している。「彼は部屋の中を歩き回っていた、葉巻の煙だけしか身にまとわない姿で」—*Look*, Sept. 1946.

(54)　それでもなお、最後の最後までもめた証拠がある—FRUS, *Conferences at Cairo and Tehran, 1943*, 564.

(55)　スターリンは「大きな満足」を表明してから言った—Ibid., 565.

(56)　「総司令官はいつ指名されるのだろうか？」—Ibid.

(57)　会ったことのある外務官僚たちを「押しの強い青二才でホモ——そしておまけに決まって孤立主義者ときている」と切り捨てた—Sherwood, *Roosevelt and Hopkins*, 774.

(58)　「ソヴィエト問題に関わっていたわれわれの間では、ソ連が国際連合のような世界機関に参加することを真剣に検討するかどうか疑問視していたほどだった…」—Bohlen, *Witness to History*, 128.

(59)　「イランは間違いなくひじょうに、ひじょうに遅れた国家だ…」—Stettinius, *Roosevelt and the Russians*, 180; Hull, Memoirs, 2:1507–8.

(60)　「これは見事な食器コレクションだ。どれを使うかが問題だ。君が教えてくれたまえ…」—Montefiore, *Stalin*, 30; Gray, *Stalin: Man of History*, 386.

(61)　彼は「クマのような細い目をしていて外見は恐ろしかったが…」—Sarah Churchill, *Thread in the Tapestry*, 65.

(62)　「スターリンは暗い顔になった」と、ベレシコフ通訳は観察していた…—Berezhkov, *History in the Making*, 288.

(63)　「私がソ連の観点から皆さんに申し上げたいのは…」—*FRUS, Conferences at Cairo and Tehran, 1943*, 469.

第6章◆同盟関係を固める

(1)　リグドンによれば、スターリンは時には通訳のパヴロフを伴ってきて、「必要なものがそろっているか」と尋ねたこともあった…」—Rigdon, *White House Sailor*, 81–82.

(2)　彼女はスターリンが尋ねるのを通訳した——「入ってもよろしいですか？」。「ようこそ」とローズヴェルトが答えた—*Politicheskii zhurnal*［Political journal］, April 5, 2004.

(3)　「なぜなのですか、大統領。あなたは検討中の社会改革に関してしばしば私の意見を質される…それなのに…」—Manchester, *American Caesar*, 154.

(4)　「われわれがやっていることは外相たちにできたはずだった」—Perkins, *Roosevelt I Knew*, 84–85.

(5)　ローズヴェルトは「第二戦線を可及的速やかに…」—Fond 06, op. 5, p. 28,

file 327（"Political and informational letters received from the Embassy of the USSR in the USA from Comrades Litvinov and Gromyko, May 22–June 29, 1943"), AVP RF. モロトフはこれを読み、鉛筆で印をつけた．

(6) スターリンは、ローズヴェルトが「ダーダネルス海峡を封鎖してロシアを封じ込め…古典的な英国外交政策」を支持していると非難した、と—Costigliola, *Roosevelt's Lost Alliances*, 192.

(7) ローズヴェルトはどこかから上陸用舟艇を持ってくるのは「絶対に不可能だ」と言った—*FRUS, Conferences at Cairo and Tehran, 1943*, 587.

(8) 「忌まわしい強姦」—FDR to Lincoln MacVeagh, Dec. 1, 1939, in *F.D.R.: His Personal Letters*, 4:965.

(9) 「それならこれらを潔く与えたほうがいい…このことでわれわれに何ができよう？…」—Doenecke and Stoler, *Debating Franklin D. Roosevelt's Foreign Policies*, 73.

(10) 「もしハンコの割譲が難しければ、私は喜んでペチェンガをとるつもりだ」—Winston S. Churchill, *Closing the Ring*, 399.

(11) 「私はこの人たちにはうんざりしている…」—Frank Costigliola, "Broken Circle: The Isolation of Franklin D. Roosevelt in World War II," *Diplomatic History 32*, no. 5（Nov. 2008）: 705.

(12) モスクワの「露骨な野蛮行為」—O'Sullivan, *Sumner Welles, Postwar Planning, and the Quest for a New World Order*, 183.

(13) 「あのバルト三国はすべてソ連のものだと言っていいくらいだ」—Costigliola, *"Broken Circle,"* 705.

(14) 「世界世論は住民による意志の多少の表現を求めるだろう、多分ソヴィエト軍の再占領直後ではなく、将来のいつかの日に」—*FRUS, Conferences at Cairo and Tehran, 1943*, 595.

(15) 「米国は、バルト三国問題あるいはわれわれとポーランドとの間の論議を呼んでいる国境に対して、いささかの経済的あるいは外交政策的関心も持っていない…」—"Political and informational letters received from the Embassy of the USSR in the USA from Comrades Litvinov and Gromyko, May 22–June 29, 1943", fond 06, op. 5, p. 28, AVP RF.

(16) 「元帥が言及した将来の選挙に関して何か公の宣言がなされることが可能なら、これは自分にとって個人的に助けとなるだろう」—*FRUS, Conferences at Cairo and Tehran, 1943*, 595.

(17) 「チャーチルは瞬時にそれに反対し、それから肩をすくめ、思い直した」—King Diary, Dec. 5, 1942.

(18)　自分は「この問題をここでチャーチル氏と検討するのは時期尚早だと感じている」—*FRUS, Conferences at Cairo and Tehran, 1943*, 595.

(19)　「これはまだほんの構想で、正確な形態はさらなる研究を要するだろう」—Ibid.

(20)　ローズヴェルトはどのようにしてフォードをじりじりとこのテーマに近づけていったかを描写している—Jackson, *That Man*, 135–36.

(21)　「大統領が輪郭を描いた世界機関の問題を熟考した結果、それが地域的なものでなく、世界規模のものになるという大統領に賛成することにした」—FRUS, *Conferences at Cairo and Tehran, 1943*, 596.

(22)　「戦争終結まで共同の大義のために」—Ibid., 597.

(23)　「一月の末あたりに」—Ibid.

(24)　「ドイツにツケを払わせて」—Ibid., 598.

(25)　「ドイツ軍国主義の邪悪な中核」—Ibid., 600.

(26)　戦勝諸国は「ドイツ人が新たな戦争への道に踏み出したら彼らを打ち破る力を持たねばならない」—Ibid., 603.

(27)　「スターリン元帥は、小国で構成された、分離され、ばらばらになった、弱いヨーロッパを期待しておられるのか」—Ibid.

(28)　「私はあらゆる手を尽くして自身をこれらの共産主義指導者たちと協調させようと試みたが…」—Churchill to Eden, personal minute, Jan. 4, 1944, U.K. Archives.

(29)　「同志スターリンは、ドイツ弱体化の目標に関して…」—Roberts, *Stalin's Wars*, 188.

(30)　「後生だからこの仕事を済まさせてくれ」—Bohlen, *Witness to History*, 143.

(31)　「会談は順調に進んだ——もっとも軍事計画ではソ連側に同調しなければならないことが分かった…」—FDR Diary, December 1, 1943. FDRL.

(32)　「刑事たちが示した周到な示威行動は、悪人どもの関心を引き付けただけのように見えた」—Berezhkov, *History in the Making*, 303.

(33)　「会談は大成功だったと考える…」—FDR to Stalin December 3, 1943, in *MDMS*.

(34)　「われわれの個人的会談が多くの点できわめて重要である…」—Ibid, 194.

(35)　「恐らくもうすぐ指揮を執ることになる」—Stimson Diary, December 3, 1943.

(36)　参謀総長の地位は「その職に任命される人に公平を期して完全で永続的でなければならない」—Stimson Diary, April 15, 1945.

(37)　「大統領は私の任命について少し懸念を持っていると言った…」―Sherwood, *Roosevelt and Hopkins*, 803.

(38)　「私はアイゼンハワー将軍の任命を歓迎する」―Stalin to FDR, December 10, 1943 in *MDMS*, 194; the original in fond 558, op. 11, file 367, note 55, Stalin Papers.

(39)　彼の父が話したがった唯一の話題は、国を留守にした一ヵ月間の最重要の成果――国際連合のことだった…―Elliott Roosevelt, *As He Saw It*, 213.

(40)　「旅はほぼ完全に満足できるものだった。とりわけ、ロシア人たちがそうだった」December 15, 1943, *CC*, 261.

(41)　「ほら、私は“オーヴァーロード”を道中無傷で持ち帰ったよ、実施するためにね」―Stimson and Bundy, *On Active Service*, 443.

(42)　「私はスターリン氏がそこにいたことに感謝する…」―Stimson Diary, December 3, 1943.

(43)　「三人の指導者は精神と彼らの目標において真の友人としてしばし別れた」―*Tass*, Dec. 8, 1943.

(44)　「スターリンの署名は…」―*Tass*, Dec. 12, 1943.

(45)　「米国、英国との新たな提携は…」―"Embassy Interpretive Report on Developments in Soviet Policy Based on the Soviet Press for the Period December, 1943," Dec. 14, 1943, Harriman Papers.

(46)　電文は数ページにわたっていた。その一節はこう始まっていた…―Boyd, *Hitler's Japanese Confidant*, 111.

(47)　「肺炎だということで心を痛めています…」―Winston S. Churchill, *Closing the Ring*, 422.

(48)　「私は大統領があの朝以上に満足して上機嫌そうにしているのを見た記憶がない」―Rosenman, *Working with Roosevelt*, 411.

(49)　「自分の家でクリスマスを迎えたのは久しぶりだ…」―Goodwin, *No Ordinary Time*, 480.

(50)　「花崗岩から切り出された人間だということだ」―Hassett, *Off the Record with FDR*, 226.

(51)　「ところで」と、大統領は彼女に言った―Perkins, *Roosevelt I Knew*, 382.

(52)　「まさに、現代の最大の出来事であり、ドイツ侵略者との闘争における歴史的標識である」―*FRUS, 1944, Europe*, 801.

(53)　「彼は、自分とスターリンの間にある良好な関係を強調することから始めた…」―Gromyko, *Memories*, 108.

(54)　今、プラウダは咳払いをして不満を表した。「バルト三国問題は…」―

Harriman and Abel, *Special Envoy*, 295.

(55) クラーク・カーがそのことをハリマンに通知して、一件落着した—Harriman to FDR and Hull, paraphrase of embassy telegram, Feb. 7,194.

(56) 「私はあなたが好きだ。でも、あなたには大統領になってもらいたくない」—FDR and Hull, telegram, February 7, 1944, Harriman Papers.

(57) さらにチャーチルは続けた。「指揮官たちはそのほうがよい勝機をもたらすだろうと考えている…」—Kimball, *Churchill and Roosevelt*, 2:653.

(58) 「テヘランでU・Jには、オーヴァーロード作戦は五月中に開始され、ほぼ同時期に可及的最強力の"金床"("アンヴィル")作戦によって支援されると約束してある…」—Ibid., 662.

第7章◆スターリン、同盟国を探す

(1) レーニンの忠実な影だったスターリン—1918年1月22日にレーニンが署名した文書により、スターリンは予告なしにいつでもレーニンの執務室に入ることを許された二人の人物のうちの一人だった:Radzinsky, *Stalin*, 127.

(2) 「われわれと米国との関係の問題について…」—Fond 130 (Sovnarkom), op. 3, file 177, microfilm, pp.147, GARF〔ロシア連邦国立公文書館〕.

(3) 米国は「世界の主勢力である…」—Williams, *American-Russian Relations*, 184.

(4) 「米国はわれわれの立場を知っている…」—*NYT*, Dec. 1, 1930.

(5) スターリンはこう告げられた——「主要問題は…」—Fond 06, Office of V. M. Molotov, AVP RF.

(6) 「彼は満州については一言もいわなかったが、艦隊の建造を開始し、ソヴィエト・ロシアを承認した」—Farnsworth, *William C. Bullitt and the Soviet Union*, 91.

(7) ローズヴェルトはリーチに書いた。「何かがなされねばならないという考えでは、私はあなたに一〇〇パーセント賛成だ。しかし…」—*F.D.R.: His Personal Letters*, 3:162–63.

(8) 「私の考えでは、米国におけるボリシェヴィズムの脅威は…」—Jean Edward Smith, *FDR*, 342.

(9) 「もちろん、君が知っているように、私はこれらの交渉では君を応援している…」—Blum, *Years of Crisis*, 55.

(10) 「ある夜、ホテルの夜間フロント係に起こされた…」—Thayer, *Bears in the Caviar*, 47.

(11) 「いいかね、マックス…」—Dallek, *Franklin D. Roosevelt and American Foreign Policy*, 81.

(12)　「親愛なるビル…」―Bullitt, *For the President*, 73–75.

(13)　「ソ連の勤労大衆は平和のためのこの新たな勝利を温かく迎えている」―*NYT*, Nov. 19, 1933.

(14)　「世界最大の資本主義国である米国が…」―*FRUS, Soviet Union, 1933*, 44.

(15)　「外から見る限りでは決断力と勇気がある政治指導者」―*NYT*, Dec. 28, 1933.

(16)　「フィッシュ一派の歯ぎしりをものともせず、あえてソ連を承認したローズヴェルト大統領のために」―Bullitt, *For the President*, 67.

(17)　「ローズヴェルト大統領は今日、資本主義国の指導者であるにもかかわらず、ソ連で最も人気がある人物の一人である」―Henderson, *Question of Trust*, 265.

(18)　「疑いなくローズヴェルトは現代資本主義世界のすべての船長たちの中で最有力人物の一人として傑出している」―H. G. Wells, *Modern Monthly*, Dec. 1934.

(19)　「もし今日われわれがヨーロッパにおける新たな土地と領土について語るとすれば、第一に思いつくのはロシアとその隷属辺境州だけである…」―Hitler, *Mein Kampf*, 950–53.

(20)　歴史通のスターリンが知っていたように、これには前例があった―Foreman, *World on Fire*, 38.

(21)　「大統領が米国の造船所の一つでこの船が建造されることに対して何の異議もないこと、ハルも同様だということがはっきりしていた…」―Malcolm Muir Jr., "American Warship Construction for Stalin's Navy Prior to World War II: A Study in Paralysis of Policy," *Diplomatic History* 5, no. 4（Oct. 1981）: 340.

(22)　ソ連の注文は「海軍省との手に負えない紛争につながるだけだ」―Ibid., 343.

(23)　ローズヴェルトは、「戦艦が計画どおりこの国で建造できるようにとの希望を表明した」―Ibid., 346.

(24)　自分は「案件に対して、あるいは設計をソ連側に開示することに対して何の異議もない」―Ibid., 347.

(25)　「モスクワでの外交官の生活はまったく快適なものでないし…」―Davies, *Mission to Moscow*, 341.

(26)　「もし米国大統領がそれを実施させたいと望むなら、陸海軍の専門家たちには阻止できないし…」―Ibid., 346.

(27)　国務省はソ連大使アレクサンドル・トロヤノフスキーに「朗報を伝達した」―Muir, "American Warship Construction for Stalin's Navy," 350.

(28)　彼はこの本に没頭し、「ついには丸々一冊を事実上暗記してしまった」—Sara Roosevelt, *My Boy Franklin*, 15.

(29)　「国外からの嵐は、いつものことながら、米国人にとって絶対不可欠の三つの制度に直接挑戦する」—Franklin Roosevelt, "Annual Message to Congress," Jan. 4, 1939, APP.

(30)　「われわれは彼［ヒトラー］と問題なく取引できよう。だがその過程で米国が大事にしているものをすべて失うだろう」—Rosenman, *Working with Roosevelt*, 182.

(31)　「もしソ連が軍事的に弱ければ…」—Neumann, *After Victory*, 28.

(32)　「平和の敵への障害」—Stalin, interview by Roy Howard, chairman of the board of Scripps Howard Newspapers, March 1, 1936, online at Marxists Internet Archive, http://www.marxists.org.

(33)　「歴史が示しているのは…」—*NYT*, March 8, 1936.

(34)　「私には根深い対ソ不信がある…」—Chamberlain, private letter, March 26, 1939, in Shirer, *Rise and Fall of the Third Reich*, 460.

(35)　「自分たちに可能なすべての支援をポーランド政府に与えるだろう」—Ibid., 465.

(36)　「これら諸国のいずれの一国に対しても、ヨーロッパで侵略があった場合には軍事援助を含むあらゆる種類の援助を与えるために」—*FRUS, 1939, General*, 1:235.

(37)　「彼らは軍事的、政治的に惨たんたる状態にあった…」—Shirer, *Rise and Fall of the Third Reich*, 469.

(38)　「ヨーロッパのこの夏が平和か戦争かというヒトラーの決断の決定的要素になるのは…」—Davies, April 18, 1939, in *Mission to Moscow*, 442.

(39)　「手出し無用」—Montefiore, *Stalin*, 233.

(40)　ローズヴェルトはソ連に好意的である。しかし、「及び腰であり…」—Troyanovsky to Litvinov, April 13, 1938, fond 05-18-147, AVP RF.

(41)　ウマンスキーは「マナーと話しぶりで無礼であり…」—Hull, *Memoirs*, 1:743.

(42)　大統領が「ナチと日本人を強く憎んでいること」—K. A. Oumansky to Litvinov, Dec. 8, 1938, Soviet-American Relations, 1934-1939, 102.

(43)　「ドナルド・マクリーンの報告では…」—Sudoplatov, *Special Tasks*, 97.

(44)　「彼は自国内の共産主義を壊滅させることによって、共産主義の西ヨーロッパへの道をふさいだ…」—Wright, *Iron Curtain*, 346.

(45)　「突然の人事異動は…」—German chargé d'affaires to the German Foreign

Office, telegram, May 4, 1939, Nazi-Soviet Relations.

(46) 「リトヴィノフはその無節操なサークルとともに…」—Molotov to Stalin, Oct. 2, 1933, fond 558, op.11, file 769, p.134, Stalin Papers.

(47) 「火と剣によって東方へ拡張の道を切り開き…ソ連諸民族を隷属化させる」—Bullock, *Hitler and Stalin*, 521.

(48) 「ボスに向かって仲間同士のように話せる」—Montefiore, *Stalin*, 314.

(49) 「スターリンは大きな関心をもって話し合いを見守っており…」—Aug. 17, 1939, Nazi-Soviet Relations.

(50) 「われわれの意見では、英ソ連合を妨げるのが容易でないのは確かである…」—May 27, 1939, Nazi-Soviet Relations.

(51) 「彼の演説の中で最も見事なもの」—Kennedy, *Freedom from Fear*, 423.

(52) 「米国大統領ローズヴェルトの平和愛好の精神で染められた提案に対するドイツの回答だった」—*FRUS, Soviet Union, 1933–1939*, 764.

(53) 「スターリンに伝えてくれたまえ。もし彼の政府がヒトラーと同盟したら…」—Davies, *Mission to Moscow*, 450.

(54) 「ロシアの空間はわれわれのインドである…」—Mukerjee, *Churchill's Secret War*, 34.

(55) なぜなら、よく知られていたように、九月の第一週を過ぎれば大雨がポーランドの道路を通行不能にし…—Shirer, *Berlin Diary*, 186.

(56) 「英仏の不誠実さに関する見解は、"友人たち"のそれとは同じではない」—*FRUS, 1939, General*, 1:279.

(57) 戦争は「不可避である…多分、戦争が始まれば、米国はヨーロッパ文明の破片を拾い上げ、破壊されずに残るものの確保を助ける立場になるだろう」—F.D.R. to William Phillips, *Letters*, 4:810.

(58) 一九三九年七月五日—Greenfield, *American Strategy in World War II*, 52. Greenfieldは次の文献を引用している：R. Elberton Smith, *Army and Economic Mobilization*, in *United States Army in World War II*, 413–15.

(59) ブリュッセルでは「米国の中立法の修正を切望している…」—Davies, *Mission to Moscow*, 450.

(60) 「大統領、ほかにもいますよ」—Hull, *Memoirs*, 1:651; Sherwood, *Roosevelt and Hopkins*, 133; Dallek, *Franklin D. Roosevelt and American Foreign Policy*, 192.

(61) 「キャプテン、われわれは現実を直視したほうがよさそうだ…」—Kennedy, *Freedom From Fear*, 423.

(62) 「[三カ国連合のための] 交渉の歴史は…」—Roberts, *Molotov*, 22–23.

(63) ドイツは「ソヴィエト領バルト地域の重大利益を守るだろう」—

Schulenburg to the German Foreign Office, telegram, Moscow, August 4, 1939, Nazi-Soviet Relations.

(64) チェンバレンは「しかるべき期間、留守にすることを望んでいる」―the chargè to the secretary of state, July 20, 1939, *FRUS, 1939, General*, 288.

(65) 英国がドラックスに与えた指示は…―Shirer, *Rise and Fall of the Third Reich*, 534.

(66) 「私は軍事交渉の成功に関して楽天的ではない…」―Ibid., 504.

(67) 「われわれが条約の承諾を得られなければ、私はできる限り交渉を長引かせるのが政府の政策であると理解している」―Ibid.

(68「親愛なる大使。大統領は私にこの緊急の手紙をあなたに送るように求めた…」―Ibid., 293.

(69) モロトフは彼に語った――ソ連政府が関心を持っているのは…―Steinhardt to Welles, Welles Papers, FDRL.

(70) モロトフは「まったく珍しいほど従順で率直だった…」―Aug. 16, 1939, Nazi-Soviet Relations.

(71) 「独ソ関係における一定の改善のための基礎を築き」…―Aug. 14, 1939, Nazi-Soviet Relations.

(72) 彼は「大至急」と指示した電報をシューレンブルクに送り…―Ribbentrop to Schulenburg, Aug. 16, 1939, Nazi-Soviet Relations.

(73) 「どうか最善を尽くして旅が実現するように気をつけてくれたまえ」―Ribbentrop to Schulenburg, Aug. 21, 1939, Nazi-Soviet Relations.

(74) 英国国防相のレスリー・ホア=ベリシャは…―*NYT*, Aug. 21, 1939.

(75) 「ドイツ政界全体に最大の高揚感を生み出している」―*NYT*, Aug. 24, 1939.

(76) 「スターリンはさらに反コミンテルン条約にも加わるだろう」―Bullock, *Hitler and Stalin*, 619.

(77) 「他国と戦争中のいかなる国に対しても、いかなる形であれ、援助を控える」―*FRUS, 1939, General*, 1:342.

(78) 「一瞬、虚空をにらみ…」― according to Albert Speer in Bullock, *Hitler and Stalin*, 617.

(79) 『今や、ヨーロッパは我がものだ』―Overy, *Russia's War*, 49.

(80) 翌日、ヴォロシーロフは英仏の代表たちとの交渉にこれ以上時間を使う理由がなかったので…―Khrushchev, *Khrushchev Remembers*, 128.

(81) スターリンは「ひじょうに上機嫌で、盛んに冗談を言った」―Ibid.

(82) 「私がこれまでに会った最もハンサムな大入道」―Gunther, *Roosevelt in*

Retrospect, 204.

(83) 「まさしく彼の中では、人生の些末なものすべてが燃えつきたかのようである…」—Welles, *Where Are We Heading?*, 123.

(84) 不可侵条約の発表は「国務省内にほとんど驚きを呼び起こさなかった…」—*NYT*, Aug. 22, 1939.

(85) 英国の駐ポーランド大使館は…自国民にできるだけ早くポーランドから出国することを勧告した—Ibid.

(86) 「われわれの遅れをとった低馬力の代表団が、何らかの成果を上げるとはまったく期待していなかった」—Ismay, *Memoirs*, 97.

(87) 「われわれがヒトラーと平和共存に関する条約に達したことを即座に認められなかった…」—Khrushchev, *Khrushchev Remembers*, 129.

(88) 米国はソ連の侵略を、「ヒトラーの軍勢がソ連にあまり近づきすぎないようにするため」のスターリンの方途として見ることを選んだ—Hull, *Memoirs*, 1:685.

(89) 「残忍性がロシアで独特の形態をとったもの」—FDR to Kennedy, Oct. 10, 1939, in *F.D.R.: His Personal Letters*, 4:948.

(90) 「英仏、とりわけ英国はソ連なしで何とかできると考えて、われわれとの条約を望まなかった…」—Roberts, *Stalin's Wars*, 46.

(91) 「もしわれわれがあの手を打たなかったら、戦争はもっと早く始まり、われわれに大きな不利益となっただろう…」—Khrushchev, *Khrushchev Remembers*, 129

(92) 「ポーランド人には大学あるいは中等学校は必要ない…」—Evans, *Third Reich at War*, 34.

第8章◆バルバロッサ作戦

(1) 「一体どうして君はスターリン同志と論争をやらかそうという気になれるのだ！…」—Montefiore, *Stalin*, 352.

(2) ベルリン駐在の米国の商務官サム・ウッズは…—Lash, *Roosevelt and Churchill*, 354.

(3) 大島浩駐独大使から東京の上司に送られた電報…—Boyd, *Hitler's Japanese Confidant*, 21.

(4) 「本国政府はあなたの信頼に大いに感謝するだろう…」—O'Sullivan, *Sumner Welles, Postwar Planning, and the Quest for a New World Order*, 185.

(5) 「この問題でチャーチルを信じることができただろうか？…」—Chuev, *Molotov Remembers*, 28.

(6) 「この出来そこないは…」—Montefiore, *Stalin*, 353.

(7) 「どれほどの量の警告メッセージも…彼の固定観念を変えることはできなかった」—Gromyko, *Memories*, 48.

(8) 偽情報キャンペーンは完璧だったので…ドイツ国民まで「ほぼ完全に」不意打ちした—Evans, *Third Reich at War*, 189.

(9) ドイツ国防軍は「たとえ対英戦争の終結前でも、迅速な軍事作戦でソヴィエト・ロシアを壊滅させよ」という命令を受けていた—Gorodetsky, *Grand Delusion*, 85.

(10) 「多分、君はこの“情報源”をドイツ空軍参謀部から放逐してお仕置きすべきではないか…」—Roberts, *Stalin's Wars*, 67.

(11) 「確かに、自分はスターリンが怖かったので、彼を喜ばすために諜報を歪曲した」—Murphy, *What Stalin Knew*, 249.

(12) 「ドイツへ鉄道輸送するためにウラジオストクへ到着する貨物の量が激増した」—Letter from Steinhardt, May 10, 1941, Steinhardt Papers.

(13) 「今日の早朝の放送は、われわれが毎日待っていたニュースをもたらした」—Phillips Diary, June 22, 1941.

(14) モスクワの米国大使館につながるケーブルは、侵攻の日付の推測で文字どおり“熱く”なった—Thayer, *Bears in the Caviar*, 207.

(15) 「ソヴィエト領空の侵犯が増えている」—Gorodetsky, *Grand Delusion*, 224.

(16) 松岡はスターリンとの会談でこう“主張”した—Bennett, *Franklin D. Roosevelt and the Search for Victory*, 20.

(17) 「ドイツがソ連との関係を断絶しようとしているとのうわさは…」—Murphy, *What Stalin Knew*, 187.

(18) 「私は、ヒトラーがソ連を攻撃することにより第二戦線を開く危険を冒さないだろうと確信している…」—Braithwaite, *Moscow, 1941*, 54–55.

(19) 「ヒトラーには自殺をするつもりはあるまい。そして対ソ攻撃は事実上の自殺である」—Gorodetsky, *Stafford Cripps in Moscow;* Maisky Diary, June 18, 1941.

(20) 「これは内緒で君に教えるが、われわれの大使がヒトラー本人と真剣な会談をした…」—Montefiore, *Stalin*, 342.

(21) 「君は持っている勲章が足りないので戦争を望むのか？…」—Lukacs, *Churchill*, 80.

(22) 「日曜はわずかだが彼の得になる。相手の警戒心のレベルがふだんの日よりも低くなるからだ」— Gorodetsky, *Stafford Cripps in Moscow*, 112.

(23) 午後九時少し過ぎ—Chuev, *Molotov Remembers*, 28.

(24)　指令第１号—Murphy, *What Stalin Knew*, 214–15.

(25)　「スターリン同志がドイツ軍に砲火を開くのを禁じたと、パヴロフ（将軍）に伝えてくれたまえ」—Werth, *Russia at War*, 159.

(26)　ジューコフとチモシェンコがそこで見たスターリンは、「紙のように蒼白で…」—Gorodetsky, *Grand Delusion*, 311.

(27)　六月二十二日の朝三時一五分—Evans, *Third Reich at War*, 178.

(28)　「彼らは何の要求もすることなく、何の交渉も要求せずに、われわれに襲いかかってきた…」—*Dimitrov and Stalin*, 189

(29)　スターリンは冴えない、生気のない声で話し、「しばしば中断し、重苦しく息をした」—Maisky article in *New World Moscow*, Dec. 1964.

(30)　ソ連の闘いは「独立、民主的自由のための欧米諸国民の闘争と融合するだろう…」—Radio address July 3, 1941, Foreign Languages Publishing House, Moscow, 1946, prepared for the Internet by David J. Romagnolo, http://www.marx2mao.com/Stalin/GPW46.html#s7.

(31)　スターリンは指導者として復帰すると、防衛のすべての側面を再組織し、さらに大きな権力を手にした—Roberts, *Stalin's Wars*, 95–96.

(32)　「ある日、スターリンは私を呼び出して言った…」—Beria, *My Father*, 350n.

(33)　「われわれは今ではごく少数の捕虜しか取らない」—Evans, *Third Reich at War*, 182.

(34)　第二次世界大戦の歴史家でナチ・ドイツに関する権威ガーハード・ワインバーグによると—Gerhard Weinberg, "The 2011 George C. Marshall Lecture," *Journal of Military History* 75, no. 3（July 2011）.

(35)　ローズヴェルトにレンドリース運営の権限を与えたりすれば、米国の若者の四人に一人を死なせることになるだろう—FDR obituary, *NYT*, April 13, 1945.

(36)　「先導しようとやっているときに、振り返ると誰もついて来ていなかったというのは、とんでもないことだよ」—Rosenman, *Working with Roosevelt*, 167.

(37)　「私には先に発砲する気はないよ」—Ickes, *Lowering Clouds*, 523.

(38)　「われわれはロビン・ムーア号の沈没を…」—FDR, "Message to Congress on the Sinking of the *Robin Moor*," June 20, 1941.

(39)　「ソ連はわれわれとは異質の国なので…」—James Roosevelt, *My Parents*, 161.

(40)　「ヒトラーとその軍隊は今日…」—*NYT*, June 24, 1941.

(41)　「もしドイツが勝っていることが分かれば、われわれはソ連を援助すべ

きだ…」―Ibid.

(42) 米国は「ソヴィエト・ロシアにあらゆる可能な援助を与えるだろう」―*NYT*, June 25, 1941.

(43) 「われわれは知らないうちに今、スターリンと彼の好戦的陰謀に対して援助を約束しようとしているのだ」―Dunn, *Caught Between Roosevelt and Stalin*, 127.

(44) 「スターリンは今日はわれわれの側にいる。明日はどちら側にいるのだろうか?」―*NYT*, Aug. 6, 1941.

(45) 「ワシントンではソヴィエト軍がドイツ軍に勝てると信じている者は一人もいない…」―Lash, *Roosevelt and Churchill*, 444.

(46) 「ドイツがウクライナとコーカサスの石油を支配しようと決定しているのは明白である…」―Phillips Diary, June 22, 1941.

(47) 英国の諜報機関は、ドイツ国防軍は「三週間以内に」モスクワに到達するだろうと予言していた―Bradley Smith, *Sharing Secrets with Stalin*, 21.

(48) 大統領は開襟シャツとサッカー地のズボンというラフな格好―*NYT*, July 2, 1941.

(49) 七月九日、大統領は陸軍長官と海軍長官に同一内容の書簡を送り…―R. Elberton Smith, *Army and Economic Mobilization*, 135.

(50) 彼は自分のスケジュール管理役のワトソン将軍に、二日間で「事務処理を済ませる」ように指示した―Lash, *Roosevelt and Churchill*, 364.

(51) 「今日午後の閣議で、大統領はソ連への弾薬に関してひともんちゃく起こした…」―Stimson Diary, Aug. 1, 1941.

(52) 「もしわれわれがこの秋、飛行機なしで作戦行動をしたら、必ず出てくる政治攻撃を、大統領は乗り切られるだろうか?」―Pogue, *Ordeal and Hope*, 73.

(53) 「米国政府は実施可能なあらゆる経済援助を行なうことを決定し…」―U.S. Department of State Bulletin, Aug. 9, 1941.

(54) 「航空輸送は正常であり、二四時間で現地に着ける…」―Adams, *Harry Hopkins*, 234.

(55) 「リンカーン大統領の民主主義的伝統への忠誠を持ち続けている人物」―Maisky, *Memoirs of a Soviet Ambassador*, 178.

(56) 「彼は私を早口の数語のロシア語で迎えた…」―Adams, *Harry Hopkins*, 237–38.

(57) 「ドイツ人は、何のためらいもなく今日一つの条約に調印し、明日にはそれを破り…」―*FRUS, 1941*, 1:803.

(58) 「米軍部隊がソヴィエト戦線のいかなる部分へも米国軍の完全な指揮のもとに来援することを歓迎すると大統領に伝えるよう私に望んだ」—Ibid., 813.

(59「そしてまだ征服されていない諸国の他のおびただしい数の人々は…」—Ibid.

(60) 「勝つという決意にあふれている」—Hopkins to FDR, message, Aug. 1, 1941, Hopkins Papers.

(61) 「ハリーがずっとそうだったように、無益なプロジェクトに感染しやすい人間は…」—*Knoxville Journal*, Aug. 2, 1941.

(62) 「ソ連での戦争が始まってからほぼ六週間が過ぎた…」—FDR to Coy, memo, Aug. 2, 1941, LOC.

(63) 「彼はものすごく元気な人物で、さしずめ英国版のラガーディア市長と言ったところである」—*CC*, 141.

(64) 「全般的安全保障のより広範で恒久的な制度の設立」—Divine, *Second Chance*, 43.

(65) 「これを太平洋に適用することについては若干の問題があった…」—King Diary, Dec. 5, 1942.

(66) 「彼は神様と会うために天国へ運びこまれている途中という感じだった」—Dallek, *Franklin D. Roosevelt and American Foreign Policy*, 282.

(67) 「われわれが念頭に置いたのは…」—Stettinius, *Roosevelt and the Russians*, 245.

(68) 「私は米国大統領としてこう言おうと考えている…」—Elliott Roosevelt, *As He Saw It*, 25.

(69) 「首相は…共産主義を酷評し、ロシア人は未開人だと言った…」—Gorodetsky, *Stafford Cripps in Moscow*, 115.

(70) 「『ソ連が戦争にとどまる能力に首相がどれだけの信を置いているか、私にはすでに分かっている』。彼は指でゼロをつくって見せた」—Adams, *Harry Hopkins*, 243.

(71) 「彼には私を説得する力がある」—Elliott Roosevelt, *As He Saw It*, 22.

(72) 「モスクワが落ちたら…ソヴィエト軍の抵抗が止まったら、ソヴィエトへの軍需物資は…」—Ibid., 30–34.

(73) 「私はわれわれの友人と温かく、かつ深い個人的関係を確立したと確信する」—Churchill to Attlee, Aug. 12, 1941, Imperial War Museum, London.

(74) ソ連は「できる限り早い時期に」協議する用意があると通知した—*NYT*, Aug. 20, 1941.

(75)　彼はレニングラードを目指すドイツ軍に次のような命令を発した——「市に接近し、弾幕射撃によってこれを破壊すべし…」—Axell, *Marshal Zhukov*, 91.

(76)　ドイツ海軍は埠頭と停泊所を砲撃しないで残しておくように求めたが、この要請は軍の上級司令部に拒否された—Kuby, *Russians and Berlin*, 35.

(77)　「降伏が許されるべきだという要請は拒否されるだろう…」—Hitler directive, Sept. 29, 1941, quoted in Radzinsky, *Stalin*, 489.

(78)　「スターリンは私が前回会ったときよりもずっと自信にあふれ、精神的落ち込みは少なかった…」—Cripps Diary, Sept. 9, 1941, in Gorodetsky, *Stafford Cripps in Moscow*, 163.

(79)　新司令官に任命する命令は「君がレニングラードに着いてから」しか出せないと彼に言った—Axell, *Marshal Zhukov*, 179.

(80)　「ヨーロッパでの戦争は勝利に終わった。連合国はジューコフ元帥に大きな恩義がある…」—Flagel, *History Buff's Guide to World War II*, 202.

(81)　「モスクワ［スターリン］は財政状況が厳しい」—Oumansky to FDR, Sept. 11, 1941, FDRL.

(82)　「君の役目は対ソ援助計画の作成を助けることだけではなくて…」—*MDMS*, 43.

(83)　「財源とはかかわりなく米国から輸出可能な戦車の型式と月別の総数」—FDR to Harriman, cable, Sept. 18, 1941, Harriman Papers.

(84)　「財源とは関係なく、この数字が欲しい…」—FDR to Stimson, Sept. 18, 1941, Harriman Papers.

(85)　「大統領は、ソヴィエト政府に当座の必要に充てるためのドルがあるかどうか、知りたがっている」—Harriman Papers.

(86)　「われわれは夜、ソヴィエト軍の対空砲の閃光を目にした」—Harriman and Abel, *Special Envoy*, 84.

(87)　「私はとくにこの機会を利用して、あなたの軍隊が究極的にはヒトラーを圧倒するとの確信を表明し…」—FDR to Stalin, Sept. 29, 1941, in *MDMS*, 44.

(88)　「要請された量は、ソ連の努力とソ連の損害の程度を考慮すれば、穏当なものと考えられる」—Harriman to FDR, Oct. 29, 1941, Harriman Papers.

(89)　「彼はひじょうにそわそわしていた。歩き回り、たばこをを絶えず吸い続けていた…」—Beaverbrook notes, Harriman Papers.

(90)　スターリンの「満足がみるみる高まる」のが分かった—Harriman to FDR, third meeting with Stalin, Harriman Papers.

(91)　「彼はネズミを呑み込んだ猫のように見えた」—Abramson, *Spanning the*

Century, 293.

(92) 「食べ物の量と質は印象的だった…」—Harriman Papers.

(93) 「今回決定されたのは、ソヴィエトの軍および民政当局が求めた必需品の事実上すべてを、ソヴィエト政府に自由に使用させること」なのだと…—Harriman and Beaverbrook, joint press release, Moscow, Oct, 1, 1941, Harriman Papers.

(94) 「フェイモンヴィルを例外として…」—Burns to Hopkins, memo, Aug. 16, 1941, Hopkins Papers.

(95) 「ホプキンスはソヴィエト人の代弁ができる力を持っていた。大統領と親密だったから、彼の力はいつも私の力をしのぐことができた」—Pogue, *Ordeal and Hope*, 75.

(96) 「モロトフとスターリンの双方が、われわれの大使館付武官フィリップ・R・フェイモンヴィルの判断、能力、公平さに信頼を表明した」—Davies to FDR, Jan. 18, 1939, FDRL.

(97) 「歴史は繰り返す確率のほうが、繰り返さない確率よりも高い」—Interview with Erskine Caldwell, probably late August 1941, Steinhardt Papers.

(98) 「スターリンの非難は厳しかった」—Beaverbrook's notes on meeting, Sept. 30, 1941, Harriman Papers.

(99) 「彼は悪党以外の何者でもない…」—Stimson Diary, Aug. 5, 1941.

(100) (多くはすでに疎開済みだった。十一月までには…)—Axell, *Marshal Zhukov*, 85.

(101) 「あらゆる軍事目的にとって、ソヴィエト・ロシアはもう終わった…」—*NYT*, Oct. 10, 1941.

(102) 「ロシアからの知らせはひじょうに悪い」—Stimson Diary, Oct. 10, 1941.

(103) 数日後、ローズヴェルトは記者会見を開き…—Hopkins memo, Oct. 13, 1941, Hopkins Papers.

(104) 「スターリンは極秘の通信線で私に電話してきた…」—G. A. Borkov, *Zadolgo do saliutov*〔『戦勝花火の上がるずっと前に』〕(Poltava, 1994), 67–71. ほかの将軍と党官僚たちは、この会見はこの数日後に行なわれたと記憶している。ヨシフ・アパナセンコ将軍と沿海地方党委員会第一書記N・M・ペゴフを含む全員は、この会見が十月十二日から十五日までの間にあったことで一致している。

(105) 「日本が参戦し、われわれにとって第二戦線になるものを開くどんな理由も日本に与えないように、君は全力を尽くせ…」—N. M. Pegov, *Blizkoe-dalekoe*〔『遠ざからない過去』〕(Moscow: Politizdat, 1982), 110–13, http://stalinism.

ru /Elektronnaya-biblioteka/Vstrechi-so-Stalinyim/Page-9.html.

(106) 十月十六日はモスクワにおける恐怖の一日だった—Sakharov, *Memoirs*, 42.

(107) 「鉄道員たちがわれわれに青信号を出した…」—Medvedev, *Josef Stalin and Josef Apanesenko. The Far Eastern Front in the Great Patriotic War*, Rossiiskaya Gazeta, Jan, 8, 2003.

(108) 「私は軍装備品と弾薬の全項目を承認し…」—FDR to Stalin, Oct. 30, 1941, in *MDMS*, 48–49.

(109) 「…個人的な直接の接触があなたと私の間に直ちに確立されるべきだとの…ご提案に敬意をもって…」—Stalin to FDR, Nov. 4, 1941, in ibid., 52.

(110) 「それは危険かもしれない。ローズヴェルトは議会に知らせずにソ連に一〇億ドルの援助を与える決定をしたのです」—Vishinsky Diary, Nov. 6, 1941, fond 558, op. 11, file 363, Stalin Papers.

(111) 「精神的、肉体的緊張」—Paraphrase of Steinhardt to Hull, telegram, Nov. 3, 1941, Steinhardt Papers.

(112) 「米国の生産と供給の詳細な問題を熟知している誰か」—*MDMS*, 53.

(113) 「彼らが本気で当てにしていたのは反ソ連の世界的な同盟をつくり上げることであり…」—Speech at Celebration Meeting, Nov. 6, 1941, http://www.marx2mao.com/Stalin/GPW46.html#s7.

(114) もしパレード中に空襲があった場合には、死者と負傷者は「速やかに搬出し、パレードは続行されねばならない」—Volkogonov, *Stalin*, 436.

(115) 当時二十歳で、後にソ連の原子爆弾開発への貢献で有名になるアンドレイ・サハロフは…—Sakharov, *Memoirs*, 44.

(116) 「この戦争は勝った」と、赤軍のある大佐が彼に言った—*Look*, June 27, 1944.

(117) 「赤軍および赤色海軍の兵士たちよ…」—Speech at Red Army Parade, Nov. 7, 1941, http://www.marx2mao.com/Stalin/GPW46. html#s7.

(118) 十一月二十三日、ヴィシンスキーはクリップス大使に、英国からコーカサスへ専門家を派遣してもらう時が来たと通告した—Gorodetsky, *Stafford Cripps in Moscow, 1940–42*, 210.

(119) 十二月十八日までには、スターリンはクリップス英国大使と…自分の確信を討議していた—Ibid., 223.

(120) 前夜—Elsey, *Unplanned Life*, 98.

(121) 「それはありがたい!」—Litvinov, 1943 memo, fond 05, Litvinov Papers, AVP RF.

(122)「これは恐ろしいことだ。しかし、これは天の配剤だ」—*FRUS, 1941*, 4:730.

(123)「彼はその素晴らしい歴史感覚を示すことから始めた…」—Stimson Diary, Dec. 7, 1941.

(124)「戦争が現実になったのだという恐怖にもかかわらず…」—Perkins, *Roosevelt I Knew*, 379–80.

(125)「われわれの飛行機は地上で破壊されたんだ」—Reston, *Deadline*, 106.

(126) 米国は一般に知られていたよりも準備を進めていた—Isador Lubin to Hopkins, Dec. 8, 1941, Hopkins Papers.

(127)「ソヴィエト首席軍事顧問は個人的意見として…」—*FRUS, 1941*, 4:746.

(128) 彼はハルに「さらに話しつづけた」—Ibid., 742.

(129)「第一。私は蒋介石総統に…」—FDR to Stalin, Dec. 14, 1941, in *MDMS*, 55–56.

(130)「ローズヴェルトはたった今、私を呼び出し…」—Vishinsky Diary, .

(131)「提案された重慶とモスクワでの会談の目的について何も言及がなく…」—Stalin to FDR, Dec. 17, 1941, in *MDMS*, 56.

(132)「ソ連は今日、対独戦という主要な重荷を背負っている…」—*FRUS, 1941*, 4:747.

(133) 会談では、スターリンは「自軍の前線に関しても、日本の状況の評価に関してもきわめて楽観的だった…」—Cripps Diary, Dec. 18, 1941, in Gorodetsky, *Stafford Cripps in Moscow, 1940–1942*, 223.

第9章◈ローズヴェルト、スターリンと第二戦線

(1)「われわれはヨーロッパへ行って戦わねばならない」—Greenfield, *American Strategy in World War II*, 29.

(2) ソ連からドイツ軍の「相当に大きな部分をそらすこと」—Rzheshevsky, *War and Diplomacy*, 182.

(3)「貴国の危機的な西部戦線を救う形でのわが国の軍隊の利用」—FDR to Stalin, April 11, 1942, in *MDMS*, 64.

(4)「貴国民とわが国の国民は…」—FDR to Churchill, April 3, 1942, in Loewenheim, Langley, and Jonas, *Roosevelt and Churchill*, 202.

(5)「ヨーロッパで攻撃するのは今だ！」—*Sunday Express*, March 29, 1942, in Hastings, *Winston's War*, 233.

(6) 彼の反応が「好意的で、合意の見通しは完全に有望のように見える」—Sherwood, *Roosevelt and Hopkins*, 523–24.

(7)　「重大な提案」—Winston S. Churchill, *Hinge of Fate*, 317.

(8)　「昨夜の国防委員会、参謀本部、元海軍大臣、マーシャル、私の長い会議で…」—Hopkins to FDR, April 15, 1942, Hopkins Papers.

(9)　「今や英国政府は…」—Sherwood, *Roosevelt and Hopkins*, 528.

(10)　「彼には秘密を打ち明けられるような真の親友が一人もいなかった」—Ward, *Before the Trumpet*, 9.

(11)　「片手を二人の間のソファの上に下ろしながら、彼は言った…」—King Diary, April 15, 1942.

(12)　「先日、モスクワで受け取ったメッセージに感謝する…」—Stalin to FDR, April 20, 1942, in *MDMS*, 65.

(13)　彼はスターリンがこの考えを「結局は事実上断念した」と考えた—Cripps Diary, Dec. 18, 1941, in Gorodetsky, *Stafford Cripps in Moscow*.

(14)　「あなたとわれわれが国境に関する協定に署名するのを認めるよう彼に促した」と—Churchill to Stalin, March 12, 1942, in *Stalin's Correspondence with Churchill and Attlee*, 40.

(15)　ローズヴェルトはチャーチルに「全般的な声明…」を促し…—Kimball, *Churchill and Roosevelt*, 1:222.

(16)　かつてゲーリングを「魅力がある」、ゲッベルスを「感じがいい」と自分から言った…—Lukacs, *Five Days*, 62.

(17)　そして「大統領の頭に浮かんだのは一つの単語だけだった…」—Feb. 20, 1942, *FRUS, 1942*, 3:521.

(18)　「私が身も蓋もない本音を言ってもあなたが気にしないことを知っているので…」—FDR to Churchill, March 18, 1942, in Kimball, *Churchill and Roosevelt*, 1:421.

(19)　「英国がソ連にした約束はどれも守られなかった…」—Dallek, *Franklin D. Roosevelt and American Foreign Policy*, 338.

(20)　「ボリシェヴィキが都市の廃虚とその犠牲者の死体の中を凶暴なヒヒの軍隊のように跳梁している間に、文明は…」—MacMillan, *Paris 1919*, 67.

(21)　「東ヨーロッパのどぶ〔ガッター〕とゲットーから出てきた野次馬」—Reston, *Deadline*, 118.

(22)　「酷薄な、ずるがしこい、世間知らずの巨人」—Winston S. Churchill, *Their Finest Hour*, 579.

(23)　「もしもヒトラーが地獄を攻めたのであれば、私は下院で悪魔のことを少なくとも好意的に取り上げるだろう」—Goodwin, *No Ordinary Time*, 255.

(24)　モロトフは「注意深く耳を傾け…」—Hull, *Memoirs*, 2:1173.

(25)　その国籍不明機は、「ワシントンへ向けて南へ飛行していることが分かると、われわれを極度の不安に陥らせた…」—Reilly, *Reilly of the White House*, 39–40.

(26)　「飛行場から車で直接、ローズヴェルトに会いに連れて行かれた」—Rzheshevsky, *War and Diplomacy*, 224.

(27)　モロトフの「目はそわそわ動いていて…」—Goodwin, *No Ordinary Time*, 344.

(28)　大きな黒パンの塊とソーセージ一本、そしてピストルが一丁入っていた—Eleanor Roosevelt, *This I Remember*, 254.

(29)　「彼はあまり感じがよくない、そして決して笑わない」—*CC*, 159.

(30)　「氷を割るのはとても困難だった。けれども…」—Sherwood, *Roosevelt and Hopkins*, 558–59.

(31)　ずんぐりした多弁のリトヴィノフとは大違い…—Acheson, *Present at the Creation*, 68.

(32)　クロスはこの後、二度とお呼びがかからなかった—Robert Meiklejohn, conversation with Hopkins, June 5, 1945, Hopkins Papers.

(33)　「この考えをうまく伝えるのは難しかった。だが、今は受け止められている」—*FRUS, 1942, Europe*, 3:567.

(34)　最近、二六名の捕虜がノルウェーの捕虜収容所を脱走して帰り…—Hopkins Papers.

(35)　「もしいずれかの国が平和を脅かしたならば…」—*FRUS, 1942, Europe*, 3:569.

(36)　「悪魔に勝てなければ、悪魔と組め」—King Diary, Dec. 5, 1942.

(37)　「一九四二年中にソ連を助けるには犠牲を払う必要がある…」—Rzheshevsky, *War and Diplomacy*, 177.

(38)　「戦後の平和保全に関するローズヴェルトの意見は…」—Ibid., doc. 82, sent June 1, 1942, 204.

(39)　「第二戦線を開設する切実な必要性を見ていないからだ…」—Ibid., 179.

(40)　「その占領は一週間で終わると考えられていた」—William Phillips, notes, Oct. 6, 1942, Phillips Papers.

(41)　「彼の国とわが国での社会改革について」…—Eleanor Roosevelt, *This I Remember*, 250.

(42)　「ヒトラーの力はそれに相応して大きくなるだろう…」—*FRUS, 1942, Europe*, 3:576.

(43)　「戦争は一九四二年中に決着がつくだろう」—Ibid.

(44) 「われわれは第二戦線を準備中だとスターリン氏に言うことができるだろうか？」—Ibid., 577.
(45) 「船は同時に二つの場所には行けない」—Ibid., 582.
(46) また、ヒトラーとリッベントロップがモロトフの訪問をもっと早く…実現させようと…—Shirer, *Berlin Diary*, 564.
(47) 「ヒトラーは明らかに私によい印象を与えようと努めていた…」—Sherwood, *Roosevelt and Hopkins*, 565.
(48) 「それゆえ私は…」—Ibid., 569.
(49) 「大統領から以下のことを得るように試みよ」—Stalin to Molotov, n.d., in Rzheshevsky, *War and Diplomacy*, 193–94.
(50) これに含めなかった要点が一つある—*FRUS, 1942, Europe*, 3:580.
(51) しかし大統領は、英国とフランスを「同じく島々を持つべきでない」国として挙げた—Ibid., 581.
(52) 「独立を目指す明白な高まり…」—Ibid.
(53) 「われわれは第二戦線を一九四二年中に立ち上げたい」—Ibid., 582.
(54) 彼は六月三日にモロトフに辛辣な電信を送った—Rzheshevsky, *War and Diplomacy*, 210.
(55) 「会談の過程で…」—Ibid., 220.
(56) 「われわれは、船腹に対するわれわれの要請を削減するとのローズヴェルトの提案を受け入れ…」—Ibid., 219.
(57) 「船腹に対するわれわれの要請の削減にソヴィエト政府が同意することを、君はローズヴェルトに通告し…」—Ibid., 221.
(58) それは「真の成功だった。われわれは率直な個人的関係を築いた…」—Loewenheim, Langley, and Jonas, *Roosevelt and Churchill*, 219.
(59) 「私は彼を笑わせ、まったく人間らしく振る舞わせた」—*CC*, 160.
(60) 「われわれは少なくとも米ソ間にあるもう一つの割れ目に橋を架けたと確信している…」—Sherwood, *Roosevelt and Hopkins*, 577–78.
(61) 「英国は“いかなる約束もできない…”」—Gilbert, *Road to Victory*, 119–20.
(62) 「第二戦線の問題は軍事的であると同時に政治的であるが、政治的な面が優越している」—*FRUS, 1942, Europe*, 3:576.
(63) 「ヒトラー主義ドイツの敗北を早めるために…」—Molotov to FDR, June 12, 1942, in *MDMS*, 70.
(64) 「私は慌てることなく冷静に、これは彼らにとって完全に不可能な作戦だと悟った…」—Chuev, *Molotov Remembers*, 45.
(65) 大統領は「可能な限り早急に第二戦線を開設することに賛成しているが

…」―Maisky, *Memoirs of a Soviet Ambassador*, 277.

(66)「米国の友人たちは…」―Kimball, *Churchill and Roosevelt*, 1:458.

(67)「もしスレッジハンマー作戦が最終的かつ無条件に問題外なら…」―Matloff and Snell, *War Department*, 277.

(68) ホプキンス、マーシャル、キングへ―FDR to Hopkins, Marshall, King, handwritten letter, FDRL.

(69)「それは直接の惨事にまでは至らないかもしれない…」―Stimson Diary, July 26, 1942.

(70)「史上最悪の日」―Sherwood, *Roosevelt and Stalin*, 648.

(71)「われわれは太平洋で真の猛攻撃を実施する」―Stimson Diary, Aug. 7, 1942.

(72)「われわれは、民主主義国の指導者は国民を楽しませ続けねばならないということを見逃していた…」―Persico, *Roosevelt's Secret War*, 208.

(73)「フランス人の抵抗は英国人よりもわれわれに対するほうが少ないだろう…」―Ibid.

(74)「スティムソンはずっとトーチ作戦を戦争中の最も幸運な共同作戦と見なしていた…」―Stimson and Bundy, *On Active Service*, 427.

(75)「どうか、選挙日の前にそれをやってくれたまえ」―*MDMS*, 93.

(76)「石油とモスクワを手に入れようとする試みで…」―*NYT*, Nov. 7, 1942.

(77) 演説は「ソ連とその連合諸国とのより密接な協力の方向へのさらなる一歩前進を示している…」―*FRUS, 1942, Europe*, 3:477.

(78)「親愛なるキャシディー殿…」―Stalin, "The Allied Campaign in Africa," Nov. 13, 1942, http://www.marxists.org/reference/archive/stalin/works/1942/11/13.htm.

第10章◆戦後構想

(1)「選挙運動の有力な争点」―Stephen C. Schlesinger, *Act of Creation*, 25.

(2)「平和維持のための最初の偉大な機構」―Divine, *Second Chance*, 25.

(3)「ローズヴェルトはそのような準備を遅滞なく開始するために…」―Welles, *Where Are We Heading?*, 21.

(4) 四六時中、私服のホワイトハウス警務官一名によって警備された…―George Elsey to author, March 6, 2004.

(5) マップルーム付の士官の話によると…―Elsey, *Unplanned Life*, 20.

(6) ノックス海軍長官はある日、入室を断られて…―Rigdon, *White House Sailor*, 15.

(7)「…陸軍と海軍は極秘情報をマップルームに安心して提供するのを渋るよ

うになる」―Elsey, *Unplanned Life*, 21.

(8) 「そんなタイプの建物に住むことは絶対に拒否する」―Stimson Diary, Aug. 29, 1941.

(9) 「陸軍省がペンタゴンの建物の明け渡しに反対するのは間違いない…」―Vogel, *Pentagon*, 335.

(10) 「大統領は今夜、軍縮と、スターリンをその絵の中に入れる問題を論じたいと言った…」―King Diary, Dec. 5, 1942.

(11) 「連合国の勝利が決定的であるとの前提に立ち…」―Feis, *Churchill, Roosevelt, Stalin*, 108.

(12) 「ドイツ、日本、イタリアと衛星諸国に対して…」―Ibid., 109n2a.

(13) なぜなら「われわれが合意してまとめたどんな言葉も…」―Hull, *Memoirs*, 2. 1574.

(14) ローズヴェルトは両手で顔を覆い、頭を少し振ってから「言った…」―King Diary, Dec. 5, 1942.

(15) 「われわれは負けたとは全然感じなかった…」―in Rees, *The Nazis*, 15–16.

(16) 「グラントに降伏したリーの話は、最良の実例だ…」―FDR to Hull, Jan. 17, 1944, in *F.D.R.: His Personal Letters*, 2:1486.

(17) 「彼が望んだのは敵の崩壊後の交渉による停戦ではない…」―Hopkins notes, March 22, 1943, in Sherwood, *Roosevelt and Hopkins*, 715.

(18) 「私は率直に言って、"無条件降伏"の用語を話し合いで定義するという考えを好まない…」―*F.D.R.: His Personal Letters*, 2:1486.

(19) 「ドイツの降伏に関する限り、不一致はない」―Stalin to Harriman, June 10, 1944, Harriman Papers.

(20) 「一部の立派な、高潔な人たちの間には無条件降伏についてかなりの不満があった…」―Press conference, Honolulu, July 29, 1944.

(21) 「われわれマルクス主義者は…」―*NYT*, March 5, 1935.

(22) 共産主義は「ドイツには向いていない、それは牝牛に鞍をつけるようなものだ」―Stalin to Stanisław Mikołajczyk, n.d., Harriman Papers.

(23) これらの計画の実施には…―Davies, *Mission to Moscow*, 389.

(24) 一九二八年にソ連は…―Overy, *Russia's War*, 17.

(25) 「全体として、われわれ三ヵ国はソ連との交渉で…」―Acheson, *Present at the Creation*, 65–71.

(26) 「手を動かすこともできなかった」―Kathleen Harriman to Mary Harriman, April 18, 1944, Harriman Papers.

(27) ウィリアム・スタンドレイ大使はローズヴェルトに報告した――「スタ

ーリンは…」—Standley, *Admiral Ambassador*, 381.

(28) （リトヴィノフが十二月七日の米国到着直後、ジョセフ・E・デイヴィスと朝食をしていると…）—Fond 06, op.5, Molotov Secretariat files, AVP RF. *FRUS, 1941, Far East*, 730–31.

(29) 「自分の外務人民委員の後継者［モロトフ］は…」—*FRUS, The British Commonwealth, Eastern Europe, The Far East, 1943*, 3:522.

(30) グロムイコには、「その気になれば」…—Acheson, *Present at the Creation*, 78.

(31) モロトフとスターリンが信じていたところによれば…—Gromyko, *Memories*, 401.

(32) グロムイコが七月にローズヴェルトに会ったとき、大統領から「リトヴィノフはどうしている？」と訊かれ…—Perlmutter, *Not So Grand Alliance*, 258.

(33) 「私が到達した結論では…」—Litvinov, fond 06, Molotov Secretariat files, AVP RF.

(34) 「もしわれわれが、存在する誤解を取り除き、相互協力のための条件を準備しようと望むならば…」—Litvinov memo, June 2, 1943, in Perlmutter, *Not So Grand Alliance*, 245–46.

(35) 「今回、あなたとチャーチル氏は、一切の協議もしくは助言なしに…」—Stalin to FDR, June 11, 1943, in *MDMS* 138–39, fond 558, op. 11, file 365, Stalin Papers.

(36) 「本年中の第二戦線開設が英米両国政府により再び延期されたので…」—Stalin to FDR, Aug. 8, 1943, in *MDMS*, 150–51; fond 558, op. 11, Stalin Papers.

(37) 「ドイツと関係を絶とうとしている各国政府との交渉問題を検討するために」—Stalin to FDR, Aug. 22, 1943, in *MDMS*, 155.

(38) 「ソ連では米国のものは何であれすべてが非常に高い評価を受けているのを目にする…」—"Talk with the German Author Emil Ludwig, December 13, 1931," *Bolshevik*, April 30, 1932. https://www.marxists.org/reference/archive/stalin/works/1931/dec/13.htm.

(39) スターリンの「一九四三年中の第二戦線開設に対するしつこい圧力は…」—Harriman and Abel, *Special Envoy*, 218.

(40) 「私は敵の宣伝がソヴィエト・ロシアと米国の指導者間の会談を利用する効用を見くびっていない…」—Ibid.